KB042169

일본 신화와
천황제 이데올로기

일본 신화와 천황제 이데올로기

김후련 지음

신화와 역사 사이에서

책세상

일러두기

1. 한자로 된 일본 문헌 제목을 표기할 때 일본식 독음이 아니라 한국식 독음으로 적었다. 인용되는 문헌이 너무 많은데다가 때로는 제목이 너무 길기도 해서 일본식 독음으로 표기할 경우 일반 독자들이 기억하기 어려울 수 있기 때문이다.
   예 :《고지키古事記》→《고사기》,《니혼쇼키日本書紀》→《일본서기》

2. 일본 신화에 나오는 신들의 이름은《고사기》를 따랐으며, 처음 나올 때 한 번에 한해 전체 이름을 다 적고 그다음부터는 끝에 붙는 '~노카미'나 '~노미코토'를(모두 '~의 신'이라는 뜻) 생략하는 방식으로 줄여 썼다.
   예 : 다카미무스히노카미 → 다카미무스히, 이자나미노미코토 → 이자나미

3. 일본 천황들을 칭할 때는 한자 시호를 사용하는 것을 원칙으로 하되, 필요에 따라 일본식 이름으로 표기하기도 했다.
   예 : 진무 천황/간야마토 이와레히코

4. 일본에서 가라쿠니를 지칭하는 표현은 시대와 문맥에 따라 조금씩 다르다. 천손강림신화에서의 '가라쿠니韓国'는 가야를 지칭하며, 특히 금관가야를 비롯한 지역을 임나가라任那加羅라고 부르기도 하였다. 또한 스사노오 신화에서의 가라쿠니韓鄕는 신라를 뜻하기도 한다. 일본에서 가라는 가라加羅, 가라韓, 가라唐 등을 지칭하는 데 쓰였다.

5. 일본 인명의 경우 중세까지는 '씨(가문)氏'나 '성姓'과 '이름名前'을 같이 쓸 때 씨나 성 다음에 '노の(~의)'를 붙였다. 예컨대 '다이라노 기요모리'라는 인명이라면 '다이라'라는 성 뒤에 '노'가 붙고 그다음에 '기요모리'라는 이름이 붙은 것이다. 이는 그 자체로 인명인 동시에 '다이라 가문의 기요모리'라는 뜻이다. 이 책에서는 이 방식 그대로 인명을 표기했다.

6. 종교 유파나 학파의 이름은 일본어 발음으로 표기하는 것을 원칙으로 했으나(료부 신도両部神道, 스이카 신도垂加神道, 미토학水戸学 등) 몇 가지 예외를 두었다. 예를 들어 '복고 신도復古神道', '국학國學' 등 우리 한자 독음에 따른 명칭이 이미 국내 학계에 굳어져 있는 경우에는 불필요한 혼동을 피하고자 그대로 수용했다.

7. 일본어의 한글 표기는 현행 외래어표기법을 따랐다. 단, 국내에서 출간된 번역서의 일본인 저자명은 현행 외래어표기법에 어긋나더라도 그 책에 표기된 그대로 따랐다. 따라서 때로는 동일인이 '다카하시 데츠야'로 표기되기도 하고 '다카하시 데쓰야'로 표기되기도 했다.

차례

들어가는 말

신화와 역사의 경계가 확연한 오늘날에도 일본의 경우 신화와 역사의 경계는 여전히 애매모호하다. 1년 365일 어딘가에서 마쓰리祭り가 열린다고 할 정도로 전통적 마쓰리가 현대에도 재현되고 있는 일본의 경우 마쓰리라는 제의祭儀를 통해 신화가 끊임없이 재생산되기 때문이다. 규슈九州 도처에서 재현되고 있는 천손天孫 강림 신화를 주제로 한 신사 예능인 가구라神楽를 보고 있으면 마치 타임머신을 타고 역사시대에서 신화시대로 환원하는 듯한 착각이 들 정도이다. 일본인들이 즐기고 있는 것은 분명 일본 신화에 담긴 이데올로기가 아니라 신화 본연의 제의이다. 반면에 2000년 5월 일본의 모리 요시로森喜朗 전 총리가 내뱉은 '신국神國 일본'이라는 말에서는 태고의 신화가 아니라 신화에 담겨 있는 이데올로기, 그중에서도 근대에 창조된 천황제 이데올로기로 회귀하려는 갈망이 엿보인다. 근대에 창조된 천황제 이데올로기로서의 신화는 패전 후 쇼와昭和 천황(히로히토裕仁)의 인간 선언을 통해 부정되었으나, 우경화의 바람을 타고 다시 재생산되고 있다.

일본인들조차 역사가 오래되었다고 착각하는 '천황 숭배'는 근대 메이지明治 정부의 작품으로, 일종의 '창조된 고전(전통)'이다. 일본의 천황제 이데올로기는 근대화의 후발 주자인 일본이 서구의 제국주의에 편입하려고 발버둥 치는 과정에서 메이지 정부의 주도하에 철저하게 계획적으로 창조되었다. 당시에 천황제 이데올로기를 만들어나간 당사자들은 '근대 국민 국가의 창출'을 위한 '국민 통합의 상징'으로서 천황제를 이용하려고 한 것이지, 천황 그 자체를 숭배한 것은 아니었다. 하지만 청일전쟁, 러일전쟁, 만주사변, 중일전쟁, 태평양전쟁으로 역사의 수레바퀴가 구르는 동안 일본 신화와 천황제 이데올로기는 한 치의 의심의 여지도 없는 진실로 자리매김하면서 황국 신민皇國臣民을 '일억옥쇄一億玉碎'로 몰고 간다.

과거사가 여전히 한일 관계의 발목을 잡고 있는 현재, 우리는 여전히 일본 총리의 야스쿠니 신사靖國神社 참배에 흥분하곤 한다. 하지만 정작 일본이 천손 강림지인 미야자키宮崎 현県에 세워놓은 팔굉일우탑八紘一宇塔에 대해서는 주목하지 않는다. 진무神武 천황의 건국 이념인, '천지사방을 하나의 지붕으로 덮는다'라는 뜻의 '팔굉일우'를 새겨놓은 이 거대한 기념탑은 일본 열도와 식민지 조선은 말할 것도 없고 만주, 대만, 중국의 지명들을 새긴 돌들을 밑에 깔고 지금도 위풍당당하게 서 있다. 그런데 팔굉일우탑은 일본의 패전 후에 평화의 탑으로 바뀌었다가 다시 팔굉일우탑으로 바뀌며 변신에 변신을 거듭하고 있다. 이처럼 하나의 탑에 팔굉일우탑과 평화의 탑이라는 전혀 이질적인 이름을 붙이며 진실을 가리는 것이 바로 일본이다.

당시 황군皇軍(천황의 군대)으로 불렸던 일본군이 진무 천황의 팔굉일우를 상징하는 미야자키 현의 장중한 탑 앞에서 성전聖戰을 향한 출정식을 올리고 가고시마鹿児島 현으로 가서 가미카제神風 특공대가 된 뒤 태평양에서 산화했다. 거대한 팔굉일우탑은 탑 밑의 돌 위에 서서 무운을 기원하고 박수를 치면 주위와 공명하여 장중한 소리가 나게 고안되어 있다. 전전戰前(1937년에 시작된 중일전쟁에서 1941년에 시작된 아시아태평양전쟁에 이르기까지 일본이 제국주의적 침략 전쟁을 벌이기 이전)의 일본은 철저한 신화 교육을 통해 신화와 역사가 혼연일체가 되어 어디서 어디까지가 현실인지 알 수 없을 정도였다.

일본 제국주의가 창출한 천황제 이데올로기는 일본이 이를 미화하고 추모하는 한에서는 현재사일 수밖에 없다. 우리는 일본 우익의 '새로운 역사 교과서를 만드는 모임'(이하 '새역모')이 제작한 교과서의 왜곡된 역사 기술에 흥분하면서도, 정작 일본 우익의 첨병이자 전방위에서 일본 제국주의의 역사를 미화하는 데 앞장서고 있는 고바야시 요시노리小林よしのり에 대해서는 그다지 주목하지 않는다. 일본 우익의 논리는 새역모 교과서를 통해 대중에게 전파되는 것이 아니라, 《신 오만주의 선언 스페셜, 전쟁론戰争論》(1998)이나 《신 오만주의 선언 스페셜, 야스쿠니론》(2005)과 같은 고바야시 요시노리의 만화를 통해 일본 사회로 확산되고 있다.

그러므로 전전의 일본의 천황제 이데올로기를 제대로 이해하려면 아시아태평양전쟁에서 불렸던 일본 군가의 가사를 음미해보고 가미카제 특공대원의 수기를 한번 읽어본 뒤, 전후의 고바야시 요시노리의 만화를 읽어보아야 한다. 이런 과정을 거쳐야만 지나간 일본의 침략 전쟁이 일본인의 감성을 자극하는 회로를 통해 어떻게 정당화되고 있는지, 그리고 일본의 전쟁 책임이 전후에 어떻게 희석되어왔는지 알 수 있다.

그럼에도 불구하고 여태까지 우리는 일본 정치가들의 망언이나 일본 역사 교과서 기술 문제 등 현상적으로 눈에 보이고 귀에 들리는 지엽적인 문제에만 너무 집착해왔다. 이제 지엽적인 '역사 기술' 문제에 매달리기보다는 더욱 근원적으로 접근하여 일본인의 '역사관'을 문제 삼아야 한다. 그러기 위해서는 보다 더 철저하게 일본을 연구해야 한다. 그러지 않는 한 과거사에 발목이 잡혀서 한일 관계는 한 발짝도 앞으로 나가지 못할 것이다.

'신화와 역사 사이에서'라는 부제가 붙은 이 책이 독자에게 전달하고자 하는 것은 '신화'를 씨실로 삼고 '역사'를 날실로 삼아 일본이 어떻게 역사를 재구성하고, 재구성된 역사를 재생산해왔는가 하는 것이다. 아울러 "역사는 과학이 아니다"라고 역설하는 니시오 간지西尾幹二의 테제가 궁극적으로 의미하는 바가 무엇인지를 명확하게 이해하는 것이다. 하나의 '테제'와 하나의 '사실'에 기초하여 거기에 거짓으로 살을 바르는 일본의 자기기만은 타자를 불행하게 만드는 데 그치는 것이 아니라 스스로를 신화의 주박呪縛(주술적인 속박)에 걸리게 만들었다.

이제 일본 역사의 이면에 도사리고 있던 천황제 이데올로기의 실체를 파악하기 위해 전후 일본인들이 가장 꺼리는 테마로 직접 뛰어들어 일본 신화와 천황제 이데올로기가 전전의 일본인들에게 어떻게 주술을 걸었는지, 그리고 2,000만 명에 달하는 아시아인들을 어떻게 죽음으로 몰아넣었는지 살펴보고자 한다. 아울러 과거의 불행이 현재도 한일 관계를 어떻게 속박하고 있는지 살펴보고자 한다.

우리가 세계의 어떤 신화보다도 일본 신화에 관심을 가져야 하는 것은 일본 신화가 일본인들에게 잘못된 역사 인식을 심어주고 한국(삼한三韓 내지 조선)에 대해서는 터무니없는 우월 의식을 조장했기 때문이다. 예를 들면 일본은 진구神功 황후의 삼한 정벌 전승을 통해 삼한을 일본의 조공국으로, 그리고 가라쿠니韓國(가야)를 일본의 식민 기관인 '임나일본부任那日本府'로 폄하한다. 더욱이 도요토미 히데요시豊臣秀吉의 조선 침략은 조선 정벌로 호도되어 일본의 국위를 선양한 위업으로서 칭송된다. 이에 그치는 것이 아니라 근세 말에는 조선을 정벌해서 잃어버린 고토古土(한국)를 회복하자는 '정한론征韓論'이 나타난다. 그리고 식민지 시대에는 천황가의 시조신인 아마테라스오미카미天照大御神가 누나이고 신라에서 건너온 스사노오노미코토須佐之男命가 남동생이므로 일본과 조선은 조상이 같다는 '일선동조론日鮮同祖論'이 이어진다.

그렇다고 해도 이미 과거지사인데 21세기에 왜 다시 일본 신화에 관심을 가져야 하는가 반문하는 사람이 있다면, 일본 신화는 과거뿐 아니라 현재에까지 영향력을 발휘하고 있다고 말하고 싶다. 지금도 일본은 8세기의 정치사상에 의해 실제의 역사와 무관하게 철저하게 개편된 일본 신화를 통해 일본사는 물론이고 한일 관계사까지 규정지으려 하고 있다. 특히 전전의 천황제 이데올로기와 국체国体 사상을 계승한 '새역모 교과서'의 역사기술 태도로 볼 때 일본 신화와 천황제 이데올로기의 상관관계를 규명하는 것은 한국과 일본 양국에 있어서 중요한 과제라고 하지 않을 수 없다. 고대 율령제 국가의 정치사상이 반영된 '고대의 천황 신화'는 '근대의 일본 신화'로 다시 읽히면서 근대 신민臣民 국가의 정치 이데올로기로서 재생산된다. 이처럼 일본 신화는 고대 문헌에 '어떻게 기술되어 있는가' 하는 문제만이 아니라 당대의 시대적 요청에 의해 '어떻게 읽혀왔는가' 하는 문제와도 직결된다.

본서는 이와 같은 일본 신화의 정체성에 대한 의문에서 비롯된 것으로, 시대적 요청에 부응하여 끊임없이 정치 신화로서 재생되는 '일본 신화와 천황제 이데올로기'에 대해 고찰한다. 다시 말해서, 일본 신화가 어떻게 기술되어 있는가 하는 문제에서 출발하여 어떻게 읽혀왔는가 하는 문제로 나아감으로써, 일본 사상사가 어떻게 상호 연쇄하고 있는지를 고찰한다. 이를 위해, 고대의 천황 신화가 중세의 신국 사상, 근세 국학國學의 황국 사상과 미토학水戸学의 국체론, 근대 천황제 신민 국가의 천황제 이데올로기로서 어떻게 재생산되었는지를 살펴보며 일본 신화의 정체성을 규명한다. 이 주제를 쉽게 이해하기 위해서는 '일본 신화–신도–천황'의 상관관계를 먼저 이해하고 나아가 '일본 신화–국학·미토학–국체'의 상관관계를 이해해야 한다.

이 책《일본 신화와 천황제 이데올로기—신화와 역사 사이에서》는 7장 21절로 구성되어 있다. 각 장과 절을 구체적으로 안내하자면 다음과 같다.

1장〈고대 천황 신화의 성립과 변용〉은 '신화와 역사 사이에서'라는 부제와 일맥상통하는 부분으로, 일본 신화의 성립과 변용 과정에 대해 분석한다. 1절에서는 고대 천황 신화의 실체와 변용에 대해서 알아본다. 2절에서는 진무 천황의 건국 신화의 허구성을 밝히고 근대에 이 건국 신화가 천황제 이데올로기로서 어떻게 변용되었는지 살펴본다. 3절에서는 진구 황후의 삼한 정벌 전승이 어떻게 정한론으로 재생산되어 한일 관계를 규정지었는지 살펴본다. 이는 고대 천황 신화의 실체를 통해서 신화와 천황제 이데올로기 간의 상관관계를 밝히려는 것이다.

2장〈신국 일본의 심상 지리〉는 신도가 외래 사상과 조우하면서 신국 일본의 심상 지리를 어떻게 만들어갔는지 분석한다. 1절에서는 불교와의 조우를 통해 어떻게 고대의 진기 신앙이 성립되었는지를 살펴본다. 2절에서는 중세에 몽골의 침략을 전후하여 신국 사상을 통해 신도 사상이 약진한 것과《신황정통기神皇正統記》로 대변되는 중세 신국 사상의 본질에 대해 살펴본다. 3절에서는 천황제 이데올로기로서 재생한 천황 신화가 근세의 다양한 신국론을 통해 어떻게 재생산되는지 살펴본다. 이는 일본 신화와 신도 그리고 천황제 이데올로기가 서로 연동하며 기능해왔음을 밝히려는 것이다.

3장 〈무가와 천황의 이중 구조〉는 무가와 천황의 권력 항쟁의 역사를 통해 신화가 아니라 현실 역사 속에서의 천황의 존재 가치를 분석한다. 1절에서는 일본 최초의 막부 정권인 가마쿠라鎌倉 막부와 천황가 사이의 권력 항쟁에 관해서 살펴본다. 2절에서는 무로마치室町 막부와 천황의 권력 항쟁에 대해서, 그리고 센고쿠戰國 시대의 봉건 영주인 센고쿠 다이묘大名들이 전국을 통일하기 위해서 천황을 어떻게 이용했는지에 대해서 살펴본다. 3절에서는 에도江戶 막부가 어떻게 천황을 통제했는지에 대해서, 그리고 에도 막부의 몰락과 천황의 등장에 대해서 살펴본다. 이러한 고찰을 통해서, 천황 친정 정치란 메이지 신정부가 조작한 것으로서, 일본에서 천황이 권력의 주체가 된 역사는 매우 짧다는 것을 밝히고자 한다.

4장 〈근대 천황제 신민 국가의 태동〉은 근대 메이지 시대에 천황제 신민 국가를 만들기 위해서 신화와 역사가 어떻게 연동했는지를 분석한다. 1절에서는 근대 천황제와 메이지 정부의 전통문화 창출 과정에 대해서 살펴본다. 2절에서는 천황의 칙어로 수렴되는 국민 교육을 통해 어떻게 천황과 신민을 하나로 묶는 대가족 국가 체제가 만들어졌는지를 살펴본다. 3절에서는 청일전쟁에서 러일전쟁으로 이어지는 침략 전쟁을 통해 대일본제국이 형성돼가는 과정을 살펴본다. 이는 메이지 국가의 발명품인 근대 천황제 신민 국가가 구체적으로 어떻게 태동되었지 밝히려는 것이다.

5장 〈국체지상주의와 대동아공영권〉은 근대 천황제 신민 국가의 근간이 된 〈교육칙어教育勅語〉와 〈군인칙유軍人勅諭〉를 중심으로 대일본제국이 국체지상주의 분위기를 조성하면서 대동아공영권을 창출하는 과정을 분석한다. 1절에서는 쇼와 천황의 즉위를 둘러싸고 벌어진 국체 논쟁에 대해 살펴본다. 2절에서는 팔굉일우와 대동아공영권의 시험장인 만주국 건설과 만몽개척단의 실상에 대해 살펴본다. 3절에서는 국민 총동원 체제하에서 일본 국내와 식민지 조선 등에서 실시된 황민화皇民化 교육에 대해 살펴본다. 이는 국체 지상주의의 분위기 속에서 어떻게 대동아공영권이 주창되었는지 밝히려는 것이다.

6장 〈대일본제국의 희생양〉은 대일본제국의 희생양이었던 학도병, 오키나와 주민, 일본군 성노예(일본군 위안부, 종군 위안부)를 통해 아시아태평양전쟁의 원인과 결과에 대해 분석한다. 1절에서는 가미카제 특공대로 상징되는 일본 청년들의 희생에 대해서 살펴본다. 2절에서는 "동화와 차별, 오키나와 옥쇄"라는 제목으로 오키나와 문제를 다룬다. 3절에서는 일본군 성노예(일본군 위안부, 종군 위안부) 문제를 다룬다. 이러한 내용을 통해 천황과 신민을 하나로 연결한 대가족 국가에서 적장자(제국대학의 청년 학도), 서자(오키나와 현민), 분가分家(조선의 여성)라는 희생양이 상징하는 바를 살펴본다.

7장 〈상징천황제하의 국가 의식의 향방〉은 전후 쇼와 천황의 국체 유지와 상징천황제하의 일본인의 국가 의식에 대해 분석한다. 1절에서는 일본의 전쟁 책임 부재의 근원이 무엇인지 살펴본다. 2절에서는 야스쿠니 신사 문제의 근원과 대응책에 관해서 다룬다. 3절에서는 과거로 회귀하는 일본 사회의 이모저모를 살펴본다. 이는 전후에서 현대에 이르기까지 일본인의 심층 심리에 각인되어 있는 전쟁 책임 문제와 향후 일본의 국가 의식의 향방을 살펴보기 위한 것이다.

이와 같은 방대한 작업은 우선 신화 연구자로서 신화 그 자체보다는 신화의 이데올로기에 천착해온 필자의 관심에서 비롯되었다. 아울러 한일 관계의 걸림돌로 작용해온 현안들을 정확하게 해부하여 한국과 일본 사회에 알려야 한다는 일종의 사명감이 작용한 것도 사실이다. 일본의 역사 교과서 왜곡 문제로 한반도가 들끓었던 1982년에 《조선일보》가 〈대학과 대학인〉이라는 특집 기사를 낸 적이 있다. 그 기사는 한국에서의 일본 고대사

연구의 필요성을 역설하고 있었다. 이 책은 그 기사에 자극받아서 27세의 만학도로 일본어과에 진학해 일본 신화를 전공하며 '일본 신화와 천황제 이데올로기'의 상관관계에 주목해온 필자의 숙원을 풀기 위한 것이다.

일본 신화와 천황제 이데올로기에 대해 본격적으로 논하기에 앞서 '천왕'이라는 용어에 대해 언급할 필요가 있을 듯하다. 일본에서 천황이라고 불리는 존재를 '천황'으로 칭할 것인지 '왕'으로 칭할 것인지에 관해 한국에서 많은 논란이 있어왔다. 현재 한국의 대중 매체들은 '일왕'이라는 용어를 사용하고 있다. 하지만 본서에서는 다음과 같은 이유로 '천황'이라는 용어를 사용하고자 한다. 첫째, 《일본 신화와 천황제 이데올로기—신화와 역사 사이에서》라는 이 책의 제목에서 알 수 있듯이 '천황'은 이 책의 논지의 핵심이기 때문이다. 둘째, 천황제 이데올로기의 허구성을 파헤치면서 '일왕'이라는 용어를 사용한다는 것은 자기모순에 빠지는 일이기 때문이다. 셋째, '천황' 대신 '왕'이라는 용어를 사용함으로써, 한국이 천황을 격하하며 일본을 무시하고 끊임없이 일본 내정에 간섭한다는 빌미를 일본 우익에게 제공해 그들을 준동시키는 우를 범하고 싶지 않기 때문이다. 넷째, 오히려 '천황'이라는 용어를 사용할 때 천황의 존재가 현실의 역사와 무관하게 만들어진 허상임을 한국인은 물론 일본인에게도 철저하게 각인할 수 있으며, 그렇게 하는 것이 한일 관계를 바로잡는 길이라고 확신하기 때문이다.

이 책은 일본 신화와 천황제 이데올로기를 통해 일본인의 사고방식과 논리를 이해하려는 작업인 만큼, 가급적 주요한 논지를 담은 일본 문헌을 많이 인용하고자 했다. 한국에 번역돼 있지 않은 문헌은 필자가 직접 번역해서 인용하고, 다른 연구자들이 한국어로 번역해놓은 인용문은 재인용하는 것을 원칙으로 했다. 이는 재인용한 인용문을 통해 한국에 이미 번역돼 있는 중요한 책들에 대한 정보도 아울러 알리기 위해서이다. 문헌을 많이 인용한 것은 필자의 말로 전환된 문장보다 일본 사상가들이 전하는 그대로의 문장을 읽는 것이 그들의 논지를 이해하는 데 더 도움이 된다고 보았기 때문이다. 이러한 점은 보다 지적인 탐색을 원하는 독자에게는 일본인들의 심층을 들여다볼 수 있는 좋은 계기가 될 것이다. 독자들이 번역문을 통해서나마 일본 신화 및 일본 사상사 텍스트를 음미함으로써 일본 신화와 천황이 일본에서 어떤 위치를 차지하는지를 좀 더 명확하게 이해할 수 있었으면 하는 바람이다.

끝으로, 이 책을 위해 장시간을 들여 원고 정리를 도와준 제자 최신원 군에게 감사의 말을 전하고 싶다. 교정 작업을 도와준 제자 배관문 선생과 김준영 군에게도 감사의 말을 전한다. 아울러 이 책을 우수 저작으로 뽑아주고 출판을 지원해준 '한국출판문화산업진흥원'에도 감사한다. 무엇보다도 오랜 시간 인내심을 갖고 탈고를 기다려 이 책을 출판해준 책세상에 감사한다. 그리고 시간강사라는 열악한 상황에서 학문에만 매진하는 필자를 물심양면으로 지원해준 어머니 김봉애 여사와 동생 김순근에 대한 사랑과 감사의 마음을 이 책을 통해 전하고 싶다.

1장

고대 천황 신화의 성립과 변용*

* 1장은 2007년에 인천광역시지방공무원교육원이 실시한 교육 프로그램인 국제문화이해과정(제1기)을 위해 작성한 원고 〔김후련, 〈일본 속의 한국문화—일본인의 조선 멸시관의 원류를 찾아서〉, 《2007년도 국제문화이해과정(1기)》(인천광역시지방공무원교육원, 2007), 33~77쪽〕를 수정 보완한 것이다.

고대의 천황 신화는 《고사기古事記》(712)와 《일본서기日本書紀》(720)의 〈신대권神代卷〉에 수록되어 있다.[1] 그러나 이 문헌들에 기록된 《고사기》 신화와 《일본서기》 신화는 옛날부터 전해 내려온 신화를 그대로 기록한 것이 아니다. 기존의 신화를 해체한 다음 천황제 이데올로기에 의해 한 편의 완결된 천황 신화로 재구성한 것이다. 고대의 천황 신화는 7세기 말에서 8세기 초엽에 걸쳐서 새로이 성립된 천황제 국가의 이데올로기적 당위성Sollen을 마련하기 위해 유구한 태고의 '존재Sein'에 기댄 것, 즉 신화의 틀을 빌려 의고擬古적으로 재창조한 것이다.

고대의 재창조된 천황 신화는 성립 단계부터 천황제 이데올로기와 신국神國 사상의 교전敎典으로서 성립된다. 40대 덴무天武 천황(673~686 재위)의 천황제 이데올로기를 반영하고 윤색, 수정, 통합을 거쳐서 재구성된 고대 일본의 천황 신화는, 그때까지 존재했던 일본의 기층 신화를 부정하면서 성립된 새로운 신화이다. 그 결과 고대 일본의 천황 신화는 개개의 신화소神話素(신화의 구성 요소)에 있어서는 천지의 분리, 만물의 생성, 생사의 기원 등 신화 본연의 요소를 지니고 있으면서도, 전체적인 주제에 있어서는 세계 초유의 정치 신화로서 자리 잡게 되었다.[2] 이러한 특성 때문에 천황 신

---

1 편의상 《고사기》 신화(《고사기》 상권에 수록)와 《일본서기》 신화(《일본서기》 권 1, 2에 수록)를 통합해 '기키記紀 신화'라고 부르기도 한다. 하지만 이 두 신화는 세계관에서 있어서 전혀 다른 것이므로 이들을 변별해 각각 《고사기》 신화, 《일본서기》 신화라고 칭하기로 한다.

2 김후련, 〈古事記神話における生死の構造—出雲神話と日向神話を中心に(고사기 신화에 있어서

화는 일본이 내우외환에 시달릴 때마다 일본인들을 통합하는 정치적 언설로서 재생한다.

《고사기》와 《일본서기》는 일본 민족의 원형을 담은 텍스트가 아니라 7세기 무렵 동아시아 국제 관계 속에서 당대의 역사적 사실과 새로이 실현되어야 할 사실을 기술한 고도의 정치적 텍스트이다. 고대 천황 신화는 기층의 신화를 개정, 윤색, 가필해서 일본 내부의 평정과 복속을 외부로 확장하는 형태로, 진구 황후의 삼한 정벌 전승을 통해서 한반도의 평정과 복속을 역사화했다. 일본은 일본 독자의 천하관을 대내적으로 표명하기 위해 신화를 조작하는 것은 말할 것도 없고 일본 국토와 한반도를 포함한 번국蕃國과 이적夷狄[3]을 지배하는 제국적 질서 구상과 이념을 일본 국내의 기나이畿內 제도[4]를 통해 실체화한다. 이는 이른바 국토의 제국화를 도모한 것으로, 중국 화이華夷사상의 일본판이라고 할 수 있다.

신화의 본질에서 일탈해 '있는 그대로의 역사'가 아니라 '그렇게 되기를 바라는 역사'를 신화화해가는 방향으로 발전한 일본 신화는, 문학이 아니라 필연적으로 역사로 간주될 수밖에 없는 자기모순을 안고 있다. 이러한 특성 때문에 일본 신화는 일본인의 심층 심리에 각인되어 있다가 일본이 국가적 위기 상황에 봉착할 때마다 근세에는 일본형 화이사상으로, 그리고 근대에는 일본형 내셔널리즘으로 옷을 갈아입고 부활한다.

의 생사의 구조—이즈모 신화와 휴가 신화를 중심으로〉(한국외국어대학교 석사 논문, 1990), 1쪽.

3 중국의 화이사상에 입각한 것으로, 중앙을 중화로 보고 사방을 동이, 서융, 남만, 북적 등 야만의 이민족으로 보는 것을 말한다. 따라서 여기서 이적이란 야만의 이민족을 뜻한다.

4 호적이 정비되고 율령이 정비되면서 일본은 국토를 천황이 직접 통치하는 지역인 기나이와 그 외 지역으로 구분하여 통행, 거주, 징세를 비롯한 모든 제도에서 철저한 차별을 두었다.

: 1 :

천황 신화의 실체

《고사기》는 현존하는 일본 최고最古의 서적으로, 712년 정월 28일에 겐메이元明 천황(707~715 재위)에게 헌상되었다.[5] 덴무 천황 시대인 681년에 시작된 《고사기》 편찬 사업은 686년에 덴무 천황의 죽음으로 중단되어 그의 당대에는 완결을 보지 못한다. 그러나 《고사기》 편찬 작업의 기본 방향과 골격은 덴무 천황의 치세 중에 이미 정립된 것으로 보인다. 《고사기》에는 이 사서의 편찬에 즈음해 덴무 천황이 아래와 같이 전대의 기록에 대한 수정과 통합을 명했다고 기록되어 있다.

> 그리하여 천황께서 말씀하셨습니다. "제가諸家가 가지고 있는 제기帝紀 및 본사本辭가 이미 사실과 달라 허위가 많다고 들었다. 오늘날 그 잘못된

---

5 《고사기》 편찬에 관한 사정은 동시대에 만들어진 정사인 《일본서기》나 후대에 만들어진 《속일본기續日本記》(797)에 기록되어 있지 않다.

것을 고치지 아니하면, 몇 년의 세월이 채 흐르기도 전에 그 본지가 없어져버릴 것이다. 이는 곧 나라의 골격이며, 천황의 덕으로 감화하는 데 있어 기본이 되는 것이다. 그러므로 제기를 정리하고 구사旧辭를 자세히 검토하여, 잘못된 것은 버리고 사실을 바로잡아 후세에 전하고자 한다." (《고사기》〈상표문上表文〉)[6]

상기의 〈상표문〉에서 볼 수 있는 바와 같이 덴무 천황은 각각의 씨족들이 가지고 있는 제기 및 본사가 사실과 달라 허위가 많다고 단정한다. 아울러 여러 씨족들이 가전家傳(씨족 신화로 전승)으로 갖고 있던 제기와 본사 중에서 잘못된 것은 버리고 사실을 바로잡아 후세에 전하고자 한다고《고사기》의 편찬 목적을 밝혔다.

《고사기》는 덴무 천황 체제하의 정치적 이념, 즉 '임신의 난壬申の亂'(670) 이후 재편된 천황 친정親政 체제와 황위의 부자 상속 같은 새로운 질서 체제를 합리화하고 공고히 할 목적에서 기술한 것이다. 이러한 목적하에, 그동안 전해져왔던 각 씨족 고유의 신화는 〈상표문〉에 제시된 원칙에 따라 내용의 통합과 수정을 거쳐 한 편의 완결된 신화로 재구성되었다. 천황제 국가의 절대성을 구축하기 위해, 고대의 천황 신화에서는 일체의 질서가 천황을 중심으로 하는 예속 관계로 통합된다. 다시 말하면 다른 씨족들의 신화와 민간에서 전승되어온 신화가 모두 천황 신화를 구성하기 위한 신화소로 편입된 것이다.

그런데 천황의 덕으로 백성을 감화한다는 〈상표문〉의 이 구절이야말로

---

6 번역서에서 인용한 것을 제외하면 일본 문헌의 인용문은《日本古典文学大系》(岩波書店)에 수록된《古事記》,《日本書紀 上 · 下》,《風土記》 등을 저본으로 하여 필자가 번역한 것이다.

이후 일본 신화가 나아갈 방향을 정확하게 예견한 것이다. 천황의 덕으로 백성을 감화한다는 덴무 천황의 사서 편찬 목적 그대로, 고대의 '천황 신화'는 근대에 이르러 '일본 신화'로 재생산되어 천황의 덕으로 신민臣民[7]을 교화한다는 천황제 이데올로기의 근간이 된다. 일본 신화와 이를 근간으로 한 천황제 이데올로기는 〈군인칙유〉(1882), 〈대일본제국헌법〉(1889), 〈교육칙어〉[8](1890), 《국체의 본의国体の本義》(1937) 같은 정치적·종교적 언설로서 재생산되어 신민 교화의 수단이 된다.

신화는 원래 역사의 산물이기 때문에 '신화의 역사화' 혹은 '역사의 신화화'라는 과정을 거치기 마련이다. 신화와 역사가 중첩되는 고대 사회에서 '신화의 역사화' 내지 '역사의 신화화'가 진행되는 것은 일본에 국한된 현상이 아니다. 모든 고대 사회가 그러했다. 하지만 21세기 현재에도 일본처럼 신화를 통해 역사를 기술하는 방식을 고집하는 나라는 없다. 현재 역사 왜곡으로 한국과 일본 사이에 갈등을 빚고 있는 새역모 교과서가 바로 '신화의 역사화'라는 방식을 고집하고 있다. 신화의 역사화에 관한 그들의 자기 주장과 논점이 무엇인지는 7장에서 다루기로 한다.

---

7 일반적으로 '근대 국민 국가'라는 용어가 통용되는데, 일본의 경우에는 이 용어를 사용하는 것이 적절치 못하다. 근대의 메이지 천황, 다이쇼 천황, 쇼와 천황에 이르기까지 천황이 내린 조칙은 '짐은'이라는 1인칭으로 시작하여 '너희 신민은'이라는 2인칭으로 끝난다. 신민이라는 말은 한자 뜻 그대로 '신하된 백성'이라는 뜻이다. 천황과 국민이 아니라 천황과 신민이라는 용어 그 자체가 바로 근대 일본 천황제 국가의 속성을 드러낸다고 볼 수 있다.

8 메이지 천황의 이름으로 반포된 〈교육칙어〉는 국민 교육의 이념을 명시한 칙어로, 메이지 시대에서 전전에 걸쳐 일본 국민의 도덕 지침이 되었다. 정식 문서명은 '교육에 관한 칙어'이다. 1890년 10월 30일에 반포되었고, 어진영御真影(천황 내외의 사진)과 더불어 천황제 이데올로기 교육의 근간이 되었다. 그리고 1948년 국회에서 효력을 상실하기 전까지 국민 교화의 수단으로서 국가에 의해 철저하게 주입되었다.

천지개벽 신화

《고사기》 신화는 신대神代(신들의 시대)의 신들 이야기에서 그들의 자손인 인황대人皇代(천황의 치세)의 이야기로 이어지는, 통일성을 지닌 신화적 이야기로 구성되어 있다. 반면에 《일본서기》 신화는 정설로 여겨지는 신화를 '본문'으로 정하고 그 밖의 다른 전승들을 '일서一書'라고 해서 본문 뒤에 병기하고 있다. 하지만 《일본서기》 신화 역시 일서를 제외하고 본문을 중심으로 읽으면 한 편의 완결된 신화이다.

《고사기》 〈상표문〉에 간단히 요약되어 있는 천지개벽 신화에 따르면, 다음과 같이 태초의 혼돈 상태에서 하늘과 땅이 분리되고 그 속에서 세 명의 시조가 나타났으며, 다시 음양이 나뉘어 만물이 형성되었다.

> 무릇 태초에 혼돈된 근원이 이미 굳어졌으나, 그 기상은 아직 나타나지 않았습니다. 그러므로 이름도 없었고 움직임도 없었기 때문에 누구도 그 형태를 알 수가 없었습니다. 그러나 하늘과 땅이 처음으로 나누어지자, 세 명의 신이 만물 창조의 시조가 되시었고, 또 음과 양이 나누어지자 두 명의 신이 만물을 생성하는 부모가 되시었습니다. 그리하여 유현幽玄(글자 그대로는 '깊고 그윽함'이라는 뜻으로, '타계'를 가리킴)의 세계에 다녀오신 후, 눈을 씻었을 때 해와 달이 나타났고 바닷물에 몸을 담그시어 목욕을 하셨을 때 많은 신들이 출현하셨습니다. 이처럼 태초의 것은 명확하지 않아 잘 알 수는 없지만, 옛 전승의 가르침으로 말미암아 신들이 국토를 낳고 섬들을 낳으신 때를 알며, 원시의 것이 아주 먼 태고의 것이긴 하나 옛 성현으로 말미암아 신들을 낳고 사람을 세우신 시기를 알 수가 있습니다. (《고사기》 〈상표문〉)

그런데 《고사기》 〈상표문〉에 나오는 천지개벽 신화는 《고사기》 본문과는 다르며, 오히려 8년 후에 편찬된 《일본서기》의 천지개벽 신화에 더 가깝다. 보다 엄밀하게 말하면 《일본서기》의 천지개벽 신화는 중국 신화에서 따온 것이다.[9]

> 옛날 옛적에, 천지가 아직 갈라지지 않고 음양도 아직 나누어지지 않았을 때, 이 세계는 혼돈하여 닭의 난자卵子처럼 모양도 결정되어 있지 아니하였으며, 또 그것은 명행溟涬(아직 해가 뜨지 않아 컴컴함)하고 광활하여 만물의 싹은 아직 그 속에 머금고 있을 뿐이었다. 드디어 맑고 밝은 부분은 얇게 흐트러져 하늘이 되고, 무겁고 탁한 부분은 쌓여 땅이 되었다. 그러나 정묘精妙한 것은 모으기 쉽고, 무겁고 탁한 것은 굳어지기 어려운 것이다. 그러므로 하늘이 먼저 이루어지고 땅은 그 뒤에 정해졌다. 그리고 뒤에 신성神聖이 그 가운데서 태어났다. (《일본서기》)

《일본서기》 신화는 음양의 코스몰로지cosmology(신화적 세계관)에 의해 천지가 생성되는 과정을 기술하고 있을 뿐, '다카마노하라高天原'라 불리는 신들의 세계를 따로 상정하고 있지는 않다. 《일본서기》에서 '다카마노하라라는 말은 본문이 아니라 일서 제4에 등장할 뿐이다. 따라서 다카마노하

9 《일본서기》의 창세 신화의 서두는 다음과 같이 중국 문헌을 차용하고 있다. 《일본서기》 신화 본문의 처음에 나오는 "천지가 아직 갈라지지 않고"라는 문장은 《회남자淮南子》의 "천지미부, 음양부판天地未剖, 陰陽不判"을 차용한 것이다. 그리고 "이 세계는 혼돈하여 닭의 난자처럼 모양도 결정되지 않았으며, 또 그것은 명행하고 광활하여 만물의 싹은 그 속에 머금고 있을 뿐이다"라는 문장은 《삼오역기三五歷紀》의 "천지혼돈여난자, 명행시아天地混沌如鷄子, 溟涬始牙"를 차용한 것이다. 또한 "맑고 밝은 부분은 얇게 흐트러져 하늘이 되고, 무겁고 탁한 부분이 쌓여 땅이 되었다"라는 문장은 《회남자》의 "청양자박미이천, 중탁자응대위지淸陽者博靡而天, 重濁者凝滯爲地"를 차용한 것이다.

라'는《고사기》 신화의 독자적인 세계관이다.

《고사기》에 의하면, 천지가 처음 생겨났을 때부터 천상계인 다카마노하라는 이미 무조건적으로 존재하고 있었다. 반면에 지상의 국토는 아직 생성되지 않아서 물 위의 기름처럼, 또 해파리처럼 떠 있는 상태였다.

> 천지가 처음 생겨날 때, 다카마노하라에 나타난 신의 이름은 아메노미나카누시노카미天之御中主神이다. 그다음으로 나타난 신은 다카미무스히노카미高御産巣日神이고, 그다음으로 나타난 신의 이름은 가미무스히노카미神産巣日神이다. 이 세 신은 모두 단독의 신으로 있다가 몸을 감추었다. 그리고 이때는 국토가 아직 제대로 생성되지 않아서 물 위의 기름처럼, 또 해파리처럼 떠 있었을 때, 갈대의 싹과 같이 돋아나는 것에 의해 생겨난 신의 이름은 우마시아시카비코지노카미宇摩志阿斯訶備比古遲神였다. 그리고 그다음으로 생겨난 신의 이름은 아메노도코다치노카미天之常立神였다. (《고사기》)

다카마노하라에 최초로 나타난 신들은 아메노미나카누시, 다카미무스히, 가미무스히, 우마시아시카비코지, 아메노도코다치로, 이 다섯 천신을 가리켜 특별하다는 의미로 고토아마쓰카미別天つ神라 한다. 이 신들이 천상계에 저절로 생겨난 신들로서 이 신들의 뒤를 이어 계속 신들이 나타난다.

국토 창조 신화

'신대 7대神世七代'라고 불리는 다카마노하라 신들 중에서 마지막에 나타난 이자나키노미코토伊邪那岐命와 이자나미노미코토伊邪那美命는 천부신과 지모신에 해당한다. 천신들은 이자나키와 이자나미에게 창을 주면서, 아직 생성되지 않아서 물에 떠 있는 기름처럼 또 해파리처럼 표류하는 일본 국토를 고정시켜 단단하게 만들라고 명한다. 두 신이 아메노우키하시天浮橋라 불리는 하늘에 떠 있는 다리 위에 서서 창을 밑으로 찔러 바닷물을 휘저은 뒤 다시 들어 올리자, 그 창끝에서 떨어지는 바닷물이 쌓여 오노고로淤能碁呂라는 섬이 생긴다. 그러자 두 신은 오노고로 섬에 내려와 큰 기둥을 세우고 그 기둥을 돌며 국토를 낳고, 이어서 여러 신들을 낳는다. 하지만 여신인 이자나미가 남신에게 먼저 말을 걸고 구애한 탓에 히루코라는 불구아가 태어난다. 그러자 두 신은 이 아이를 갈대로 만든 배에 태워 떠내려 보낸 후 천상계로 올라간다. 천신은 여자가 먼저 말을 건 것은 좋지 못하니 다시 내려가 새롭게 하라고 지시한다.

그리하여 두 신은 다시 내려와 이 앞에서 했던 것처럼 아메노미하시라天御柱를 돌았다. 이번에는 이자나키노미코토가 먼저, "정말 사랑스럽고 어여쁜 여인이구나" 하고 말했다. 그러고 나서 여신인 이자나미노미코토가 "정말 훌륭한 남자이구나!" 하고 말했다. 이와 같이 말한 다음 (이 두 신이) 결혼하여 낳은 자식이 아와지노호노사와케淡道之穗之狹別 섬이었다. 그 다음으로는 이요노후타나노伊予之二名 섬을 낳았다. 이 섬은 몸 하나에 얼굴이 네 개가 있다. 그리고 얼굴마다 이름이 있다. 따라서 이요노伊予 국國은 에히메愛比賣라 하고, 사누키讃岐 국은 이히요리히코飯依比古라 하며, 아와粟 국은 오게쓰히메大宜都比賣라 하고, 도사노土佐 국은 다케요리와케建依別라 한다. 다음에는 오키노미쓰코隱伎之三子 섬을 낳았다. 이 섬의 다른 이름은 아메노오시고로와케天之忍許呂別이다. 다음에는 쓰쿠시筑紫 섬을 낳았다. 이 섬 또한 몸 하나에 얼굴이 네 개이다. 그리고 얼굴마다 이름이 있다. 따라서 쓰쿠시筑紫 국은 시라히와케白日別라 하고, 도요豊 국은 도요히와케豊日別라 하며, 히노肥 국은 다케히무카히토요쿠지히네와케建日向日豊久士比泥別라 하고, 구마소熊曾 국은 다케히와케建日別라 한다. 다음에 이키伊岐 섬을 낳았다. 이 섬의 다른 이름은 아메노히토쓰하시라天比登都柱라 한다. 다음에 쓰시마津嶋를 낳았다. 이 섬의 다른 이름은 아메노사데요리히메天之狹手依比賣라 한다. 다음에 사도佐度 섬을 낳았다. 다음에 오야마토토요아키쓰시마大倭豊秋津嶋를 낳았다. 이 섬의 다른 이름은 아마쓰미소라토요아키쓰네와케天御虛空豊秋津根別라 한다. 따라서 이 여덟 개의 섬을 먼저 낳으셨기 때문에 이 나라를 오야시마구니大八嶋国라고 하는 것이다. (《고사기》)

여기서 주목해야 할 것은 이자나키와 이자나미의 창조 행위가 우주나 인간의 창조가 아니라 일본 국토의 창조에 초점을 맞추고 있다는 점이다. 그 이유는 일본의 국토 창조 신화가 《고사기》 편찬 당시의 야마토大和(일본 최초의 통일 국가) 시대의 국토관을 반영해서 만들었기 때문이다. 이들 두 신이 낳은 섬들은 일본 국토 전체가 아니라, 쓰시마対馬와 이키壱岐를 기점으로 한 서일본에 해당한다. 이것이 이른바 오야시마구니[10]인데, 이는 야마토 조정이 지배하던 당시 현실의 국토만을 기술한 것이다.[11] 그 결과 당시 야마

10 오야시마구니는 《속일본기》에 나오는 정식 국호로, 몬무文武 천황의 재위 기간에 처음 쓰였다. 따라서 신화의 소재로서 신들이 섬을 낳는 이야기가 이미 존재하고 있었다 치더라도, 오야시마구니라는 말이 들어간 신화의 최종본은 몬무 천황에서 《고사기》 신화가 완성되는 겐메이 천황 무렵까지의 시기에 형성되었다고 보아야 한다.

11 김후련, 《타계관을 통해서 본 고대일본의 종교사상》(제이앤씨, 2006), 51쪽.

토 조정의 통치 영역 밖에 있던 북방의 에미시蝦夷 지역은 여기에 포함되어 있지 않다. 또한 오야시마구니의 영역은 대한해협을 경계로 한반도와는 명확하게 구분돼 있어 당시 일본인들이 생각하던 일본의 국토 및 영토 의식을 명확하게 드러낸다. 이처럼 일본의 국토 생성 신화는 일반적인 창조 신화와 달리 야마토 시대의 영토에 국한된 창조 신화다.

국토 창조 신화의 중세적 변용

사실상 일본 열도의 일부만을 포함하는 세계 개념이었던 신화시대의 '오야시마구니'는 초대 진무 천황의 건국 신화를 기점으로 천황의 '왕화王化'가 미치는 곳이라는 의미의 '천하天下'라는 개념으로 바뀐다. 그리고 중세에 이르러서는 불교적 우주론에 힘입어 세계의 범위가 다시 확장된다. 이는 불교에서 파생한 밀교[12]를 숭배하던 신도가들이 오야시마구니라는 변방의 신화적 세계를 무대로 일본 신화를 재해석함으로써 이루어진 일이었다. 중세에 이르러 일본 신화의 심상 지리imagined geographies[13]가 불교적 세계관과 만나면서 고대 신화의 국토가 무한대로 확장된 것이다.

그 대표적인 저작물이 바로 가마쿠라 시대(1185~1333) 초기에 쓰인《대화갈성보산기大和葛城宝山記》(가마쿠라 시대 후기)이다.《대화갈성보산기》의 이야기는 일본 신화의 중세판인데, 여기서는 야마토의 천공에 설정되어 있

---

12 밀교는 비밀의 가르침을 뜻하며, 일반적으로는 대승불교 내의 비밀교를 가리킨다.

13 심상 지리는 마음이나 관념 속에서 인식되고 규정된 지리적 공간을 의미한다. 한마디로, 인간의 심상이 만들어낸 지리 공간이 바로 심상 지리이다.

는 다카마노하라라는 신화적 세계가 불교의 극천極天[14]으로 승격된다. 이 책에 의하면 다카마노하라에 처음으로 생겨난 조화의 삼신三神 중 하나인 다카미무스히는 불교의 극천을 지배하는 황제가 되고, 이자나키와 이자나미 두 신은 제육천궁의 주인이 된다.[15]

이 책에 따르면, 이자나키와 이자나미 두 신은 대자재천왕大自在天王으로 현신해 황천皇天이 하명한 대로 아메노누보코라는 창을 가지고 산천초목을 창조하고 여러 가지 놀랄 만한 일을 행한다. 그리고 이자나키와 이자나미는 옛날에는 중천에서 중생을 구제하고 지금은 일본의 곤고 산金剛山에 머물러 있다. 그리고 이 두 신 사이에서 태어난 것이 바로 일신日神(태양신) 아마테라스이다. 일日이란 대비로자나여래(대일여래大日如來)로, 지혜를 상징하는 월광의 변신불이다. 이렇게 해서 아마테라스와 대일여래가 하나로 접속한다.[16]

이와 같은 불교의 교설에 의한 일본 신화의 전면적 재편은 천황이 직접 통치하던 고대 율령제 국가에서 공고하게 만들어진 천황 신화와 그 이데올로기가 효능을 상실하게 되었음을 의미한다. 중세 사회는 천황이 권력을 상실하고 무가武家가 천황을 대신해 천하를 다스리던 시대이다. 이와 같은 권력 재편 과정에서 천황가는 신성 왕권을 이념적으로 뒷받침해줄 새로운 것을 모색한다. 그런데 불교 측이 밀교 이론으로 일본 신화를 재창조함으로써 새로운 시대에 적합한 새로운 이데올로기가 창출되었다. 이른바 일본

---

14 극천이란 불교의 우주론에서 말하는 무색계에 확산되어 있는 제선천諸善天 중 최고천에 해당한다. 그리고 그 밑에 물질계인 색계色界가 여러 겹의 층을 이루고 있는데 그 최고층을 제육천第六天이라고 부른다.

15 김후련, 〈고대 천황신화의 성립과 그 변용〉, 김태정 외, 《일본인의 삶과 종교》(제이앤씨, 2007), 322쪽.

16 김후련, 〈고대 천황신화의 성립과 그 변용〉, 323쪽.

신화와 밀교의 결합으로 재구성된 천황 신화이다.

국토 창조 신화의 근대적 변용

국토 창조 신화가 중세를 거쳐 근대에 이르면 일본은 세계를 축소해놓은 것이라는 '외팔주사관外八州史觀'으로 재생산된다. 이 외팔주사관 역시 일본 신화를 근간으로 상상된 심상 지리이다. 외팔주사관은 기무라 다카타로木村鷹太郎(1870~1931)가 주장한 것으로 이들의 설을 뒷받침할 만한 객관적인 증거는 없다. 기무라는 일본 신화에 등장하는 지명이나 신의 이름은 일본 열도에 한정된 것이 아니라 전 세계적인 것이라고 본다. 외팔주사관은 고대 세계사의 인명과 지명에 일본의 그것을 조합시켜 유라시아 대륙과 아프리카에 군림하는 거대 국가 일본을 창조해낸 것이다. 기무라의 주장에 따르면 태고의 일본은 결코 극동의 작은 섬이 아니었으며, 현재의 일본은 옛날에 세계 전체에 걸쳐 있었던 일본의 지리를 세밀하게 축소해 일본 열도에 투영시킨 것이다.

기무라에 의하면, 일본 민족은 태고 소아시아의 하늘, 현재의 아르메니아(성서의 '에덴')에서 발양했다. 그리고 스칸디나비아 반도를 포함한 유럽 전역에서 인도, 태국에 이르기까지 모두 천황의 지배 범위에 속했으며, 그 중심지는 그리스, 이집트였다. 아울러 기무라는 일본 인종이 그리스, 라틴 계열이라고 주장하며 일본 신화에 나오는 일본어 명칭에 그리스어와 라틴어 명칭을 대응시켜 일본 신화를 재구성한다. 예를 들면 이런 식이다. 이자나키와 이자나미가 창으로 바닷물을 저어 만든 오노고로 섬은 그리스의 델로스 섬이다. 히루코는 아폴론의 별명 히리콘이 방언화된 것이다. 아와淡 섬은 아프리카인데, 아와 섬이 여신 아프로디테의 어원인 아프로스를 의미하고 어조도 비슷하기 때문이다. 신라는 이탈리아, 도요아시하라豊葦原는 그리스의 테살리아, 다카치호高千穂는 그 근교의 오트리스 산, 이세 신궁은 아덴, 사가미相模는 오만, 스루가駿河는 미얀마, 후지富士 산은 동히말라야, 히다카미日高見 국은 티베트라고 주장한다. 또한 기무라는 석가모니와 그리스도는 일본 신화에 나오는 오시호미미忍穂耳의 화신이며 유대교는 일본 신화를 환골탈태시켜 경전을 작성한 것이라고 주장한다. 또한 마호메트는 스닌垂仁 천황의 황자 호무치와케에 기원을 두고 있다는 등 세계의 큰 교리들이 죄다 일본 민족으로부터 나왔다고 주장한다. 그리고 일본 민족은 현존하는 여러 민족 중에서 문명적으로 가장 오래된 민족이며 일본국은 세계에서 제일 오래된 국가라고 강조하면서 세계의 주요 민족과 여러 종교가 일본을 중심으로 화합, 통일되어야 한다고 주장한다.[17]

이처럼 고대 문헌의 신화에 나오는 고유명사를 전 세계에 비정比定한 것이 외팔주사관이라면, 세계와 일본의 특정 장소와의 관련성을 이끌어낸 것이 추형雛形 이론이다. 추형 이론은 오모토교大本教의 2대 교주인 데구치 오니사부로出口王仁三郎(1836~1948)가 1918년에 쓴 《이로하 신가いろは神歌》에서 주창한 것이다. 오니사부로에 의하면 현실 세계는 영계靈界를 투영한 것이며 영계와 현세는 서로 대응 관계에 있다. 일본은 열대熱帶에 베개를 두고 한대寒帶에 발을 뻗고 있는, 모든 기후와 풍토가 응집된 땅이다. 즉 일본은 전 세계를 축소해놓은 곳으로, 세계만방의 중심으로서 만국을 통치할 중앙 정부이다. 오니사부로에 의하면 홋카이도北海道는 북아메리카, 혼슈本州는 유라시아, 시코쿠四国는 오스트레일리아, 규슈九州는 아프리카이고 당

---

17 《古神道の本》(東京 : 學研, 1994), 146~147쪽 참고.

시 일본의 식민지였던 대만은 남아메리카이다.[18] 요컨대 이들 영토가 서로 다른 대륙에 존재하고 있음에도 불구하고, 세계의 지리 지형이 일본 열도의 형태를 모델로 하고 있고 토지가 영적으로 서로 대응하는 것으로 보아 일본은 세계의 축소판이라는 것이다.

천지의 분리와 황조신의 탄생

다시 고대의 일본 신화로 돌아가면, 이자나키와 이자나미는 오야시마구니로 표상화된 국토 생성이 완료되자, 즉 국토의 출산이 끝나자 이어서 자연신들을 낳기 시작한다. 이자나미는 불의 신을 낳다가 여음이 타서 죽게 된다. 이자나키는 죽음의 세계인 요미노쿠니黃泉國로 가서 이자나미를 현세로 다시 데려오려고 한다. 현세에서 타계인 요미노쿠니로 들어가는 입구까지 이자나미가 이자나키를 맞이하러 나온다.

그리하여 이자나키노미코토는 여신인 이자나미노미코토를 보고 싶어 요미노쿠니로 갔다. 그곳에서 여신이 출입문으로 마중 나왔을 때 이자나키노미코토가 말했다. "사랑하는 나의 아내여, 우리가 만든 나라는 아직도 완성되지 못하였다. 그러므로 같이 돌아가기로 하자!" 이 말을 들은 이자나미노미코토가 대답했다. "그것은 실로 애석한 일이옵니다. 조금만 일찍 오셨더라면 좋았을 것을, 나는 이미 황천국의 음식을 먹고 말았습니다. 하지만 사랑하는 나의 남편께서 와주신 것은 정말 고맙습니다. 그러므로 돌

18 《古神道の本》, 148쪽 참고.

아가고자 하는 것을 잠시 황천국의 신과 의논해보겠습니다. 그동안 나의 모습을 보아서는 안 됩니다." 그러고는 여신이 문 안쪽으로 들어갔는데, 그동안의 시간이 너무 길어 기다리기가 힘이 들었다. (《고사기》)

기다리다 지친 이자나키는 머리에 꽂고 있던 빗살을 하나 떼어가지고 불을 붙여 안으로 들어간다. 보지 말라는 금기를 깨고 들여다본 아내의 시신은 이미 부패하기 시작해서 구더기가 끓고 가스가 차서 부풀어 오른 상태이다.

빈소에 들어가서 부패해 구더기가 끓는 아내의 사체를 본 후 비로소 이자나키는 사예死穢(죽음의 부정不淨)에 대한 공포를 느끼고 두려워서 도망친다. 타계인 요미노쿠니에서 현세인 아시하라노나카쓰쿠니葦貝中國로 돌아온 이자나미는 타계의 부정을 제거하기 위해 쓰쿠시筑紫의 히무카日向에서 미소기하라에禊祓(목욕재계)를 한다. 요미노쿠니의 부정에 노출된 이자나키가 몸에 지니고 있던 물건들을 하나씩 내던지자 그가 버린 물건들에서 12명의 신들이 탄생한다. 그러고 나서 그는 강물의 중류에 몸을 담그고 몸을 씻는다.

마지막에 이자나키가 강물에서 얼굴을 씻는 과정에서 일본 왕권 신화의 주역인 황조신皇祖神(천황가의 조상신)이 탄생한다. 이자나키는 왼쪽 눈을 씻을 때 태어난 태양신 아마테라스오미카미에게 천상계인 다카마노하라를 다스리라고 명한다. 그리고 오른쪽 눈을 씻을 때 태어난 달의 신 쓰쿠요미노미코토月讀命에게는 밤의 세계를 다스리라고 명한다. 마지막으로 코를 씻을 때 태어난 스사노오노미코토에게는 바다의 세계인 우나바라海原를 다스리라고 명한다. 이자나키에게 위임받은 대로 아마테라스와 쓰쿠요미는 각자의 영역을 잘 다스린다. 그런데 스사노오만은 자신이 위임받은 나라를 다스리지 않고 수염이 가슴까지 자랄 정도로 소리 내어 울고 있었다. 그 울음소리에 산천초목은 물론이고 강과 바다도 모두 말라버려 재앙이 들끓었다. 이에 이자나키가 스사노오에게 그 연유를 묻자 스사노오는 죽은 어머니의 나라에 가고 싶다고 한다. 이에 노한 이자나키는 스사노오를 추방한다.

아마테라스와 스사노오의 대립

추방된 스사노오는 떠나기 전에 아마테라스가 통치하는 다카마노하라로 올라간다. 스사노오가 하늘로 올라갈 때 산천이 모두 움직이고 국토가 온통 진동하자, 아마테라스는 완전 무장을 하고 스사노오를 기다린다. 그러자 스사노오는 단지 어머니의 나라로 가겠다고 아뢰기 위해 온 것이며, 다른 사악한 뜻은 없다고 한다. 이에 아마테라스가 네 마음이 결백하다는 것을 어떻게 증명하겠느냐고 하자, 스사노오는 서로 서약을 하고 자식을 낳자고 제안한다. 두 신이 강을 사이에 두고 서로 서약을 한 뒤 스사노오는 아마테라스에게 자신이 차고 있던 검을 주고 아마테라스는 스사노오에게 자신이 차고 있던 구슬 꿴 장식물을 준다. 두 신은 각자 받은 물건을 잘라 씹어서 내뿜는다. 그러자 스사노오의 물건에서는 다섯 명의 남신이 태어나고 아마테라스의 물건에서는 세 명의 여신이 태어난다. 스사노오는 자신의 물건에서 남신이 태어났으므로 자신의 마음이 결백하다는 것이 증명되었다고 주장한다.

내기에 이긴 스사노오는 다카마노하라에서 온갖 악행을 저지른다. 아마테라스가 경작하는 논의 논두렁을 부수고 그 논에 들어갈 물이 흐르는 개천도 메워버린다. 그리고 신전에다 똥을 뿌린다. 이에 그치지 않고, 아마테

라스가 이미하타야忌服屋라는 건물에 들어가 신에게 바칠 옷을 짜게 하고 있을 때 그 건물의 용마루에 구멍을 낸 뒤 얼룩말의 가죽을 벗겨서 그 구멍을 통해 안으로 떨어뜨린다. 그때 베 짜는 여인이 이를 보고 놀라 그만 베틀 북에 음부를 찔려 죽는다. 이를 보고 두려움을 느낀 아마테라스는 '아메노이와야토天の岩屋戸'라 불리는 석굴로 들어가 모습을 감춘다. 그러자 다카마노하라는 말할 것도 없고 지상의 아시하라노나카쓰쿠니도 암흑이 되어버린다. 그리하여 많은 신들의 소리가 파리가 들끓듯이 가득 차고 갖가지 재앙이 일제히 일어난다.

이에 다카마노하라의 신들이 모두 모여서 대책을 강구하고 태양신 아마테라스를 밖으로 불러내기 위해 영신 의례를 거행한다.

아메노가구天香 산에 있는 잎이 무성한 비추기 나무를 뿌리째 뽑아 윗가지에다 곡옥을 꿴 구슬 장식물을 달아놓고, 가운데 가지에는 커다란 거울을 걸어놓고, 아래 가지에는 흰색 천과 푸른색 천을 매달아놓았다. 이와 같은 여러 가지 물건을 후토타마노미코토布刀玉命가 신성한 제물로서 손에 들고, 아메노코야네노미코토天兒屋根命는 노리토祝詞를 외우면서 기원했으며, 아메노타지카라노카미天手力神는 석실 문 옆에 숨어 서 있었고, 아메노우즈메노미코토天宇受賣命는 하늘의 가구야마에 있는 히카게日影(덩굴식물)를 다스키手次(소매가 흘러내리지 않게 하는 어깨 끈)로 사용하였고, 하늘의 마사키眞拆라는 덩굴나무를 머리에 꽂고 하늘의 가구야마의 대나무 잎을 손에 쥐었으며, 아메노이와야토 앞에 통을 뒤집어놓고 그 위에서 발을 세차게 구르며 신이 들려서 젖가슴을 드러내고 치마끈을 음부에다 늘어뜨렸다. 그러자 천상계가 진동할 정도로 많은 신들이 함께 크게 웃었다. (《고사기》)

그러자 이를 이상하게 생각한 아마테라스가 석굴 문을 열고 밖을 내다보았는데, 이때 숨어 있던 아메노타지카라노카미가 아마테라스의 손을 잡아 밖으로 끌어낸다. 신들의 지혜로 아마테라스가 밖으로 나오자 천상계인 다카마노하라와 지상계인 아시하라노나카쓰쿠니는 다시 광명을 찾는다.

아마테라스가 아메노이와야토에서 나오자 천상계의 신들은 스사노오에게 자신의 죄를 대속할 물건을 내놓게 하고 손톱과 발톱을 잘라 죄를 씻게 한 후에 천상계에서 추방한다. 다카마노하라에서 추방된 스사노오는 네노카타스쿠니로 가기 전에 '이즈모出雲(현재의 시마네島根 현)'(《고사기》 신화, 《일본서기》 신화 일서 제8) 또는 '신라'(《일본서기》 신화 일서 제4, 제5)로 간다. 《일본서기》 일서 제4에 의하면, 추방된 스사노오는 아들인 이타케루노카미五十猛神를 거느리고 신라국의 '소시모리曽尸茂梨'로 들어간다. 그곳에 나무를 심었으나, 나무가 잘 자라지 않자 다시 일본의 기노쿠니紀伊國로 돌아가 수목의 종자를 심는다. 한편 일서 제5에 의하면, 일본으로 돌아가기 전에 스사노오는 가라쿠니韓鄕(신라)의 섬에는 금은이 있는데 내 아들이 다스리는 나라에 배가 없으면 그곳에 왕래하기가 좋지 않을 것이라며 배를 만들었다. 그러고 나서 스사노오는 기노쿠니로 건너갔고, 나중에는 '구마나리 봉熊成峯'에 있다가 마지막으로 타계인 네노쿠니根国로 갔다.

그런데 스사노오의 전승과 관련해서 이즈모 지역의 신화 전승을 기록한 《풍토기風土記》(8C 초엽~중엽)의 내용을 살펴보면 스사노오 신화는 이즈모 지역에서 발생한 이즈모의 전승과는 전혀 다름을 알 수 있다. 이즈모의 동부는 이자나미와 관계가 있는 지역으로 이자나미를 제신으로 모시는 신사神社가 많아서 이른바 이자나미의 세력권을 형성하고 있다. 이에 반해 히가와斐伊川와 간도가와神門川 유역의 산지는 스사노오의 세력권을 형성하고 있다. 또한 이즈모 군과 간도 군의 수전水田 지역은 오나무치大穴遅(오쿠니누

시노카미大国主神)의 세력권을 형성하고 있다.[19]

이처럼 이즈모 지역에 전해지는 전승에 의하면 스사노오는 이즈모의 일개 지방 신에 지나지 않는다. 그뿐만 아니라 황조신 아마테라스의 남동생도 아니며, 오나무치와도 계보상 아무 관련이 없다. 이처럼 계보상 서로 아무런 관련이 없는 야마토 왕조의 황조신 아마테라스와 이즈모의 지방 신 스사노오를 오누이로 연결시킨 것은 이즈모가 야마토에 통합되어야 한다는 당위성을 설명하기 위해서였다.[20] 다시 말하면 스사노오의 후손인 오나무치가 국신의 대표인 오쿠니누시大国主가 되어 황조신 아마테라스의 후손인 니니기노미코토邇邇藝命에게 국토를 헌상한다는 국토 양도 신화를 창작하기 위해서였다. 이처럼 일본 신화는 7세기 무렵 신화의 최종 성립 단계에서 일본 전역에 산재하던 씨족의 전승을 신화소로 하여 하나의 완결된 스토리로 만들어진 것이다. 따라서 일본 신화의 성립 과정과 문헌 신화의 편찬 의도를 알지 못한 채 재구성된 개별 신화의 스토리를 중심으로 한국 신화와의 관련성을 연구하는 것은 지양되어야 한다.

스사노오 신화의 근대적 변용

일본 신화 편찬의 정치적 의도 때문에 이즈모의 지방 신인 스사노오는 천황가의 시조신인 아마테라스의 남동생으로 변용된다. 그런데 고대 '천황 신화'가 근대에 이르러 근대 천황제 신민 국가의 '일본 신화'로 부활하면서,

19 김후련, 《타계관을 통해서 본 고대일본의 종교사상》, 275쪽.

20 김후련, 〈일본 영웅신화의 구조와 논리〉, 《역사문화연구》 제22집(한국외국어대학교 역사문화연구소, 2005), 233쪽.

메이지 정부의 정치적 의도에 따라 스사노오는 다시 작위적인 변용을 거친다. 조선을 병합한 대일본제국은 조선의 합병과 통치를 정당화하기 위해, 일본과 조선은 동일 조상에서 비롯되었다는 일선동조론을 주장하기 시작한다. 이 과정에서 스사노오는 신라 신이자 조선의 국조신인 단군으로 비정된다.

스사노오가 신라와 관련 있는 신이라는 것은《고사기》와《일본서기》본문 및 일서(제1, 제2, 제3, 제6)에 단 한 줄도 기록되어 있지 않다. 앞에서 이야기했듯이 스사노오와 그의 후손이 신라를 왕래했다는 기록이《일본서기》일서 제4와 제5에 남아 있을 뿐이다. 고대 문헌 신화가 기록되던 당시에도 주류로 인정받지 못한 두 기록을 토대로 근대 일본의 학자들은 스사노오를 신라 신으로 비정한다.

마찬가지로 스사노오가 단군이라는 기록 또한 고대의 문헌은 물론이고 후대의 어떤 문헌에도 없다. 그럼에도 불구하고 일본의 신화학자, 역사학자, 그리고 조선총독부의 관료들은 스사노오가 신라 신이라는 설을 적극적으로 주장하고 지지했다. 일본이 이런 억지 주장을 편 것은 조선의 국조신인 단군에 대한 조선인의 숭경심을 억제하고, 단군과 스사노오를 동일 인물로 비정함으로써 일선동조론을 정당화하기 위해서였다. 조선을 병합해 통치하는 데 있어서 일본(아마테라스)과 조선(스사노오)이 동일 조상에서 유래했다는 일선동조론만큼 적절한 구실이 없다고 생각했던 것이다.

1942년 5월부터 1944년 7월까지 조선총독을 지낸 고이소 구니아키小磯国昭는 스사노오가 신라로 강림했다는 고대 천황 신화를 들어, 아마테라스의 후손이 세운 일본에 의한, 아마테라스의 남동생이 세운 조선의 병합을 합리화한다.

여기 반도 2,500만의 원민족은 틀림없이 스사노오노미코토의 후손이라고 생각한다. 과연 그렇다고 하면 아마테라스오미카미의 후손인 내지(일본) 민족과 바로 뿌리가 같고 하나라는 것은 숨길 수 없는 사실이 아닌가 생각될 뿐만 아니라, 우리가 오늘날 알 수 있는 역사상으로나 그 후로나 피의 혼합이 되풀이되고 있는 것이다……그런데 명치 43년(1910)의 성대에 아마테라스오미카미의 후손이신 메이지 천황에 의하여 스사노오의 후손인 조선이 병합된 것은 신대 말기의 신사神事가 더욱 철저히 완성적으로 다시 되풀이된 것이 아닌가 하는 생각이 든다.[21]

한편 아베 다쓰노스케阿部辰之助는 《신선일한태고사新選日韓太古史》에서 다음과 같은 논리를 펴면서 스사노오와 단군이 동일 인물이라고 주장한다.

① 한반도와 일본이 육지로 연결돼 있었던 시대에 한반도 남부와 일본에 살고 있었던 민족이 원일본인原日本人이다.
② 그 후 한반도에 남하한 맥족貊族(곰을 신봉)은 지도자를 모두 단군이라 했다. 맥족은 단목檀木을 신목神木으로 숭배했기 때문이다. 맥족은 육지로 연결되어 있었던 일본의 규슈로 건너가 일본에서 구마소熊襲나 아이누가 되었다.
③ 한반도에 남은 맥족은 남하한 예족濊族(호랑이를 신봉)과 잡거했다. 그리고 농경 민족인 한족寒族이 남하해 맥족과 예족에게 농경업을 가르쳤는데, 맥족은 농경 민족이 되었으나 예족은 농경이 싫어서 더 남

---

21 鈴木文四郎, 〈進歩する朝鮮―小磯總督に訊く〉, 《朝鮮同胞に告ぐ》(京城大東亞社, 1944), 219쪽. 호사카 유지, 《日本帝國主義의 民族同化政策 分析》(제이앤씨, 2002), 148쪽에서 재인용.

하해 현재의 강릉에서 산해업山海業으로 생활했다. 한족의 왕인 왕한王汗은 평안도에 있던 맥족의 여자를 처로 삼아 아들을 낳았는데, 이 아이가 단군 신화의 단군이고 그는 농업 단군이었다. 그는 신라국神羅國(=新羅國)을 세웠다.

④ 농업 단군은 일본국으로부터 농업을 가르쳐달라는 요청을 받았고, 맥족을 거느리고 오키隱岐를 경유해 시마네島根 반도의 가가우라加賀浦에 상륙한 뒤 스사須佐에 잠시 살았다. 그래서 농업 단군을 스사노오須佐之男命(=素戔嗚尊)라고 부르게 되었다.

⑤ 일본에 농업을 가르친 공로로 단군은 아마테라스오미카미와 형제 관계를 맺었다. 《고사기》와 《일본서기》에 기록된 스사노오의 난폭한 행동은, 그 후 아마테라스오미카미가 (스사노오를) 냉대한 데 원인이 있다.

⑥ 그래서 단군은 원래 거주지였던 춘천의 소시모리曾尸茂梨(=牛頭里)로 돌아갔는데, 그 후 다시 맥족을 거느리고 시마네에 상륙했고, 아들 이타케루에게 명하여 일본 각지에 식림을 했다. 단군과 맥족은 귀화해 이즈모족이 되었다. 단군은 이즈모에서 죽고 구마나리 봉에 매장되었다.[22]

앞에서도 밝혔듯이 스사노오를 단군으로 비정할 만한 문헌 자료는 전혀 없다. 그럼에도 불구하고 아베 다쓰노스케는 이와 같이 스사노오를 단군으로 비정하여 신화의 역사화를 도모한다. 그리고 이를 토대로 하여 일본과

---

22 阿部辰之助, 《新撰日鮮太古史》(大陸調査會, 1928). 호사카 유지, 《日本帝國主義의 民族同化政策 分析》, 145~146쪽에서 재인용.

조선의 고대사를 새로 쓴다. 일본의 어용학자들과 조선총독부의 관리들이 세운 가설에 의하면 농업 단군인 스사노오가 신라를 세우고 일본국으로 건너온 것으로 되어 있다. 이 역시 근대 일본인의 심상 지리를 드러내는 것에 지나지 않는다.《삼국유사》에 신라의 건국 시조가 박혁거세라고 되어 있는데도 불구하고 일본의 식민주의자들은 일본과 조선이 동일 조상에서 유래했으므로 일본과 조선이 합병되는 것은 당연하다는 논리를 펴기 위해 일본 신화를 조선 신화와 접속한다. 이것이 바로 베네딕트 앤더슨이 말하는 '상상의 공동체imagined communities'라는 것이다.

천손 강림 신화

한편 지상 세계에서 스사노오와 그의 후손인 오쿠니누시에 의해 국토가 평정되자, 아마테라스의 신칙에 의해 지상인 아시하라노나카쓰쿠니의 평정이 진행된다. 다카마노하라 신들의 논리에 따르면, 아시하라노나카쓰쿠니는 아마테라스의 자손이 영원히 통치해야 할 나라임에도 불구하고 혼돈 그 자체이므로 먼저 지상 세계를 평정하겠다는 것이다. 이와 같은 무질서한 지상 세계를 평정하기 위해 천상계인 다카마노하라의 사령신인 다카미무스히(혹은 다카키노카미高木神)와 아마테라스는 사자를 파견한다. 이리하여 국신들이 할거하는 지상 세계는 천신들에 의해 평정된다. 지상의 평정이 이루어진 뒤에 아마테라스의 손자인 천손 니니기가 지상으로 강림한다.

그런데 천손이 지상으로 강림하는 천손 강림 신화는 강림을 지시하는 사령신의 유형에 따라 크게 세 가지 유형으로 나뉜다. 첫 번째 유형은《일본서기》본문과 일서 제4와 제6, 그리고《풍토기》에 따른 것으로, '다카미무스히' 계통에 속한다.《일본서기》 본문에 따르면, 지상 세계의 평정을 명하고 천손을 강림시키는 신은 다카미무스히다. 두 번째 유형은《고사기》와《일본서기》 일서 제2에 따른 것으로, 다카미무스히와 아마테라스가 공동으로 사령신으로 등장한다. 세 번째 유형은《일본서기》 일서 제1에 따른 것으로, 아마테라스가 단독으로 천손의 강림을 지시하는 사령신으로 등장한다.[23] 아마테라스는 지상의 평정이 끝나고 강림하는 니니기에게 곡옥, 거울, 검으로 대표되는 '3종의 보물(나중에 신기神器라고 불림)'과 함께, 천지와 더불어 영원히 번성하라는 축복을 내린다. 이 축복이 나중에 '천양무궁天壤無窮의 신칙神勅'이라 명명된다.

《고사기》 신화에는 천손 니니기가 아마테라스의 아메노이와야토 신화에서 활약했던 다섯 부족의 수장을 거느리고서 3종의 신기를 가지고 강림하는 것으로 되어 있다.《고사기》 신화에서 천손 강림을 명한 것은 아마테라스와 다카키이다.

아메노코야네노미코토天兒屋根命, 후토다마노미코토布刀玉命, 아메노우즈메노미코토天宇受賣命, 이시코리도메노미코토伊斯許理度賣命, 다마노야노미코토玉祖命, 모두 합하여 다섯으로 나뉜 부족의 수장들을 거느리고 하늘에서 내려왔다. 그때 아마테라스오미카미를 석실에서 나오게 하였을 때 사용했던 야사카노마가타마八尺勾璁라는 구슬(곡옥)과 거울鏡과 구사나기노쓰루기草薙劍라는 칼, 그리고 도코요常世의 오모히카네노카미思金神, 다지카라오노카미手力男神, 아메노이와토와케노카미天石門別神도 함께 동행

---

23 천손의 강림을 명하는 사령신에 관한 전승은 다카미무스히가 단독으로 천손을 강림시키는 제1유형에서, 다카미무스히와 아마테라스가 공동으로 강림을 명하는 제2유형으로 발전하고, 다시 아마테라스가 단독으로 강림을 명하는 제3유형으로 발전했다고 보는 것이 일반적이다.

하게 하고는 아마테라스오미카미가 니니기노미코토에게 명하기를, "이 거울은 오로지 나의 혼으로 여기고, 나 자신을 모시는 것처럼 우러러 모시도록 하여라. 그리고 오모히카네노카미는 나의 제사에 관한 일을 맡아서 하도록 하여라"라고 말씀하셨다. (《고사기》)

이렇게 해서 아마테라스의 손자인 니니기는 3종의 신기와 다섯 부족의 수장과 함께 다카마노하라에서 쓰쿠시(현재의 규슈)의 휴가日向 지역으로 강림한다. 그런데 일본 신화의 최대 의문 사항 중 하나는 천황가의 선조인 니니기가 강림한 장소이다. 야마토의 건국 시조인 진무 천황의 조부에 해당되는 니니기가 왜 야마토의 조정이 있는 야마토 지역이 아니라 규슈의 휴가에 강림했는지, 게다가 왜 가라쿠니와 마주 보는 곳에 도읍으로 정했는지가 의문점인 것이다.

한편 천신이 아마쓰히코호노니니기노미코토天津日子番能邇邇藝命에게 명을 내리니, 니니기노미코토는 하늘의 바위자리를 떠나 여러 겹으로 쳐진 하늘의 구름을 가르고 위세 있게 길을 헤치고 헤치어 천부교로부터 우키시마浮島 섬에 위엄 있게 내려서서, 쓰쿠시에 있는 휴가의 다카치호高千穗 구지후루타케久士布流多氣로 내려왔다. (《고사기》)

여기서 천손이 강림한 구지후루타케는 가야국의 수로왕이 강림한 귀지봉에 비정할 수 있다. '구지후루'는 '구지'의 발음과 유사하며, 구지봉의 '봉'(봉우리)에 대응하는 일본어는 '다케岳'이다. 그뿐만 아니라 가야의 김수로왕이 강림할 때 황금알 여섯 개가 붉은 천에 쌓여서 강림한 것처럼(《삼국유사》의 〈가락국기〉), 니니기 역시 마토코오후스마真床覆衾(어린애를 싸는 강보의 일종)에 쌓여서 강림한다(《일본서기》 신화).

더욱더 의미심장한 것은 천손이 강림한 구지후루타케가 가라쿠니(가야)가 마주 보이는 곳이라는 점이다.

> 이곳은 가라쿠니를 바라보고 있고, 가사사笠沙의 곶岬과도 바로 통하여 있어 아침 해가 바로 비치는 나라, 저녁 해가 비치는 나라이다. 그러므로 여기는 정말 좋은 곳이다. (《고사기》)

강림한 니니기는 그곳의 땅 밑 반석에 두터운 기둥을 세운 훌륭한 궁궐을 짓고 하늘高天原을 향해 기둥千木을 높이 세우고 그곳에서 살았다고 한다. 천손이 강림한 지역은 현재도 여전히 '가라쿠니타케韓国岳(한국악)'라는 지명으로 불린다.

일본 신화, 그것도 천황가의 시조 신화에 나타나는 가야 신화와의 관련성과 '한국악'이라는 지명을 8세기 초엽《고사기》 성립 단계에서 삭제하지 못한 것은 천황가의 시조가 야마토 지역에서 발원한 것이 아니라 휴가에서 발원한 것이 사실이기 때문일 것이다. 당시의 씨족 전승을 모두 모아 일본 신화를 재창작하면서도 천황가의 기원에 대해서는 차마 손을 댈 수가 없었던 것이다. 초대 천황 진무 역시 실존 인물이 아니라 창작된 인물이다. 하지만 니니기의 후손인 진무 천황의 형제들이 야마토로 천도하는 것을 진무 천황의 '동정東征' 전승이라고 해서 기록한 것만 보아도 일본 천황가는 규슈에서 발원한 것이 틀림없다. 이는 메이지 정부가 진무 창업創業[24]의 정

24 일본에서는 일반적으로 진무 천황의 건국에 관한 전승을 건국 신화라고 부르지 않고, 신화적 측면에서 이야기할 때는 '진무 천황의 동정 전승'이라고 부르며, 역사적 측면에서 이야기할 때는 '진무 창업'이라고 부른다.

신으로 돌아가자고 외치면서 진무가 천도하고 즉위한 곳이라고 전승되는 나라奈良 지역의 가시하라橿原와 아울러 니니기가 강림했다는 휴가 지역을 함께 대대적으로 정비한 사실에서도 알 수 있다.

앞에서 살펴본 바와 같이 일본의 천손 강림 신화가 한반도의 신화와 계통을 같이하거나, 아니면 한반도를 지향하는 것은 확실하다. 하지만 후대로 갈수록 이러한 요소들은 희석되어, 후대의 진구 황후 전승에 이르러서는 자신의 뿌리에 해당하는 금은보화의 나라 신라를 정벌하고 복속시키는 것으로 내용이 바뀌게 된다. 전전의 일본 신화학계는 삼한을 정벌했다는 진구 황후의 전승에 관심을 가졌고, 일본의 천손 강림 신화에서 나타나는 이와 같은 한국 지향성에 대해서는 애써 눈을 감았다. 일본의 신화학자들 중 일부는 현재도 여전히 이와 같은 사실에 대해 침묵하거나 외면한다.

천손 강림 신화의 중세적 변용

천손 강림 신화에서 중요한 것은 아마테라스가 천손 니니기를 축복하며 내린 '천양무궁의 신칙'이다. 천양무궁의 신칙이란 일본은 황조신 아마테라스의 자손이 다스려야 할 나라이며 천지와 더불어 영원무궁하게 번성할 것이라고 천명한 것이다. 천양무궁의 신칙과 아울러 의미가 부각되는 것이 바로 아마테라스가 천손인 니니기에게 하사했다는 '3종의 보물'이다.

그런데 야마베山辺 신사가 소장하고 있는 두루마리 그림 〈고사기 회사古事記絵詞〉를 보면, 강림에 즈음해 니니기가 아마테라스로부터 3종의 신기를 받는 장면에서 좌측에는 3종의 신기가, 우측에는 벼 이삭이 놓여 있다. 이는《일본서기》신화 제9단 일서 제2의 전승을 토대로 그린 것으로 추정된다. 일서 제2에 따르면 아마테라스는 천손 니니기에게 보경寶鏡, 즉 거울을 하사하면서 이 거울을 자신을 보듯이 하고 침소에 같이 모시라고 명한다. 아울러 벼 이삭을 하사한다. 이 벼 이삭과 관련하여 아마테라스와 천손 니니기로 이어지는 신성한 계보에 의해 지상 세계에서 농경이 시작되었다는 것이 전전의 신화 해석이다.

이 3종의 보물의 의미는 중세 이후 크게 변한다. 3종의 보물에 부여된 고대적 신성성이 소멸되기 시작하면서, 밀교에 의해 현저하게 불교화된 새로운 해석이 등장한다. 가장 독특한 해석은 천태좌주天台座主인 지엔慈円(1155~1255)이 꾸었다는 신묘한 꿈에 대한 해석이다.《자진화상몽상기慈鎮和尚夢想記》(1203)에 의하면 지엔은 꿈에서 보검宝剣(칼)과 신지神璽(옥)가 교접하는 신비적인 환몽을 꾼다. 지엔은 이를 왕과 왕비의 교접으로 해석한다. 보검은 왕으로 일자금륜一字金輪(북극성)을 상징하고, 옥은 왕비로 불안불모仏眼仏母를 상징한다는 것이다. 이 보검과 신지의 교접으로 태어난 것이 바로 3종의 보물 중 하나인 신경神鏡이다. 신경은 아마테라스의 신체神体에 해당하며 아마테라스는 바로 대일여래이다. 즉, 천황은 밀교 세계에서 구극의 부처라고 일컬어지는 일자금륜과 부처의 어머니라 불리는 불안불모의 교접에 의해 생겨난 대일여래의 화신인 것이다.[25]

이와 같은 밀교의 해석으로 인해 아마테라스와 대일여래가 일체가 되고, 나아가 아마테라스의 손자인 천황과 대일여래 역시 일체가 된다. 이로써 천황가의 시조인 아마테라스와 천황, 그리고 천황가의 왕권 제식에 사용되는 3종의 보물까지 완전히 불교에 함몰된다. 아마테라스와 3종의 보물까지 대일여래를 중심으로 하는 밀교의 세계에 편입시킨 것은, 부처의 보증

---

25 《天皇の本》(東京 : 學習研究社, 1998), 323쪽.

없이는 천황위의 신성불가침성을 유지하기가 곤란해진 중세 일본의 시대 상황을 반영한다.[26] 불교 측에 의한 천황 신화의 새로운 해석은, 결국 일본 천황을 변방의 왕에서 부처와 특별한 인연을 맺은 신국에 군림하는 전륜성왕転輪聖王으로 승격시키는 결과를 가져온다.

천손 강림 신화의 근대적 변용

고대의 천황 신화는 근대의 일본 신화로 탈바꿈하면서 다시 한 번 변용을 겪는다. 신화를 통해 근대 천황제 국민 국가를 창출하고자 했던 메이지 정부에게 중요한 것은 일본 신화 그 자체가 아니라, 근대 천황제 국가의 이데올로기를 만들어내는 데 필요한 부분뿐이었다. 메이지 정부가 고대 천황 신화 가운데 특히 주목한 대목은 천손 강림 신화 중에서도 천황 신권의 유래를 설명하는 '천양무궁의 신칙'과 이를 보증하는 '3종의 보물'이었다. 메이지 정부가 필요로 한 것은 황조신 아마테라스의 자손인 천황에 의해 일본이 영구히 계속될 것이라는 아마테라스의 천양무궁의 신칙과 천황의 즉위식에 사용될 왕권의 상징인 레가리아神寶였기 때문이다.

그런데 근대에 끊임없이 재생산되는 천양무궁의 신칙은 앞에서 설명한 대로《고사기》와《일본서기》본문에서는 언급되지 않고《일본서기》일서 제1에만 기술되어 있다.

그런고로 아마테라스오미카미는 아마쓰히코히코 호노니니기노미코토

26 김후련, 〈고대 천황신화의 성립과 그 변용〉, 325쪽.

에게 야사카니노마가타마八坂瓊の曲玉, 야타노카가미八咫鏡, 구사나기노쓰루기라는 3종의 보물을 하사하셨다. 또 나카토미中臣의 조상신인 아메노코야네노미코토, 인베忌部의 조상신인 후토타마노미코토, 사루메의 조상신인 아마노우즈메노미코토, 가가미쓰쿠리鏡作의 조상신인 이시코리도메노미코토, 다마스리玉作의 조상신인 다마노야노미코토, 이렇게 모두 5부의 신을 딸려 보내셨다. 이리하여 황손에게 신칙을 내리시며, "아시하라노치히호아키노 미즈호노쿠니葦原千穗秋穗瑞穗国는 나의 자손이 군주가 되어야 할 나라이다. 너 황손皇孫이여 가서 다스려라. 가거라. 아마쓰히쓰기天津日嗣ぎ(천손의 황위)가 융성한 것이 정말이지 천지와 더불어 다함이 없이 무궁하리라"라고 말씀하셨다. (《일본서기》)

상기의 《일본서기》 일서 제1에서 볼 수 있듯이, 아마테라스는 천손 니니기에게 '야사카니노마가타마(곡옥), 야타노카가미(거울), 구사나기노쓰루기(검)'라는 이름의 '3종의 보물'을 하사했다.

그런데 메이지 정부의 필요에 따른 문헌 신화에 대한 작위적 해석은 필연적으로 신화의 변용을 가져온다. 대표적인 예의 하나가 '3종의 보물'이다. 편의상 '3종의 신기'라는 용어가 일반적으로 사용되지만, 사실 고대의 문헌 신화에서는 야타노카가미나 구사나기노쓰루기를 '신기神器'라고 칭한 기록은 보이지 않는다.[27] 더욱이 신화가 아니라 역사적 사실로 인정할 수 있는 지토持統 여제의 즉위 의례 때 실제로 사용된 것은 곡옥, 거울, 검으로 대표되는 3종의 보물이 아니라 거울과 검뿐이었다. 더욱이 《고사기》에는

27 김후련, 〈일본의 신화와 천황제 이데올로기〉, 《일본연구》 제29호(한국외국어대학교 일본연구소, 2006), 9쪽.

3종의 신기 중 거울이 언급될 뿐 '야타노카가미'라는 구체적 이름은 나와 있지 않다.

사실 에도 시대까지만 해도 '3종의 신기'라는 말은 존재하지 않았다. 에도 시대의 국학자인 모토오리 노리나가本居宣長(1730~1801)는 이를 '3종의 신보神寶'라고 불렀다. 또한 에도 시대의 미토학 이론가인 아이자와 세이시사이会沢正志齋(1782~1863)는《신론新論》(1825) 〈국체国体〉 상편에서 이를 '3기三器'라고 불렀다.[28] 아이자와는 아마테라스가 천손 니니기에게 내린 3기를 가지고 덕德은 구슬에 비유하고 명明은 거울에 비유하며 위威(위엄)는 검에 비유한다. 아울러 천황은 하늘의 인仁을 체현하고 하늘의 명에 따라 하늘의 위엄을 떨치며 만방에 군림하는 존재라고 밝힌다. 이는 유교적 천天 사상에 유교적 도덕론이 결합된 3기에 대한 새로운 해석으로, 이른바 일본 신화의 주자학적 해석이다.[29]

이처럼 천손 니니기의 강림에 즈음해 아마테라스가 내린 '천양무궁의 신칙'과 '3종의 신기'는 중세의 신국 사상, 근세의 국학과 미토학, 근대 천황제 국가의 이데올로기로서 끊임없이 재생산되어왔다.[30] 일본의 역사를 실질적으로 황조 아마테라스의 신덕神德으로 설명하는 '천양무궁의 신칙'이 일본 역사의 전면에 등장한 것은 메이지 36년에 채택된 역사 국정 교과서에서 이것이 언급되면서부터이다. 이로 인해《고사기》 신화와《일본서기》 신화의 본문을 제치고《일본서기》 신화 일서 제1이 천황의 신권神權을 설명하는 신성한 신화로서 널리 반포된다. 메이지 정부의 노력으로 고대의

28 김후련, 〈일본의 신화와 천황제 이데올로기〉, 9쪽.

29 김후련, 〈일본의 신화와 천황제 이데올로기〉, 10쪽.

30 김후련, 〈일본의 신화와 천황제 이데올로기〉, 8쪽.

'천황 신화'는 근대의 '일본 신화'로 탈바꿈한다. 이와 같은 메이지 정부의 작위적인 신화 해석으로 인해《고사기》와《일본서기》본문 및 그 밖의 일서들은 의도적으로 배제되고,《일본서기》일서 제1의 전승이 공식화된다.

: 2 :

진무 천황의 건국 신화

고대의 문헌 신화 중에서 천황제 이데올로기로서 끊임없이 재생되고 있는 것은 천손 니니기의 강림 신화와 그의 후손인 진무 천황의 건국 신화이다. 현대의 일본 역사학이 인정하고 있듯이 진무 천황은 실존 인물이 아니다. 따라서 진무 천황이 일본을 건국했다는 것은 역사적 사실이 아니며, 일본이 건국된 시기 역시 기원전 660년이 아니다. 진무 천황의 건국 신화는 중세까지 역사의 뒤안길에서 잊혀가다가, 에도 막부 말엽부터 근대인 메이지 시대 초엽에 본격적으로 역사의 전면에 부상한다. 에도 막부 말엽에 존왕양이尊王攘夷파들이 '진무 창업의 정신으로 돌아가자'고 외치며 왕정복고를 주장하면서 진무 천황의 건국 신화가 역사의 전면에 떠오른 것이다.

메이지 시대에 들어와 역대 모든 천황의 능이 확정되면서 진무 천황 이래의 역사적 전통이 시각화된다. 역대 천황 중에서도 특히 초대 진무 천황의 능이 우네비 산畝傍山 기슭의 가시하라에 가시화된다. 메이지 유신

(1867[31])이 일어나기 전인 1863년에 논 한가운데에 거대하게 쌓아 올린 원분이 만들어진다. 아울러 진무천황의 능과 호응하듯이 인접한 곳에 가시하라 신궁이 만들어진다. 진무천황릉과 가시하라 신궁이 조성된 우네비 산 산록은 1890년부터 본격적으로 정비되기 시작해서 황기皇紀 2600년에 해당하는 1940년까지 신원神苑으로 정비 · 확장된다.[32]

메이지 정부는 황조신 아마테라스가 천손인 니니기에게 하사한 3종의 신기와 천양무궁의 신칙이 언급되는《일본서기》일서 제1을 토대로, 니니기의 후손인 진무 천황의 건국 신화를 역사의 전면에 내세우며 강조한다. 그 과정에서 이전에 존중받았던《고사기》와《일본서기》본문 및 그 밖의 일서는 무시된다. 반면에 쇼와 시대(1926~1989)에 들어서는《일본서기》건국 신화의 대미를 장식하는 '팔굉일우八紘一宇'(천지사방을 하나의 지붕으로 덮는다)가 주목을 받게 된다.

진무 천황의 동정 전승[33]

고대 천황 신화에 의하면, 천황가의 선조는 야마토(현재의 나라 현)로 천도

---

31 메이지 유신의 개시 연도에 대해서는 여러 가지 설이 있다. 메이지 원년인 1868년으로 보는 설도 있지만, 일반적으로는 그 전년인 1867년으로 본다. 게이오 3년(1867)에 실시된 대정봉환과 왕정복고 이후의 개혁을 메이지 유신의 시작으로 보기 때문이다.

32 김후련, 〈일본의 신화와 천황제 이데올로기〉, 11쪽.

33 진무 천황의 '동정 전승'은 '동쪽을 정벌한 전승'이라는 뜻이다. 야마토 왕조가 규슈에서 발원해 동쪽의 야마토로 옮겨 갔다는 의미에서 이 일을 '동천東遷' 또는 '동정 전승'이라고 부른다. 일본에서는 일반적으로 진무 천황의 건국 이야기를 동정 전승이라 부르고, 건국 신화라는 표현은 거의 쓰지 않는다. 이 책에서도 일본의 이러한 관행을 따르기로 한다.

하기 전에 휴가에서 '니니기, 호호데미, 우가야후키아에즈'로 이어지는 3대를 거쳤다. 천손이 강림한 곳이자 이후 3대째까지 그의 후손이 살았던 휴가 지방은 규슈 남부의 가고시마 현과 서남부의 미야자키 현에 걸쳐 있다. 천황가의 시조인 진무 천황과 그의 일행은 규슈를 떠나 야마토로 동천한다. 이들 일행은 규슈 북동쪽을 돌아서 세토 내해瀨戶內海를 거쳐 야마토로 들어가고자 했다.

그런데 야마토로의 동천은 1, 2년 사이에 이루어진 일이 아니라 20년가량의 세월이 걸린 긴 여정이었다. 일행은 휴가를 출발해 쓰쿠시에 도착한다. 그리고 다시 도요豊 국国의 우사宇佐라는 곳으로 가고, 다시 그곳에서 오카다岡田 궁으로 옮겨 1년을 보낸다. 그 뒤 아키阿岐 국(현재의 히로시마広島 현)의 다케리多祁理 궁으로 옮겨 7년을 보낸다. 또 그곳에서 기비吉備(현재의 오카야마岡山 현)의 다카시마高嶋 궁으로 옮겨 8년을 보낸다.

다시 기비를 떠난 일행은 오사카 만으로 들어가지 못하고 도중에 토착 세력에게 저지당하자 남하하여 기이紀伊(현재의 와카야마和歌山 현) 지방의 구마노熊野를 끼고 우회한다. 일행이 구마노에 당도했을 때 곰의 독기에 쏘여 천황과 군사들이 모두 의식을 잃는다. 그때 다카마노하라의 아마테라스와 다카키가 다카구라지라는 자에게 신검을 내려 일행을 구한다. 이어서 일행은 다카키가 보내준 야타가라스八咫烏(삼족오)의 길 안내를 받아 우다宇陀에 도착한다. 그 후 일행은 그들을 가로막는 거칠고 난폭한 선주신先主神들을 평정해 순화시키고 복종하지 않는 자들을 모두 물리친 뒤 우네비의 가시하라 궁에 머물며 천하를 통치했다.

진무 천황의 즉위 신화를 전하는《일본서기》에 의하면 야마토 일원을 평정한 진무는 국토의 한가운데에 위치한 우네비 산 동남쪽의 가시하라를 왕도로 삼아 야마토를 건국하고 초대 진무 천황으로 등극한다.

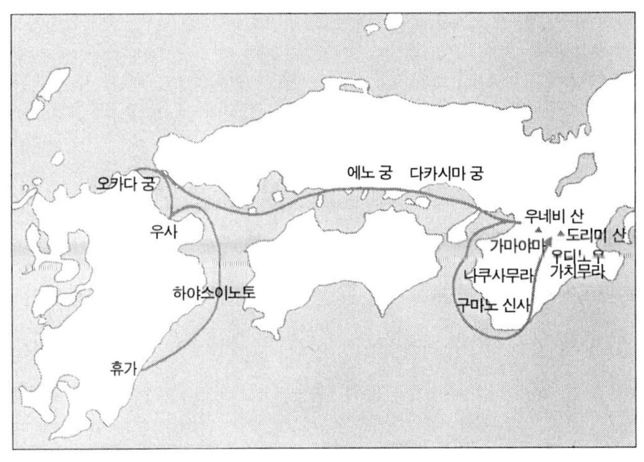

진무 천황의 동정 전승 경로 추정도.

"위로는 (천황의 두 조상신인 다카미무스히노미코토와 아마테라스오미카미가) 나라를 내려주신 그 덕에 보답하고, 아래로는 황손이(니니기노미코토가) 바른 길을 닦은 마음을 널리 넓혀나가고자 한다. 연후에 내가 천지사방의 나라들을 통합해 도읍을 열고, 천하를 덮어 내 집으로 하는 것은 대단히 좋은 일이 아닌가. 둘러보니 저 우네비 산의 동남에 있는 가시하라 땅은 필시 나라의 한가운데에 있는 것 같다. 이곳을 도읍으로 정하겠다"라고 말씀하셨다. (《일본서기》)

상기의 전승에 의하면 야마토를 도읍으로 정한 것은 우네비 산 동남쪽에 있는 가시하라가 국토의 중심이기 때문이었다. 또한 진무 천황의 동정 전승은 규슈 남부 지방에서 발원한 천황가의 시조가 어떻게 장기간에 걸쳐 차례차례 도읍을 옮겨간 끝에 최종적으로 야마토 지역의 나라 지방에 있는 가시하라를 도읍으로 정하고 국가를 열었는지를 전해준다. 진무 천황은 가

공인물이지만 천황가의 시조가 서쪽에서 동쪽으로 천도했다는 것은 사실에 기초한 내용일 것이다. 남은 과제는 진무 천황이 누구를 모델로 하여 가공되었는가 하는 점이다.

요컨대 진무 천황의 건국 신화가 궁극적으로 말하고자 하는 것은 진무 천황이 야마토 땅에 도읍한 이후 천하를 만세일계萬世一係(유사 이래 천황가의 계보가 하나로 이어져왔다는 것)의 천황가가 통치하게 되었다는 것이다. 실제로 진무 천황의 건국 신화에 이르러 신화의 세계인 '오야시마구니'라는 용어는 천황의 세계인 '천하'로 바뀐다. 그런데 상기의 건국 신화 중에서 근대 천황제 이데올로기로서 재생되는 대목은 천지사방의 나라들을 통합해 도읍을 열고, '천하를 덮어 내 집으로 한다(엄팔굉이위우奄八紘而爲宇)'는 것이다. 이 부분이 근대에 들어 '팔굉일우'라는 용어로 재생산된다.

허구의 인물, 초대 천황 진무

근대에 천황제 신민 국가 일본이 '대일본제국은 만세일계의 천황이 통치하는 신국'이라고 교육한 것과 달리, 일본에는 두 명의 개국 천황이 존재한다. 초대 천황인 진무 이외에 또 한 명의 개국 천황이 존재하는데, 바로 10대 스진崇神 천황이다.《고사기》와《일본서기》는 두 명의 개국 천황을 기재하는 모순을 스스로 노정함으로써, 일본 개국에 대해 의문을 제기하게 만들고 있다.《고사기》와《일본서기》에 일본 건국의 시조는 진무 천황(기원전 660~585 재위[34])이고, 진무의 건국 연도는 기원전 660년이라고 되어 있

34 초기 천황들은 날조된 존재여서 재위 기간은 신빙성이 없다.

다. 또한 진무 천황의 생몰과 관련해서는 기원전 711년 1월 1일에 태어나 기원전 585년 3월 1일에 죽은 것으로 되어 있으니 그는 127세의 천수를 누린 셈이다. 그런데 일본의 역사 편찬 사업이 기원후 670년 이후에 이루어졌음을 감안한다면, 진무 천황 시대로부터 천 년 세월이 지난 시점에 그가 태어난 날짜와 죽은 날짜까지 기록되었다는 것은 오히려 그 기록 자체가 날조된 것임을 시사한다. 중세에 태어난 일본의 역사적 인물들 중에는 태어난 날은커녕 태어난 해도 모르는 경우가 허다하기 때문이다.

진무 천황뿐만 아니라 초기 천황들의 경우 재위 기간은 잘 알 수 없다. 동아시아 역사 속에 실존한 고대 천황들의 재위 기간이 불과 20~30년인 데 반해, 진무 천황 및 초기 천황들의 재위 기간은 상식을 뛰어넘을 만큼 길게 제시되어 있어 100년 이상 되는 경우도 많기 때문이다. 이는 일본의 역사를 한반도의 역사보다 유구한 것으로 만들기 위해서 가공 인물을 천황으로 만들고 재위 연대를 부풀린 결과이다. 현대의 실증 사학은 진무 천황은 가공인물이고 기원전 660년 전에 개국했다는 것은 날조임을 시인하고 있다. 그럼에도 불구하고 새역모 교과서는 신화를 분해하며 진무 천황의 건국 신화는 물론이고 다른 신화와 설화까지도 전부 역사서에 기록하고 있다.

진무 천황을 초대 천황으로 숭경하는 역사 인식을 분명하게 드러내는 것은 게타이継体 천황(507~531 재위) 때의 기록이다. 게타이 24년의 기사는 간야마토 이와레비코를 제帝로, 미마키水間城(10대 천황인 스진 천황)를 왕王으로 구별해 기재하고 있다. 왕을 일컫는 칭호의 발전 단계는 '기미王'에서 '오키미大王'로, 그리고 '오키미'에서 '스메라미코토天皇'로 발전한 것이 순리이다. 그런데도 10대 천황을 '왕'이라 칭하고 1대 천황을 '제'라고 칭한 것은 10대 천황인 스진 천황이야말로 개국 천황이며, 초대 천황인 진무는 후대에 창작되었을 가능성을 시사한다.[35] 진무 천황의 실존 여부와 관계없이, 이는 역사서 편찬 당시에 진무 천황을 실질적인 초대 천황으로 간주하는 역사 인식을 야마토 조정이 갖고 있었다는 것을 의미한다.

그런데 게타이 기紀에 이처럼 두 명의 개국 천황을 확실하게 구별하고 있다는 것은 대단히 의미심장하다. 이는 진무 천황 상에 게타이 천황이 투영되었을 가능성을 시사하기 때문이다. 게타이 천황과 진무 천황의 상관관계는 진무 천황의 동정 전승에 나타나 있다. 휴가에서 쓰쿠시의 우사 지방에 도착한 진무 일행은 그곳에서 우사의 오카다 궁으로 옮겨 1년을 보낸다. 그리고 아키 국의 다케리 궁으로 옮겨 7년을 보내고, 다시 기비의 다카시마 궁으로 옮겨 8년을 보낸다. 이와 같은 진무 전승의 모태는 6세기 무렵 에치젠越前과 오미近江에서 출현해 왕위를 계승한 게타이 천황과 관련이 있을 것으로 추정된다. 게타이 천황이 야마토에 입성하기 전에 야마시로山背의 쓰쓰키筒筒城에서 7년, 오토弟 국에서 8년간 체재한 것으로 역사 문헌에 기술되어 있기 때문이다.

초대 천황 진무의 모델이 되었을 가능성이 있는 또 한 인물은 40대 덴무 천황이다. 《일본서기》에 의하면 초대 천황 진무가 역사 속에 다시 등장하는 것은 672년 덴무 천황이 일으킨 '임신의 난' 때이다. 차기 천황으로 유력시되던 오아마大海人 황자(나중의 덴무 천황)는 형인 덴지天智 천황이 조카인 오토모大友 황자에게 황위를 넘겨주려 한다는 것을 간파하고 671년 요시노吉野에 은거한다. 671년 말에 덴지 천황이 죽자, 오토모 황자와 오아마 황자 사이에 황위 계승을 둘러싸고 싸움이 벌어진다. 672년 오아마 황자는

---

35 1대 진무 천황부터 9대 천황까지를 가공인물로 보는 것이 현대 일본 역사학계의 상식이다. 일본의 기원을 더 먼 과거에 두기 위해 창작된 이 가공의 천황들은 이름과 재위 연도, 그리고 몇 가지 설화만으로 이야기될 뿐이다.

요시노를 탈출해 동국東國으로 들어갔으며, 거기서 미노美濃(현재의 기후岐阜현)를 기반으로 군사를 일으킨다. 이 내란, 즉 임신의 난은 결국 오아마 황자 측의 승리로 끝나고 오토모 황자는 자살한다. 오아마 황자는 아스카飛鳥의 기요미하라淨御原 궁에서 즉위하고 고대 율령제 국가를 확립한다.

그런데《일본서기》기록에 따르면 임신의 난 중에 오아마 황자 측에, 진무 천황의 능묘에 말과 각종 병기를 바치고 제사를 지내라는 신탁이 내린다. 이에 오아마 황자 측은 진무 천황의 능에서 제사를 지내고 말과 병기를 바친다. 황위 계승 싸움에서 천황가의 시조가 누구를 지원했는가는 황통의 정통성을 따지는 데 있어서 대단히 중요하다. 임신의 난에 대한 기술에서 오아마 황자를 통해 진무 천황의 제사가 거론되는 것은 바로 이 때문이다. 이와 같은 사실에 비추어 볼 때 진무는 후대의 여러 천황의 이미지를 투영해서 만들어진 가공의 인물이다. 진무 천황이 실존 인물이 아니라는 것에 대해서는 전후의 사학계가 이견이 없고, 다만 후대의 어떤 천황을 모델로 삼아 진무 천황이 가공되었는지를 푸는 것이 남은 과제이다.

진무 천황이 가공의 인물이라면 진무 천황의 건국 연대는 어떻게 만들어진 것일까. 진무 천황의 건국 시기에 관한 윤곽이 세워진 것은 7세기 초의 쇼토쿠聖德 태자(574~622) 시대이다. 쇼토쿠 태자가 섭정으로 있던 스이코推古 천황(593~628 재위) 시절인 601년은 신유년辛酉年이었다. 그런데 중국의 참위설讖緯說에 따르면, 신유년에는 천명天命이 내려서 대변화가 일어난다. 신유년은 60년마다 돌아오는 것이지만, 특히 21회째 신유년(60×21=1260)에 대변화가 일어난다.《일본서기》계산에 따르면 진무 천황이 즉위한 해인 기원전 660년은 스이코 9년(601)의 신유년에서 역산해서 1260년에 해당한다. 이처럼 기원전 660년이라는 진무 천황의 건국 연대는 중국의 참위설에 기초해 조작된 것이다.

그런데 일본의 건국 연대를 신유혁명설에 근거해 정했다는 것은 역사의 아이러니라고 할 수밖에 없다. 에도 시대의 국학과 미토학 학자들은 고대의 사서 편찬자들이 진무 천황의 건국 연대를 중국의 천명설天命說에 기초해서 정했으리라고는 꿈에도 생각하지 못했다. 그래서 미토학 학자들은 일본 역사에서는 단 한 번도 역성혁명이 일어난 적이 없었다고 주장하면서, 건국 이래 만세일계의 황통이 유지되었다는 데서 자국의 우월성을 찾았기 때문이다.

건국 신화의 근대적 변용

진무 천황의 즉위 신화는 근대 천황제 신민 국가의 이데올로기로서 재생산된다. 진무 천황의 즉위 신화는 〈대일본제국헌법〉으로 확립된 메이지 천황제의 정신적 지주라고 해도 과언이 아닐 정도로 근대적 변용을 거친다. 그 이유는 메이지 정부가 헌법 제1조에서 "대일본제국은 만세일계의 천황이 통치한다"라고 규정하고, 제3조에서 "천황은 신성불가침하다"라고 규정한 이상, 그 근거를 고대의 문헌 신화 속에서 찾을 수밖에 없기 때문이다.

하지만 진무 천황의 즉위를 일본 국가의 기원으로 보는 발상은《고사기》나《일본서기》를 편찬하던 당시의 고대 귀족들에게는 없었다. 더욱이 천황제의 쇠퇴와 더불어 중세와 근세에는 진무 천황이 의식되는 경우가 거의 없었다. 역사의 뒤안길에 묻혀 있던 진무 천황이 다시 세인들의 주목을 받게 된 것은 에도 막부의 권위가 실추되고 존왕 사상이 고조되는 근세 말엽부터이다. 에도 막부 시대 말기에 지사志士들이 진무 창업의 시대로 돌아가자고 외치면서 고메이孝明 천황(1846~1866 재위)에 의한 진무천황릉 참배가 계획된다. 그러자 비로소 능이 있는 가시하라에 진무 천황을 받들어 모시기 위한 야시로社(사당)가 만들어진다.

이와 같은 분위기 속에서 막부가 정권을 천황에게 이양하는 대정봉환大政奉還(1867)을 계기로 메이지 유신이 일어난다. 천황을 옹립해 정권을 창출한 메이지 정부는 1873년 1월 29일에 비로소 진무 천황의 즉위를 축하하는 기원절紀元節 행사를 궁중에서 거행한다. 《일본서기》에 의하면 진무 천황의 즉위일은 기원전 660년 1월 1일이다. 일본은 1872년에 이 날짜를 양력으로 바꾸어 진무 천황 즉위일을 1월 29일로 정한다. 그랬다가 나중에 메이지 정부가 진무 천황의 즉위일을 새로이 2월 11일로 정해 이날을 기원절로 선포한다. 이로써 천황제의 부활과 진무 천황의 즉위 신화가 하나로 통합된다.

그러나 대일본제국이 근대 천황제 신민 국가의 준거로서 원한 것은 고대 문헌 신화 그 자체가 아니었다. 그들이 필요로 한 것은 태양신 아마테라스의 자손인 천황에 의해 일본의 통치가 영원히 계속되리라는 것을 천명한 '천양무궁의 신칙'이었다. 메이지 정부의 궁극적인 목적은 황조인 아마테라스가 천손 니니기에게 내려준 천양무궁의 신칙을 내세워 천황제에 권위를 더하는 것이었다. 즉 천황에 의한 통치가 천지와 더불어 영원하리라는 것을 만천하를 두루 보살피는 태양신 아마테라스에게 보장받았음을 세상에 공포하는 것이었다.

메이지 정부는 근대 천황제 국가를 창출하는 과정에서 천손 강림 신화와 진무 천황의 즉위 신화 등 특정 부분에 특별히 의미를 부여해 학교 교육을 통해서 신민들에게 보급한다. 다시 말하면 진무 천황의 건국 신화는 근대 천황제 신민 국가의 창출 과정에서 국민을 통합하는 수단으로 재생산된 것이다. 메이지 정부의 신화 교육은 진무 천황이 창업한 이래 일본은 만세일계의 천황가에 의해 한 번도 혈통이 단절됨 없이 면면히 이어져왔다는 데 초점을 맞추고 있었다. 메이지 정부는 진무 천황의 건국 신화를 근대 천황제 신민 국가의 이데올로기로 철저하게 이용한다.

메이지 시대 이후 신화 교육의 핵심은 천황에 의한 일본 통치의 유래를 설명하기 위해 만들어진 천손 강림 신화와 이에 이어지는 진무 천황의 건국 신화이다. 기원전 660년에 신의 후예인 진무 천황이 일본을 건국했다는 일본 건국 신화는 천황의 신성 왕권이 얼마나 유구한 역사를 가지고 있는가를 보여주는 좋은 실례로 이용된다. 이렇게 해서 진무 천황의 건국 신화는 대일본제국의 근원을 설명하는 새로운 신화로 재생산된다. 이른바 고대 천황 신화의 '근대적 변용'이다.

반면에 쇼와 시대에 들어와서는《일본서기》의 건국 신화의 대미를 장식하는 '팔굉일우'에 주목하게 된다.[36] 건국 신화 마지막에 나오는 "천지사방의 나라들을 통합해 도읍을 열고, 천하를 덮어 내 집으로 한다兼六合而開都, 掩八紘而爲宇"라는 진무 천황의 말은 오랜 세월 묻혀 있다가 근대적 변용을 거쳐 악용된다. 국주회国柱会[37]의 다나카 지가쿠田中智學(1861~1939)는 1923년 3월에 기관지인《국주國柱 신문》에서 진무 천황의 건국에 대해 언급하면서,《일본서기》의 '엄팔굉이위우'라는 문구를 차용해 '팔굉일우'라는 용어를 창출한다.[38]

---

36 김후련, 〈일본의 신화와 천황제 이데올로기〉, 11쪽.

37 국주회는 일련종日蓮宗의 승려였던 다나카 지가쿠가 환속해서 메이지 17년(1884)에 일으킨 법화종 계통의 신종교이다.

38 다나카 지가쿠에 의하면 팔굉일우는 세계 통일과 사해동포, 요컨대 전 세계의 인류는 모두 한 형제라는 이상을 나타내는 표현이다. 다시 말하면 사해동포의 이상 세계를 실현하기 위해서 일본이 세계를 통일해야 한다는 것이다. 결국 다나카 지가쿠는 세계의 공존공영은 진무 천황이 교시한 팔굉일우에 있으므로 그것을 세계에 널리 펴야 한다고 주장한 것이다. 이런 의미에

진무 천황의 건국 신화에 쓰인 이 말은 이처럼 근대에 돌연히 부각되어 팔굉일우의 공동 환상을 향해 확대되어간다. 팔굉일우 사상은 군부에 채택되어 오족협화五族協和 사상[39]의 지주로서 중요한 역할을 한다. 팔굉일우가 일본 제국주의의 이념이라면 제국주의 권력의 창출자이자 국정 운영의 실질적 주체는 군부였다. 태평양전쟁(1941)이 발발하자 팔굉일우는 일본의 침략 전쟁을 합리화하는 슬로건으로 사용된다.

서는 일본 신화의 세계적 실현이 팔굉일우에 담겨 있다고 할 수 있다.

39 일본제국이 만주국을 건국했을 때의 이념으로, 만주족, 몽골족, 한족, 일본족, 조선족, 이 다섯 민족이 만주국을 중심으로 평화로운 이상 국가를 건설하겠다는 의미이다.

3

진구 황후의 삼한 정벌 전승

만세일계라고 주장되는 천황가의 계보는《고사기》와《일본서기》 성립 당시에 만들어졌다. 일본 열도에 난립하고 있던 수많은 씨족과 부족 국가를 통일한 야마토 정권은 신화와 역사를 하나로 엮는 작업을 한다. 그 과정에서, 왜倭와 야마토大和와 일본日本으로 국명과 표기가 혼용된다. 그 결과 규슈 지방에서 발원한 국가들과 야마토로 동천한 국가들이 양립하던 시대[40]가 있었다는 역사적 사실은 은폐되고 진무 천황 이래로 한 번도 왕통이 바뀐 적이 없는 것처럼 만세일계의 계보가 만들어진다. 하지만 전후의 역사

---

40 일본이 하나로 완결된 역사책을 기록하면서 한 가지 놓친 것이 바로 중국 사서에 기록되어 있는 야마타이고쿠를 비롯한 왜국 관련 기사들과 왜의 5왕에 대한 기사이다. 일본은 왜의 5왕 기사를《일본서기》의 연대기에 끼워 맞추어 일본의 역대 천황으로 비정했다. 일본 역사서에 일본 천황이 긴 일본어 이름에 두 글자의 한자 시호로 기록되어 있는 반면에, 중국 역사서에서 왜의 5왕은 외자의 한자 이름으로만 기록되어 있다. 사신史臣이 한 나라의 왕명을 틀리게 기록한다는 것은 있을 수 없는 일이고, 따라서 이 5왕이 야마토 왕조의 역대 천황들일 수는 없다. 그럼에도 불구하고 일본의 역사학계는 현대에도 이런 궁색한 작업을 계속 벌이고 있다.

학자들은 오진応神 왕조, 닌토구仁徳 왕조와 같은 용어를 사용하며 만세일계가 아니고 중간에 몇 차례 왕조가 바뀌었음을 시사하고 있다.

결론적으로 이야기하면, 《고사기》 중권 전반부에 나오는 1대 진무 천황부터 12대 게이코 천황까지의 역사는 신화상의 계보와 역사상의 계보를 하나로 이어서 일본의 기원을 보다 오래된 것으로 만드는 과정에서 나온 허위 기사와 전승이 중심이 되어 있다. 그 결과 역사적 치적들에 대한 기록은 거의 없다고 해도 과언이 아닐 정도이다.

이에 반해 후반부에 나오는 14대 주아이仲哀 천황과 그의 아내인 진구 황후의 신라 정벌 이야기는 해외 평정에 의한 왕화의 확대, 즉 중국을 중심으로 한 동북아시아에서 삼한을 번국으로 보는 일본의 천하관을 표명하기 위해서 창작된 것이다. 그럼에도 불구하고 진구 황후의 삼한 정벌 전승은 역사적 사실로 자리매김해, 한국을 정복하는 것은 침략이 아니라 한때 식민지였던 잃어버린 옛 땅을 되찾는 것이라는 명분을 일본에 끊임없이 제공한다. 또한 임나일본부설(4~6세기에 일본이 가야 지역에 임나일본부라는 통치 기관을 두고 한반도 남부를 지배했다는 학설)이 일본 역사 교과서에 사실처럼 기록되고 있다.[41]

《고사기》와 《일본서기》에 의하면 14대 주아이 천황의 아내이자 15대 오진 천황의 어머니인 진구 황후는 유복자인 오진 천황을 임신한 채 삼한을 정벌했다. 주아이 천황은 실존하지 않았던 전설상의 인물인 야마토 다케루

41 야마토 조정이 왜에서 일본으로 국명을 바꾼 것은 670년 이후의 일이므로 임나일본부설은 성립될 수가 없다. 일본이라는 국명이 없는데 임나일본부가 존재했다는 것은 말이 되지 않기 때문이다. 그럼에도 불구하고 전전의 일본 사학계는 일본 역사서에 나오는 지명을 임나일본부가 있었다고 추정되는 한반도 지역의 지명에 작위적으로 끼워 맞추는 작업을 해왔다. 현재는 일본 사학계에서도 임나일본부 자체는 인정하지 않는다. 하지만 광개토대왕비문의 기록으로 미루어볼 때 일본이 조선 남부를 경영한 것은 분명하다는 것이 일본인들의 일반적인 생각이다.

의 아들이라고 되어 있어서 실존 가능성이 의문시된다. 진구 황후는 실존하지 않았던 주아이 천황과 실존 인물인 오진 천황을 연결시키기 위해 창작된 가공의 인물이라는 것이 전후 사학계의 보편적인 인식이다. 진구 황후가 실존 인물이 아니므로 삼한 정벌 전승 역시 픽션이다.

그럼에도 불구하고 진구 황후의 삼한 정벌 전승은 꾸준히 일본 역사에서 재생산되어왔다. 중세와 근세에 대두한 신국 사상은 고대의 삼한 정벌 전승을 기초로 한다. 나아가 진구 황후와 관련된 사적지까지 만들어지면서 진구 황후의 삼한 정벌은 일본의 조선 식민지화를 뒷받침하는 담론으로 재생산된다. 진구 황후의 삼한 정벌 전승은 근대에 다시 정한론이 주창되는 데 기초가 되었고, 일본의 한국 합병 후 한국인의 황민화 정책에 계속 이용되었다.

삼한 정벌 전승의 의미

진구 황후는 일본 고대 사료에 등장하는 일본 고대사의 영웅적 존재이다. 진구 황후는 신라 왕자인 아메노히보코의 후손으로 태중胎中 천황이라 불리는 오진 천황을 임신한 몸으로 신라를 직접 정벌하고 아울러 가야 7국을 평정했다고 전승되고 있다. 일본 고대 사료의 진구 황후에 대한 기사는 한일 양국의 고대 교류사 및 국가 형성사를 이해하는 데 필수 불가결한 요소일 뿐만 아니라 굴절된 한일 관계사의 출발점이라고 볼 수 있다.[42]

---

42 김후련, 〈神功皇后伝承을 통해서 본 古代 日本人의 新羅觀〉, 《일본연구》 第18호(한국외국어대학교 일본연구소, 2002), 61쪽.

일본은 진무 천황의 건국에 관한 이야기를 건국 신화라 부르지 않고 동정 전승이라 부르는 것과 같은 맥락에서, 진구 황후의 삼한 정벌 이야기 역시 삼한 정벌 신화나 설화라고 부르지 않는다. 신화나 설화라고 지칭되는 순간 일본의 건국과 삼한 정벌이 허무맹랑한 옛날이야기처럼 될 염려가 있기 때문이다. 더욱이 진무 천황이 일본을 창업한 이래로 만세일계의 천황이 통치한다는 것이 〈대일본제국헌법〉 제1조에 명시되어 있기 때문이다. 또한 진구 황후의 삼한 정벌은 도요토미 히데요시에서 메이지로 이어지는 정한론의 근거가 되었을 뿐만 아니라 일본의 조선 합병의 구실이 되었다. 실제로 전전의 학교 교육에서 이 두 사건은 엄연한 역사적 사실로서 철두철미하게 학생들에게 주입되었다. 더욱이 진무 천황의 동정 전승과 달리 진구 황후의 삼한 정벌 전승은 역사서나 설화집에 기록된 이야기로 그치지 않고 고대에서 근대까지 민간과 학자들 사이에서 끊임없이 재생되고 회자되어온, 살아 숨 쉬는 전승傳承 그 자체이다.

따라서 현재 진구 황후의 삼한 정벌 전승에서 우리가 주목해야 할 것은 이 전승의 진위가 아니다. 일부 우익을 제외하고는, 상식 있는 일본인들 중에서 현재 이를 역사적 사실로 보는 사람은 거의 없기 때문이다. 현재 우리가 관심을 기울여야 하는 것은 이 전승이 만들어진 목적이다.

《일본서기》에 기록된 진구 황후의 삼한 정벌 전승에 의하면, 나라 안에 밀려든 진구 황후의 군세를 보고 정신을 잃다시피 한 신라 왕은 그것이 야마토라는 천황 나라의 군대임을 인지하고 금방 항복한다.

> 군선이 바다에 가득 차고 정기旌旗(천자가 군의 사기를 돋우기 위해서 사용한 깃발)가 햇빛에 빛났다. 북소리가 일어나 산천은 남김없이 진동하였다. 신라 왕은 이를 멀리서 바라보고, 상식으로는 생각할 수 없는 군병이

장차 신라를 격멸하려는 것임을 알았다. 그래서 두려운 나머지 실신해버렸다. 잠시 후 정신을 차린 왕은 "나는 동방에 신국神國이 있어 야마토日本라 하고, 또 성왕聖王이 있어 천황天皇이라 하는 것을 들었다. 이는 틀림없이 그 나라의 신병神兵일 것이다"라고 말하며, 즉석에서 백기를 들고 스스로 항복하여 왔다. 항복의 표시로 인수印綬를 목에 걸고 토지의 도면과 백성의 호적을 봉인하여 가지고 왕선王船 앞에 항복하였다. (《일본서기》)

상기의 전승과 관련해서 《일본서기》는 진구 황후의 삼한 정벌 당시의 신라 왕을 '파사매금'으로 기록하고 있다. 하지만 신라에 파사매금이라는 왕은 없었다. 일본 학자들은 파사매금을 신라 왕 중 파사왕으로 간주하고 있으나, 이는 연대상으로 맞지 않는다. 파사왕의 재위 시기는 80~112년이므로, 주아이 9년(200)의 이 사건과 연대상 맞지 않는 것이다.[43] 일본 역사의 초기 기록 연대들은 120년을 더해 받아들여야 한다는 것이 전후 역사학계의 상식임을 감안해, 진구 황후의 삼한 정벌을 사실로 받아들이고 200년도에 120년을 더해 320년에 일어난 일로 간주하더라도 당시의 한반도 실정과는 맞지 않는다.

또한 《일본서기》에는 신라가 항복했다는 소식을 듣고 백제 왕과 고구려 왕이 진구 황후의 군세를 엿보다가 싸워보지도 않고 스스로 달려와 항복했다는 이야기도 나오는데, 이 역시 당시의 실정에 부합되지 않는다. 당시 한반도의 최강자는 고구려로 신라는 오히려 약체였고, 신라가 정벌의 대상이 될 정도로 일본에게 강적으로 인식되기 시작한 것은 6세기 이후의 일이기 때문이다. 게다가 일본이라는 국호나 천황이라는 칭호도 7세기 이후에나

---

43 김후련, 〈神功皇后傳承을 통해서 본 古代 日本人의 新羅觀〉, 65쪽.

사용되기 시작했다. 진구 황후의 삼한 정벌 당시에는 일본의 국호가 내부적으로는 '야마토', 대외적으로는 '왜'였으며, 왕을 가리키는 명칭도 '스메라미코토天皇'가 아니라 '오키미大王'였다.[44] 따라서 이 이야기를 역사적 사실로 볼 수는 없다.

그런데 이 전승에서 주목해야 할 점은, 고대 천황제 국가의 정치사상이 반영된 '신국, 일본, 천황'이라는 용어가 공식적으로 사용된 것은 그보다 훨씬 후대인 7세기 후반의 덴무 천황 이후의 일임에도 불구하고 이러한 용어들이 신라 왕의 말을 빌려 4세기 후반의 진구 황후의 삼한 정벌 전승과 동시에 출현하고 있다는 것이다.[45] 이 점으로 미루어, 진구 황후의 삼한 정벌 전승의 최종판은 일본 신화의 최종판이 만들어지는 과정에서 창작된 것으로 보인다.

그렇다면 진구 황후의 삼한 정벌 전승에 신라 왕의 입을 빌려 나오는 '일본'이라는 국명이 역사적 사실로서 등장하는 것은 언제부터일까. '왜'라는 명칭에 대한 야마토 조정 최초의 거부 표시는 스이코推古 여제(592~628 재위) 15년(607)에 스이코 여제가 견수사遣隋使인 오노노 이모코小野妹子를 통해 수나라 양제에게 보낸 국서에 처음 등장한다. 왜왕이 수나라에 보낸 이 국서는 왜왕을 '해가 뜨는 곳의 천자日出處天子', 수나라의 천자를 '해가 지는 곳의 천자日沒處天子'라고 칭하고 있다. 국호를 '왜'에서 '일본日本'(日の本 : 태양의 근원)으로 고치고 지배자를 수나라와 대등하게 '천자'라고 부르는 이러한 일본의 발돋움은 당시의 동아시아 역사를 배경으로 이루어진 것이다.

동아시아에서 7세기는 격동의 시기였다. 중국 대륙의 수와 당, 한반도의

---

44 김후련, 〈神功皇后傳承을 통해서 본 古代 日本人의 新羅觀〉, 65~66쪽.

45 김후련, 〈동아시아에 있어서의 고대일본의 자타인식〉, 《역사문화연구》 제21집(한국외국어대학교 역사문화연구소, 2004), 213쪽.

고구려·백제·신라, 일본 열도의 왜가 서로 대립하면서 격렬하게 항쟁하던 시기였다. 589년 수의 문제가 중국을 통일하자, 왜도 100년 이상 지속돼온 중국 대륙과의 단절을 끝내고 스이코 여제 15년에 처음으로 견수사를 파견한다. 그러나 수는 고구려 정복 전쟁의 실패로 멸망하고 이어서 당이 제국을 건설한다. 당과 동맹을 맺은 신라는 사이메이齋明 여제(655~661 재위) 6년(660)에 일본과 동맹을 맺은 백제를 멸망시킨다. 이어서 신라 무열왕의 뒤를 이어 즉위한 문무왕이 덴지 천황 7년(668)에 고구려를 멸망시키고, 덴무 천황 5년(676)에는 당을 물리치고 마침내 한반도를 통일한다.[46]

이 국제전의 소동돌이 속에서 사이메이 여제는 백제를 돕기 위해 스스로 군사를 이끌고 규슈에 주둔한다. 이때 황태자인 나카노오에(나중의 덴지 천황)와 그의 동생인 오아마 황자(나중의 덴무 천황), 그리고 덴지 천황의 딸이면서 나중에 덴무 천황의 아내가 되는 우노노키사라 황녀(나중의 지토 여제)가 사이메이 여제를 수행했다. 4대에 걸친 황위 계승자들이 모두 백제 구원을 위해 나선 것이다. 심지어 규슈에서 사이메이 여제가 급서한 후에도 나카노오에 황태자는 등극하지 않고 규슈 다자이후大宰府에 성곽을 쌓아 백제 유민과 함께 신라의 침공에 대비했다. 신라의 침공이 없으리라는 판단이 서자 이들은 7년 만에 오미近江 지역으로 돌아온다.

일본이 역사상 처음으로 호적을 만들고 율령을 완비하고 역사서를 편찬하면서 실질적으로 고대 국가의 기틀을 마련한 것은 바로 덴지 천황에서 지토 여제로 이어지는 이 시기였다. 역사서 편찬의 원칙과 방침을 정한 것은 덴무 천황이었고, 덴무 천황 사후에 그의 아내인 지토 여제, 아들인 몬무 천황, 며느리인 겐메이 여제에 의해 역사서 편찬 사업이 마무리된다. 진구

---

46 김후련, 〈동아시아에 있어서의 고대일본의 자타인식〉, 197쪽.

황후의 삼한 정벌 이야기의 최종판은 이러한 역사적 배경에서 만들어진 것으로, 당시 일본의 주적은 당연히 일본과 동맹 관계에 있던 백제를 멸망시키고 한반도를 통일한 신라였다. 따라서 진구 황후의 삼한 정벌 전승은 역사적 사실이 아니라, 한반도를 통일한 신라와 일본 열도를 통일한 일본 간의 정치적 관계를 확정 짓기 위해 가공된 이야기임을 알 수 있다.

〈진구 황후 삼한 정벌 조련도〉

일본에 대해 연구하다 보면 일본인들에게서는 '역사歷史'와 '역사적 이야기歷史物語', 그리고 '사실'과 '허구'의 경계가 대단히 불분명하다는 것을 알게 된다. 또한 많은 일본인들이 추상적 사고보다는 즉물적 사고에 젖어 있다는 것을 알게 된다. 일본인들은 역사든 종교든 자신들이 이해하기 쉽게 재구성해 이를 오감으로 전달하는 데 능한 민족이다. 그렇다 보니 철학보다는 문학으로, 음악보다는 미술로 사고나 감정을 표현해온 것이 사실이다. 진구 황후의 삼한 정벌은 오늘날 일본 학자들도 인정하듯이 역사가 아니라 '역사적 이야기'이다. 또한 사실이 아니라 '허구'이다. 그럼에도 불구하고 일본 대중이 이를 역사적 이야기가 아니라 역사로 가정하고 허구가 아니라 사실로 믿는다면, 실제가 어떻건 이는 그들에게 역사이자 사실이 될 수밖에 없다.

다음의 그림은 〈진구 황후 삼한 정벌 조련도神功皇后三韓征伐御調練之図〉이다. 《고사기》와 《일본서기》 어디에도 진구 황후가 삼한을 정벌하기 위해 군사를 조련했다는 이야기는 없다. 진구 황후의 삼한 정벌이 역사적 사실이 아니라 허구이기 때문에 전투에 대한 묘사도 당연히 없고 군사 조련에

진구 황후가 삼한을 정벌했다는 허구에 기초에 그려진 〈진구 황후 삼한 정벌 조련도〉

관한 기술도 없다. 《일본서기》에는 황후의 배가 항구를 출발하자 바람의 신이 바람을 일으키고 파도의 신이 파도를 일으키고 바닷속의 큰 물고기들이 빠짐없이 바다 위로 떠올라, 노를 쓰지 않고도 배가 신라의 나라 가운데까지 밀려 들어갔다고 기록되어 있다. 하지만 신라의 수도였던 경주는 해안이 아니라 내륙에 위치하므로 이 기사가 경주와 관련된 것이라고 보기는 어렵다. 결론적으로 말해 진구 황후의 삼한 정벌은 사실이 아니라 허구이며, 천신지기와 물고기의 도움을 받아 진구 황후가 신라를 정벌했다는 신화적 이야기에 지나지 않는다.

따라서 이 그림 또한 허구에 기초한 상상도일 뿐이고, 그런 만큼 여러 허점을 드러낸다. 그림에서 나오는 것 같은 현대적인 배가 당시에 있었을 리 없다. 더욱이 일장기 '히노마루日の丸'를 게양한 배는 존재할 수 없었다. 국기는 근대 국민 국가의 표상인 만큼, 이 시대의 일본에는 히노마루가 있을 수 없었기 때문이다. 무사의 복식 또한 고대의 것이 아니라 중세의 것이다. 문제는, 일본인들이 이 그림을 보면서, 필자가 의문을 제기하듯이 의문을

삼한 정벌을 지휘했다고 전하는 진구 황후를 그린 그림.

제기하지 않는다는 것이다. 일반적인 일본인들은 이 그림을 역사적 사실을 그린 것으로 받아들인다. 역사인가 아닌가, 허구인가 아닌가 하는 문제는 대부분의 일본인에게는 그다지 중요하지 않다.

다음 그림은 삼한 정벌을 지휘하는 진구 황후의 모습을 그린 것이다. 상상력을 발휘해 그린 그림인 만큼 고대의 복식을 고증하여 재현하는 것이 무리이기는 했겠지만, 이는 좀 지나치다. 잘록한 허리에 엉덩이를 부풀리고 여러 겹의 레이스를 덧댄 스커트를 입은 진구 황후라니 있을 수 없는 일이다. 그러나 이 또한 우리 식의 잣대를 들이댄 것이다. 일본인들에게 중요한 것은, 진구 황후를 생생하게 현실화해 오감으로 느낄 수 있게 하는 것이다. 진구 황후의 삼한 정벌 전승은 일본인의 역사 인식을 나타내는 척도이다. 하나의 이야기가 구성되어 문헌으로 남거나 구전으로 전승되거나 하면 이 이야기가 끊임없이 확대 재생산되는 곳이 일본이다.

실제로 진구 황후의 삼한 정벌 전승은《일본서기》에 기록된 이래 1,300년 동안 일본이 내우외환을 겪을 때마다 재생산되어왔다. 이 과정에서 이 이야기의 역사적 진위를 문제 삼은 일본인은 거의 없다. 일본인들은 이를 의심 없이 역사적 사실로 받아들이거나 아니면 역사적 진위와 상관없이 문화 소비자로서 이를 수용하고 즐길 뿐이다.

정한론으로 재생하는 삼한 정벌 전승

17세기 초엽, 조선 통신사가 일본에 왕래하던 초기만 해도 일본의 유학자들 사이에 조선의 성리학에 대한 공경심이 살아 있었다. 하지만 일본이 과거의 역사에서 조선을 늘 그렇게 대했듯이, 주자학 전도사로서의 조선의 기능이 다하자 일본은 조선 통신사를 폐지했다. 조선 통신사 접대로 인해 재정이 피폐해진다는 것이 표면적인 이유였지만, 보다 정확히 말하면 이는 문화 전파자로서의 조선의 수명이 다했음을 알리는 신호였다. 에도 말엽의 내우외환 속에서 일본은 중국적 화이華夷(중화中華와 이적夷狄) 질서 체제를 해체하면서 중국과 조선에 대한 우월 의식을 형성해간다. 일본적 화이 의식은 일본 주자학의 신화적 변용으로, 만세일계의 황통이 면면히 지속되어왔다는 것에 초점을 두었다. 이와 같은 관념에 따라 일본이 조선 통신사를 조공사로 간주하게 된 것임은 말할 필요도 없다.

에도 후기의 유학자로 《일본외사日本外史》(1827)와 《일본정기日本政記》(1845) 등을 저술한 라이 산요賴山陽(1780~1832)는 진구 황후와 오진 천황 시대에 삼한을 정벌하여 금과 비단을 거둬들였다고 썼다.

> 진구 황후나 오진 천황 시대는 아직 우리나라의 풍속이 문명국 수준에 도달했다고 말할 수 있을 정도는 아니었다. 사람들의 의복도 삼한만큼 훌

> 륭하게 갖추지 못했던 것 같다……우리나라는 용감무쌍한 병졸들을 이끌고 삼한을 정복하여 삼한의 금과 비단을 거두어들였다. 금과 비단을 거두는 것은 좋았지만 그것을 이용할 만큼 발전하지 못했기 때문에 금과 비단을 너무 많이 거두면 남았다.[47] (《일본정기》)

그런데 여기 기록된 것처럼 일본이 금과 비단을 이용할 만큼 발전하지 못해서 금과 비단을 너무 많이 거두면 남아돌았다는 것이 사실이라면, 당대도 아닌 후대에 불상에 입힐 금이 없어서 견당사를 파견할 일도 없었을 것이다.[48] 따라서 라이 산요의 이러한 주장은 터무니없는 허구에 지나지 않는다. 참고로 말하면, 《일본서기》에는 일본이 신라를 정벌하자 백제와 고구려가 절로 항복했다는 내용은 있지만, 일본이 그 나라들에서 금과 비단을 거둬들였다는 대목은 없다.

문제는 이와 같은 이야기가 진실이냐 허구냐가 아니라 그 이야기의 무게이다. 이것이 단순히 민간에 전승되는 신화나 설화라면 별로 문제 될 것이 없다. 문제는 이러한 이야기를 한 라이 산요가 당대의 대표적 유학자였다는 것이다. 진구 황후의 삼한 정벌이 설화가 아니라 역사적 사실로 자리매김한 것은 바로 학문을 통한 이와 같은 곡학아세曲學阿世의 전통 때문이다.

역사적으로 진구 황후의 삼한 정벌은 일본의 정사인《일본서기》에 기록되는 바람에 한 치의 의심의 여지도 없는 역사적 사실로 자리매김하여 일

---

47 나카쓰카 아키라,《근대일본의 조선인식》, 성해준 옮김(청어람미디어, 2005), 203쪽에서 재인용.

48 일본은 15대 오진 천황 때만이 아니라 49대 쇼무 천황 때까지도 여전히 금이 나지 않아서 대불에 입힐 금을 구하는 문제로 고민했다. 쇼무 천황은 금을 구하기 위해 당나라에 견당사를 파견하려다가 우사 하치만 궁의 제신인 야하타노카미가 일본에서 곧 금이 날 것이라는 신탁을 내리는 바람에 견당사 파견을 중지한 바 있다.

본인의 조선관을 결정짓게 된다. 이에 그치지 않고 일본이 내우외환에 시달릴 때마다 정한론의 근거가 된다.

한국에서는 정한론의 원흉이 사이고 다카모리西鄕隆盛(1827~1877)라고 알려져 있다. 하지만 정한론의 뿌리는 그보다 훨씬 깊고 넓다. 에도 말엽의 요시다 쇼인吉田松陰(1830~1859)에서 메이지 시대의 후쿠자와 유키치福澤祐吉(1835~1901)에 이르기까지 정한론을 거론하지 않는 인사가 없을 정도로 정한론은 당대의 보편적인 인식이었다. 《일본서기》의 삼한 정벌 이야기에 준거해, 삼한 이후 조선은 일본의 번국이었으므로 조선 정벌은 당연하다고 보는 것이 일본인들의 통념이었다. 정한은 당연한 일이고, 다만 그 시기를 언제로 할지에 대해서 서로 의견이 달랐을 뿐이다. 고대 천황제와 연동해서 만들어진 진구 황후의 삼한 정벌 전승이 지하에서 수맥처럼 흐르다가 근대 천황제 국가의 태동과 더불어 지표면으로 올라온 것은 어쩌면 당연한 귀결인지 모른다.

이와 같은 곡학아세의 전통에 따라 메이지 신정부 진보파의 주축이었던 기도 다카요시木戶孝允(1833~1877)는 조선 통신사를 조공사로 간주한다. 기도는 도쿠가와 씨德川氏 이래로 빙례聘禮가 있었는데, 계속되었던 빙례가 끊긴 지 벌써 20년이 지났으니 그 죄를 물어야 한다고 주장한다. 도쿠가와 씨 이래의 빙례란 조선 통신사의 왕래를 이야기하는 것이다. 과거에 삼한의 사절이 《일본서기》에 모두 조공사로 기록된 것처럼, 기도는 조선 통신사 역시 조공사로 간주한 것이다. 일본은 원래 천황을 중심으로 하는 국가 체제이므로 과거에 막부의 우두머리인 쇼군將軍과 조선의 국왕이 맺었던 것과 같은 대등 외교는 더 이상 있을 수 없다는 것이 일본의 논리였다. 아울러 태고의 유법遺法으로 돌아가 조선은 일본의 번신藩臣으로서 신하의 예를 갖추어야 한다는 것이었다. 이는 동서고금에 없는 억지 논법이지만 이에 대해 이의를 제기하는 일본인은 없었다는 것이 조선과 일본의 불행으로 귀결된다.

근대 일본의 신화 패러디

청일전쟁에서 러일전쟁, 그리고 한일합방으로 이어지는 20여 년간의 일본 신문, 잡지의 삽화나 풍자만화는 당대의 일본 사회를 이해하는 실마리가 된다. 한두 컷의 만화에 모든 것을 압축해 넣어야 하는 신문 삽화가 신화적 표상에 주목한 것은 어떻게 보면 당연한 일인지도 모른다. 역사적 사실을 신화적 표상을 이용해 패러디한 예들을 몇 가지 살펴보기로 한다.

영일동맹을 소재로 하여 그린 한 삽화에서는 일본 천황가의 황조신 아마테라스가 영국의 브리타니아 여신과 나란히 하늘에서 지상을 내려다보고 있다. 여기에는 황조신 아마테라스의 가호로 영일동맹을 맺고 러일전쟁에서 승리할 수 있도록 이 여신의 가호를 비는 의미가 내포되어 있다. 일본은 황조신 아마테라스의 자손이 다스리는 나라이므로 아마테라스가 가호하는 것은 당연하다는 의식이 깔려 있다고 봐야 할 것이다.

이처럼 신화를 패러디해 역사적 사실의 준거로 삼으려는 시대정신은 이미 근세 국학과 미토학에 의해 배양되어 있었다. 신문, 잡지에 실린 신화 패러디 삽화들은 이러한 시대정신을 언론이라는 문명의 매체에 접목한 것에 지나지 않았다. 더욱이 신화적 역사관에 의해 역사 교육을 실시하던 시대 상황을 감안하면 신화의 패러디는 당연한 귀결이었다.

일본은 청일전쟁에 이어 러일전쟁에서도 승리한다. 그리고 포츠머스 조약 제2조에 의해 조선 지배를 국제 사회로부터 인정받는다. 그러자 1907년 8월 1일자 《도쿄팩*TOKYOPACK*》은 후쿠자와 유키치의 《통속국권론》(1878)을 그대로 옮겨놓은 듯한 삽화를 게재한다.

후쿠자와는 《통속국권론》에서 "일국의 인심을 진작시켜 전체를 감동시키는 방편으로는 외국과의 전쟁만 한 것이 없다. 진구 황후의 삼한 정벌은 1,700년 전에 있었다. 도요토미 태합의 출정도 300년을 경과하였지만 인민은 여전히 이것을 잊지 못하고 있다. 금일에 이르러서도 세상에 정한론이 있는 것은 일본의 인민이 백천년의 옛날을 생각해내고 그 굴욕을 잊지 못하는 증거이다"[49]라고 하면서 정한론을 적극적으로 지지한다. 후쿠자와가 진구 황후의 삼한 정벌과 도요토미 히데요시의 조선 침략을 준거로 하여 정한론을 거론하고 있음을 알 수 있다.

또 하나의 삽화는 상하 둘로 나뉘어 있다. 위의 그림은 하늘을 그린 것으로, 여기서 한반도 침략의 주역들, 예를 들면 삼한 정벌의 주역인 진구 황후, 임진왜란의 주역인 도요토미 히데요시, 정한론의 주역인 사이고 다카모리 등이 일본을 상징하는 후지 산을 배경으로 한일신협약이 성사되는 순간을 내려다보고 있다. 아래의 그림은 이토 히로부미伊藤博文(1841~1909)와 하야시 다다스林董(1850~1913)가 보고 있는 가운데, 이완용이 그들의 발치에 꿇어앉아서 협약서에 날인하는 장면을 담고 있다.[50]

이는 일본의 조선 병합이 진구 황후의 삼한 정벌, 도요토미 히데요시의 조선 정벌, 사이고 다카모리의 정한론으로 이어져온 일본의 오랜 숙원임을 시사한다. 아울러 진구 황후의 삼한 정벌을 전승된 신화가 아니라 역사적 사실로 인식하고 있음을 드러낸다. 이처럼 역사적 사실과 신화적 상상력을 접목한 시사만화를 단순히 만화 기법으로 치부할 수는 없다. 이러한 시사

---

49 福沢諭吉,〈通俗国権論〉, 永井道雄 編集監修,《福沢諭吉》(東京 : 中央公論社, 1984), 419쪽.

50 한상일 · 한정선,《일본, 만화로 제국을 그리다》(일조각, 2006), 202쪽 참고.

좌 : 제1차 영일동맹을 상징하는 양국의 두 여신, 아마테라스와 브리타니아.
우 : 한일신협약 체결 순간.

만화들은 일본에 의한 조선 합병은 신대神代부터 예시되어온 신의 뜻이라는 의미를 내포하고 있기 때문이다. 〈대일본제국헌법〉이 제1조에 "대일본제국은 만세일계의 천황이 통치한다"라고 명시한 이상, 천황가의 선조인 진구 황후의 삼한 정벌은 선조의 유지인 것이다.

정한론을 주장하다 메이지 정부에서 하야한 후 가고시마로 낙향해 후진을 양성하던 사이고 다카모리는 세이난西南 전쟁을 일으켜 정부군과 맞서다 결국 자결한다. 한 삽화에서는 조선 병합을 실질적으로 완성한 이토 히로부미가 조선을 상징하는 닭을 사이고 다카모리에게 주고 있다. 조선을 닭에 비유한 것은 신라의 시조가 계림에서 탄생했다는 설화에 기인한 것으로 보인다. 일본에게 조선 병합이란 진구 황후의 삼한 정벌을 완성하는 것이었다.

1873년에 사이고 다카모리는 정한론을 지지한 반면에 이토 히로부미는 이에 반대했다. 그러나 이토는 나중에 조선병탄朝鮮倂呑을 실현한다. 조선병탄을 주장한 사이고와 이를 실천한 이토의 만남을 묘사한 것은 두 사람이 조선병탄의 시기와 방법에 대해서 생각이 달랐을 뿐 조선병탄이라는 목표는 공유했으며, 이 목표를 이루기 위해 목숨까지 바쳤다는 것을 암시한다.[51]

한편 조선 합병을 다룬 가장 극적인 시사만화는 데라우치 마사타케寺內正毅 총독이 아메노이와야토 동굴을 열자 아마테라스가 출현하는 것으로 설정된 그림이다. 태양신 아마테라스가 동굴에서 나오는 신화, 즉 아메노이와야토 신화를 패러디한 이 시사만화가 뜻하는 바는 아마테라스의 나라인 일본에 조선이 병합됨으로써 조선에 광명이 찾아왔다는 것이다. 그리고 조선인들에게 그 광명을 가져다준 것은 아마테라스를 불러낸 데라우치 총독이라는 것이다. 그림에서, 조선을 나타내는 표상인 수탉이 새벽이 왔음을 알리고 있다. 이는 일본에 의해 새로운 날이 도래했음을 알리는 신호탄이다. 또한 아마테라스가 출현하기를 기다렸던 조선인들이 조선에 광명을 가져다준 것에 대해 아마테라스에게 감사를 표하고 있다.

이처럼 일본의 고대 신화는 시대에 따라 재해석되고 재생산되면서 조선에 대한 우월 의식을 확대해나간다. 당대 일본의 최고 지식인들이 한일합

51 한상일 · 한정선, 《일본, 만화로 제국을 그리다》, 228쪽 참고.

좌 : 조선 병합을 실질적으로 완성한 이토 히로부미가 조선을 상징하는 닭을 사이고 다카모리에게 주고 있다.
우 : 조선 병합을 다룬 시사만화. 데라우치 총독이 아메노이와야토 동굴을 열자 아마테라스가 출현한다.

방은 시대의 대세라고 주장하면서 국가 권력의 주구가 되어 침략 전쟁을 선동하고 이를 전파하는 전도사 역할을 하였다는 것이다. 문제는 이러한 내용들이 일부 '지식인의 언설'로 그친 것이 아니라, 이러한 신화적 이야기가 버젓이 '역사적 사실'로 둔갑해 교과서를 통해 근대 일본인들에게 확산되었다는 것이다. 이처럼 일본에서 역사는 '사실'이나 '진실'의 문제가 아니라 어디까지나 '해석'의 문제였다. 그리고 현대에 들어와 다시 일본의 우파들은 '일본사'를 '재해석'하려 하고 있는 것이다.

2장

신국 일본의 심상 지리

신도神道[1]는 공동체의 생활과 관련된 신앙으로서 외래의 종교를 수용하면서 발전해왔기 때문에, 민간 신앙은 물론이고 모든 교단 종교를 포괄하고 있다고 해도 과언이 아니다. 그럼에도 불구하고 일본 신도가 세계 종교의 하나로 뿌리를 내리기에는 태생적으로 한계가 있는 것 역시 사실이다. 일본인들이 여전히 신불습합이라는 전통적인 종교관에 지배받고 있는데다가, 신도 그 자체가 일본의 국가 종교 성격을 띠고 있기 때문이다.

신도는 일본 민족의 삶과 같이해온 민족 종교로, 그 역사는 일본 역사만큼이나 유구하다. 신도는 일본 원시 공동체의 신앙으로 출발해, 우지가미氏神(씨족의 조상신)를 중심으로 하는 마을 공동체의 신앙으로 발전했다. 신도가 체계적 틀을 갖추기 시작한 것은 고대 율령제 국가가 성립되면서였다. 천신과 국신에 대한 것을 율령으로 지정한 〈신기령神祇令〉에 의해 비로소 천지만물 속에 존재하던 모든 신들이 천신天神과 국신国神으로 양분되고 이들을 받드는 전국의 신사에 등급이 정해졌기 때문이다. 이 과정에서 각 씨족의 신들이 왕권 신화에 편입된다. 하지만 신화에 나오는 신들은 물론이

1 일본 신화를 근간으로 하여 생성된 신도는 '신의 길神の道'이라는 뜻으로, 하나의 도道이자 생활의 교의로서, 그리고 존재의 흐름으로서 전승되어왔다. 바다에도 길이 있고 산에도 길이 있고 인간사에도 길이 있듯이, 사람이 살아가는 생활의 장에는 반드시 길이 생긴다. 생명의 길, 생활 문화적 전달로서의 길, 다시 말하면 자연환경 속에 있는 길과 문화적 전승으로서 전해 내려온 길이 맞물려 길道의 문화로서의 신도가 발생한 것이다. 따라서 신도는 다양한 길이 교차하는 십자로의 습합習合(배워서 합친다는 의미)에 의해 성립되었다. 鎌田東二,《神道とは何か》(東京 : PHP研究所, 2000), 37쪽.

고 신도 그 자체도 이때까지는 확고한 이론 체계를 구축하지 못했다.

신도가 종교로서의 정체성을 갖게 된 것은 불교의 세계관과 만나면서였다. 그 후 신도는 불교, 수험도修驗道[2], 유교, 기독교 등 다른 종교와의 습합을 거쳐 점차 체계화되어간다. 그리고 근대에 이르러 천황교(대교大教)로서 국가 종교로 격상되면서 종교 교단으로서의 체계를 갖추게 된다. 신도의 정체성은 일본 신화의 심상 지리를 통해, 그중에서도 신국 일본이라는 심상 지리를 통해 구축되어왔다. 고대의 신기神祇 사상, 중세의 신국 사상, 근대의 국체 사상은 일본 신화를 모태로 하여 상상되고 인식된 일종의 심상 지리를 내포하고 있다.

일본 신화와 천황제 이데올로기라는 일본인의 정신세계를 이해하기 위해서는 '일본 신화, 신도, 천황'으로 이루어지는 삼각 구도를 이해해야만 한다. 일본 신화는 신도의 이론적 토대가 되며, 일본 신화의 세계관에 따르면 천황은 만세일계의 살아 있는 신이기 때문이다. 따라서 일본 신화가 고대의 신기 신앙, 중세의 신국 사상을 거쳐 근세와 근대의 천황제 이데올로기로 어떻게 변용되었는지를 이해하기 위해서는 이 삼각 구도에 대한 이해가 선행되어야 한다.

---

2 삼라만상에 영혼이 깃들어 있다고 보는 고신도古神道에 산악山岳에서 수행하는 산악신앙과 불교가 습합하고 이에 다시 도교나 음양도가 가미되어 확립된 일본 특유의 종교이다.

⁝ 1 ⁝

고대의 신기 신앙

일본 신화는 일본의 신들을 '야오요로즈노카미八百万神'(무수히 많은 신)라 총칭하고, 이를 다시 '천신'과 '국신'으로 이원화한다. 천신은 천황가의 우지가미氏神를 비롯해 일본 열도에 존재했던 유력 씨족들의 우지가미를 말한다. 반면에 국신은 일본 열도에 선주하고 있던 자연신 내지 천황가와 대립하거나 길항했던 유력 씨족들의 우지가미를 말한다. 하지만 처음부터 이들 신에게 서열을 매기고 신들의 계보를 만들어 '가미神 신앙'을 체계화한 것은 아니었다.[3]

일본 신화를 근간으로 한 일본 가미 신앙의 체계화를 촉진한 것은 불교 전래이다. 사실 자연 종교적 전통 속에서 일본인들은 자신들이 믿는 종교

---

3 고대 일본인들은 신들이 자연이나 산천초목 등에 영혼으로 존재하다가 필요할 때 인간들 앞에 나타난다고 생각했다. 천손 강림에 즈음해 천신인 아메노호히는 '아시하라노나카쓰쿠니에서는 초목도 모두 말을 한다'라고 말했는데, 이는 일본인들의 고대 자연관이 곧 그들의 종교관임을 대변한다.

에 굳이 이름을 붙일 필요를 느끼지 않았다. 신도라는 말은《일본서기》에 나올 뿐,《고사기》,《풍토기》,《만엽집萬葉集》(759년 이후) 같은 다른 고대 문헌에서는 발견되지 않는다. 더욱이《일본서기》에서는 '신도'가 불교에 대비되거나 대립되는 말로서 쓰인다. 이는 일본의 민족 종교가 처음에는 특정한 명칭을 갖지 못하다가, 대륙에서 불교가 전래되면서 비로소 자신을 규정할 명칭을 필요로 하게 된 것이다.[4]

불교를 통해 확립되는 신도

애니미즘을 근간으로 한 자연 숭배와 샤머니즘을 근간으로 한 조상 숭배가 습합되어 자연 발생적으로 형성되어간 신도는 사실 일본에 불교가 공식적으로 전래되기 전에는 경전도 신전도 교주도 없는 자연 종교에 머물러 있었다. 이러한 신도가 빠른 시간 안에 국가 종교로서의 모습을 갖추게 된 것은 불교 전래라는 외부의 충격 때문이었다.

《일본서기》에는 간략하게 그간의 사정이 수록되어 있다. 백제를 통해 일본에 불교가 전래되었을 때 불교를 수용할 것인지 말 것인지를 천황이 신하들에게 하문한다.

> "짐이 옛날부터 지금까지 아직 이렇게 미묘한 법을 들은 일이 없다. 하지만 짐이 혼자서 결정하지는 아니할 것이다"라고 천황이 말씀하셨다. 그래서 여러 신하들 하나하나에게 "서쪽의 이웃 나라에서 바친 부처의 얼굴

4 김후련, 〈고대 천황신화의 성립과 그 변용〉, 309쪽 참고.

은 단아하고 일찍이 본 일이 없다. 예배할 것인가, 말 것인가"라고 하문하셨다. 이에 소가노 오미 이나메노스쿠네蘇我大臣稻目宿根가 아뢰었다. "서쪽의 여러 나라가 다 같이 예불하고 있습니다. 도요아키즈 야마토豊秋日本가 어찌 혼자 거역할 수 있겠습니까." 그러자 모노노베노 오무라지 오코시와 나카토미노 무라지 가마코가 같이 아뢰었다. "우리나라의 왕은 항상 천지사직天地社稷의 수없이 많은 신을 춘하추동 받들어 모시고 계십니다. 지금 그것을 바꾸어 번신을 받들어 모시면 필시 국신의 노여움을 살 것입니다." (《일본서기》)

위와 같이 백제계 도래인이자 신흥 귀족으로서 조정에서 막강한 힘을 키워가던 소가노 이나메는 이웃 나라, 즉 중국 대륙과 한반도의 국가들이 부처를 믿고 있으니 불교 수용은 시대의 대세라고 찬성한다. 이에 반해 조정의 실력자인 모노노베노 오코시物部尾興와 나카토미노 가마코中臣鎌子는 우리나라의 왕은 춘하추동 천지사직의 신들을 섬겨왔는데 이제 와서 이웃 나라의 신인 부처를 섬기면 국신의 노여움을 살 우려가 있다고 반대한다.

위의 기사에서 주목해야 할 것은 예로부터 내려온 일본의 신들을 모두 아울러 국신이라 칭하고 부처는 번신蕃神, 즉 이웃나라의 신他神이라 칭한다는 점이다. 여기서 말하는 국신은 일본 신화에 나오는 '천신 대 국신'으로 나눌 때의 그 국신이 아니다. 외래 신인 부처와 대항하기 위해, 편의상 천신과 국신을 포함한 일본의 토착 선주신先住神을 총칭해서 국신이라고 부르고 있는 것이다. 하지만 이것이 오히려 일본인들의 보편적인 신 관념에 걸맞는 것이다. 왜냐하면 다카마노하라에 있는 천신들에 의해 지상의 아시하라노나카쓰쿠니가 평정되고 이에 국신이 국토를 양도했다는 고대 천황 신화의 주제에 맞추어 신들이 천신과 국신으로 이원화되었기 때문이다. 하지만 민간의 백성들의 경우 천신과 국신이라는 구별은 전혀 없었다. 더욱이 신앙의 대상으로서 신을 받들어 모실 때는 그 신의 영험이 중요한 것이지 그 신의 출자가 어딘가 하는 것이 중요한 것은 아니기 때문이다.

외래 신인 부처가 백제를 통해 공식적으로 일본 조정에 전래되고 이를 백제계 도래인인 소가노 이나메가 지지하자, 평소 그와 정적 관계에 있던 두 중신이 위기의식을 느끼고 기존의 신들을 총칭해서 국신이라고 부른다. 따라서 여기서 국신은 번신인 부처에 대항하는 개념으로, '천지사직의 무수히 많은 신들'을 뜻한다. 아울러 이들은 '부처佛의 가르침教'이라는 의미의 불교佛教에 맞서 자신들의 종교를 '신神의 길道'이라는 의미의 신도神道라고 부르게 된다.

불교는 532년에 백제를 통해서 공식적으로 일본에 전래되었지만, 불교가 일본에서 왕권 확립에 정식으로 관여하는 것은 다이카 개신大化改新이 일어난 645년 이후의 일이다. 고토쿠孝德 천황은 사람을 큰 사원에 보내 승니를 불러 모아 경영이 어려운 절은 자신이 도울 것이니, 노비, 전답의 실상을 조사하여 주상하라 명한다. 이로써 각 씨족의 우지데라氏寺[5]로 존재하던 사원들이 천황의 비호 아래 들어간다.

사원의 관사화官寺化 정책이 본격적으로 시행되는 것은 왕위 계승을 둘러싸고 임신의 난이 일어난 670년대 이후의 일이다. 그 전에는 궁중에서 불사가 행해지는 일이 없었는데 다이카 개신 이후에는 신기 제사와 함께 불사가 전국적으로 거행된다. 40대 덴무 천황 때에는 불사가 성행해서 전국적인 규모의 호국 법회가 열리기도 한다. 덴무 천황의 붕어崩御 때 불교

5 불교는 백제를 통해 공식적으로 일본에 전해졌지만, 일부 조정 중신들의 수용 거부로 소가노 이나메 등 숭불파를 중심으로 사적인 신앙 대상이 된다. 이로 인해 각 씨족이 지은 불교 사원을 우지데라, 즉 '씨족의 절'이라고 불렀다.

식 장례가 치러진 것은 일본 불교가 국가 불교로서 경사되어갔음을 보여주는 단적인 예이다.[6]

승니에 대한 국가의 통제는 〈대보율령大寶律令〉(701)이 성립되면서 〈승니령僧尼令〉에 의해 확정된다. 〈승니령〉에 따라, 승니가 되기 위해서는 반드시 국가의 허가를 받아야 했으며, 개인이 마음대로 승니가 되는 것은 엄금되었다. 그리고 일단 승니가 되면 서민의 호적에서는 제외되어 별도로 등록되었고 면세의 특권을 누렸다. 그 대신에 특별한 경우를 제외하고는 사원에 살면서 교리 연구와 국가 진호鎭護를 위한 수행에 전념해야 했다. 또한 일반 서민에 대한 포교는 엄격하게 금지되어 있었다.

일본 불교는 성립 단계에서부터 철저하게 국가에 예속되어, 개인적 수행이나 대승적 견지에서의 민중 포교 등이 금지되었다. 고대부터 계속되어온 신기 제사권에 덧붙여 부처의 주력呪力과 영험까지 장악함으로써 천황의 권위는 절정에 달한다. 율령에 의해 중앙 집권적인 통치가 이루어진 7세기 후반부터 8세기에 걸쳐 천황은 신도와 불교를 장악하고 현인 신으로서 나라의 정점에 서서 군림했다. 7세기 말에서 8세기에 이르러 천황 신화와 이를 뒷받침하는 왕권 의례가 본격적으로 틀을 갖춘다.

나라 안의 중요한 신사는 관사로 등록되고, 조정은 2월에 거행되는 기년제 때 관사로 지정된 신사에 그 신사의 품계에 따라 폐백幣帛(신에게 바치는 공물)을 하사한다. 이 체제에 의해 그때까지 국가의 간섭이 미치지 않았던 각 씨족의 씨족 신들까지 국가의 일원적 제사 체계에 편입되고, 폐백의 대가로서 천황을 위해 기원하는 것이 의무화된다. 이렇게 해서 율령제하의 신기 제사에 편입된 신사들은 아마테라스를 받드는 신궁을 정점으로 해서

6 김후련, 〈고대 천황신화의 성립과 그 변용〉, 312~313쪽 참고.

천황에게 하사받은 폐백과 관위에 의해 서열화되고, 결국 정연한 피라미드형 질서를 이루게 된다.[7]

신불습합의 전개

불교에 대한 철저한 통제로 인해 일반 포교가 금지된 상황에서 일본 불교는 나름대로 살길을 모색한다. 나라 시대에 들어서면서 일본 독자의 일본 신과 대륙의 부처가 서로를 배워서 하나로 합한다는 신불습합神佛習合의 종교관이 나타난다. 일본에서 불교는 토착 종교인 신도와 길항하는 것이 아니라 타협한다. 그 과정에서 탄생한 것이 본지수적설本地垂迹說이다. 여기서 본지本地는 본체라는 의미이며, 그 본체가 중생을 구하기 위해 여러 가지 다른 모습을 빌려 이 세상에 나타난 것이 수적垂迹이다. 그러므로 본지수적설에 따르면 일본의 신과 불교의 신은 하나이며 불교와 신도 역시 서로 다른 종교가 아니다.

본지수적설에 따라 일본 최초로 불보살의 칭호를 받은 것이 우사 하치만八幡 궁의 제신인 하치만 신八幡神이다. 하치만 신의 원래 이름은 야하타노카미八幡神이며, 그 출자는 규슈에 있는 부젠노쿠니豊前国(현재의 오이타大分현)의 우사 지방이다. 우사의 야하타노카미가 조정의 주목을 받게 된 것은 율령 국가 건설이 진행되고 있던 8세기 무렵(나라 시대)에 규슈 남쪽의 하야토隼人 지역(현재의 가고시마 현)에서 일어난 반란 때문이다. 반란을 진압하러 나선 우사 지방의 병사들은 우사 하치만 궁의 제신인 하치만 신을 군신軍神

7 佐藤弘雄,《神国日本》(東京 : ちくま書房, 2006), 35쪽.

으로 모시고 전쟁에 참여해 이긴다.

전쟁이 끝난 후 하치만 신은 비록 전쟁에는 이겼지만, 살생하지 말라는 불교 계율을 어기고 하야토를 정벌한 죄업을 씻기 위해 불교에 귀의하겠다는 탁선託宣을 내린다. 우사 하치만 신이 불교에 귀의함으로써, 일본의 토착 신인 천신과 국신은 모두 일반 중생과 마찬가지로 번뇌하는 존재이자 번뇌에서 벗어나기 위해 부처에게 기원하는 존재가 된다. 다시 말하면 일본의 신이 불보살이 되기 위한 수행 과정에 있는 존재로 전락한 것이다.

야하타노카미가 실질적으로 중앙으로 크게 약진하게 된 계기는 동대사東大寺 대불大佛 건립이었다. 740년에 쇼무聖武 천황은 고치河内의 지식사知識寺에서 금당 본존인 노사나盧舍那 불상을 배알한 뒤 자신도 이와 같은 불상을 만들고 싶어 한다. 하지만 대불 건립 공사의 어려움을 생각해서 망설이고 있었다. 쇼무 천황에 의해 진행된 대불 건립은 국가 총력을 집결한 거대 사업이었지만, 당초부터 많은 어려움과 불안이 따랐다. 이때 갑자기 우사 하치만 신이, 아무리 어려운 일이 있더라도 자신이 일본의 천신지기를 이끌고 동대사 대불 건설 사업을 성공시키겠다는 신탁을 내린다.[8]

그런데 이와 같은 하치만 신의 탁선은 일본 신화에 의해 확정된 신들의 서열을 깨는 발언이다. 보다 구체적으로 말하면 황조신 아마테라스 이하 천신들을 젖히고 일개 지방신에 지나지 않는 하치만 신이 천신지기 즉 천신과 국신을 이끌 수는 없는 것이다. 그럼에도 불구하고 하치만 신을 모시는 신관이 이와 같은 말을 탁선이라는 명목을 빌어서 발언할 수 있었던 것은 천황을 중심으로 한 조정이 불교로 확실하게 경사되고 있었기 때문이

---

8 이에 관해서는 헤이안 시대 말기에 편찬된 《동대사요록東大寺要録》(1134)과 《속일본기》에 전해진다.

다. 아울러 대불사업이 국가의 숙원 사업이라는 것을 하치만 신사 측에서 간파하고 있었기 때문이기도 하다.

《부상략기초扶桑略記抄》(1094~1107)에 수록된 동대사 연기緣起 설화에 의하면, 쇼무 천황은 동대사 대불에 금박을 입히는 데 필요한 황금을 구하기 위해 견당사를 파견하려 한다. 당시 일본에서는 금이 아직 나지 않고 있었다. 마치 조정의 이러한 고민을 알고 있었다는 듯이 우사 하치만 신은 일본에서도 곧 금이 나올 것이라는 신탁을 내린다. 그리고 신탁대로 조정은 곧 금을 얻게 된다.[9] 이처럼 신도에서 불교로 기울어가는 조정의 움직임을 간파하고 발 빠르게 움직인 덕분에 우사 하치만 신은 중앙으로 진출한다. 신의 신탁대로 749년에 대불 주조가 성공하고 하치만 신은 수레를 타고 우사로부터 멀리 떨어진 수도인 나라로 와서, 고켄孝謙 천황(749~758 재위)과 쇼무 태상천황, 고묘光明 황태후와 5,000명의 승려의 참관 속에서 대불을 예배한다.[10]

이로써 하치만 신은 완전히 불법에 귀의하고, 불교를 수호하는 일본 최초의 신으로 숭앙받게 된다. 우사 하치만 신이 신불습합에 의해 보살의 칭호를 받은 후 다른 신궁과 신사에서도 앞다투어 신불습합이 이루어진다. 8세기 말엽부터는 '하치만 대보살'이라는 명칭이 전국적으로 확산된다. 이러한 시대적 추이에 따라 나라 시대부터 헤이안 시대 초엽까지 많은 신사 경내에 신궁사神宮寺가 건립된다. 그리고 불상의 영향을 받아 천신지기의 신상神像이 만들어진다.

헤이안 시대 중기가 되면 본지수적설이 확대되어, 일본의 수많은 신사들

9 김후련, 〈고대 천황신화의 성립과 그 변용〉, 318쪽.

10 김후련, 〈고대 천황신화의 성립과 그 변용〉, 319쪽.

이 자신들이 받들고 있던 제신의 본지불本地仏을 지정한다. 헤이안 시대 말기가 되면 천황가의 조상신을 모시는 이세伊勢 신궁의 제신 아마테라스마저 그 본지불을 대일여래大日如來로 정한다. 일본 신의 정점에 있는 아마테라스마저 신불습합의 대상이 되자[11] 일본 전역의 거의 모든 신사에서 모시는 제신의 본지에 부처나 보살이라는 이름이 붙기 시작한다. 11세기 말엽에 나타나는 '곤겐權現'이라는 말은 부처가 신으로 모습을 드러낸다는 의미로 신명이나 지역명 뒤에 수식어처럼 붙는다. 이렇게 해서 본지수적설은 일본 사회 전역으로 확산된다.

왕법과 불법

고대 국가 전반에 균열이 가기 시작하는 것은 10세기 무렵으로, 그 원인은 율령제를 기반으로 한 지배 체제의 동요와 해체에 있었다. 10세기 무렵 권문세가와 유력한 사원이 앞다투어 장원 획득 경쟁을 벌이면서 국가 경제의 근간이 무너지기 시작한다. 권문세가와 유력 사원들은 국가가 소유하고 있던 토지를 사유화하고 직접 조세를 징수하면서 독자적 경제 기반을 구축해나간다. 토지의 사유화를 막아야 할 천황가까지 그 경쟁에 뛰어들어 국가 경제의 근간을 흔들면서 이를 가속화한다.

율령제의 근간이 무너지면서 더 이상 조정은 전국 방방곡곡의 신사를 돌보며 신들을 부양할 수 없게 된다. 그러자 조정은 전국적으로 신사를 관리

11 근대에 와서 메이지 정부가 신불 분리를 강력하게 추진한 것은 신격화의 대상이 된, 천황의 조상신으로서 황조신이라 불리는 아마테라스마저 신불습합에 노출된 것과 무관하지 않다.

하던 기존의 방식을 단념하고 신기 제도를 전면 재편한다. 이에 따라 중앙은 천황가 및 권문세가와 인연이 깊은 신사를 중심으로 총 22사로 재편된다. 아울러 지방별로 유력한 진수신鎭守神을 선정하여 일궁一宮으로 칭한다. 그러한 변화 중에도 이세 신궁은 국가의 종묘라는 특권적 지위를 계속 유지한다.

이와 같은 사회 변동은 국가의 절대적인 비호를 받아왔던 신도계의 근간을 흔들었다. 이에 따라 율령 국가의 비호를 받았던 유력 신사는 물론이고 전국의 신사들이 자립의 길을 걷게 된다. 율령 국가의 통제에서 벗어난 다른 유력 신사들은 사회적 지위의 상승을 위해 필사의 노력을 계속한다. 불교보다 우위에 있어왔던 신도계는 이제 신사들 간의 자유 경쟁에 뛰어든 것은 말할 것도 없고, 불교와의 신불 경쟁에도 돌입하게 된 것이다.

이러한 와중에 유력 사원들은 그 나름대로 각자 확보한 사원령寺院領을 지키기 위해, 사원령은 그 사원의 본존과 제신의 영지로서 신성한 불토仏土이므로 이 신성한 영지를 침범해서는 안 된다는 논리를 만들어낸다.[12] 그 결과 일본은 변토의 초목에 이르기까지 천황의 것이라는 신기 사상은 사라진다. 불교계의 불토론은 고대 율령제 국가의 천황제 관점에서 본다면 그대로 신도적 세계관에 대한 부정으로 귀결된다. 이와 같은 불법의 강세는 천황의 속권은 물론 신성성을 약화시키는 직접적인 원인이 된다.

고대 천황제가 중세에 이르러 어떻게 변질되었는가를 여실히 보여주는 사례 중 하나가 바로 왕법과 불법의 관계이다. 고대에 천황이라는 절대 군주에게 봉사했던 불교가 중세에 이르면 거의 왕권과 동등한 권위를 획득하는 것은 물론이고 경우에 따라서는 왕권을 능가하게 된다. 치천의 군주인

---

12 佐藤弘雄,《神国日本》, 51쪽 참고.

천황도 인간이기에 사후 세계를 두려워하는 것이 당연하다. 불교계는 바로 천황의 이런 인간적인 고뇌를 이용한다. 그 결과 천황이 사후 지옥에 떨어지는 지옥담이나 원령이 되는 이야기들이 만들어진다. 천황이 지옥에 떨어진 대표적인 지옥담은 스가하라 미치자네菅原道真(845~903)[13]를 유배시켜 죽게 만든 다이고醍醐 천황(897~930 재위)에 관한 설화이다. 한편 권력 싸움에 패한 뒤 원령이 되어 스스로 마계에 떨어진 것으로 회자되는 천황은 82대 고토바後鳥羽 천황(1183~1198 재위)이다.

그러나 이처럼 천황의 권위를 허무는 측이 있었던 반면에 천황의 권위를 높여주는 측도 있었다. 실추된 중세 왕권의 정신적 지주는 현밀顯密 불교였다. 현밀 불교는 일본 신화와 불교를 결합해 새로운 천황 신화를 탄생시킨다. '오야시마구니'라는 변방 세계[14]를 무대로 한 일본 신화를 재해석한 것이 바로 그것이다. 이로 인해 일본 신화는 불교라는 새로운 옷으로 갈아입는데, 결론적으로는 일본 신들의 권위와 아울러 천황의 권위를 한층 더 높이는 결과를 낳는다. 중세의 천황 신화는 천황은 석가의 화신이라는 '석가 화신설' 내지 천황은 대일여래의 화신이라는 '대일여래설'을 창출한다.

중세에 이르러 밀교 이론에 의해 재탄생한 천황 신화와 더불어 천황 대일여래설이 천황가의 즉위 의례에 도입된다. 일본에서 천황 대일여래설이

---

13 스가하라 미치자네는 헤이안 시대의 귀족, 학자, 정치가로, 관위는 종2품에 해당하는 우대신이었으나 모함을 받아 규슈로 좌천당한 뒤 그곳에서 죽는다. 그가 죽은 후 천변지이天変地異가 끊이지 않자 조정에서는 스가하라 미치자네의 원령이 한 짓이라는 소문이 돈다. 그러자 조정은 그에게 정1품인 태정대신을 추서한다. 스가하라 미치자네는 덴만 궁의 제신으로 받들어 모셔진다. 에도 시대에는 그를 소재로 한 가부키가 서민들의 사랑을 받았으며, 현재는 학문의 신으로서 일본인들에게 사랑받고 있다.

14 제1장 〈고대 천황 신화의 성립과 변용〉에서 보았듯이, 신도라는 세계관에 의하면 일본의 신들이 지상에 내려와서 낳은 것은 고작해야 일본 열도, 그것도 당시 일본의 왕화가 미치지 않던 영역은 포함되지 않은 아주 좁은 세계였다.

실질적으로 기능하기 시작한 것은 고산조後三条 천황(1068~1072 재위) 때부터이다. 그 후 불교와는 무관했던 천황가의 즉위 의례에 천황이 대일여래의 진언을 외치고 대일여래와 인연을 맺는 놀랄 만한 의식이 중세에 정착한다. 이렇게 해서 불교는 신도의 내부로 들어가 신도를 서서히 해체해나간다. 그 과정에서 불교도 일본의 신기 신앙 안으로 포섭되면서 본질 자체가 변질된다.

⁝ 2 ⁝

중세의 신국 사상

신국 사상이란 일본은 만세일계의 황통이 통치하는 나라이며 일본은 신명에 의해 보호받는 나라라는 관념 내지 정치사상이다. 신국이라는 용어는 일본 사상사를 설명하는 데 있어서 중요한 핵심어이다. 따라서 학술적인 관점에서 신국 내지 신국 사상이라는 용어를 사용할 때는 주의가 필요하다. 왜냐하면 '신국'이란 일본 사상사뿐만 아니라 일본사 또한 관통하는 용어로 고대, 중세, 근세, 근대, 현대에 이르기까지 스펙트럼이 실로 다양하기 때문이다.

신국이라는 용어는 진구 황후의 삼한 정벌 이야기에 처음 나온다. 고대 일본사에서는 신국이라는 용어가 일본 최초의 역사서인《고사기》와《일본서기》의 성립과 맞물려 있었다는 점에 유의해야 한다. 아울러 신국이라는 용어가 일본 신화 내지 일본 내부 문제에서 파생한 것이 아니라 동아시아의 판도와 관련해 파생한 것이라는 점도 유념해야 한다. 일본이 고대에 전승되던 신화적 이야기를 역사적 사실로 둔갑시켜 신라 왕의 입을 빌려서 신국이라는 용어를 사용하게 된 것은 한반도를 통일한 신라와 일본 열도를 통일한 일본 간의 관계를 새로이 규정하는 것이 당대 일본의 최대 과제였기 때문이다. 일본이 신라라는 타자를 통해 '신국, 일본, 성왕, 천황, 신병'이라는 용어들을 생산해내면서 자신을 신국이라 규정지은 것은 바로 그 때문이었다.

고대 천황 신화의 이데올로기로서 성립한 신국 사상이 외국에 의한 일본 국토의 불가침성을 강조하는 이데올로기로 전환된 것은, 일본의 국토와 백성은 왕의 것이라는 왕토왕민王土王民 사상과 결합된 9세기 이후의 일이다. 869년 신라의 것으로 추정되는 배 두 척이 지쿠젠筑前(현재의 후쿠오카福岡)에 들어와 약탈하는 사건이 일어난다. 이 사건에 이어 그해에는 각지에서 지진과 풍수해가 연이어 일어나 세상이 시끄러웠다. 위기감을 느낀 조정은 군사 면에서 대응책을 강구하는 한편, 신불의 조력을 얻기 위해 각지의 신사와 사원에 폐백을 받치며 국토 안전을 위한 기원을 드린다. 이때 유력 신사가 작성한 신들에게 기원하는 기원문에 '신국'이라는 용어가 보인다.[15]

일부 식자층 사이에서 쓰이던 신국이라는 용어가 민중에까지 보급되는 것은 몽골의 침략 전후, 즉 가마쿠라 시대(1192~1333) 후기인 13세기 말엽에서 남북조南北朝 시대(1336~1392) 초기인 14세기 초엽의 일이다. 반면에 무로마치 시대(1336~1573)에 이르러서는 《신황정통기》(1339)를 통해 발현된 신국이라는 용어가 역사의 전면에 대두된다. 여기서 말하는 신국이라는 용여는 일본 내부의 문제 때문에 발생한다. 기타바타케 지카후사北畠親房(1293~1354)가 《신황정통기》를 저술한 시대는 고다이고後醍醐 천황(1318~1339 재위) 계통의 남조와 막부 계통의 북조로 천황가가 양분되어 두 개의 조정이 양립하던 난세 중의 난세, 말세 중의 말세였다. 이러한 상황

15 佐藤弘雄, 《神国日本》, 92쪽 참고.

을 타개하기 위해 남조의 충신인 지카후사가《신황정통기》라는 저술을 통해 일본 신화를 토대로 남조의 정통성을 주장한 것이다.

《신황정통기》 서문을 보면, 첫머리에서 일본이 신국이라고 선언한 후, 일본이 세계 전체 속에서 어떤 위치에 있는지를 논하고 있다.《신황정통기》에 따르면 우선 이 세계(사바세계)의 중심에는 수미산이 있고, 수미산의 사방에는 네 개의 대륙이 있다. 그 대륙의 중앙에 있는 것이 천축(인도)이고, 신단(중국)이 넓다고 해도 천축에 비하면 한쪽 편의 작은 나라에 지나지 않는다. 그리고 일본은 그 대륙에서 떨어진 동해의 바다 가운데 있다.[16]

《신황정통기》의 첫머리를 장식하는 "대일본은 신국이다"라는 지카후사의 언설은 하나의 핵심어가 되어 근세와 근대의 저작물 속에서 끊임없이 재생산된다. 하지만 이는 어디까지나 후대의 재해석에 의한 견강부회에 지나지 않는다. 근세의 국학이나 미토학과 달리《신황정통기》는 불교적 변토 사상을 토대로 신국 일본을 주장한 것이다. 따라서 일본의 역사와 일본인의 정신사를 관통하는 신국 사상을 통사적으로 살펴보는 것은 대단히 의미 있는 작업이다.

신의 바람 가미카제

12세기 후반에 몽골 초원에 나타난 칭기즈칸은 몽골 고원을 평정하고 기마병을 몰아 서쪽으로 유럽까지 판도를 확장하는 몽골제국을 건설한다. 그의 손자인 쿠빌라이는 중국 대륙으로 진출해 수도를 베이징으로 옮기고

---

16 佐藤弘雄,《神国日本》, 17쪽.

나라 이름을 원元으로 정한다. 원은 한편으로는 남송을 압박하고 다른 한편으로는 고려를 정복한 다음, 고려를 앞세워 일본을 정복하려고 한다. 당시 막부의 권력을 장악하고 있던 호조 도키무네北条時宗(1251~1284)는 거듭되는 원의 복속 요구를 거절한다. 그러자 쿠빌라이는 무력 침공을 결정한다.

일본 역사상 처음으로 외세가 침입해 들어오는 상황에서 일본 조정과 막부의 위기감은 상당했다. 어려울 때일수록 신불을 찾는다고, 가마쿠라 막부는 각 지역의 신사와 사찰에 몽골 항복을 위한 가지기도加持祈禱를 정기적으로 올리라는 지시를 내린다. 조정 또한 왕성을 수호하기 위해 22개 사사社寺에 몽골의 항복을 기원하는 기도를 드릴 것을 명한다. 아울러 전쟁에 이기면 은상을 내린다는 약속하에 막부 휘하의 고케닌御家人에게는 물론이고 고케닌이 아닌 지방의 무사들까지 동원한다.

1274년 10월 제1차 몽골 침략 때 아시아의 패자霸者인 원나라는 정복한 고려로 하여금 900척의 군선을 내게 하여 원과 고려의 병력 4만여 명을 배에 나누어 태우고 쓰시마, 이키를 거쳐서 하카다博多 만에 상륙한다. 10월 20일, 상륙 작전을 개시한 원군은 일본군을 차례차례 격파하지만 저녁 무렵에 야간 기습을 경계하여 군선으로 귀환한다. 그런데 공교롭게도 한밤에 폭풍우가 심하게 몰아쳐 배들이 모두 침몰하고, 쿠빌라이의 일본 원정은 실패로 끝난다. 때맞추어 불어준 폭풍우로 인해 미증유의 국난은 면했지만, 원나라의 무력을 접한 중세 일본인들은 공황 상태에 빠졌다.

한편 원의 쿠빌라이는 일본을 포기하지 않고, 이듬해에 가마쿠라 막부에 복속을 권고하는 사신을 다시 파견한다. 막부는 항복을 권하러 온 사신을 처형하고 항전 결의를 더욱더 강하게 굳힌다. 사이코쿠西国(혼슈의 서부)의 고케닌들에게 〈이국경고번역異国警告番役〉을 내려서 더욱 철저하게 규슈를 방비하도록 명하는 등 일본도 만전의 준비를 한다. 고려와 남송을 앞세운 원나라 군대가 1281년 5월 말에 다시 14만 대군을 동원해 일본을 침략한다.

제2차 몽골 침략 때인 윤 7월에도 때맞추어 다시 폭풍우가 휘몰아쳐서 원군은 전력의 태반을 잃고 돌아간다. 원의 군대는 낮에는 육상에서 싸우고 밤에는 해상에서 지냈는데, 거짓말처럼 이때도 다시 밤중에 태풍이 불어 배가 전복되는 바람에 하룻밤 사이에 10만 명 이상이 물거품처럼 사라진다. 이른바 신의 바람 가미카제다. 이 싸움에서 신불은 단지 폭풍우만을 불러온 것이 아니었다. 신불은 직접 전투에 참여했다. 그리스 신화의 트로이 전쟁 때처럼 인간들의 전쟁에 신들이 참여했다는 것이다. 다른 점이 있다면 신들이 일방적으로 일본만을 편들었다는 것이다.

신들의 군단 선두에 선 것은 고야高野 산의 지주신地主神이기도 한 아마노 명신天野明神이었다. 그런데 스미요시 신사의 스미요시 명신住吉明神의 말이 원나라 군대의 독화살을 맞아서 치료를 받느라고 신들의 출동이 늦어진다. 일본이 처음에 고전을 면치 못한 것은 바로 그 때문이었다. 그 후 스와諏訪 신사의 스와 명신諏訪明神이 큰 용이 되어 하카다 만에 출현하고, 하치만 사의 하치만 명신八幡明神은 폭풍우가 불기 직전에 출진해서 원군을 궤멸한다.[17]

이와는 별도로 승들의 개인적인 법력이 신불을 움직였다는 설도 있다. 진언율종의 대표자인 에손叡尊은 몽골이 습격하자 가메야마亀山 상황의 하명에 따라 7,000명의 승들을 이끌고 이와시미즈하치만岩清水八幡 궁에서 7일 밤낮으로 기도를 한다. 그랬더니 에손이 지니고 있는 애염명왕愛染明王

---

17 〈外敵と呪術蒙古調伏の祈祷〉, 武光誠 監修, 《すぐわかる日本の呪術の歴史》(東京 : 東京美術, 2001), 83쪽.

의 적시鏑矢가 서쪽으로 사라진다. 바로 폭풍우가 일어나던 날에 있었던 일이라고 전한다.[18]

이와 같은 신들의 영험함에 대한 이야기는 각 종파가 조정으로부터 가지기도에 대한 은상을 받기 위해 앞다투어 지어낸 것이다. 기대하던 은상은 받지 못했지만 각 사원은 자기가 모시는 신불의 영험함에 대한 이야기를 포교에 활용한다. 그 결과 몽골과의 전투가 벌어졌던 곳인 규슈를 넘어 멀리 간토關東 지역까지 신불이 일본을 지켰다는 이야기가 퍼진다. 이것이 바로 신국 사상이 일본 열도에 본격적으로 퍼지게 된 계기였다. 일본 역사에서 처음으로 외세의 침략을 받은 국난에 즈음해서 조정과 막부가 각 신사와 사원에 몽골의 항복을 비는 가지기도를 드리라는 명을 내리면서 신국 사상이 촉발된 것이다. 내란으로 지새운 중세 일본으로서도 역사상 처음 겪는 몽골의 침입은 대단히 두려운 경험이었다. 외환을 맞아 전국의 크고 작은 모든 신사와 사찰은 일제히 나라를 구하기 위한 가지기도를 드린다. 미증유의 국란을 맞이하여 전국의 신불을 총동원하는 '신불 총동원 체제'가 가동된 것이다.

중세의 신불 사상은 이처럼 부처와 일본의 토착 신들을 구별하지 않는다는 점에서 배타적인 근세의 신국 사상과는 구별된다. 이는 일본의 개별적인 신들이 서로 경합하면서 이국의 신들과 경합해서 싸운다는 의식을 담고 있었을 뿐, 일본만이 신국이라고 생각하는 배타적인 사상은 아니었다. 또한 초월적인 절대 신의 존재를 상정하거나 부처에 대한 신도의 우위를 주장하는 그런 사상은 더더욱 아니었다. 하지만 두 차례에 걸친 몽골의 침략을 물리친 후, 일본은 신들이 세운 신국이기 때문에 외환이 닥치면 가미카

---

18 〈外敵と呪術蒙古調伏の祈祷〉, 83쪽.

제가 불어 일본을 구해준다는 신국 불패 신앙이 탄생한다. 아시아태평양전쟁 때 일본은 다시 한 번 신의 바람인 가미카제가 불기를 기대하며 특공대에 가미카제라는 이름을 붙인다. 하지만 신의 바람은 더 이상 불지 않았고 신국 일본의 불패 신앙은 여지없이 깨지고 만다.

불교계의 료부 신도

헤이안 시대(794~1192) 초기에 사이초最澄(767~822)의 천태종天台宗과 구카이空海(774~835)의 진언종真言宗이 나라奈良 시대(710~84) 이래의 구불교 세력을 누르고 새로이 국가 불교의 동량으로 부상한다. 천태종과 진언종은 일본 재래의 신도를 흡수 포괄하는 형태로 각각 새로운 불교 체계를 형성한다. 천태종의 신도에 대한 사고는 '산왕일실山王一実 신도'로 발전하고, 진언종의 신도에 대한 사고는 '료부両部 신도'로 발전한다.

료부 신도는 진언종 계통의 사원에서 발생한 신도로, 일본의 신을 밀교의 교학으로 재해석한 신불습합 신도이다. 구카이가 창성한 것으로 알려져 있지만, 실은 헤이안 시대부터 밀교 계통의 승려들에 의해 설법이 시작되면서 가마쿠라 시대에 들어와 성립되었다. 이 시기는 두 번에 걸친 몽골 침략을 막아내면서 일본은 신국이라는 내셔널리즘이 대두하던 시기와 거의 일치한다.[19]

헤이안 시대 말엽부터 신도를 이론적으로 설명하려는 움직임이 일어나 중세 이후 여러 형태로 전개된다. 최초의 신도론은 주로 재래의 신과 새로

---

19 《神道の本》(東京 : 学習研究社, 1992), 162쪽.

이 정착한 불교 간의 관계를 어떻게 정립하는가 하는 문제에 집중했다. 이와 관련해서는 당시 불교계의 주류였던 료부 신도의 신화 해석이 주목을 끈다. 료부, 즉 '양부兩部'란 밀교의 2대 법문法門인 금강金剛과 태장胎藏을 가리킨다. 밀교에 의하면 우주는 대일여래를 중심으로 금강계와 태장계로 양분되어 있다. 그리고 그 양계는 각각 부처와 보살, 명왕明王과 같은 여러 수호신과 귀신을 거느리고 있다.

료부 신도는 이세 신도의 영향하에서 밀교의 교리를 받아들여 정립된 것이다. 이세 신궁은 본래 천황가의 황조신 아마테라스를 모시는 내궁과, 식물 신인 도요우케노오카미豊受大神를 모시는 외궁으로 구성되어 있다. 그리고 내궁과 외궁은 각각 금강계와 태장계를 상징한다. 아울러 아마테라스는 태장계의 대일여래로 광명대범천왕光明大梵天王이며 일천자日天子(화기火氣)이다. 이에 반해 외궁의 제신인 도요우케는 금강계의 대일여래로 시엽대범천황尸葉大梵天王인 동시에 월천자月天子(수기水氣)이다. 그리고 이 양자가 합체해서 이세 신궁을 형성한다[20]고 주장하는 것이다.

한편 료부 신도는 이세 신궁의 내궁과 외궁에 대한 해석에 그치지 않고 《고사기》나《일본서기》에 나오는 일본의 신들을 밀교에 의해 재해석하면서 신들의 세계를 재편성한다. 불교에서는 부처의 존재를 법신法身, 보신報身, 응신応身으로 분류한다. 료부 신도는 이를 차용해 일본 신화에 나오는 구니노토코타치노미코토国常立尊를 법신, 구니노사즈치노미코토国狭槌尊를 보신, 도요쿠무누노미코토豊斟渟尊를 응신이라 하고, 이 세 신이 합일해 밀교의 본존인 대일여래가 되었다[21]고 한다.

---

20 《神道の本》, 162쪽.

21 《神道の本》, 163쪽 참고.

료부 신도는 이처럼 불교를 가지고 신도를 재해석하는, 불교를 주체로 한 교의이다. 그 때문에 신도 주체의 '요시다吉田 신도'는 물론이고, 불교를 부정하는 유교계의 '요시카와吉川 신도'와 '스이카垂加 신도', 국학 계통의 '복고復古 신도'의 비판과 공격에 전면 노출된다. 그럼에도 불구하고 료부 신도는 계속해서 세력을 늘려간다. 료부 신도가 세력을 잃게 된 때는 근대인 메이지 시대 이후이다. 메이지 정부는 불교가 주도하는 신불습합의 고리를 끊기 위해 신불神仏 분리령(1868)을 내린다. 신불 분리령과 함께 일본 전역에 불어닥친 폐불훼석廢佛毁石(불교를 폐지하고 불교 유적을 훼손하는 것)의 광풍 앞에서 불교는 말할 것도 없고 불교 주도의 사원이나 신사는 일시에 세력을 잃을 수밖에 없었다.

이세 신도의 새로운 해석

이세 신궁의 신관들은 예로부터 자신들이 누리던 기득권을 지키기 위해 관념적인 불교에 대항하려는 의식을 갖고 있었다. 하지만 불교가 워낙 심오하고 방대한 철학 체계를 갖고 있어서 신도의 신관들은 불교 그 자체를 명확하게 파악할 수가 없었다. 그래서 신도계는 신도의 교의는 말로는 표현할 수 없다는 신비주의 사상으로 불교와 대항할 뿐이었다. 신도계의 자기 합리화 과정은 불교에 대항하기 위한 것이 아니라, 이세 신궁의 내부 문제에서 비롯된 것이었다. 신도 해석이 승려의 손을 벗어나면서 이세 신궁의 외궁 신관들을 중심으로 이세 신도가 발전한다. 이세 신도는 불교 중심의 료부 신도에 대립하는 이론을 구축하면서 일본의 신들을 중심으로 하는 신도 교의를 처음으로 완성한다.

원래 이세 신궁에서 중시되는 곳은 천황가의 황조신 아마테라스를 제신으로 모시는 내궁이었다. 하지만 중세에 이르러 외궁의 신관들이 널리 포교를 한 덕분에 인습에 얽매이지 않는 외궁이 세력을 신장하게 된다. 그 결과 원래는 내궁에만 사용되었던 황태신궁皇太神宮이라는 이름이 외궁에도 사용되면서 외궁도 도요우케豊受 황태신궁이라고 불리기 시작한다. 그러자 내궁의 신관들이 반발하고 나섰다.

이세 신궁의 외궁은 내궁 신관들의 반발을 무시하고, 외궁의 제신과 이에 대한 제사를 설명하기 위해 위서僞書들을 정리해 세상에 내놓는다. 가마쿠라 시대 중기 무렵에 외궁 측은 나라 시대에 작성되어 외궁에 전해지는 문서들이라고 주장하면서 《신도오부서神道五部書》(가마쿠라 시대)를 내놓은 것이다.[22] 외궁 측은 이 책에 실린 《보기본기寶基本記》와 《왜희명세기倭姬命世記》를 근거로 하여 외궁의 제신 도요우케의 위상을 아마테라스와 동격으로 끌어올린다. 나아가 후대에는 도요우케를 다카마노하라에 제일 처음 출현한 아메노미나카누시와 동일시한다. 이로써 외궁의 신직들은 도요우케가 내궁의 아마테라스보다 이 세상에 먼저 출현한 시원의 신이라고 주장한다.[23]

불교계의 료부 신도와 이세 신궁 외궁의 새로운 신화 해석에 직면한 이세 신도는 이세 신궁의 내궁과 외궁을 밀교의 금강계와 태장계로 보는 료부 신도의 불교적 언설에 대해서 신불 격리를 주장하고 나선다. 이는 신을

---

22 《신도오부서》라 불리는 문서들 중에서 가장 먼저 만들어졌다고 간주되는 것은 《보기본기》로, 가마쿠라 초기에 만들어졌다. 《왜희명세기》는 가마쿠라 중기에 만들어졌고, 나머지는 그 이후에 만들어졌다는 것이 학계의 정설이다. 당시에는 신직에 종사하는 사람들이 집안 대대로 전해 내려오는 가전家傳이라며 위서를 만드는 경우가 많았다.

23 김후련, 〈고대 천황신화의 성립과 그 변용〉, 329쪽 참고.

부처의 본지로 하는 '반본지수적설反本地垂迹說'로서 불교에 대한 신도의 우위를 주장하는 것이지, 불교 그 자체를 부정하는 것이 아니다. 외궁 신관인 와타라이度会 씨의 신불 격리 주장은 오히려 밀교의 교리를 들여와 황조신 아마테라스의 권위를 해체하는 결과를 낳았다.

료부 신도와 이세 신궁 외궁의 신관들의 이세 신궁에 관한 새로운 해석은 결과적으로 내궁의 권위는 떨어뜨리고 외궁의 권위는 높이는 결과를 초래한다. 더욱이 황조신인 아마테라스를 모시는 내궁은 그 초월적인 권위로 인해 일반 백성들이 참배하기 어려운 데 반해, 황조신 아마테라스에게 음식을 바치는 역할을 담당한 도요우케는 농업신으로 간주되어 외궁이 민간의 신앙 대상이 된다. 에도 시대 민중들이 대대적으로 이세 신궁을 참배한 데는 외궁 신관들의 역할이 컸다.

이세 신도의 사상은 이세 신궁을 신앙의 대상으로 삼고 외궁의 와타라이 씨와 친교를 맺고 있던 기타바타케 지카후사에게 막대한 영향을 미친다.[24] 일본 천황가가 남조와 북조로 갈리는 와중에 이세 신궁 외궁의 신직들은 막부와 대립하던 남조 측과 관련을 맺고 있었는데, 남조의 쇠퇴와 더불어 외궁의 영향력도 차차 감퇴한다. 그럼에도 불구하고 이세 신도는 훗날의 신본불적설이나 근세의 폐불론에 커다란 영향을 미친다. 메이지 유신 이후 신정부가 불교를 폐하고 불교 유적을 훼손하면서까지 신도 안에 존재하는 불교 색채를 지우려 한 것은 바로 천황제 이데올로기의 근간이 되어야 할 이세 신궁조차 불교에 오염되었다고 판단했기 때문이었다.

---

24 瓜生中·渋谷申博,《日本神道のすべて》(東京 : 日本文芸社, 1998), 114쪽.

《신황정통기》의 신국론

앞에서 언급한 것처럼 《신황정통기》의 첫머리에 나오는 "대일본은 신국이다"라는 언설이 '신국 일본'이라는 말의 효시이다. 진구 황후의 삼한 정벌 이야기에서 신라 왕의 입을 빌려 나온 '신국'이라는 말이 기타바타케 지카후사를 통해 재생산된 것이다. 고대의 신국 사상이 신라라는 타자에 대항해서 만들어진 것이라면, 지카후사의 언설 중에 나오는 중세의 신국 사상은 불교적 변토 사상을 전제로 한 것이다. 대일본은 신국이라는 지카후사의 언설은 하나의 키워드가 되어 근세와 근대의 저작물 속에서 끊임없이 재생산된다.[25]

천황가가 남조와 북조로 나뉘어 대립하던 시기에 남조의 충신인 지카후사가 《신황정통기》를 쓴 것은 서책의 제목 그대로, 아마테라스의 적통을 계승하는 신황神皇의 정통성이 누구에게 있는지를 가리기 위해서였다. 남조의 고다이고 천황이 직접 통치하는 '겐무建武의 중흥'이 있었지만, 그의 친정 체제는 2년 만에 사실상 무너진다. 이러한 상황에서 지카후사는 《신황정통기》를 저술한다.

《신황정통기》는 인도와 중국에 의한 세계 생성과 역사 형성에 관한 설을 소개하는 가운데, 인도, 중국과 달리 일본에서만 천지가 나뉠 때부터 금일에 이르기까지 일신日神이 황통을 전한다며 일본의 우월성을 이야기한다.

> 대일본은 신국이다. 천조께서 처음으로 기초를 여시고 일신께서 오랫동

25 김후련, 〈일본 신화와 천황제 이데올로기〉, 《일본연구》 제29호(한국외국어대학교 일본연구소, 2006), 14쪽.

안 황통을 전하셨다. 이는 우리나라에만 있는 일이다. 다른 조정에서는 유례를 볼 수 없다. 그런 까닭에 신국이라 한다. (《신황정통기》[26])

지카후사에 의하면, 일본이 신국인 것은 태양신 아마테라스가 천손 니니기에게 황통을 전한 이래 만세일계의 황통이 한 번도 단절되지 않았기 때문이다.[27] 일본이 아마테라스의 신칙에 의해 그의 후손인 천황이 세운 신국임에도 불구하고 정통인 남조의 천황이 막부에 의해 무시되고 있는 현실에 그는 통탄을 금치 못하고 있었다. 더욱이 무가武家에 의해 또 다른 천황이 옹립되어 북조가 세워지는 현실 앞에서, 남조의 천황을 모시는 신하로서 그는 더 이상 관망만 하고 있을 수가 없었다.

이와 같은 절체절명의 위기를 맞이하여 지카후사는 만세일계의 천황가의 혈맥, 그리고 이를 보증하는 3종의 신기와 연관된 신칙이 국토를 올바르게 보존하는 길을 기록한 것이라고 주장한 것이다.

이 3종의 신기와 연관된 신칙은 국토를 올바르게 보존하는 길이라고 주장한 것이다. 거울은 못된 흉계를 품지 않고 사심을 떠나 만상을 비추면 옳고 그름과 선악의 모습이 그대로 나타남을 뜻한다. 그 물건의 모습대로 감응하는 것이 거울의 덕이다. 따라서 이를 정직의 본원이라 한다. 옥은 유화선순柔和善順을 덕으로 한다. 따라서 자비의 본원이라 한다. 검은 용감, 예리, 결단을 덕으로 한다. 따라서 지혜의 본원이라 한다. 이 삼덕三德을 모두 갖추지 않으면 천하는 제대로 통치되지 않는다. (《신황정통기》)

---

26 北畠親房,《神皇正統記》, 岩佐正 校注, (東京 : 岩波文庫, 1975). 이하 《신황정통기》의 내용은 모두 이 책에서 인용함.

27 김후련, 〈일본 신화와 천황체 이데올로기〉, 14쪽.

이에 지카후사는 신국 일본의 정치는 천손 니니기가 지상으로 강림할 때 아마테라스에게서 받은 3종의 신기와 천양무궁의 신칙을 따르는 것이 마땅하다며 천황 통치의 정당성을 주장한다.

지카후사가《신황정통기》의 서두에서 '신국 일본'을 말한 것은 근세의 국학과 미토학에서 주장하는 것처럼 타자(외국)에 대한 우월 의식이나 일본형 화이사상에 입각한 것이 아니었다. 그것은 천황의 통치가 사라지고 무가 정권이 마음대로 천황을 갈아치우거나 유배 보내는 난세를 맞아, 천황이 직접 통치하는 체제로 돌아가기 위한 최후의 몸부림이었다. 이와 같은 역사적 배경에서 그는 천황 친정 체제를 복귀시키려는 확실한 의도하에 대일본은 황성皇姓이 한 번도 바뀌지 않은 만세일계의 신국이라고 상찬한 것이다. 그가 천하를 제대로 통치하기 위해서는 아마테라스의 천양무궁의 신칙과 이를 보증하는 3종의 신기를 통한 삼덕이 필수불가결하다고 주장한 것은 바로 이 때문이었다.

신본불적설의 요시다 신도

무로마치 시대 말기에 '신도야말로 유일한 우주의 근본 원칙'이라고 주장하는 신도가가 출현한다. 바로 요시다 가네토모吉田兼俱(1435~1511)이다. 요시다 가네토모는 무로마치 중기부터 센고쿠 시대에 걸쳐 활동한 신도가로, 요시다 신도를 열었고 후대의 일본 사상사에 지대한 영향을 미쳤다.

요시다 신도는 이세 신도와 마찬가지로 신이 주가 되고 부처가 종이 되는 신주불종神主佛從의 신도로서 불교를 신도보다 격하한다. 남북조 시대의 이세 신도는 불교를 중심으로 하는 료부 신도에 대립하는 이론을 구축하고, 신을 중심으로 하는 신도 교의를 처음으로 만들어낸다. 하지만 이세 신도에서 주된 역할을 담당하던 이세 외궁의 신관들이 남조와 결탁했기 때문에 남조의 쇠퇴와 더불어 이세 신도의 영향력도 쇠퇴한다. 신을 중심으로 하는 이세 신도의 이론은 요시다 가네토모에 의해 계승된다.[28]

요시다 가네토모는 불교나 유교의 가르침이 섞이지 않은 일본 고유의 '간나가라노미치惟神の道'(예로부터 내려온 신도)를 주창한다. 가네토모의 주된 업적은 《유일신도명법요집唯一神道名法要集》(15세기)과 《신도대의神道大意》(1486)를 저술해 신도 사상사 최초로 본격적인 이론 체계를 구축했다는 것이다. 이들 저서를 통해 가네토모는 불교 측의 본지수적설에 대항해 신이야말로 본지이며 부처는 수적垂迹이라는 '신본불적설神本仏迹説'을 주장한다. 요시다 신도의 가장 큰 특징은 신도를 불교와 유교의 근원으로 규정한 점이다. 이른바 신도의 역습이다.

요시다 가네토모는 신도, 유교, 불교를 수목에 비유하여 '근본지엽화실설根本枝葉花実説'을 주창한다.

> 묻는다. "(우리) 신국은 어느 시대부터 불법을 숭상했으며 무슨 인연으로 타국의 교법을 요하는 것인가."
>
> 대답한다. "우리 신국이 개벽한 이래 억겁만만세 후에 석존이 그 땅에서 교화하였다. 그러니 우리 신국에서 이 어느 시대부터 불법을 숭상했겠으며 무슨 인연으로 타국의 교법을 요하겠는가. 불법 전래는 심히 말대의 만년이다. 우리 인황人皇인 제30대 긴메이 천황의 성대에 불법이 처음으로 조정에 들어왔다. 부처가 사라진 지 1,500세이다. (불법은) 한토漢土에 전

28 《神道の本》, 156쪽 참고.

래된 지 사백 수십 세를 거쳐 지금 우리나라에 도래하였다. (하지만) 세世로는 신용할 수 없다. 제34대 스이코 천황의 치세에 상궁(쇼토쿠) 태자께서 몰래 주상하며 말씀하시기를, 우리 일본은 종자를 낳고 신단(중국)은 지엽으로 나타나고 천축(인도)은 꽃과 열매를 맺었다. 그러므로 불법은 만법의 화실이며, 유교는 만법의 지엽이며, 신도는 만법의 근원이다. 그들 두 교는 모두 이 신도의 분화이다. 지엽·화실로서 자신들의 근원을 보여준다. 꽃이 떨어져 뿌리로 돌아가는 까닭에 지금 이 불법이 동진한다. 우리나라가 삼국의 근원이라는 사실을 증명하기 위해서이다. 그러므로 이 이후로 불법이 여기에 유포될 것이라고. 진무 천황부터 그 이래로 1,200여 세를 거쳐오는 동안 두 법은 없었다. 다만 신국의 근본을 지키고 신명神明의 본서本誓를 숭상할 뿐이다. 가미고토神事를 거행할 때 불교 염송 등을 피하는 것은 이런 까닭이다." (《유일신도명법요집》[29])

이처럼 가네토모는 동아시아 공통의 종교사상인 불교와 유교가 신도에서 파생된 분파라고 주장한다. 그의 주장에 따르면 신도는 만물의 근원이며 모든 종교는 신도에서 나와서 신도로 회귀한다. 일본에서 생겨나 뿌리를 내린 신도가 중국에서 가지를 뻗고 인도에서 꽃을 피워 결실을 맺으며, 그 열매는 떨어져 다시 근본인 일본으로 돌아온다는 것이 그의 핵심 사상이다.

이에 그치지 않고 가네토모는 '나라는 신국 일본'이고 '종교는 신도'라고 주장한다. 아울러 태양신 아마테라스는 일본의 황조신이면서 세계를 두

---

29 吉田兼俱, 〈唯一神道名法要集〉, 大隈和雄 校注, 《中世神道論》 日本思想大系 19(東京 : 岩波書店, 1977).

루 비추는 '최고신'이자 '보편 신'이라고 강조한다.[30]

> 나라는 그것 신국神国이다. 도는 그것 신도神道이다. 국주는 그것 신황神皇이다. 태조太祖는 아마테라스오미카미이다. 일신의 위광이 널리 백억의 세계를 비추고 일신의 부속이 영구히 만승万乗의 왕도王道에 전한다. 하늘에 두 개의 해가 없고 나라에 두 명의 주인이 없다. 그런 까닭에 일신이 하늘에 계실 때 달과 별은 빛을 나란히 하지 않는다. 유일 천상의 증명이 이것이다. (《유일신도명법요집》)

이처럼 중세 신도에 이르러 아마테라스의 보편성과 절대성이 강조되면서 황조신 아마테라스가 신화적 존재에서 철학적, 사변적 최고신으로 변용되어가는 것에 주목할 필요가 있다.[31] 요시다 신도의 신화적 해석에 의해 신국 일본의 심상 지리는 일본을 넘어 널리 백억의 세계를 비추는 우주론으로까지 확장된다.

---

30 김후련, 〈고대 천황신화의 성립과 그 변용〉, 326쪽.

31 김후련, 〈고대 천황신화의 성립과 그 변용〉, 326쪽.

⁝ 3 ⁝

천황제 이데올로기로 재생하는 일본 신화

근세인 에도 시대(1603~1867)는 제1대 쇼군인 도쿠가와 이에야스德川家康(1603~1605 집권)를 필두로 도쿠가와 가문이 260년간 천황을 비롯한 기존의 모든 권위를 완전히 부정한 회천回天의 시기이다. 이 시기에는 중세까지 존속해온 권문세가, 이를테면 천황가, 공가公家, 종교계가 모두 기득권을 잃고 도쿠가와 쇼군가를 정점으로 하는 무가 사회에 새로이 편입되었다.

도쿠가와 이에야스는 정치의 절대성을 전제로 하여 종교를 허용한다는 기본 입장을 취한다. 이에야스는 유교에 매력을 느꼈다. 유교에는 불교에 결핍된 세속 윤리가 있는데다가, 그 세속 윤리가 주周 시대의 봉건 제도를 모델로 한 것이어서 '기료器量'(역량)보다는 '후다이譜代'[32](수대에 걸쳐 주군을 섬긴 측근 가신)를 지배 원리로 삼은 이에야스의 정책과 맞아떨어졌기 때문

---

32 후다이譜代란 본래 하나의 가계가 특정 지위, 직업, 기예를 가업으로서 대대로 세습하는 것을 말한다. 여기서는 대대로 이에야스 집안을 섬겨온 신하 혹은 대대로 같은 주군 가문을 섬긴 신하를 말한다.

이다. 신앙적 열정에 불타올라 평등한 인간관계와 사회관계의 수립을 지향하는 종교는 그의 통치 원리에는 맞지 않았다.[33]

근세에 이르러 유교는 세속 사회의 도덕으로서 에도 막부의 정치를 절대화하고 촉진하는 도구로서 공식적으로 채용된다. 종교와의 전면전을 벌이지 않고 기존의 종교를 고사시켜나가는 것이 이에야스의 목표였다. 에도 막부가 특정 종교의 기득권을 인정하지 않았기 때문에, 근세 일본의 사상계는 기원전 6세기 무렵 중국 춘추 전국 시대의 제자백가를 방불케 하는 다양한 사상이 일시에 쏟아져 나온다.

그중에서도 부동의 위치를 차지한 것은 당대의 유교나 신도와 유교가 습합한 신유습합 계통의 신도가 아니라, 상고 시대의 일본 전통에서 일본의 정체성을 탐구하는 국학과 일본사와 일본의 국체를 천착하는 미토학이었다. 에도 시대에 이르러 비로소 타국의 종교나 윤리를 탐구하기보다는 일본 민족의 고전을 먼저 연구해야 한다는 국학이 대두된다. 이른바 일본 문화의 고층高層에 대한 탐구이다.[34] 국학은 모토오리 노리나가本居宣長(1730~1801)와 히라타 아쓰타네平田篤胤(1776~1843)에 이르러 일본 문화의 우월성 내지 보편성을 주장하는 방향으로 가닥을 잡으면서 문화적 내셔널리즘을 확산시킨다.

일본의 유학자들은 통치 철학으로서 유교를 오랫동안 신봉했다. 그럼에도 불구하고 막상 아편전쟁(1840)으로 동아시아의 중국적 화이華夷 질서가

---

33 미나모토 료엔, 《도쿠가와 시대의 철학사상》, 박규태 · 이용수 옮김(예문서원, 2000), 30~31쪽.

34 엄밀하게 이야기하면 국학의 고전 탐구 자체도 중국의 상고로 돌아가자는 이토 진사이伊藤仁斎(1627~1705)의 고학古学의 영향을 받은 것이다. 그러나 상대주의의 입장에서 사물을 보는 고학의 정신과 달리, 국학에서는 주관적 입장에서 일본의 고전을 연구하자는 움직임이 주류를 이룬다.

무너지고 서구의 개항 요구에 직면하게 되자 유교 사상을 일본형 화이사상으로 변용시킨다. 일본의 유학자들은 일본의 우월성을 일본 독자의 역사와 전통, 즉 만세일계의 천황가를 주축으로 한 충효 일치에서 찾기 시작한다. 이 과정에서 외래 종교인 불교는 철저하게 배척하고 신도에서 역사적 동질성을 찾는다. 이에 따라 일본 신화의 신들로부터 역대의 천황들로 이어지는 이세 신도의 계보학과 요시다 신도의 '근본지엽화실설'에 내재한 일본 중심주의가 유학자들과 막부 말엽의 지사들에게 큰 영향을 미친다. 유학자에 의한 일본형 화이사상, 일본중심주의가 발전하기 시작한 것은 18세기 중엽 이후 일본 사회의 두드러진 특징 중 하나이다.

신유습합의 신도

에도 막부가 치세의 학문으로서 주자학을 장려하면서 사회 전반에 유교가 확산된다. 이와 같은 사회 분위기 속에서 신도는 다시 유교와 습합한다. 그 결과가 바로 유가儒家 신도이다. 유가 신도의 대표 주자는 요시카와 고레타루吉川惟足(1616~1694)와 와타라이 노부요시度会延佳(1615~1690)이다. 이들은 유가 신도에 속하면서도 신도의 입장에서 신도론을 전개했다.[35]

요시카와 신도의 창시자인 요시카와 고레타루는 에도 니혼바시에서 건어물상의 아들로 태어났다. 학문에 뜻을 둔 요시카와는 요시다 신도의 하기와라 가네요리萩原兼從의 제자가 된다. 요시다 신도의 도통이 끊길 것을 염려한 하기와라는 요시카와에게 요시다 신도의 교의를 물려준다. 요시카

35 무라오카 츠네츠구, 《일본 신도사》, 박규태 옮김(예문서원, 1998), 123쪽.

와는 요시다 신도의 교의를 토대로 당시의 시대사조인 유교를 습합하여 신유일치神儒一致의 요시카와 신도를 창시한다.

요시카와 고레타루에 의하면, 신은 천지를 생성시킨 원리理로서, 형태는 없지만 천지보다 앞서 존재했고 천지를 결정했다. 신대기神代紀에 나오는 신들은 그 원리의 구현에 따라 이 세상에 출현한 것이다. 이 절대적 원리가 곧 일차적인 도이며, 아마테라스 이후의 도는 그 원리의 구현, 즉 이차적인 도이다. 일본은 이 일차적인 신도를 구현한 나라이며 만국의 근본이다. 신대기의 신들은 천지와 함께 생겨나자마자 이 신도를 구현하여 천지의 도리를 세웠다.[36]

요시카와 신도에 의하면, 만물의 근원은 일본 신화에 나오는 구니노토코다치노미코토이며, 이 신이 육체를 빌려 인간의 모습으로 나타난 것이 바로 이자나키와 이자나미이다. 이 두 신은 일본만의 시조가 아니라 세계 인류의 시조이며 신도가 우주의 근본이다.[37] 또한 요시카와 신도는 음양오행사상을 도입해, 천지의 운행은 만물의 어머니인 '토土'와 만물의 아버지인 '금金'의 조화에 있으며 이것들은 인간의 마음에 있어 '경敬'과 '의義'에 해당한다고 말한다. 또한 윤리의 가장 중요한 핵심은 '군신의 길'이라고 설파한다. 이러한 사상은 나중에 스이카 신도에 의해 계승되고 복고 신도에도 영향을 준다.[38]

이러한 요시카와 신도의 교리를 계승하여 발전시킨 것이 야마자키 안사이山崎闇斎(1618~1682)가 창시한 스이카 신도이다. 유가가 펼친 신도설 중

---

36 무라오카 츠네츠구, 《일본 신도사》, 124쪽 참고.

37 瓜生中 · 渋谷申博, 《日本神道のすべて》, 115~116쪽 참고.

38 《天皇の本》, 171쪽.

에서 당대의 사상계에 가장 큰 영향을 미친 것이 바로 스이카 신도이다. 스이카 신도는 기존의 여러 신도설을 집대성한 것이지만, 그 논리의 중심에는 주자학이 있다.

야마자키 안사이는 유교와 신도의 진리를 서로 일치하는 것으로 보고 진리의 존재 그 자체로서 신도를 중시한다.

> 우주는 오직 하나의 이치가 있을 뿐이다. 신성神聖(신과 유교의 성인)이 나오는 곳, 해가 뜨는 곳, 해가 지는 곳의 차이는 있다고 하더라도 그 길은 저절로 묘하게 결합한다.[39] 〔《홍범전서서洪範全書序》(1667)〕

또한 스이카 신도는 신도를 주자학적 이론에 토대를 둔 근원적 군신 도덕으로 파악하며, 유교의 성인이라는 개념을 도입해 아마테라스를 '생지안행生地安行의 성인', 즉 선천적으로 도를 알아 별다른 노력 없이도 도와 하나가 된 존재로 파악한다.

> 길道은 태양신(아마테라스)의 길이며 그 길을 인도하는 것은 사루타히코猿田彦神이다. 아마테라스는 태어나면서부터 길을 알고 행하는 성인이다. 사루타히코는 학문으로 길을 알아 실천하는 성인이다.[40] 〔《수가사어垂加社語》(1671-82)〕

상기의 문장에서 알 수 있듯이 스이카 신도는 천손 강림 신화를 근간으

---

39 간노 카쿠묘, 《어머니가 없는 나라—신도의 역습》, 이이화 옮김(집문당, 2003), 152쪽에서 재인용.

40 간노 카쿠묘, 《어머니가 없는 나라—신도의 역습》, 156쪽에서 재인용.

로 하여 신도를 설명한다. 다카마노하라에서 천손 니니기가 지상으로 강림할 때 이들 일행을 맞이해 길을 안내한 사루타히코가 학문을 통해 도를 알아 실천하는 성인으로 간주된다. 즉 신도가 황통의 길임을 알고 그것을 보존해가려는 노력을 한, 신의 도를 아는 존재로서 자리매김한다. 한마디로, 위로는 천황이 있고 아래로는 신하가 있어 신하가 천황을 보좌해가는 체제, 스이카 신도가 주장하는 체제가 바로 신도인 것이다. 안사이는 이론보다는 실천을 강조했으며, 아마테라스와 그의 자손인 천황이 통치하는 도를 신도라고 정의하고 천황과 황실을 절대시하는 강력한 존왕론을 전개한다.[41]

에도 시대의 전반적인 사정을 보면 서민층에서는 신도, 불교, 유교가 합일된 신도가 대중의 지지를 받았다. 반면에 무사 등 지배 계층에서는 불교를 배제하고 신도와 유교의 일치를 주장한 신도가 지지를 받았다. 이는 중세의 신도 이론에 이미 송학宋學이 도입되어 있는데다가 현세 초월적인 불교보다는 유교의 세속 윤리가 현세적인 신도와 더 잘 맞았기 때문이다.

모토오리 노리나가의 황국 사상

복고 신도는 에도 시대의 국학자들 사이에 일어난 신도설이다. 특히 가다노 아즈마마로荷田春滿(1669~1736), 가모노 마부치賀茂真淵(1697~1769), 모토오리 노리나가本居宣長, 히라타 아쓰타네와 같은 국학자들이 중심이 되었다. 국학은 일본의 고전을 있는 그대로 음미하면서 고전에 담긴 순수한

41 瓜生中 · 渋谷申博, 《日本神道のすべて》, 117쪽.

일본적 정신을 탐구하려 한 학문으로서, 외래문화의 영향을 받기 이전의 일본 고유의 자세를 알고자 했고, 고도古道, 즉 일본 고유의 신도를 복원하고자 했다. 따라서 국학은 기본적으로 중세 이래의 불교, 유교 등을 토대로 한 견강부회적 고전 연구에 반대했다.

모토오리 노리나가는 젊은 시절에 가도歌道를 배우고 이세 신도와 스이카 신도를 배웠다. 그리고 교토京都 유학 중에 게이추契沖(국학의 기초를 닦은 인물)의 가풍歌風을 접하면서 문헌학의 객관적이고 학문적인 태도에 눈뜬다.[42] 32세 때에는 가모노 마부치를 만나고 감화받아 《고사기》 연구에 들어간다. 가모노 마부치의 학풍과 고대주의 정신은 노리나가의 고전 연구를 더욱 심화한다.[43]

노리나가에 의하면 일본의 신도는 천지자연의 도인 노장老莊 사상도 아니고 사람이 만든 유교도 아니다. 생명의 근원인 다카미무스히의 마음에 의해서 발생한 것이다.

> 도대체 이 도는 어떤 도인가 물으면 천지자연의 도는 아니다. 이 점을 잘 이해해서 중국 노장의 견해와 동일하다는 식으로 오해하지 않기를 바란다. 이 도는 인간이 만든 도도 아니고 너무나 황송하옵게도 다카미무스히노카미高御産巣神의 마음에 의해 (만들어진 것으로), 그 세상에 존재하는 모든 것은 전부 이 대신大神의 마음에서 생긴 것이다. (《직비령直毘靈》)[44]

또한 이 세상에 존재하는 모든 것은 일본 신화의 이자나키와 이자나미에

---

42 무라오카 츠네츠구, 《일본 신도사》, 177쪽 참고.

43 무라오카 츠네츠구, 《일본 신도사》, 179쪽.

44 中村幸弘 · 西岡和彦共, 《《直毘霊》を読む — 二十一世紀に贈る本居宣長の神道論》, 坂本是丸 監修(東京 : 右文書院, 2001), 104 · 106쪽에서 재인용. 이하 《직비령》의 내용은 모두 이 책에서 인용함.

의해 비롯되었으며, 이것이 아마테라스에게 계승되어 전해졌다는 것이다.

> 선조신인 이자나키노미코토와 이자나미노미코토에게서 비롯된 것으로, 이 세상에 존재하는 모든 것은 이 이자나키노미코토와 이자나미노미코토 대신에게서 비롯된다. 아마테라스오미카미가 이를 받아들여 전해주셨다는 도이다. (《직비령》)

노리나가는 태양신 아마테라스가 태어난 나라라는 점을 들어 일본의 우수성을 이야기한다. 노리나가가 일본을 세계에서 가장 존귀한 '스메라오미쿠니皇御大國'라고 칭한 것은 태양신으로서 세계에 은덕을 베푸는 무상지존인 아마테라스오미카미가 태어나신 나라이기 때문이다. 다른 나라는 아마테라스오미카미의 은덕을 입고 있기는 하지만 태양신의 출생지는 아니기 때문에 일본과는 차별화된다.[45]

> 스메라오미쿠니는 입에 담기도 황송한 신의 선조인 아마테라스오미카미가 태어나신 나라이며, (이 나라가) 만국에 비해 뛰어난 것은 무엇보다 먼저 이 점에 있어서 현저하기 때문이다. 어느 나라든 이 대신의 은덕을 입지 않은 나라가 없다. (《직비령》)

이렇게 해서 모토오리 노리나가의 신국 사상은 중세의 그것(《신황정통기》)과는 다른 지평을 열게 된다. 모토오리 노리나가의 종주국 의식은 중세의 신국 사상에 비추어 보면 큰 비약이다. 중세의 신국 사상은 황조신 아마

---

45 中村幸弘·西岡和彦共, 《《直毘霊》を読む—二十一世紀に贈る本居宣長の神道論》, 33쪽.

테라스가 일본을 열고 황통을 전했다는 특수성에 입각해 신국을 논한 것이지, 모토오리 노리나가처럼 사해만국을 두루 비추는 태양신의 보편성을 가지고 일본의 우월성을 논한 것이 아니기 때문이다.[46]

노리나가는 황국에서 말하는 신의 길과 중국의 한적漢籍에 나오는 신도는 본질적으로 다르다고 주장한다.

> 이와 같은 이유로 존귀한 (이) 나라의 신은 현재 현실에서 이 나라를 통치하고 계신 천황의 선조이시며 공리空理라는 것은 전혀 없다. 그러므로 한적에서 말하는 신도란 측량할 수 없는 신비한 도라는 뜻이고 황국의 신의 길은 황조신이 시작하시고 유지하고 계시는 길이라는 뜻이니 그 의미가 현저하게 다르다. (《직비령》)

노리나가는 신의 도가 바로 아마테라스의 도이자 천하를 다스리는 천황의 도라고 주장하기에 이른다. 나아가 이 도는 일본에 국한된 것이 아니라 사해만국에 공통되는 것이다. 도는 인간이 만든 도가 아닐 뿐 아니라 자연의 도도 아니며, 오로지 신이 창시한 것이다.[47] 노리나가는《고사기》에 수록된 천황 신화를 한 치의 의심도 없이 진실로 믿었다. 하지만《고사기》가 당대의 최신 정치사상이었던 것처럼, 모토오리 노리나가가 주장하는 '황국의 도' 역시 결코 태고의 진실일 수 없었다.

노리나가에게서 도는 '간나가라노미치'(신의 도)이다. 간나가라노미치란 원래《일본서기》〈고코쿠키孝德紀〉에 나오는 말이다. 그런데 노리나가가 말

---

46 김후련, 〈일본 신화와 천황제 이데올로기〉, 15쪽.

47 김후련, 〈일본 신화와 천황제 이데올로기〉, 15쪽.

하는 간나가라는 원래 천신으로부터 전해진 도가 아마테라스에게 계승되고, 다시 천황에게 계승된 것이기 때문에 천황이 천하를 통치하는 도를 의미한다. 더욱이 그것은 사해만국에 미치는 도로, 개인이 사물화할 수 없는 공적인 도이다.[48]

《고사기》를 신전神典으로 받들고 천황을 절대화한 노리나가는 마침내 아마테라스의 말씀 중에는 천황이 잘못하면 복종하지 말라는 이야기가 없으니 천황의 선악을 논해서는 안 된다고 주장하기에 이른다.

> 천황은 일본국의 국조신께서 몸소 내려주신 황통이며, 일본국은 천지가 시작된 이래 이 천황이 통치하시는 나라로 정해진 곳이다. 아마테라스오미카미의 말씀 중에도 천황이 잘못하면 복종하지 말라고 하신 바 없다. 그러니 우리는 천황이 선한가 악한가를 판단해서는 안 된다. (《직비령》)

이와 같은 노리나가의 언설은 '절대 천황제'에 귀일하는 종교적 언설이다. 노리나가는 이어서 이 나라는 존황을 마음의 중심으로 삼아 개인의 사사로운 마음은 없었다며, 천황의 분부를 따르면서 안분자족安分自足하며 살아야 한다고 주장한다.

> 옛날 존경하는 이 나라에는 윗사람에서 아랫사람에 이르기까지 오로지 천황을 존경하는 마음을 중심으로 하고 천황이 생각하시는 바를 받들어 모시며 자신의 개인적인 마음은 전혀 없었다. 다만 천황의 크신 마음을 받들어 이를 나의 마음으로 삼아, 전적으로 천황의 분부를 황송한 마음으로

---

48 中村幸弘 · 西岡和彦共, 《《直毘霊》を読む—二十一世紀に贈る本居宣長の神道論》, 124쪽 해설 참고.

따르고 함부로 나서지 말며, 그 자애로움에 허리를 굽혀 신의 조상을 섬겨 모시면서……분수에 맞게 행동하며 평온하고 즐겁게 살아야 한다. (《직비령》)

이처럼 노리나가의 고학 신도는 인식 대상을 단순히 '인식'하는 것이 아니라 그대로 '믿는' 데에서 성립한다. 그의 문헌학적 인식이 학문적인 것이라면, 그의 신앙은 종교적인 것이다.[49] '인식된 것에 대한 신앙'은 사상적으로 노리나가에게서 처음 나타난 특수한 태도이다. 인식과 신앙이 노리나가 안에서 혼연일치를 이루었는데, 바로 여기서 노리나가 신도의 독자성을 찾을 수 있다.[50]

히라타 아쓰타네의 신도 신학

히라타 아쓰타네는 26세 때 처음으로 노리나가의 저서를 통해 그의 학문을 접하고 그의 학문에 경도된다. 아쓰타네는 노리나가에게 직접 배운 적은 없지만, 그의 사후에 문하에 입문하여 수제자를 자처한다. 아쓰타네는 노리나가의 현로사顯路事와 유사幽事 이론을 계승하는 동시에 신도에 처음으로 내세관을 도입함으로써 신도가 종교로서 자립하는 데 일조한다.

아쓰타네는 《영지진주靈之眞柱》(1812)의 첫머리에서 신의 길을 배우기 위해서는 일본 정신(야마토고코로大和心)을 굳건히 하지 않으면 안 되고, 그러

---

49 무라오카 츠네츠구, 《일본 신도사》, 181쪽.

50 무라오카 츠네츠구, 《일본 신도사》, 185쪽 참고.

기 위해서는 사후의 영혼의 행방을 분명히 하고 안심하는 것이 근본이라고 설파한다. 아쓰타네에 의하면 세계는 하늘天(다카마노하라原), 땅地(지구), 황천泉(쓰쿠요미노쿠니黃泉國)이라는 세 개의 세계로 나뉜다. 아쓰타네는 신화적 세계관에 입각하여 하늘을 다카마노하라로 비정하고, 요미노쿠니로 비정한 황천이야말로 사후의 세계, 즉 명부라고 일컫는다.

아쓰타네는 명부란 인간 세상 어디에나 편재해 있지만, 현세와는 격리되어 있어서 보이지 않는 곳이라며 명부를 다음과 같이 정의한다.

> 원래 명부라는 것은 우리의 눈에 보이는 이 국토를 떠나 따로 있는 것이 아니다. 명부는 바로 이 인간 세상顯國의 그 어떤 곳에나 편재해 있지만, 어렴풋하고 현세와는 거리가 있어 눈에 잘 안 보일 뿐이다……명부에서는 이쪽 세계가 잘 보이나 이쪽에서는 명부를 잘 볼 수가 없다. 예를 들면 백지와 흑지 중간에 등불을 넣어 방 안에 두면, 어두운 쪽에서는 밝은 쪽이 잘 보이나 밝은 쪽에서는 어두운 쪽이 안 보이는 것과 같은 이치다. 현顯(드러남)과 유幽(숨겨짐)의 구별이 바로 이와 같음을 알아 유명幽冥의 외경스러움을 잘 이해해야 한다. 단 이것은 어디까지나 현과 유의 구별을 위한 예일 뿐 실제로 유명계幽冥界가 어둡고 이쪽 세계만이 밝다고 착각해서는 안 된다. 사실은 유명계에도 의식주의 길이 있으며 유명계도 이 세계와 똑같은 세계이다.[51] (《영지진주》)

아쓰타네는 《고사전古史伝》(1825)에서 현계(현세)는 아마테라스의 자손인 천황이 다스리고 유명계(사후 세계)는 스사노오의 후손인 오쿠니누시가

---

51 무라오카 츠네츠구, 《일본 신도사》, 216쪽에서 재인용.

주재한다는 도리를 분명히 한다. 이는 앞의 인용문에서 알 수 있듯이 노리나가가 이미 설파한 바이다.

아쓰타네의 독자성은 사후의 영혼이 불교에서 말하는 지옥이나 극락에 가는 것도, 노리나가가 말하는 요미노쿠니에 가는 것도 아니라고 말한 데 있다. 아쓰타네에 의하면 사후에 영혼은 오쿠니누시가 지배하는 유명계로 가서 심판을 받고, 현세에서 인연이 있었던 자를 수호하며 진혼되어간다는 것이다.

> '하면 된다'는 의지력은 사람의 경우 자신의 최대의 더러움인 죽음에 직면했을 때 극한치에 달한다. 자신의 더러움에 직면하여 사람은 '야마토고코로'의 모습을 최종적으로 묻게 되는 것이다. 이 생사의 경계를 '극한까지 이 세상을 축복하고자 하는' 영혼의 힘으로 돌파하면 사람은 이 국토를 사랑하고 축복하는 신이 되어 영구히 이 국토에 머무르게 된다. 즉 유명계에서 이 세상을 비호하는 오쿠니누시와 함께 '현세를 축복하는 신의 길처럼 군친君親과 처자를 축복하는' 신이 되는 것이다.[52] (《영지진주》)

아쓰타네의 사후 심판론은 심판이 끝난 후 불교처럼 극락왕생하는 것도 아니고 기독교처럼 천국에서 영생하는 것도 아니며, 국토를 사랑하고 축복하는 신이 되어 영구히 이 국토에 머무르게 된다는 것이다. 이 부분이야말로 아쓰타네의 복고 신도의 핵심이다. 이러한 심판론의 배후에 기독교의 심판 사상이 있다는 지적이 아쓰타네 연구자들에 의해 제기되고 있다.

히라타 아쓰타네는 평생에 걸쳐 수많은 저작을 남겼지만, 《고사전》과

---

52 무라오카 츠네츠구, 《일본 신도사》, 218쪽에서 재인용.

《영지진주》에 그의 중심 사상이 기술되어 있다. 이들 저작 속에서 일관되게 주장되는 것이, 일본은 만국의 본원이라는 '일본 본원론'과 일본이 만국 가운데 가장 뛰어난 나라이며 그 가운데 천황이 지고의 존재라는 '황국 존엄론'이다. 히라타 아쓰타네는 국학을 답습하면서도 독자의 신도론을 전개했다.[53]

이처럼 모토오리 노리나가의 국학은 히라타 아쓰타네의 복고 신도로 이어진다. 모토오리 노리나가와 히라타 아쓰타네의 학문을 이어받은 오쿠니 다카마사大國隆正(1792~1871)는 서양의 만국공법론萬國公法論[54]을 토대로 아마테라스는 상제이고 그의 후손인 천황은 세계의 '총제總帝'라고 주장하기에 이른다. 그뿐만 아니라 신도에서 외래 종교의 요소를 배제하고 천황과 직결되는 순수한 신도를 확립하려 한 신정부의 방침은 에도 막부 시대 말기에서 메이지 유신기에 걸쳐 정쟁을 주도한 복고 신도에서 비롯되었다. 신정부 수립 후의 종교 정책도 바로 히라타 아쓰타네의 제자들의 생각에서 나온 것이었다.

오쿠니 다카마사의 《신진공법론》

히라타 아쓰타네의 문하인 오쿠니 다카마사가 저술한 《신진공법론

---

53 瓜生中 · 渋谷申博, 《日本神道のすべて》, 119쪽.

54 만국공법이란 근대의 국제법으로, 19세기 후반부터 20세기 전반에 걸쳐서 형성되었다. 만국공법이 동아시아 각국에 미친 영향은 지대하다. 서구의 만국공법론에 대항하기 위해 일본에서 저술된 책이 《신진공법론》이다. 이에 따르면 일본에는 황조신 아마테라스와 그의 후손인 만세일계의 천황을 중심으로 하는 공법이 별도로 존재하며, 이 공법이 만국공법보다 더 유구하고 정통성 있다는 것이다.

新眞公法論》(1867)은 네덜란드의 법학자인 후고 흐로티위스Hugo Grotius(1583~1645)가 주창한 만국 공법에 대한 반박서이다. 오쿠니 다카마사는 "우리 일본의 고설古說을 진정한 공법으로 여기며, 서양에서 내세우는 공법은 진정한 공법이라고 생각할 수 없다"라고 말한다.[55] 다카마사는 일본형 화이사상의 스케일에 있어서 스승인 아쓰타네나 노리나가를 능가한다.

다카마사에 의하면 일본은 신대부터 황통이 다르지 않기 때문에 본으로서 존귀하고 만국은 황통이 정해져 있지 않으므로 비천하다.

> 만국은 황통이 정해져 있지 않고 일본은 신대부터 황통이 다르지 않다. 이 때문에 일본을 본本으로 하고 존귀하다 하고 만국을 말末로 하고 비천하다고 하는 것이다. 이는 우리 일본의 고전古傳에 그 표식이 해를 거듭하고 달을 거듭하고 날을 거듭해 차례차례로 나타나서, 중국인이 중화를 자랑하고 이적이라고 비하하는 그런 부류와는 다르다. 이로써 우리는 우리 일본의 고설을 진정한 공법으로 여기며, 서양에서 내세우는 공법은 진정한 공법이라고 생각할 수 없다. (《신진공법론》[56])

이어서 오쿠니 다카마사는 제국들 가운데 단지 일본국의 천황만이 신대부터 황통을 전해 받았으므로 천황을 총제로 삼은 일본이 만국보다 존경받는 것은 당연한 이치라고 주장한다. 또한, 그럼에도 불구하고 이 설이 만국에 전해지지 않아 일본만의 사설로 치부되고 있으니 만국이 함께 이 설을

---

55 芳賀登, 〈大国隆正の学問と思想―その社会的機能を中心として〉, 田原嗣郎 他 校注, 《平田篤胤 伴信友 大国隆正》日本思想大系 50(東京 : 岩波書店, 1973), 648쪽.

56 大国隆正撰, 〈新真公法論〉, 田原嗣郎 他 校注 , 《平田篤胤 伴信友 大国隆正》日本思想大系 50(東京 : 岩波書店, 1973).

따를 때를 기다려야 한다고 주장한다.

아울러 그는 아마테라스를 상제라 칭하면서 상제와 조물주가 마음을 합해 천손 니니기를 강림시켜 일본국을 다스리게 했다고 주장한다. 따라서 유학자든 불자든 양학자든 일본에 태어난 자는 우리 천황을 상제의 신손神孫, 불변하는 세계의 총제라고 여기며 만국이 복종할 때를 기다려야 한다. 오쿠니 다카마사는 히라타의 국학을 이어받아 일본 신화는 만국에 걸친 신화라고 생각했으며, 아마테라스는 상제, 천황은 세계의 총제라고 주장했다.

오쿠니 다카마사의 《신진공법론》에 이어 후지와라 모치마사藤原持正의 《신진만국공법론부록》에서는 대일본국이 지구상 만국의 총본국이며 천황이 만국의 총제라는 것은 신대부터 정해진 천지간의 공론인데 대일본국에서 태어난 사람조차 그 진실을 알지 못한다고 개탄한다.

> 대일본국이 지구상 만국의 총본국이며 우리 천황이 지구상 만국의 총제라는 것은 신대부터 정해진 천지간의 공론이지만 대일본국에 태어난 사람조차 그 진실을 알지 못하고 하물며 외국에 태어난 사람은 이것을 알지 못하니, 중국인의 경우 유자는 유도가 만국에 걸친 공법이라고 생각하고 불자는 불법이 천하에 걸친 공법이라고 생각한다. (《신진만국공법론부록》[57])

이와 같이 국체의 내용은 논자에 따라 조금씩 다르지만, 만세일계의 황통의 연속성을 강조하고 중국식 역성혁명을 부정한다는 점은 모두 공통적

---

57 藤原持正著, 〈新真萬國公法論附錄〉, 田原嗣郎 他 校注, 《平田篤胤 伴信友 大国隆正》 日本思想大系 50(東京 : 岩波書店, 1973).

이다. 또한 일본 신화를 근거로 하는 이러한 설들이 모두 태양신 아마테라스의 신칙과 만세일계의 황통이라는 것 외에는 어떤 이론적 근거나 논리도 갖추고 있지 않다는 점에서 대동소이하다.

미토학의 국체론

미토학은 에도 시대 후기에 미토 번水戶藩[58]에서 성립한 국가주의 사상을 말하며, 넓게는 도쿠가와 미쓰쿠니德川光圀(1628~1700)가 《대일본사大日本史》의 편찬 사업을 시작한 이후에 발흥한 미토학까지 포함한다.[59] 그런데 역사 편찬 사업을 시작한 전기의 미토학과 존왕양이 사상을 설파한 후기의 미토학 사이에는 무시할 수 없는 간극이 있다. 《대일본사》가 간세이寬政 시기를 기점으로 전기의 '유교적' 역사관에서 후기의 '신화적' 역사관으로 전환되기 때문이다. 이는 후기의 미토학이 오규 소라이荻生徂徠(1666~1728)의 학문과 국학에 접근한 것과 관계가 있다.

후기 미토학은 존왕경막론尊王敬幕論(천황을 존경하고 막부를 숭상하자는 논)을 주창하면서 경세론經世論과 양이론洋夷論을 설파한다. 후기 미토학의 학

---

58 번藩은 에도 시대의 행정 단위로, 현재의 현에 해당하나 실제 크기는 현재의 현보다는 작다. 당시 하나의 번이 일국이라 불릴 정도로 번은 독립성을 누렸다. 막부의 엄격한 통제를 받고 있기는 했지만, 번주가 대대로 한 가문에서 세습되었기 때문에 번주와 백성들 간의 관계는 군주와 가신의 관계와도 같았다.

59 초기 미토학을 덴보학天保学이라고 부른 것은 덴보天保 시대에 미토학이 전국적인 관심을 불러일으킬 정도로 잘 알려졌기 때문이다. 미토 번에서의 학문의 융성은 미토 번의 2대 번주인 도쿠가와 미쓰쿠니가 1657년 저택에 사국史局을 설치하고 《대일본사》 편찬에 착수한 데서 시작되었다. 도쿠가와 미쓰쿠니는 도쿠가와 일족이었음에도 불구하고 자신의 주군은 천황이며 도쿠가와 쇼군가는 일족의 종가일 뿐이라고 할 정도로 존왕 사상을 신봉했다.

문적 주장을 체계적으로 정리해 처음 발표한 사람은 후지타 유코쿠藤田幽國(1774~1826)이다. 유코쿠는《정명론正名論》(1791)에서, 군신 상하의 명분은 하늘과 땅이 변하지 않는 것과 마찬가지로 만고불역의 진리이며 이것이 확립되어야만 비로소 사회 질서를 유지할 수 있다고 함으로써 존왕 사상의 이론적 근거를 제시한다.

> 혁혁한 일본 황조께서 개벽한 이래로 하늘을 아버지로 하고 땅을 어머니로 하여 성자, 신손神孫이 대대로 명덕明德을 계승하고 이로써 사해에 군림하신다. 사해가 이를 존경하여 천황이라 부른다. 오야시마구니의 광대함, 조민兆民의 방대함, 절륜한 힘, 고세高世의 지智가 있다고 해도 옛날부터 오늘에 이르기까지 아직 일찍이 하루라도 서민의 성庶姓이 천위天位를 범한 적이 없다. 군신의 명, 상하의 분, 바르고 엄격함 또한 천지가 다른 것과 같다. (《정명론》[60])

미토학의 출발점이자 미토학의 원형을 이루는 것이 바로 유코쿠의《정명론》이다. 반면에 아이자와 세이시사이会沢正志齊의《신론新論》(1825)과 후지타 도코藤田東湖(1806~1855)의《홍도관기술의弘道館記術儀》(1847)는 미토학의 완성을 이룬 저술이다.

1842년에 영국인이 미토 번의 영지인 오쓰하라大津原에 상륙하는 사건이 발생한다. 당시 이방인과의 필담 통역을 맡았던 아이자와는 이를 정리하여 책으로 엮는데, 이것이 바로《신론》이다. 아이자와가 "서양 오랑캐"들이 일본 땅에 발을 들여놓은 것에 대해 비분강개하며 쓴《신론》의 전편에

60 藤田幽國,〈正命論〉, 今井宇三郎 他 校注,《水戸学》日本思想大系 53(東京 : 岩波書店, 1973).

흐르는 것은 강한 내셔널리즘이다.

> 삼가 생각하건대 신슈神州(신국 일본)는 태양이 솟아오르는 곳이자 원기가 시작되는 곳으로 천황이 대대로 황위를 이어오심에 변함이 없다. 일본은 본래 세계의 우두머리로 모든 나라를 총괄한다. 참으로 사해 안에 빛을 비추고 천황의 감화가 미치는 바가 먼 곳에 있지 않다. 그런데 오늘날 야만적인 서양 오랑캐들이 천한 발로 사해를 뛰어다니며 제국을 유린하고 감히 분수도 모르는 채 일본을 능욕하려 드니 교만하기 짝이 없도다. (《신론》[61])

아이자와는 서구 열강으로부터 일본의 국가적 독립을 지키기 위해서 당대의 막부 정책을 비판하며 천황을 역사의 전면에 내세운다. 전대미문의 내우외환에 직면하여 그는 황성일통皇姓一統을 들어 일본의 도덕적 우월성을 주장한다.

> 그것 천지가 개벽하고 비로소 인민이 생겼을 때부터 천윤(천조의 혈통을 잇는 자손)이 사해에 군림하고 일성一姓이 역역해서 아직 일찍이 그 누구도 감히 천위天位를 넘보는 자가 없어 금일에 이른 것이 어찌 우연이라 하겠는가. 그것 군신의 의는 천지의 대의이다. (《신론》)

이처럼 천조 아마테라스의 혈통을 잇는 천황이 사해에 군림하고 아직 그 누구도 보위를 넘봐 역성혁명을 일으킨 자가 없는 것은 천지의 대의 때문

---

61 会沢正志齋, 〈新論〉, 今井宇三郎 他 校注, 《水戸学》 日本思想大系 53(東京 : 岩波書店, 1973). 이하 《신론》의 내용은 모두 이 책에서 인용함.

이라고 주장하고 있다. 그런데 천조는 보편적인 천天의 체현자이므로, 천조의 혈통을 이은 천황은 존재 그 자체가 선하다는 것이다. 아울러 천황의 선함은 천황 개인의 도덕과는 관계가 없고, 천조의 혈통이라는 점을 근거로 한다. 아울러 만세일계의 황통이 유지되어온 것은 결코 우연이 아니고, 건국 이래 군신이 인륜의 대의(충의)를 실천한 결과이다.

《신론》은 '이국선異国船 격퇴령'[62](1825)이 내려진 것을 계기로 위정자들에게는 국제 상황을 인식시키고 백성들 개개인에게는 국가를 지키겠다는 의식을 고취하기 위해 저술되었다.

> 제왕께서 의지하여온 사해를 보존, 유지하고 오래도록 편안하게 잘 다스려 천하를 동요시키지 않으신 것은 만민万民을 복종케 하여 일세一世를 유지하셨기 때문이 아니다. 백성들의 마음을 하나로 만들어서 (백성들) 모두가 윗사람을 친하게 여겨 차마 떠나지 못하는 현실이야말로 참으로 믿을 만한 것이다. (《신론》)

아이자와는 일본 신화에 의거한 천황의 정치 지배의 정통성을 원리로 삼는다. 그리고 위정자 계급에게는 내우외환에 대한 적극적인 대처를, 피지배자 계급에게는 기존의 지배 질서에 대한 자발적인 복종과 순종을, 아마테라스와 그의 황손인 천황에 대한 보은으로서 요구한다.

아이자와는 《신론》의 〈국체편〉에서, 아마테라스의 혈통을 잇는 천황이

62 1825년에 반포된 에도 막부의 외국 배 추방령. 18세기 말부터 일본 근해에 내항하는 구미의 선박이 증가하고 1808년의 페톤 호 사건에 이어 1824년 영국의 포경선 선원이 상륙해 분쟁을 일으키자 1825년 막부는 외국 배의 추방 및 상륙 외국인의 체포, 사살을 명했다. 이국선 격퇴령은 1842년에 폐지된다.

바뀌는 일 없이 '일성이 역역하고 아직 감히 천위를 넘보는 자가 없었다'는 점을 군신의 의義의 독자성과 타국에 대한 일본의 우월성의 근거로 든다. 그는《신론》에서 국체라는 용어를 본격적으로 사용한다. 그렇다고 해서 그가 국체의 개념을 명확하게 정리한 것은 아니다.

국학과 미토학은 일본의 특수성과 우월성을 만세일계의 황통과 천양무궁의 신칙과 3종의 신기를 통해 논함으로써, 근대의 국체 사상으로 연결될 가능성을 드러낸 것에 지나지 않는다. 국체에 관한 정의가 명확하게 내려지는 것은 국체에 관한 본격적인 논쟁을 거쳐 1937년에 일본 문부성이 발행한《국체의 본의》에 의해서이다.

미토학의 전당인 홍도관弘道館의 교육 방침은《홍도관기弘道館記》(1838)에 나온다. 도쿠가와 나리아키德川斉昭(1800~1860)의《홍도관기》는 미토학의 사상을 다음과 같이 단적으로 표현한다.

> 신슈神州의 도를 받들고 서토(중국)의 교(유교)를 동화시키고 충효는 둘이 아니고 문무는 나누어지지 않고 학문 사업은 그 효과를 주로 하지 않고 경신숭조敬神崇祖에 편당이 있을 수 없고 많은 사람의 생각을 모아 모든 힘을 펼치고 이로써 국가 무궁의 은혜에 보답한다. (《홍도관기》[63])

도쿠가와 나리아키는《홍도관기》에서 국체라는 용어를 한 번도 쓰지 않았지만, 그의 언설에는 근대의 국체 관념의 맹아가 드러나 있다. 도쿠가와 나리아키의 주장은 예로부터 전해 내려온 신도를 교육의 연원으로 하고 이것에 유교를 동화시키며 충효 일체, 문무 일도文武一道로 하여 억조億兆가 일

---

63 徳川斉昭,〈弘道館記〉, 今井宇三郎 他 校注,《水戸学》日本思想大系 53(東京 : 岩波書店, 1973).

심으로 나라를 받드는 것, 이것이 곧 국체와 충효 일치의 발명이라는 것이다.《홍도관기》에 이르러 비로소 미토학과 근대에 반포된 〈교육칙어〉의 접점을 찾을 수 있다. 미토학의 국체와 충효 일치는 〈교육칙어〉에 그대로 계승된다.

한편 후지타 도코의《홍도관기술의》는 신국 일본은 태양신의 후예로서 대대로 신기를 받들고 만방에 군림해왔다며 신화적 역사관에 입각해 존왕양이를 주장한다.[64]

> 신이 삼가 걱정하건대, 당당한 신슈神州(일본)는 태양신의 후예가 대대로 신기를 받들고 만방에 군림하여 상하 내외의 분수 또한 천지가 변하지 않는 것과 같다. 그러므로 존왕양이는 실로 지사志士와 인자仁者의 진충보국盡忠報國의 대의이다. (《홍도관기술의》[65])

도쿠가와 나리아키의 측근이었던 후지타 도코는 천황을 받들고 오랑캐를 몰아내자는 존왕양이 운동의 중심이 된다. 도코는 그 뜻을 펴지 못하고 저세상으로 갔지만, 그가 읊은 "세 번 죽음을 각오하면 죽지 않는다"라고 시작되는 〈회천시사回天詩史〉는 막부 시대 말기의 지사들에 의해 즐겨 낭송된다. 그가 말한 진충보국의 대의는 쇼와 시대의 청년 장교들과 태평양전쟁 당시 '회천回天(가이텐)'이라 불렸던 가미카제 특공대원들에게 계승된다.

결론적으로 말하면 근세까지의 국체론은 논자에 따라 내용이 조금씩 다르지만, 만세일계의 황통의 연속성을 강조하고 중국식 역성혁명을 부정한

64 김후련, 〈일본 신화와 천황제 이데올로기〉, 18쪽.

65 藤田東湖, 〈弘道館記術儀〉, 今井宇三郎 他 校注 ,《水戸学》日本思想大系 53(東京 : 岩波書店, 1973).

다는 공통점을 보인다. 근대 천황제 신민 국가의 사상적 지주로 기능한 '국체'라는 말을 처음 사용한 쪽은 미토학이다. 아이자와 세이시사이는 《신론》에서 천황가의 황성일통을 통해 일본의 도덕적 우월성을 주장한다. 또한 도쿠가와 나리아키는 '간나가라'(신의 도, 고신도)의 대도大道를 교육의 연원으로 삼아 이에 유교를 동화시키고, 충효 일체와 문무 일도를 통해서 억조가 일심으로 황운皇運을 부익扶翼하고 받드는 '황도皇道'의 실천을 주장한다. 이른바 국체와 충효 일치의 발명이다. 국체 관념은 메이지 유신의 원동력이 되었으며 근대 일본의 국가 이데올로기로 기능한다.

3장

무가와 천황의 이중 구조

일본 고대 사회의 주역이 천황과 공가(귀족)라면 중세 사회의 주역은 단연코 무가武家이다. 고대 율령제 국가가 붕괴되면서, 천황과 공가를 수호하는 번견番犬으로 살아온 무사들은 자신들이 가진 무력이 일본 사회를 바꾸어놓을 힘이 될 수 있다는 것을 서서히 자각하게 된다. 이와 같은 시대적 흐름을 가장 일찍 파악한 인물이 미나모토 요리토모源頼朝(1147~1199)이다. 미나모토 요리토모가 1185년 가마쿠라鎌倉에 막부를 세운 것이 본격적인 무가 정권의 시작이었다.

가마쿠라 막부(1192~1333) 시대에 잠시 공가 정권인 겐무建武 정권이 부활하나, 곧 붕괴되고 다시 막부 체제로 돌아간다. 가마쿠라 막부가 수립된 분지文治 원년(1185)부터 남북조 시대 말기인 1392년까지의 기간을 일종의 권문權門 체제 시대라고 볼 수 있다. 권문 체제란 무가가 단독으로 전국을 통치하는 것이 아니라 무가, 공가, 사사社寺(신사와 사원)라는 3대 세력(권문)이 권력을 분담하면서 공동으로 정권을 잡는 것이었다.

가마쿠라 막부가 무너진 뒤에는 아시카가 요시미쓰足利義滿(1358~1408)에 의해 남북조가 합일되고 무로마치 막부가 들어서면서 무로마치 시대(1338~1573)가 개막된다. 하지만 무로마치 막부 쇼군의 지위는 일본 전국을 장악할 만큼 절대적인 것이 아니었다. 천황 또한 여전히 존재하기는 했지만 실질적으로는 국왕의 지위를 잃은 것이나 마찬가지였다.

1573년에는 무로마치 막부가 붕괴하고 16세기 말까지 전국에 군웅들이 할거하는 센고쿠 시대가 도래한다. 전국 통일에 조짐은 오다 노부나가에 이르러 보이기 시작하고 도요토미 히데요시를 거쳐 센고쿠 시대가 종식된다. 도쿠가와 이에야스에 이르면 무가 정권이 하나로 통일되어 에도(지금의 도쿄)에 에도 막부(1603~1867)가 들어선다. 에도 시대 동안 천황과 공가는 권력을 상실하고 무가에 완전히 굴복했다. 무가 정권은 1868년 메이지 유신으로 에도 막부가 마감될 때까지 약 700년 동안 일본 사회를 지배했다.

일본사에서 최대의 의문점은 700년 동안 유지되었던 무가 정권은 말할 것도 없고 센고쿠 시대의 무장인 오다 노부나가와 도요토미 히데요시, 그리고 에도 막부를 연 도쿠가와 이에야스가 왜 천황을 몰아내고 스스로 천황이 되지 않았는가 하는 것이다. 이는 무가 정권에게 천황이 어떤 존재였을까 하는 문제와 직결된다. 천황은 율령제 국가 체제하에서 모든 임명권을 가지고 있었다. 무가가 얻을 수 있는 최대의 관직인 정이대장군征夷大將軍, 이를 줄인 쇼군이라는 직위에 대한 임명권이 바로 천황에게 있었다. 무가의 동량과 역대 막부의 쇼군은 천황과 조정을 타도해 천하의 공적公敵이 되기보다는 천황을 방패 삼아 다른 무가들을 복종시키고 천하를 좌지우지하는 길을 선택한 것이다. 뒤에 언급할 다이라노 마사카도 외에 천황을 자처한 인물이 없었던 것은 그 때문이다.

이는 무가와 막부만이 아니라 근대 메이지 유신의 주역들에게도 해당되는 이야기다. 그들은 천황을 '손 안에 든 구슬'에 비유하며 천황을 수중에 넣고 권력을 장악하려 했다. 따라서 에도 시대의 국학이나 미토학 그리고 메이지 정부가 주장하는 것처럼 만세일계의 천황가에 대한 무사들의 변함없는 충성심 때문에 천황이 잔존할 수 있었던 것은 결코 아니다. 오히려 에도 막부 이전의 무가 정권은 단독으로 온전하게 일본 정국을 장악할 수 있을 만큼 역량을 갖추지 못했다는 것이 천황가가 명맥을 유지할 수 있었던 직접적인 원인이다.

⁝ 1 ⁝

가마쿠라 막부와 천황

무사가 일본 역사에 등장하는 것은 9세기 무렵이다. 743년의 〈간전영년사재법墾田永年私財法〉[1]으로 율령 제도가 붕괴하고 전국에 장원이 난립하기 시작하면서 개발 영주는 토지를 지키기 위해 무기를 들고 무장대를 조직한다. 이것이 무사단의 출발이다. 무사단은 지방에 거주하는 사성賜姓 황족[2]과 귀족을 지도자로 받들며 대규모 조직을 형성한다. 무사단들 간의 경쟁과 도태를 거쳐 간무 헤이시桓武平氏(간무 천황의 후손인 다이라平 가문)와 세이와 겐지淸和源氏(세이와 천황의 후손인 미나모토源 가문)가 살아남는다.[3]

---

1 743년에 제정된 토지법으로, 조건부로 개간지의 영구 사유를 인정한다. 이로써 큰 신사와 사원, 권문세가에 의한 개간이 활성화되어 장원제가 성립된다.

2 천황가의 후손 중에서 천황에게 따로 성姓을 하사받으며 신하로 격하된 사람들을 말한다. 예를 들면 '미나모토'라는 성은 자식을 50명이나 둔 사가 천황이 그중 신분 낮은 어머니에게서 태어난 황자와 황녀에게 하사한 성으로, 이로써 그들은 황족이 아니라 신하의 신분이 되었다. 한편 '다이라'라는 성은 간무 천황의 증손에 해당하는 자가 다카모치라는 성을 받아 신하가 된 것에서 유래했다. 타케미쓰 마코토, 《3일 만에 읽는 일본사》, 고선윤 옮김(서울문화사, 2000), 72쪽.

10세기 전반에 일본의 동서에서 거의 같은 시기에 큰 반란이 일어난다. 다이라노 마사카도平将門(?~940)와 후지와라노 스미토모藤原純友(?~941)가 일으킨 내란이다. 다이라노 마사카도의 난(935~940)은 무사에 의한 최초의 반란이자 무사와 민중들이 적극 호응한 본격적인 내란이다. 반면에 후지와라노 스미토모의 난(939~941)은 스미토모가 세토 내해의 해적을 이끌고 규슈의 다자이후를 습격한 해적의 난이다. 이 두 대란은 당시 귀족 사회에 큰 충격을 준다. 그것은 무가가 주인공인 세상이 올 것임을 알리는 서막이었다. 이 난을 진압하기 위해 지방의 무사들이 무력을 조직화한 것이 바로 무사단의 시작이었다. 이 시기와 맞물려 고대에 성립된 율령 체제가 결정적으로 붕괴되기 시작한다.

궁마도弓馬道를 최초로 궁마 전투로 구체화해 전쟁에 활용한 것은 다이라노 마사카도의 난 때부터이다. 939년 12월 도호쿠東國 지방의 무사들을 이끌고 간토關東(혼슈의 동부) 일원을 석권한 마사카도의 목표는 간토가 조정으로부터 분리·독립하는 것이었다. 마사카도의 난은 앞으로 도래할 무사의 삶의 방식과 사고방식을 극단적인 형태로 보여준다. 마사카도는 점을 치는 여인의 예언에 따라 자신을 신황新皇이라 칭하며 간토 평야 일각에 수도와 궁전을 조영한다. 또한 조정과 문무백관도 마련하고 신하를 고쿠시國司로 임명한다. 이는 실질적으로 조정에 대한 모반이었다. 다이라노 마사카도의 간토 정부는 일개 지방 정부에 지나지 않았지만 마사카도는 일본 역사상 스스로 천황위에 올랐던 유일한 인물이다.[4]

---

3 카와이 아츠시, 《하룻밤에 읽는 일본사》, 원지연 옮김(중앙M&B, 2000), 84쪽 참고.

4 《장문기將門記》(가마쿠라 시대)의 저자는 마사카도가 신황으로 즉위한 시점부터 교토의 천황을 본천황本天皇이라 부르며 양자를 확실하게 구분한다. 이는 《장문기》의 저자가 일본에 두 가지 권위, 두 개의 국가가 생겼다는 것을 아주 단기간이라도 명확하게 인정한 것을 의미한다. 網

이와 같은 지방 무사단의 조직은 특히 10~11세기경에 심화되었다. 11세기에는 유력 호족·무사를 중심으로 혈연에 의한 중소 무사단들이 만들어지고, 12세기에는 이들이 더욱 강한 무사단에 통합된다. 무사단을 이끈 가문 중에서 특히 유력한 가문은 다이라 가문과 미나모토 가문이다.[5] 다이라 가문이 먼저 권력을 잡았으나 무가로서의 정체성을 지키지 못하고 귀족화되면서 결국 동국 지방을 중심으로 거병한 미나모토 가문에게 밀려난다. 미나모토 가문의 수장인 요리토모가 가라쿠라 막부를 열면서 본격적인 무가 정권이 탄생한다.

호겐의 난

헤이안 시대에 천황의 외척이 정권을 잡고 통치하는 섭관攝關 정치[6]가 쇠퇴하고 천황가에 의해 원정院政 정치가 시작된 것은 11세기 말이다. 원정은 천황의 아버지인 상황上皇이나 할아버지인 법황法皇이 나이 어린 아들이나 손자를 허수아비 천황으로 세워놓고 실권을 장악하여 나라를 통치하는 것이다.

원정의 포석을 둔 것은 71대 고산조 천황(1068~1072 재위)이다. 고산조 천황의 모친이 섭관가 출신이 아닌 탓에 고산조 천황은 실로 170년 만에 탄생한 외척 없는 천황이었다. 그 결과 고산조 천황이 놓은 포석을 기

野善彦,《日本社会と天皇制》(東京 : 岩波書店, 1988), 23쪽.

5 다카시로 고이치,《일본의 이중권력, 쇼군과 천황》(살림, 2006), 27쪽.

6 섭정攝政과 관백關白이 천황의 후견인으로서 정치적 실권을 행사하는 정치 형태이다. 특히 율령 정치가 형식화된 10세기 전후부터 원정이 성립한 11세기 중반까지 성행했다.

반으로 최초로 원정을 시행한 이는 그의 아들인 72대 시라카와白河 천황(1072~1086 재위)이다. 시라카와 천황은 천황 재위 중이던 1086년에 8세인 아들 요시히토善仁 친왕을 73대 호리카와堀河 천황(1086~1107 재위)으로 즉위시키고 자신은 원청院廳[7]을 개설한다.

'치천治天의 군주'라 불렸던 시라카와 상황은 호리카와 천황, 74대 도바鳥羽 천황(1107~1123 재위), 75대 스토쿠崇德 천황(1123~1141 재위)을 차례로 세우면서 43년간에 걸쳐 군림한다. 시라카와 상황의 힘은 바로 그가 거느린 친위대 '북면의 무사'(원의 북쪽에 두어 경비를 맡김)에서 나왔다. 원정은 시라카와, 도바, 고시라카와後白河 천황(1155~1158 재위)이 3대에 걸쳐 상황이 되어 100여 년간 지속된다. 하지만 섭관가로부터 되찾은 천황 친정 체제는 천황가의 내분과 이를 둘러싼 공가(문신 귀족)의 내분이 맞물려 결국 100여 년 만에 파국을 맞는다.

1156년, 스토쿠 상황과 고시라카와 천황의 내분이 무력 투쟁으로 발전한다. 도바 법황의 장자인 스토쿠 천황은 아버지로부터 동생—나중의 고노에近衛 법황(1141~1155 재위)—에게 양위하라는 명을 받는다. 스토쿠 천황은 그다음에는 자신의 아들인 시게히토 친왕을 천황으로 앉혀준다는 약속을 받고 명을 따른다. 그러나 도바 상황은 약속을 깨고 고노에 천황 사후에 마사히토 친왕(나중의 고시라카와 천황)을 옹립하고 태자마저 마사히토 친왕의 아들로 세운다. 이처럼 도바 상황이 장자인 스토쿠 천황을 무시하고 미워한 것은 그가 자신의 조부인 시라카와 법황과 자신의 아내가 밀통해 낳은 아이라고 생각했기 때문이다.

도바 법황이 세상을 떠나자 이를 틈타 스토쿠 상황과 고시라카와 천황이

---

7 헤이안 시대 후기에 원院이나 여원女院의 집무를 담당하던 관청을 말한다.

정면 격돌한다. 이것이 이른바 호겐保元의 난이다. 이 골육상쟁으로 천황가만이 아니라 신료들의 집안에서까지 내분이 일어나 조정은 양분된다. 스토쿠 상황은 다이라노 다다마사平忠正(?~1156)와 미나모토노 다메요시源為義(1096~1156)를 포섭한다. 그러자 고시라카와 천황은 다이라노 기요모리平清盛(1118~1181)와 미나모토노 요시토모源義朝(1123~1160)를 포섭한다.

스토쿠 상황과 고시라카와 천황은 형과 아우 사이이고, 다다마사와 기요모리는 숙질간이다. 다메요시와 요시토모는 부자간이다. 한마디로 권력 앞에는 부자 관계도 형제 관계도 소용이 없는 것이다. 무사가 조정의 명을 받아 승병을 토벌한 경우는 있었어도 무사가 조정, 그것도 천황가의 내분에 직접 관여한 것은 역사상 처음 있는 일이었다. 호겐의 난을 통해서 비로소 무사들은 정국에 관여할 수 있는 자신들의 힘에 대해 깨닫게 된다.

이 싸움은 결국 스토쿠 상황파의 패배로 끝나고 스토쿠 상황은 사누키讃岐로 유배된다. 그는 쓸쓸한 유배 생활을 하면서 다섯 부의 대장경을 필사하고, 이를 고야高野 산에 봉납해달라고 교토의 조정으로 보낸다. 하지만 고시라카와 천황은 "죄인의 수적手迹(손바닥으로 찍은 수인手印)을 수도에 들여놓아서는 안 된다"며 이를 다시 유배지로 돌려보낸다. 이에 격분한 스토쿠 상황은 고시라카와 천황을 저주하면서 대장경 필사본 끝에 "나는 일본국의 대마왕이 되어 황皇을 취해 민民으로 만들고 민을 황으로 하겠다"라는 혈서를 써서 바다에 가라앉힌다. 스토쿠 상황은 분노 때문에 얼마 지나지 않아 생을 마감한다.[8]

---

8 《天皇の本》, 90쪽.

겐페이의 난

다이라 가문과 미나모토 가문은 자신들이 지닌 무력 덕분에 천황의 원정에 중용되어 조정에 봉사하게 된다. 하지만 다이라 가문과 미나모토 가문 그 어느 쪽도 천황과 조정을 토벌해 새로운 정권을 수립하겠다는 생각은 갖고 있지 않았다. 천황과 조정에 대항해 천하를 적으로 만드는 위험을 감수하는 것보다는 조정의 실권자에게 붙어서 입신출세하는 것이 더 낫다고 판단했기 때문이다.

그러나 조정 내의 권력 싸움이 격화됨과 아울러 무사들이 점점 힘을 키우게 되면서 천황과 조정에 반기를 드는 인물이 나온다. 1156년에 일어난 호겐의 난과 1159년에 일어난 헤이지平治의 난을 거치면서 미나모토 가문의 세력은 급격하게 쇠퇴하고 반대 세력인 다이라 가문이 무가의 동량으로서 조정의 실권을 잡는다.

그러자 다이라 가문의 동량인 다이라노 기요모리平清盛(1118~1181)는 급속히 세력을 확장해 조정의 고위 관직을 독점한다. 다이라 가문의 조정 출사는 기요모리의 조부인 마사모리正盛가 시라카와 상황에게 영지를 바치고 원정의 신하로 발탁되면서 시작되었다. 이어서 마사모리의 아들 다다모리忠盛(1096~1153)도 해적 토벌로 명성을 떨쳐 시라카와 상황의 측근이 된다. 다다모리는 그 후 도바 상황의 총애를 받아 상황을 모시던 여자를 하사받으면서 이례적인 승진을 거듭한다.

다다모리의 아들 기요모리는 조부와 부친의 유산을 이어 호겐의 난과 헤이지의 난에서 승리한다. 그리고 고시라카와 법황의 휘하에서 공경公卿으로 취임하며, 그 후 불과 몇 년 만에 종1위인 태정대신太政大臣의 지위에까지 오른다. 기요모리가 이처럼 고속 승진을 한 것은 그가 실제로는 다다모리의 아들이 아니라 시라카와 상황의 핏줄이었기 때문이었다. 다다모리가 상황에게 여자를 하사받았는데, 그녀는 이미 상황의 아이를 잉태하고 있었다. 다다모리는 이를 알면서 그녀를 받아들이고 상황의 핏줄인 기요모리를 자신의 핏줄로 삼았다.[9]

최고 관직에 오른 기요모리는 다이라 가문 사람들을 차례차례 고관으로 발탁한다. 그 결과 공경이 16명, 덴조비토殿上人(천황을 알현할 수 있는 신분)가 30명에 달하여 '다이라 가문이 아니면 사람이 아니다'라는 말이 나돌 정도였다. 그뿐만 아니라 다이라 가문은 일본 열도의 절반 이상을 소유하게 되어 확고한 경제적 기반을 마련한다. 기요모리는 섭관가처럼 자기 딸을 다카쿠라高倉 천황(1168~1180 재위)과 결혼시키고 황자(나중의 안토쿠安德 천황)가 태어나자마자 황태자로 삼는다. 어린 황태자가 1180년 제위에 오르자 기요모리는 외척으로서 권력을 휘두른다. 다이라는 온갖 부귀영화를 누리지만, 조정에서의 성공에 안주하면서 점점 무사적 성격을 잃고 귀족화된다. 또한 지방 무사단과의 유대도 점점 약화된다. 결국 이로 인해 다이라 일문은 권력을 잃고 멸문지화를 당한다.

다이라노 기요모리를 필두로 다이라 일족이 조정의 고위 관직을 독점하고 전횡을 일삼자 이에 불만을 품은 미나모토노 요리마사源頼政(1104~1180)가 고시라카와 법황의 아들인 모치히토以仁 왕을 받들어 교토에서 다이라 가문 타도를 기치로 거병한다. 이것이 1180년부터 약 10년간 계속된 그 유명한 '겐페이源平의 난'이다. 모치히토 왕은 거사를 일으킨 지 얼마 안 되어 우지가와宇治川에서 피살된다. 하지만 모치히토 왕이 전국에 보낸 다이라 가문 토벌의 밀지를 받자마자 전국에 흩어져 있던 미나모토

---

9 이에 관해서는 일본 최고의 군기軍記인《헤이케 모노가타리平家物語》에 상세하게 전한다.

일족이 일제히 봉기한다. 이로 인해 내란은 전국으로 확대된다. 내란의 와중인 1181년에 기요모리가 갑자기 사망한다.

다이라 일문 타도를 기치로 거병한 미나모토 일족은 기요모리 사망 후 내부의 주도권 싸움에 들어간다. 이리하여 기나이畿内와 사이코쿠西国 지방에 세력을 둔 다이라 가문, 도고쿠東国 지방을 통일한 미나모토노 요리토모源頼朝(1147~1199), 호쿠리쿠北陸 지방을 통일한 미나모토노 요시나카源義仲(1154~1184), 도호쿠東北 지방에 군림하는 후지와라노 히데히라藤原秀衡(?~1187)를 중심으로 한 4대 세력이 팽팽히 대립한다.

이 균형을 먼저 깬 것이 미나모토노 요시나카였다. 요시나카는 다이라 가문이 이끄는 대군을 격파하고 교토로 진격해 다이라 일족을 사이코쿠 지방으로 몰아낸 뒤, 고시라카와 법황을 유폐하고 실권을 탈취한다. 그러자 법황은 요리토모에게 구원을 청한다. 이에 요리토모는 동생인 요시쓰네義経와 노리요리範頼를 파견한다. 요시쓰네 군대에게 패한 요시나카는 전사한다. 요시쓰네와 노리요리의 군대는 여세를 몰아, 법황의 명령으로 다이라 일문 토벌에 나섰고, 이치노타니一ノ谷에서 다이라 일족을 거의 궤멸시킨다. 본거지인 야시마屋島까지 빼앗긴 다이라 일족은 1185년 단노우라壇の浦에서 마침내 최후를 맞이한다.[10]

다이라노 기요모리의 외손자인 어린 안토쿠安徳 천황(1180~1185 재위)은 단노우라에서 외할머니의 품에 안겨 물에 빠져 죽는다. 이때 천황가의 보물인 3종의 신기 중 하나도 바다에 가라앉는다. 따라서 현존하는 3종의 신기는 지토 여제의 즉위식에 사용된 것은 아니며, 천손 니니기가 가지고 강

10 다이라 가문과 미나모토 가문이 명운을 걸고 싸운 겐페이의 난에 관해서는《헤이케 모노가타리》에 자세히 나와 있다. 불운하게 죽음을 맞이한 미나모토노 요시쓰네는 에도 시대에 가부키의 소재가 되었고, 현대에 와서는 NHK방송의 대하드라마 〈요시쓰네〉로 다루어졌다.

림했다고 전승되는 것은 더더욱 아니다. 남북조 시대에도 남조에서 북조에 넘겨진 3종의 신기가 가짜라는 소동이 있었다. 그럼에도 불구하고 신화적 망상 때문에 쇼와 천황은 아시아태평양전쟁 말기에 국체 수호라는 명분하에 이 3종의 신기를 지키려다가 수십만 명의 희생자를 낳았다.

가마쿠라 막부와 고토바 상황

고시라카와 법황은 천재적 전략가인 요시쓰네를 자기편으로 끌어들여 요리토모를 견제하려 했으나 실패한다. 1185년 미나모토노 요리토모는 조정으로부터 슈고守護(군사 · 경찰권을 행사하는 직책), 지토地頭(장원의 토지 관리와 연공 징수 등을 담당하는 직책)의 임명권을 획득한다. 실각한 요시쓰네는 후지와라노 히데히라의 보호를 받게 된다, 하지만 히데히라가 죽자 그의 존재를 거북하게 느낀 히데히라의 아들 야스히라泰衡에게 피살당한다. 결국 후지와라 가문은 요시쓰네를 거두었다는 죄목으로 멸문당한다. 1189년 요리토모는 전국을 평정한다.

가마쿠라 막부를 연 미나모토노 요리토모는 1190년에 우근위대장右近衛大将에 임명되고, 1192년에는 정이대장군征夷大将軍에 임명된다. 하지만 1199년에 말에서 떨어진 것이 원인이 되어 죽는다. 요리토모 사후 2대 쇼군으로 미나모토노 요리이에源頼家가 집권하나, 독단과 전행으로 고케닌御家人(집안의 가신家臣)의 반감을 사서 겨우 3개월 만에 친정을 중지당한다. 그 후 정치는 유력 고케닌 13인에 의한 합의제를 취한다. 이 13인의 고케닌 중에서 두각을 나타낸 이가 요리이에의 외조부인 호조 도키마사北條時政(1138~1215)이다.[11] 도키마사는 손자인 요리이에를 사찰에 유폐해 살해하고, 요리이에의 동생인 사네토모實朝를 쇼군으로 삼아 막부의 실권을 장악한다. 1219년에 다시 사네토모가 암살당하자 쇼군의 대가 끊긴다.

호조 가문은 교토의 섭관가로부터 어린 후지와라노 요리쓰네藤原頼経를 맞이해 쇼군(1218~1256)으로 삼는다. 이 섭관가의 쇼군은 2대에 걸쳐 계속되었고 후지와라 쇼군이라고 불린다. 그 후 막부는 다시 황족인 친왕을 쇼군으로 삼는다. 이후 가마쿠라 막부 멸망까지 친왕(황족) 쇼군이 4대에 걸쳐 계속된다. 하지만 섭관가 출신이든 황족이든 관계없이 쇼군은 명목상의 존재에 지나지 않았고, 호조 가문이 계속해서 실권을 장악한다.

그러자 천황권 회복의 기회를 노리고 있던 고토바後鳥羽 상황(1183~1198 천황 재위)은 이때야말로 가마쿠라 막부를 칠 때라고 생각하고 1221년 가마쿠라 막부의 수장인 호조 요시토키北条義時를 토벌하라는 명을 전국에 하달한다. 긴키近畿 지방에 있던 고케닌과 서국의 무사들은 조정의 편에 선다. 하지만 동국의 무사는 누구 하나 고토바 상황의 부름에 응하지 않는다. 상황의 부름을 받고 혼란스러워하는 막부 무사들의 동요를 진정시키고 그들을 단결시킨 사람은 바로 요리토모의 아내로 비구니 장군이라 불리던 호조 마사코北条政子(1157~1225)였다.

호조 마사코는 고케닌들을 전부 집결시키고, "요리토모 이래 가마쿠라는 공은 있어도 과는 없다. 가마쿠라를 멸하려 하는 상대라면 그를 물리칠 수밖에 없다. 고인이 된 쇼군의 은혜를 잊고 교토의 편을 들려 하는 자는 여기서 확실하게 딱 잘라 아뢰라. 가마쿠라의 부침은 지금 여기서 결정할 것이다"라고 말한다.[12] 또한 "조정으로부터 줄곧 차별받고 착취당해온 무사

---

11 타케미쓰 마코토, 《3일 만에 읽는 일본사》, 86쪽.

12 高橋富雄, 《日本史小百科 将軍》(東京 : 近藤出版社, 1990), 81쪽.

막부에 대항해 천황권 회복을 노렸던 고토바 상황.

들을 현재의 지위로 끌어올린 이가 누구인가. 요리토모가 아니었던가. 그 은혜에 보답하는 것은 지금이다. 만일 조정을 따르려는 자가 있다면 만류하지 않겠다. 다만 교토로 향할 때는 나를 죽이고 가라"라고 말한다.[13] 고케닌들은 이와 같은 그녀의 눈물 어린 호소에 감동하여 결속을 다지고 수도를 공격해 격파한다.

고토바 상황은 자신이 내린 막부 토벌의 밀지에 따라 막부가 곧 붕괴할 것이라고 얕보고 있다가 대거 상경한 막부군에게 싱겁게 패하고 만다. 승자가 된 막부는 아무것도 모르는 어린 천황을 폐위하고 사건의 핵심 인물인 고토바 상황은 오키 섬으로 유배 보낸다. 아울러 쓰치미가도土御門 상황

---

13 카와이 아츠시, 《하룻밤에 읽는 일본사》, 121쪽.

(1198~1210 천황 재위)과 준토구順德 상황(1210~1221 천황 재위)마저 유배에 처한다. 이렇게 전개된 동란을 '조큐承久의 난'이라고 부른다.

이로써 무가가 천황을 유배 보내는 하극상의 시대가 도래한다. 이 전란의 결과로 조정과 막부라는 공무公武(공가와 무가)가 양립하던 2원 정치가 막을 내리고 막부가 단독으로 통치하는 전국 정권이 성립된다. 호조 가문은 권력을 독점하고 쇼군의 특권인 안도安堵(토지의 보증)의 권한마저 차지하면서 전제 정치를 시작한다. 그 결과 13세기 후반에는 막부의 요직은 물론이고 슈고와 지토의 절반 이상을 호조 가문이 독점한다. 이와 같은 호조 가문의 권력 독점 체제는 고케닌들의 불만을 고조시켜 막부에 대한 그들의 충성심을 약화시킨다. 게다가 몽골의 침입 때 전쟁에 참여했던 고케닌들은 방어 전쟁인 탓에 막부로부터 충분한 보상을 받을 수 없었던 데다가 거액의 전비로 말미암아 빈곤해진다. 그러자 막부에 대해 불만을 품은 자들 중에서 조정의 막부 타도 운동에 가담하는 사람들이 생긴다.

고다이고 천황의 친정

1272년 이래 천황가는 지묘인持明院 계통과 다이카쿠지大覚寺 계통으로 분열해 천황의 지위를 놓고 다툰다. 보다 못해 가마쿠라 막부는 1317년에 양측이 번갈아가면서 천황을 내도록 조정한다. 다음 해인 1318년에 다이카쿠지 계통의 고다이고 천황이 즉위한다. 고다이고 천황(1318~1339 재위)은 천황 친정 체제로 돌아가기 위해 막부를 타도할 계획을 세우지만, 1324년 그 계획이 막부에 발각된다. 고다이고 천황은 처벌을 면하나 측근들은 유배형에 처해진다. 고다이고 천황은 단념하지 않고 1331년에 다시 막부 타도를 계획하나 측근의 밀고로 실패한다. 천황은 교토를 탈출해 거병하지만 결국 체포되어 오키 섬에 유배된다.

고다이고 천황이 유배된 후에도 그를 위해 활약한 무사가 고치河内(현재의 오사카 부 동부 지역)의 악당悪党(막부에 속하지 않는 신흥 무사)인 구스노키 마사시게楠木正成(1294~1336)다. 마사시게는 게릴라전을 전개하며 막부를 괴롭혔다. 하지만 수적으로 열세였던 마사시게는 1332년 결국 지하야 성千早城으로 후퇴해 막부의 군대와 대치한다. 마사시게가 분전하는 사이 고다이고 천황은 유배지인 오키 섬을 탈출해 다시 각국에 막부 타도를 명하는 윤지를 내리고 거병을 호소한다. 그 결과 각지에서 유력한 무사들이 막부에 반기를 들면서 전세는 역전된다.

그럼에도 불구하고 무력으로 가마쿠라 막부를 타도한 주역은 고다이고 천황도 아니고 마사시게도 아니었다. 그 주역은 바로 닛타 요시사다新田義貞(1301~1338)와 아시카가 다카우지足利尊氏(1305~1358)였다. 닛타 요시사다는 마사시게의 지하야 성을 공격하던 중 천황의 밀서를 받고 전선을 이탈해 고향으로 돌아가서 거병한다. 그러자 많은 무사들이 그의 휘하에 모여들어 막부 병력을 격파하면서 가마쿠라로 진군한다. 닛타군의 방화로 가마쿠라의 거리가 불타는 가운데 호조 일족 870여 명은 도쇼사東勝寺에서 자결한다. 1333년 천황의 밀칙을 받고 교토에 진입한 다카우지는 로쿠하라단다이六波羅探題(막부의 정무 기관)에 난입해 막부를 멸망시킨다. 이로써 가마쿠라 막부 150년의 역사는 막을 내린다.

고다이고 천황은 가마쿠라 막부를 타도하고 천황 친정親政 체제를 이상으로 삼아 강력한 독재 정치를 실현한다. 실질적으로 가마쿠라 막부를 무너뜨린 사람은 아시카가 다카우지와 닛타 요시사다임에도 불구하고, 고다이고 천황은 논공행상에서 공가에게만 후하고 무사들에게는 소홀히 하는 우를 범한다. 더욱이 고다이고 천황은 지나치게 정치 쇄신을 서둘러, 150년 이상 지속되어온 무가 사회의 관습을 전혀 고려하지 않았다. 그러자 불만을 느낀 무사들이 고다이고 천황 정권이 수립된 지 1년도 채 안 되어 여기저기서 반란을 일으킨다. 무사들은 무가 정권의 부흥을 꿈꾸면서 다시 아시카가 다카우지 휘하에 결집한다. 이렇게 해서 고다이고 천황의 겐무 정권은 불과 2년 만에 붕괴한다.

남북조 시대

1336년에 고다이고 천황은 일단 다카우지와 강화를 맺은 뒤 요시노로 탈주해 남조南朝를 일으킨다. 그러자 아시카가 다카우지는 새로이 고묘光明 천황(1336~1348 재위)을 옹립해 북조北朝를 세운다. 이리하여 일본에 두 개의 조정과 두 명의 천황이 동시에 존재하는 전대미문의 상황이 펼쳐진다. 14세기 남북조 시대는 천황가에게는 참으로 불행한 시기였다. 무가의 권력 찬탈로 천황이 권력을 잃은데다가 천황가가 둘로 나뉘어 권력 항쟁을 벌인 시기였기 때문이다. 조정이 남조와 북조 둘로 나뉘어 교토에는 북조의 천황이, 요시노에는 남조의 천황이 존재했던 약 50년간의 이 시기를 일본 역사에서는 남북조 시대라고 부른다.

이러한 국면은 아시카가 다카우지가 무로마치 막부를 열면서 고다이고 천황을 유폐하고 자신이 지지하는 고묘인光明院에게 양위하도록 압박한 데서 비롯되었다. 고다이고 천황은 일단 양위에 동의하고 3종의 신기를 넘겨준다. 고묘 천황이 즉위하자 고다이고 천황은 요시노로 도주한 뒤, 자신이 넘겨준 3종의 신기는 가짜이고 진품은 자기가 지니고 있다면서 진짜 천황은 자신이라고 선언한다.[14] 요시노에서 힘을 결집시키기 위해 백방으로 노력하던 고다이고 천황은 뜻을 이루지 못하고 3년이 채 안 되어 병사한다. 결국 1392년에 남조의 고카메야마後亀山 천황(1383~1392 재위)이 북조의 고코마쓰後小松 천황(1382~1412 재위)에게 황위를 양보함으로써 이 국면은 일단락된다

고다이고 천황과 그의 정치는 에도 시대 후기의 미토학파 존왕론자들에게 높은 평가를 받았다. 불굴의 집념으로 무가로부터 정권을 되찾아 천황 친정 체제를 회복했다는 이유에서였다. 남조와 북조의 정통성 문제와 관련해 무로마치 막부를 세운 아시카가 다카우지를 역신逆臣으로 간주하는 에도 시대 미토학은 아시카가가 세운 북조가 아니라 남조를 정통으로 보았다. 미토 번에서 나온《대일본사》는 아시카가가 세운 북조를 부정하고 남조를 정통 왕조로 평가한다. 막부 시대 말기의 존왕론에 영향을 준 유학자 라이 산요頼山陽(1780~1832)는 북조의 고코마쓰 천황이 1392년 남조의 고카메야마 천황으로부터 양위를 받는 형식으로 북조가 남조를 승계했으므로, 남조를 정통으로 하는 남조 정윤론正胤論과 현재의 황실 사이에 아무런 모순도 없다고 논한다.

근대 천황제 신민 국가가 수립되면서 황국 사관에 의한 교육의 장에서 고다이고 천황과 그를 보필한 구스노키 마사시게가 역사의 전면에 부각된다. 천황 친정 체제를 부활시킨 공로로 마사시게는 천황에 대한 충성심의 표상이 되어 전전戰前의 수신修身 교과서(도덕 교과서)와 역사 교과서에서 널리 현창顯彰된다. 또한 메이지 정부의 방침에 따라 미나토가와湊川 신사가 창건되어 구스노키 마사시게는 신으로서 신사에 모셔진다.

14 다치바나 다카시,《천황과 도쿄대 1》, 이규원 옮김(청어람미디어, 2005), 327쪽.

그런데 메이지 44년(1911)에 남북조 문제가 역사의 전면에 다시 부상한다. 이른바 남북조 정윤正閏 문제를 통해서다. 정윤 문제란 남북조 시대에 교토에서 무로마치 막부를 세운 아시카가 다카우지가 옹립한 북조의 천황이 정통인지, 아니면 요시노로 도망친 고다이고 천황의 계통을 이은 남조가 정통인지 천황 권력의 정통성을 따지는 것이다. 1911년, 제국회의는 소학교 역사 교과서가 가마쿠라 막부 멸망 이후의 시대를 남북조 시대라 명명하고 남조와 북조를 대등하게 취급했다며 이를 문제 삼는다. 이것이 이른바 '남북조 정윤론'이다. 문제를 어렵게 만든 것은, 메이지明治 천황(1867~1912 재위)이 북조 계통 천황의 제사를 지내는데 메이지 정부가 역사 교과서에 충신으로 싣고 신사까지 지어 바친 인물들은 북조가 아니라 남조의 충신이라는 점이었다.

문제를 복잡하게 만든 또 한 가지는, 메이지 정부가 널리 현창한 인물 중에 남조 정통론자들이 훨씬 많다는 것이었다. 구스노키 마사시게, 닛타 요시사다 등 《태평기太平記》에 등장하는 대중적인 영웅들은 모두 남조의 충신들이다. 남조 정통론을 취한 미토학의 영향 등으로 막부의 근황파는 대부분 남조파였다. 그러므로 메이지 정부 인사들 중에는 남조파가 많았고 메이지 천황부터 남조파였다.[15]

결국 당시 문부성의 요시타 사다키치喜田貞吉가 이 문제를 야기시킨 책임을 지고 휴직 처분되는 것으로 남북조 정윤 문제는 일단락된다. 남북조 정윤론 이후 궁내성宮內省(천황가와 관련된 업무를 하는 곳)에서도 남조가 정통이라는 견해를 취한다. 그러자 문부성은 고다이고 천황부터 남북조 합일에 이르기까지의 역사를 교과서에서 요시노조朝 시대로 기술하도록 조치한

15 다치바나 다카시, 《천황과 도쿄대 1》, 328쪽.

다. 이에 따라 소학교 국사 교과서에서는 '남북조 시대'라는 명칭이 '요시노 시대'로 바뀐다.

2

무로마치 막부와 천황

1335년 아시카가 다카우지는 고다이고 천황에게 반란을 일으켜 정권을 탈취하고 1336년에 무로마치 막부를 연다. 다카우지는 무로마치 막부의 출장 기관으로서 간토 지방에 가마쿠라 부鎌倉府를 설치하고 셋째 아들을 가마쿠라 구보公方로 임명해 간토 지방의 지배를 맡긴다. 무로마치 막부는 1573년 붕괴하기까지 약 250년 동안 지속되었으며, 그동안 15명의 쇼군을 배출한다.

무로마치 막부를 연 다카우지는 남조의 고다이고 천황에 대항해 고묘 천황을 옹립하고 북조를 세운다. 닛타 요시사다와 기타바타케 아키이에北畠顯家(1318~1338) 등 남조의 무장들이 전사하고 1339년 고다이고 천황도 사망한다. 그의 뒤를 이은 고무라카미後村上 천황(1339~1368 재위)이 아직 12세의 소년인 탓에 남조의 세력은 급속히 약화된다. 남조의 황위는 고무라카미 천황에서 조케이長慶 천황(1368~1383 재위)에게, 그리고 다시 1368년에 고카메야마 천황에게 계승되었으나 남조 세력은 이미 쇠퇴하고 있었다. 그럼에도 불구하고 남조가 존립할 수 있었던 것은 무가의 상속 제도 때문이었다. 당시 무가 사회는 분할 상속에서 단독 상속으로 이행하는 과도기에 있었는데, 이로 인해 적자와 서자 사이의 상속 싸움이 끊이지 않았다. 북조의 무가 가운데 상속 싸움에 진 쪽이 남조에 가담하는 사례가 늘면서 남조는 계속 명맥을 유지할 수 있었다.

무로마치 막부의 3대 쇼군인 아시카가 요시미쓰足利義滿(1368~1394 집권)는 남조 세력의 중심인 규슈를 평정하고 유력한 슈고 다이묘守護大名들을 압도하면서 1392년에 남북조의 합일을 이끌어낸다. 북조 조정이 내놓은 조건은 고카메야마 천황이 북조의 고코마쓰 천황에게 천황의 지위를 양보하는 대신 남조의 황자를 황태자로 삼는 것이었다. 고카메야마 천황은 이를 받아들여, 교토로 귀환해 고코마쓰 천황에게 3종의 신기를 건네준 뒤 퇴위한다. 이로써 60년 남짓 지속된 남북조 동란은 일단 종결된다.

한편 아시카가 요시미쓰가 떠안은 역사적 과제는 막부를 군사 권력에서 국가 전력 그 자체로 전환하는 것이었다. 이 과제를 실현시키기 위해 그는 쇼군 직을 내놓고 태정대신이 되어 무가와 공가라는 두 정점 위에 군림한다. 이어서 그는 출가해 스스로를 법황으로 비정하며 태상太上 천황이라는 존호까지 쓰려 했다. 요시미쓰는 말하자면 쇼군과 천황의 결합 정권을 수립했다고 할 수 있다. 이것은 후에 도요토미 히데요시와 도쿠가와 이에야스에게 계승된다.[16]

---

16 나가하라 게이지, 〈남북조 내란은 왕권의 역사에 어떤 전환을 가져왔을까〉, 일본역사교육협의회 엮음, 《천황제 50문 50답》, 김현숙 옮김(혜안, 2001), 130~131쪽 참고.

오닌의 난과 센고쿠 시대

1467년 일본에서는 25만 이상의 군대가 전국에서 수도인 교토로 들어와 서로 두 편으로 나뉘어 무력 충돌을 일으킨다. 이 전란은 1467년에 시작되어 1477년에 종결된다. 11년 동안 계속된 오닌應仁의 난은 교토를 초토화하고 결국 센고쿠 시대의 서막을 여는 계기가 된다.

이 전란의 원인을 제공한 인물은 무로마치 막부 8대 쇼군인 아시카가 요시마사足利義政(1436~1490)와 그의 정처인 히노 도미코日野富子(1440~1496)이다. 무로마치 막부의 쇼군은 대대로 히노日野 가문에서 정처를 맞이한다. 요시마사도 전례에 따라 20세에 16세의 도미코와 혼인했다. 수년이 지나도 도미코가 후계자를 낳지 못하자 요시마사는 동생인 요시미를 후계자로 선정한다. 그런데 문제가 생긴다. 결혼한 지 10년 만에 도미코가 아들을 출산한 것이다.[17]

이것이 원인이 되어 도미코와 요시미는 차기 쇼군 직을 놓고 격렬하게 대립한다. 도미코는 요시미를 밀어내고 자기 아들인 요시히사義尙를 차기 쇼군으로 만들기 위해 막부의 실력자인 야마나 모치토요에게 접근한다. 그러자 요시미는 호소카와 가쓰모에게 도움을 청한다. 그 무렵 간레이官領(막부의 집사 격)는 시바 가문, 하타케야마 가문, 호소카와 가문이 교대로 맡고 있었다. 그중 가독家督 상속 문제로 하타케야마 요시나리와 하타케야마 마사나가가 다투고 있었다. 또 다른 한편에서는 가독 상속 문제로 시바 요시카도와 시바 요시토시가 다투고 있었다.

1467년 1월, 하타케야마 요시나리와 마사나가가 미타마御靈 신사에서

---

17 카와이 아츠시, 《하룻밤에 읽는 일본사》, 152쪽 참고.

충돌한다. 이것이 오닌의 난의 발단이다. 무로마치 막부는 이를 계기로 두 패로 나뉜다. 호소카와 가쓰모토 측은 교토 동쪽 편에 진지를 구축해서 동군東軍이라 불렸는데, 쇼군가인 요시카가 요시히사와 동맹을 맺는다. 동군에는 아시카가 요시미, 하타케야마 마사나가, 시바 요시토시 등이 가담한다. 한편 야마나 모치토요 측은 교토의 서쪽을 거점으로 삼아 서군西軍이라 불렸는데, 쇼군가인 아시카가 요시미와 동맹을 맺는다. 서군에는 아시카가 요시히사, 하타케야마 요시히로, 시바 요시카도가 가담한다. 여러 지방에서 모인 슈고 다이묘守護大名[18]들도 싸움에 가담해서, 야마나 진영은 9만, 호소카와 진영은 11만에 달했다.

이 싸움은 11년간이나 계속되었는데도 끝내 승부가 나지 않았다. 전쟁이 계속되는 동안 쇼군 아시카가 요시마사는 양측의 중재에 나서지 않고 명승 유람이나 예술품 수집으로 세월을 보낸다. 이 싸움으로 무로마치 막부의 권위는 크게 실추된다. 오닌의 난이 지방에까지 파급되어 하극상의 풍조가 전염병처럼 번졌고, 세상은 수많은 무장들이 난립하는 센고쿠 시대로 돌입한다.

센고쿠 시대에 활약한 센고쿠 다이묘大名는 슈고 다이묘와 그를 보필하던 다이묘, 토착 호족인 국인영주國人領主에서 발생했다. 우후죽순처럼 난립했던 무장 세력들이 어느 정도 정리되면서 전쟁은 이제 유력 센고쿠 다이묘들 사이의 전쟁으로 좁혀졌으며, 이들을 중심으로 천하 통일의 발판이 마련된다. 다케다 신겐武田信玄(1521~1573), 우에스기 겐신上杉謙信

18 슈고守護는 가마쿠라 시대에 생긴 관직으로 영지 내의 치안 유지가 주된 임무였다. 무로마치 시대에 와서는 토지에 대한 판결 등 토지 관리에 관한 권한이 슈고에게 더해진다. 한편 다이묘大名는 헤이안 시대 말기에서 가마쿠라 시대에 걸쳐서 출현한 집단으로 거대한 토지를 소유한 영주를 뜻한다.

(1530~1578), 오다 노부나가織田信長(1534~1582), 도요토미 히데요시(1537~1598), 도쿠가와 이에야스(1542~1616) 같은 무사들이 등장하면서 정국의 변화가 감지되기 시작했다. 이들 중 제일 먼저 전국 통일의 발판을 마련한 사람은 오다 노부나가이다. 일본 열도 전역에서 군웅이 할거하던 센고쿠 시대에 오다 노부나가는 총포라는 신병기를 가지고 전쟁에 임함으로써 전쟁의 판도를 바꿔놓는다.

센고쿠 다이묘와 천황

14세기의 남북조 시대는 천황에게는 그야말로 획기적인 시기였다. 남북조 시대 이후에 천황은 끝없는 나락의 길을 걸었고, 센고쿠 시대에 와서는 정치권력의 무력화와 경제적 궁핍이 극에 달했기 때문이다. 센고쿠 시대에는 거의 모든 권력을 무가가 장악했고, 황실 영지를 지방에 있는 영주들에게 빼앗긴 천황은 즉위 의례조차 제대로 치를 수 없었다. 천황은 그야말로 허수아비로, 존망의 위기에 처해 있었다. 이렇게 몰락한 천황을 구원해준 것이 오다 노부나가, 도요토미 히데요시, 도쿠가와 이에야스 같은 통일 권력이었다.[19]

경제 면에서 오다 노부나가와 도요토미 히데요시는 과거의 황실 영지를 재건해주었을 뿐만 아니라 새로운 영지까지 천황에게 헌상한다. 에도 막부를 연 도쿠가와 가문의 경우 1601년에 이에야스가 1만 석[20] , 1623년에

---

19 바바 아키라, 〈에도 시대의 천황은 어떤 존재였을까〉, 일본역사교육자협의회 엮음, 《천황제 50문 50답》, 김현숙 옮김(혜안, 2001), 142쪽 참고.

20 여기서 석은 쌀을 세는 단위로 섬 혹은 가마니에 해당되는데 1만 석의 식량을 수확할 수 있는

2대 쇼군 히데타다秀忠(1579~1632)가 1만 석, 1705년에 5대 쇼군 쓰나요시綱吉(1646~1709)가 1만 석을 천황에게 헌상해서 천황의 영지는 3만 석이 늘어나게 된다. 그 외에 상황上皇, 황족, 공경 귀족이 모두 합해 12~13만 석을 확보하고 있었다. 그 결과 천황의 즉위식을 포함한 조정 제사의 일부가 부활한다.[21]

하극상이 판치고 권모술수가 난무하는 전란의 와중에도 센고쿠 다이묘는 천황과 황실에 대해서 최소한의 예의는 지켰다. 센고쿠 다이묘들이 천황을 존중하고 존경한 것은 아니었지만, 그렇다고 해서 스스로 천황이 되겠다고 나서는 인물도 없었다. 천황을 타도해 천하의 공적이 됨으로써 스스로가 타도당하는 위험을 감수하기보다는 센고쿠라는 전란의 시대를 평정하는 데 천황의 권위를 이용하는 것이 낫다고 판단했기 때문이다. 센고쿠 다이묘 중에서 천황을 가장 잘 이용한 사람은 오다 노부나가였다.

이들 통일 권력들이 천황을 구제한 것은 무가 정권의 수장으로서 다른 무가 정권을 완전히 제압하는 단계에 이르지 못했기 때문이었다. 이들 세 무장이 천하의 패권을 다툰 것은 사실이지만 각지에서 여전히 내란이 계속되고 있었고, 전국에 걸쳐서 이들 사이에 봉건적 주종 관계가 형성된 것은 아니었다. 이에 이들은 다른 무장과 자신을 차별화시키고 자신의 권위를 높이기 위해, 천황의 정치적·경제적 위기를 해결해주는 대가로 조정으로부터 다른 무가보다 높은 관위를 받는 방법을 취한다.

1577년 오다 노부나가는 우대신에 서임된다. 오다 노부나가의 뒤를 이어 천하의 패권을 장악한 도요토미 히데요시는 1585년에 관백을 지낸 뒤

영지를 받쳤다는 의미이다.

21 바바 아키라, 〈에도 시대의 천황은 어떤 존재였을까〉, 142쪽.

다음 해에는 태정대신에 서임된다. 도요토미 히데요시에 이어 패권을 차지하고 에도 막부를 연 도쿠가와 이에야스는 1602년에 관백이 된 뒤 우대신, 정이대장군을 거쳐 1616년에 태정대신에 추서된다.[22]

이처럼 덴무 천황을 정점으로 하는 고대 율령제 국가의 형성기와 근대 천황제 신민 국가 시기를 제외하고는, 천황이 '권위의 원천'인 적은 있어도 '권력의 중심'인 적은 없었다. 심지어 천황이 권력을 갖기는커녕 권위조차 지키지 못한 적도 있었다. 이것이 바로 일본 천황제의 진실이다.

오다 노부나가와 오기마치 천황

오다 노부나가가 전국 통일을 위해 매진하고 있을 당시 교토에는 오기마치正親町 천황(1557~1586 재위)이 있었다. 1568년 오다 노부나가는 무로마치 막부의 쇼군인 아시카가 요시아키足利義昭(1568~1573 집권)를 모시고 교토 입성에 성공한다. 노부나가는 요시아키와 접촉을 갖기 전에 오기마치 천황으로부터 대궐을 수리해달라는 청을 받는다. 천황이 수리를 의뢰한 것은 조정의 동향을 주시하는 자들을 피하기 위한 계책으로, 요는 한시라도 빨리 입성해서 천황의 영지를 회복해달라는 뜻이었다.[23]

노부나가는 교토 입성 후 1570년 긴키近畿 지방 주변의 다이묘들에게 천하태평을 위해 조정과 막부에 참례하라는 밀지를 내린다. 노부나가가 천황의 권위를 믿고 내린 명령이었다. 그런데 에치젠의 다이묘인 아사쿠라 요

---

22 바바 아키라, 〈에도 시대의 천황은 어떤 존재였을까〉, 143쪽 참고.

23 타케미쓰 마코토, 《3일 만에 읽는 일본사》, 136쪽.

시카게는 입성하지 않았다. 그러자 노부나가는 아사쿠라 요시카게의 세력을 토벌하기 위해 군사를 이끌고 출동하고, 오기마치 천황은 노부나가의 승리를 기원하는 기도를 올린다. 오기마치 천황이 노부나가의 정복 전쟁에 의미를 부여함으로써, 노부나가를 적대시하는 무장은 전부 조정의 적으로 간주된다. 이후 노부나가는 시종 천황의 대리인으로서 일련의 정복 전쟁을 수행한다. 노부나가의 힘은 천황의 권위라는 큰 무기를 자유자재로 잘 이용한 데서 나왔다. 이로 인해 노부나가의 전국 통일 전쟁은 탄력을 받는다.

1573년 쇼군 아시카가 요시아키를 추방하고 무로마치 막부를 멸망시킨 노부나가는 연호를 바꾸고, 그해 12월에 오기마치 천황에게 양위하도록 권유한다. 하지만 그해가 채 한 달도 남지 않았다는 이유로 양위는 연기되고, 그다음 해에는 양위가 화제에 오르지도 않았다.[24] 그 후 양위 문제는 흐지부지되고, 오기마치 천황은 노부나가의 뒤를 이어 도요토미 히데요시가 정권을 잡은 뒤에야 양위를 한다.

한편 오다 노부나가와 도쿠가와 이에야스의 연합군은 1575년에 벌어진 나가시노長篠 전투에서 철포 부대의 위력을 유감없이 발휘해, 다케다 가쓰요리武田勝頼(1546~1582)가 이끄는 기마 군단을 격파한다. 철포가 다네가種子섬에 전래된 지 불과 32년 후의 일이다.

노부나가는 전국을 평정하기 위해서 꾸준히 총포를 사들여 개량하는 한편 조총 부대를 신설해 훈련시킨다. 조총을 장전해 발사한 다음 다시 장전하는 데 시간이 걸리는 단점을 해결하기 위해 그는 3단 발사법을 개발한다. 보명을 세 줄로 세워, 맨 앞 줄이 사격 후 뒤로 물러나 총포를 재장전하는 동안 둘째 줄의 병사가 나와서 총을 쏘고 다시 뒤로 물러나는 식의 전법

---

24 堀新, 〈正親町天皇と織田信長〉, 《歴代天皇全史》(東京 : 学習研究社, 2003), 149쪽.

이다. 이 3단 발사법은 총기를 발명한 유럽에서도 없었던 새로운 전법으로 노부나가가 처음 개발했다고 전해진다. 나가시노 전투에서 당시 천하무적이라 불리던 다케다 가문의 기마 군단을 맞이한 노부나가 측은 3,000정의 철포를 준비해 이와 같은 전법으로 전쟁을 치른다. 그 후 노부나가에 의해 일본의 전쟁 상황은 급속히 진정되어간다.

보병으로 조직된 노부나가 군대의 새로운 전법 앞에서는 천하무적이라는 다케다의 기마 군단도 무릎을 꿇지 않을 수 없었다. 그 배경에는 물론 노부나가와 다케다 사이의 기술적·경제적 격차도 있었다. 노부나가는 이미 자신의 영지를 넘어서 국제 무역과 연결된 교토와 사카이를 비롯한 전국적 유통 중심지인 기나이를 장악하고 있었던 반면 다케다는 그렇지 못했던 것이다.[25]

하지만 노부나가의 과격한 성격은 급기야 수하의 배반을 불러온다. 1582년 6월 2일 새벽, 아케치 미쓰히데明智光秀(?~1582) 휘하의 1만 3,000명의 군대가 노부나가가 머물고 있던 혼노지本能寺를 공격한다. 당시 노부나가는 모리毛利의 군대와 싸우고 있는 도요토미 히데요시를 격려차 가는 길이라서 70~80명의 부하밖에 거느리고 있지 않았다.[26] 분전했지만 중과부적으로 어쩔 도리가 없자 노부나가는 혼노지에 불을 지르고 불길 속에서 자결한다. 노부나가가 죽는 순간 그의 제국은 무너진다.

---

25 이와타 타케시, 〈전국대명들은 왜 교토로 상경했을까〉, 일본역사교육자협의회 엮음, 《천황제 50문 50답》, 김현숙 옮김(혜안, 2001), 138쪽 참고.

26 타케미쓰 마코토, 《3일 만에 읽는 일본사》, 140쪽.

도요토미 히데요시와 고요제이 천황

노부나가의 뒤를 이어 천하를 제패한 사람은 천재적 지략가인 도요토미 히데요시였다. 히데요시는 주군 노부나가가 죽은 지 10여 일 만에 주군의 원수인 아케치 미쓰히데를 타도함으로써 노부나가의 실질적인 후계자가 된다. 하지만 오다 노부나가가 전국 통일의 기초를 다져놓았음에도 불구하고 후계자인 히데요시가 일본 전국全國을 평정하기까지는 무려 8년이 걸렸다. 100여 년에 걸친 센고쿠 시대는 그야말로 군웅이 할거하던 시대로 이들의 저항이 만만치 않았기 때문이다.

1585년까지 이세伊勢, 시코쿠四國 지방을 평정한 히데요시는 조정에 의해 관백에 임명된다. 관백은 조정 내에서 천황을 보좌하는 직책으로, 헤이안 시대에 후지와라藤原 가문이 관백이 된 후 후지와라 가문이 이 지위를 독점하고 있었다. 수완 좋은 히데요시는 조정을 상대로 적극적으로 정치력을 발휘하여 예외 중의 예외로 이 관직을 얻어낸다. 관백에 임명된 히데요시는 전국의 다이묘에게 평화를 호소하며 즉시 전쟁을 멈출 것을 요청한다.[27] 이에 전란은 급속하게 종식된다. 히데요시도 노부나가처럼 천황의 권위를 이용해 통일을 앞당긴 것이다.

오기마치 천황의 뒤를 이어 고요제이後陽成 천황(1586~1611 재위)이 즉위한 것은 히데요시가 관백이 된 다음 해의 일로 히데요시의 조력 덕분이었다. 히데요시는 관백이 된 뒤에 천황과의 친분을 과시하면서 자신의 권위를 높여간다. 1588년 4월, 그는 자신의 저택에서 성대한 잔치를 열고 천황을 참석시킨다. 그러고는 천황의 면전에서 열석한 다이묘들에게 자신에 대

27 타케미쓰 마코토, 《3일 만에 읽는 일본사》, 145쪽.

한 충성을 맹세하게 한다. 천황이 있는 자리에서 천황이 아니라 히데요시 자신에게 충성 맹세를 하게 하는 것은 있을 수 없는 일이었다.

그럼에도 불구하고 히데요시는 메이지 천황에 의해 충신으로 현창되었고, 근대의 수신 교과서에서 천황을 받들어 모신 충신으로 미화된다. 1904년 일본 문부성에서 발행한 초등학교 5학년 수신 교과서는 3과에서 6과까지에 걸쳐 히데요시를 다룬다. 그중에서 5과 〈황실을 공경하라〉는 그를 다음과 같이 상찬한다.

> 히데요시는 차츰차츰 출세하여 관백, 태정대신이 되었다. 이보다 앞서 황실은 전란이 계속되어서 쇠퇴하였다. 히데요시는 이것을 한탄하여 황실을 위해 진력한 바가 적지 않았다. 히데요시는 교토에 주라쿠노다이聚落の第(성곽풍의 저택)를 지어 이곳에서 지냈는데, 어느 날 고요제이 천황이 행차하신다는 분부를 받았다. 이런 행차 의식은 오랫동안 끊어졌던 것이므로 사람들이 와서 보고, 그중에는 "뜻하지 않게 이런 태평성대를 보는구나" 하고 크게 기뻐한 사람도 있었다. 히데요시는 여러 신하들에게 황실을 공경하게 하고자 천황 앞에서 이를 맹세하게 했다. (《일본 초등학교 수신서(1904 제1기)》[28])

위의 글에서 알 수 있듯이, 도요토미 히데요시가 불경하게도 천황을 들러리로 세워놓고 자신에게 충성 맹세를 하게 한 사실이 역으로 도요토미 히데요시가 신하들로 하여금 천황에게 충성 맹세를 하게 한 것으로 왜곡된다.

---

28 일본 문부성, 《일본 초등학교 수신서》(1904 제1기/1910 제2기/1918 제3기/1934 제4기/1941 제5기), 김순전 외 옮김(제이앤씨, 2005). 이하 일본 초등학교 수신 교과서의 내용은 모두 이 책에서 인용함.

이처럼 도요토미 히데요시가 높이 평가된 것은 메이지 원년인 1868년의 일이다. 오사카에 행차한 메이지 천황은 히데요시가 천하를 통일했으면서도 막부를 만들지 않은 존왕의 공신이라는 이유로 도요토미를 제신으로 모시는 도요쿠니豊国 신사의 재흥을 선포한다. 하지만 도요토미 히데요시가 막부를 만들지 않은 것이 존왕 사상 때문이 아니라는 것은 누구나 아는 사실이다.

한편 히데요시는 일본 통일에 만족하지 못하고 조선을 침략한다. 1592년, 히데요시의 수하들이 이끄는 약 20만 대군이 조선을 침략해 압록강까지 올라간다. 그 후 조선의 반격과 명의 가세로 수세에 몰린 일본은 화친을 청한다. 화친이 결렬되자 일본은 1597년에 14만의 군대로 2차 침략을 감행한다. 명나라에 가기 위한 길을 내달라는 명분으로 조선을 만만히 보고 벌인 침략 전쟁에서 일본군은 조선에서 발이 묶여 명나라 땅은 밟아보지도 못하고 패한다. 7년 동안 애를 끓이며 이제나저제나 승전 소식을 기다리던 히데요시는 결국 병사한다. 히데요시는 "몸이여 이슬로 와서 이슬로 가니 오사카의 영화여 꿈속의 꿈이로다"라는 임종의 시를 남긴다. 이 시는 천한 농민의 아들로 태어나 천하를 호령하고 오사카 성에 천수각을 지으며 온갖 영화를 다 누렸지만 병든 몸은 어찌할 수 없었던 히데요시의 비애를 느끼게 한다.

이와 같은 역사적 사실은 상기의 수신 교과서에 다음과 같이 다시 왜곡된다.

> 히데요시는 전부터 국위를 해외로 빛내려고 생각했지만, 국내 사정 때문에 그 뜻을 이룰 수가 없었다. 국내를 평정하고 나서 명나라를 정벌하고자 조선으로 하여금 길을 열게 했지만, 조선은 명나라가 두려워 응하지 않

왔다. 그래서 히데요시는 대군을 보내서 조선을 먼저 공격하게 하였다. 명나라가 대군을 보내 조선을 도왔지만, 일본군에게 거듭 패했으므로 매우 두려워하여 화친을 하고자 했다. (《일본 초등학교 수신서(1904 제1기)》)

이와 같은 기술의 이면에 숨어 있는 사실은 학생들에게 전해지지 않는다. 1592년 임진왜란 발발 당시 일본은 기습적인 조선 침략으로 서전을 화려하게 장식했다. 하지만 1593년 이후에는 이순신의 활약으로 보급로가 차단되고 조선에서 전국적으로 의병이 일어나면서 고전을 면치 못했다는 사실은 은폐된다. 또한 이 기술은 명나라의 사신이 화친조약의 약조를 어겨서 일본이 다시 전쟁(정유재란)을 일으킨 것이라고 자기변명을 한다. 사실상 전쟁에서 패한 것은 철저하게 감추고 히데요시가 병에 걸려 죽으면서 전쟁이 끝난 것으로 매듭짓는다. 이처럼 일본에게 불리한 내용을 왜곡하거나 은폐하는 것이 전전의 일본 역사 교과서나 수신 교과서의 기술 방법이었으며, 이와 같은 곡학아세의 전통은 전후의 일본 역사 교과서에도 이어지고 있다.

3

에도 막부와 천황

에도 시대는 도쿠가와 이에야스가 정이대장군에 임명되어 에도 막부를 연 1603년부터 15대 쇼군 요시노부慶喜(1866~1867 집권)가 천황에게 모든 권력을 이양하는 1867년 대정봉환까지의 약 260년의 기간을 말한다. 에도 막부를 연 1대 쇼군 도쿠가와 이에야스부터 3대 쇼군 도쿠가와 이에미쓰家光(1623~1651 집권)까지는 무단 정치 시기이다. 이 시기에는 강력한 군사력을 배경으로 막부의 정치 체제의 기초를 쌓았고, 다이묘의 군사력을 축소하기 위해 '일국일성령一國一城令'[29]을 시행했다. 막부는 마음에 들지 않는 번에 대해서는 제후의 영지를 다른 곳으로 바꾸는 구니가에國替를 행사할 수 있었다. 아울러 다이묘의 가족을 에도에 볼모로서 상주시키는 조후定府 제도를 실시한다. 또한 다이묘들이 2년에 한 번씩 자신의 영지와 에도를

29 여기서 '국國'은 당시 일본의 지역을 세던 단위인 번藩을 의미한다. 일국일성령一國一城令이란 각국에서 다이묘들의 군사력에 따라 여럿 존재하던 성城을 하나만 남기도록 한 것이다.

번갈아가며 근무하게 하는 참근교대參勤交代를 시행한다. 아울러 천황과 전국의 다이묘 사이의 만남을 원천 봉쇄한다. 천황의 권위를 빌려 에도 막부에 도전하는 세력을 근원부터 차단하기 위해서였다.

이에 그치지 않고 에도 막부는 천황, 공가, 무사, 승려와 신관, 농민과 천민에 이르기까지 모든 계급을 통제하는 법을 제정한다. 에도 막부는 먼저 정치권력에 대한 통제에 들어간다. 천황과 공가를 통제하고 지배하기 위해 〈금중병공가제법도禁中並公家諸法度〉(1615)를 제정한다. 아울러 무가를 통제하고 다스리기 위해 〈무가제법도武家諸法度〉(1615)를 제정한다. 이어서 종교 세력의 통제에 들어가, 불교 교단과 승려를 통제하고 다스리기 위해 〈제종사원법도諸宗寺院法度〉(1665)를 제정한다. 그리고 신사와 신관을 다스리기 위해 〈제사이의신주법도諸社禰宜神主法度〉(1665)를 제정한다. 농민만을 대상으로 한 단일 규칙은 없었으나 1649년에 훈령집인 〈경안어촉서慶安御觸書〉(1649)가 만들어진다. 이는 촌락 제도와 촌민 일반의 생활 양식에 대한 기본적인 규정을 공표한 것이다.[30]

에도 막부는 사회의 모든 계층을 통제하기 위해 각 계층에 대한 법령을 만들고, 이에 반항하거나 거역하는 자는 가차 없이 처벌한다. 이와 같은 엄격한 법 시행으로 일본 역사상 처음으로 강력한 공권력이 성립된다. 그리하여 중세의 공가, 무가, 사원을 중심으로 한 권문 체제에서 벗어나 무가 단독 정권이 수립된다. 아울러 에도 막부는 260년 동안 천황의 모든 권한과 권위를 빼앗고 천황을 교토의 어소에서 한 발짝도 바깥으로 나올 수 없는, 그야말로 '수렴(발) 속의 존재'로 만들어버린다.

---

30 존 W. 홀, 《일본사 선사부터 현대까지》, 박영재 옮김(역민사, 1986), 183쪽 참고.

천황의 무력화

에도에 막부를 연 도쿠가와 이에야스는 1611년에 고미즈노오後水尾 천황(1611~1629 재위)을 옹립한다. 당시 이에야스는 천황의 양위와 즉위까지 결정할 정도로 강력한 권력을 갖고 있었다. 1615년 여름 도요토미 가문과 도쿠가와 가문의 명운을 걸고 벌어진 오사카 전투에서 승리한 에도 막부는 〈금중병공가제법도〉를 제정한다. 또한 막부는 천황과 조정을 감시하는 기관인 교토소시다이京都所司代를 설치한다. 동시에 섭관가摂関家에게 조정을 통제할 수 있는 주도권을 주고 부케덴소武家伝奏를 통해 조정을 장악하려 한다. 막부는 천황과 조정이 스스로 권력을 행사하거나 다른 다이묘들에게 이용당하지 않도록 천황과 공가 귀족들의 생활과 행동을 규제하며 그들을 교토에 가둔다. 더욱이 막부는 천황과 조정 고유의 권한(관위 제도, 연호 및 역법 등의 개정)도 막부의 허락이 있어야 행사할 수 있도록 규제하면서 천황을 막부 통치에 활용한다.[31]

다시 말하면 에도 막부가 천황과 조정을 규제하기 위해 제정한 법이 바로 〈금중병공가제법도〉이다. 이는 공가와 무가의 합의하에 제정된 것처럼 형식을 취했지만 실제로는 막부의 주도로 제정된 것이었다. 〈금중병공가제법도〉는 전부 17조로 구성되어 있는데, 제1조에서 "천자의 예능은 첫째가 학문이다"라고 규정하고 있다. 막부가 이처럼 천황을 통치하는 존재가 아니라 학문을 하는 존재로 규정한 것은 천황을 정치에서 완전히 배제하기 위한 포석이다. 이로써 막부는 사민뿐만 아니라 천황까지도 강력하게 통제하기에 이른다. 이는 천황이 권력의 중심이 되는 것을 원천적으로 봉쇄

31 다카시로 고이치, 《일본의 이중권력, 쇼군과 천황》, 47쪽 참고.

하는 것은 물론, 더 이상 천하인天下人이 되기 위해 천황을 이용하는 자들이 나오지 않도록 하기 위한 것이었다.

천황의 바깥 행차는 물론 전국 다이묘들의 천황 알현도 철저하게 금지된다. 그뿐만 아니라 천황의 고유한 권한조차 막부에 의해 통제되는 경우가 많았다. 예를 들면 1627년 고미즈노오 천황이 막부의 허락을 받지 않은 채 다이토쿠지大德寺 등의 승려에게 최고 승복인 자의紫衣를 내렸다가 막부에 의해 무효화되는 이른바 '자의 사건'이 일어난다. 이는 결과적으로 천황의 권위를 실추시켰을 뿐만 아니라 천황가와 돈독한 관계를 유지해온 불교계를 경직시킨다.

이어서 천황의 권위를 실추시키는 사건이 연속적으로 발생한다. 고미즈노오 천황이 퇴위한 후 900년 만에 도쿠가와 가문을 외척으로 하는 메이쇼明正 여제(1629~1643 재위)가 즉위한다. 그 뒤를 이어 즉위한 고코묘後光明 천황(1643~1654 재위)[32]은 고미즈노오 상황의 병문안을 가려고 했으나 막부의 허락을 받지 못한다. 이에 천황은 자기 처소와 상황의 처소 사이에 높은 다리를 놓으면 행차를 하는 형식이 아닌 것이 되지 않겠느냐고 한다.[33] 하지만 막부는 이조차 막는다.

막부의 기본 정책은 한마디로 천황을 황궁 밖으로 한 발짝도 나가지 못하게 하는 것이었다. 세속적인 표현을 빌리자면 천황은 연금 상태나 마찬가지였다. 막부는 천황이 교토의 어소御所에서 한 발짝도 나오지 못하게 하고 공가 외에는 아무도 만나지 못하게 한다. 이는 전국의 무가들이 참근교대를 위해 에도를 오가는 중에 교토의 천황을 알현하게 된다면, 이것이 언

---

32 고코묘 천황은 막부의 정치적 간섭에 반항하고 조정의 권위를 회복시키려 한 자주적인 인물이었으나 22세의 나이로 요절한다.

33 다카시로 고이치, 《일본의 이중권력, 쇼군과 천황》, 145쪽.

젠가는 막부 타도의 도화선이 될 위험이 있다는 판단 때문이었다. 이와 같은 에도 막부의 정책은 막부 말기까지 지속된다. 에도 막부 시대의 마지막 천황이자 메이지 천황의 부친인 고메이 천황에 이르러서야 비로소 서양 오랑캐 축출 기원 행사를 명분으로 천황이 외부 출입을 하게 된다. 나중에 메이지 천황이 즉위한 후 일본 전국을 순행巡幸한 것은 에도 막부의 이러한 정책으로 인해 천황이라는 존재가 일반 백성들에게 전혀 알려져 있지 않았기 때문이었다.

사무라이의 도덕화

에도 막부의 최우선 과제는 100여 년 이상 지속된 전란 속에서 체질화된 살벌한 사무라이의 습관을 없애는 것이었다. 천하를 무력으로 평정하고 정권을 잡은 도쿠가와 이에야스는 더 이상 자신과 같이 말 위에서 천하를 평정하는 자가 나오지 않도록 사무라이의 무장 해제를 시도한다. 무력으로 정권을 잡은 도쿠가와 이에야스는 주자학을 관학으로 받아들여 무사들을 유교 도덕으로 순화한다. 이른바 '무武의 사무라이'에서 '문文의 사무라이'로의 변혁이다.

> 말 위에서 천하의 무력을 얻었지만 원래 태어날 때부터 신성한 자질을 갖추고 계셔서 천하를 무력으로만 다스릴 수 없다는 도리를 깨닫고 계셨다. 항상 성현의 도를 숭상하고 믿어 무릇 천하 국가를 다스리고 사람의 사람다운 도를 행하기 위해서는 성현의 도 이외에는 다른 길이 없다는 영단을 내리시고 세상을 다스리기 시작하면서 문도文道를 크게 장려하셨

다.[34] 〔《도쿠가와 실기德川實紀》(19세기 전반)〕

막부는 유교적 소양을 갖춘 사무라이로 거듭날 수 있도록 사무라이를 교육한다. 이를 위해 각 번에 번교藩校를 열게 하고 주자학을 관학으로 채용해 무사들을 순화해나간다. 이로써 무사들은 무력이 아니라 학문으로 자신의 존재를 증명하지 않으면 안 될 처지에 놓인다.

주자학 수용이 당시 일본 사회에 미친 영향은 그것이 일본 사회의 세속화에 기여하고 에도 막부의 정치적 목적과 당시의 사회적 요구에 부응해 인륜을 가르쳤다는 점이다. 막부의 관리로 있었던 하야시 라잔林羅山(1583~1657)은 주자학의 세속적, 인륜적 성격을 내세우면서 주자학을 개인의 사회적 운명에 대한 체념을 설파하는 교의로 사용한다.

> 타고나지도 않은 부귀와 수명을 바라는 것은 이理에 어긋난다……이루어지지도 않을 소원을 꾀하고 이루어지지 않는 희망을 이루려고 하는 것은 어리석은 자의 소행이다. 그런 자는 돼먹지 못한 일을 생각해내고 도리에 어긋난 일을 행하여 죄를 지음으로써 결국에는 몸을 망치게 될 것이다. 이것이 바라서는 안 될 도리가 되는 까닭이다.[35] 〔《삼덕초三德抄》(1643년 이후)〕

이처럼 일본의 주자학은 사회의 상하 차별을 공고히 하는 동시에 사람들로 하여금 타고난 신분을 선천적인 것으로 이해해 자기 신분에 안주하게

---

34 미나모토 료엔, 《도쿠가와 시대의 철학사상》, 30쪽에서 재인용.

35 미나모토 료엔, 《도쿠가와 시대의 철학사상》, 145쪽에서 재인용.

하는 사회도덕을 설파한다.

유교의 무교화武教化를 실천에 옮긴 대표적인 인물은 낭인浪人(떠돌이 무사)이었던 야마가 소코山鹿素行(1622~1685)이다. 야마가 소코는 사무라이는 삼민을 다스리기 위해 오직 도에만 전념하여 문무의 덕과 지식을 갖추어야 한다고 설파한다.

> 무릇 사무라이士의 직職이라는 것은 주인을 얻어 봉공의 충성을 다하고, 친구와 사귐에 있어서는 신의를 돈독하게 하며, 홀로 있을 때는 삼가 의를 다하는 데 있다. 그리고 각자에게는 부자, 형제, 부부로 부득이하게 맺어진 역할이 있다. 이런 역할을 다하는 것은 천하 만민에게 없어서는 안 되는 인륜이다. 그런데 농공상은 그 직업에 여가가 없으므로 상주하며 인륜의 도를 다할 수 없다. 사무라이는 농공상의 업을 제쳐두고 오직 이 도에만 전념하여 삼민 가운데 인륜을 어지럽히는 자들을 신속히 처벌하고 이로써 천하에 올바른 인륜이 갖추어지기를 추구해야 한다. 그러므로 사무라이에게는 문무의 덕지德知가 갖추어지지 않으면 안 된다.[36] 〔《산록어류山鹿語類》(17세기 중엽 이후)〕

이와 같이 유교의 덕으로 순화된 사도士道(사무라이의 도)는 중세의 무사도에서 보면 가식적이라는 평가를 받을 만한 것이었다. 근세의 무사도와 중세의 무사도, 야마가 소코의 무사도와 야마모토 쓰네토모山本常朝(1659~1719)의 무사도가 어떻게 다른지를 단적으로 보여주는 예가 사무라이들 간에 일어난 두 가지 복수 사건이다. 하나는 나가사키에서 일어난 사

36 미나모토 료엔, 《도쿠가와 시대의 철학사상》, 92쪽에서 재인용.

건이고 다른 하나는 반슈播州 아코赤穗에서 일어난 사건이다.

나가사키 사건은 아코 사건이 있기 3년 전인 1700년에 일어났다. 나가사키에서 니베시마 집안의 후카보리 저택에 근무하는 사무라이 미우에몬 및 시바하라 다케우에몬과 다카기 히코오에몬 집안의 사무라이 소나이가 거리에서 서로 지나칠 때 우연히 진흙탕이 소나이에게 튄다. 흙탕물을 뒤집어쓴 무사가 비난하자 상대편 무사 두 명이 그를 폭행하고 집으로 간다. 그러자 폭행당한 무사가 자기편을 끌고 가 이번에는 그들을 뭇매질한다. 그러자 당한 무리들이 다시 편을 모아 적의 저택으로 복수를 하러 달려갔다. 이들 12명의 무사는 밤길을 달려갔고, 적의 저택 문이 열리자마자 쳐들어가 주인 및 저택 안의 무사와 집안사람 모두를 참살했다. 그러고는 가까운 다리에서 사무라이의 명예를 지키기 위해 모두 할복한다.

아코 사건은 1703년에 47인의 사무라이가 가로家老인 오이시 구라노스케의 지도 아래 2년여 동안의 준비 끝에 주군에 대한 복수를 실행한 사건이다. 주군의 원수를 갚은 47인은 관에 자진 출두한다. 이들의 처벌을 둘러싸고 사회적 여론이 분분했지만, 무사들의 사적인 원한을 칼로 해결하는 것이 이미 법적으로 금지된 시대였기 때문에 이들은 법의 엄중한 처벌을 받는다. 아코 사건은 나중에 〈주신구라忠臣藏〉라는 가부키歌舞伎로 만들어져 도시 서민들 사이에서 열광적인 사랑을 받는다.

미야모토 무사시와 《오륜서》

에도 시대 초기의 검객인 미야모토 무사시宮本武蔵(1584~1645)는 '검성劍聖'으로 추앙받는 전설적인 인물로, 1584년 미마사키 지방의 미야모토 촌에서 태어났다. 어린 시절에 아버지에게 버림받고 어머니마저 여읜 무사시는 외삼촌에게 의탁해 지내면서 검도에 몰두한다. 검도에 소질이 있었던 무사시는 13세 어린 나이에 일대일 결투에서 사람을 베어 죽인다. 16세에 있었던 두 번째 결투에서도 상대를 이긴다. 그 후 그는 20세가 채 안 된 나이에, 도요토미 사후에 도요토미 가문과 도쿠가와 가문을 중심으로 벌어진 세키가하라 전투에 참전한다. 그는 도쿠가와 이에야스의 반대편 군대 소속이었다. 3일 동안 7만 명이 전사한 이 참혹한 전투에서 이에야스 측이 승리하면서 패잔병에 대한 대대적인 살육이 벌어진다. 여기서 무사시가 살아남은 것은 기적에 가까웠다.

살아남은 무사시는 교토로 상경해서 요시오카吉岡 가문과 싸움을 벌인다. 요시오카 가문은 수대에 걸쳐서 무로마치 막부 아시카가 가문의 검법 사범을 배출한 무사 집안이었다. 무사시는 이 가문에 도전장을 내어 가문의 수장인 세이지로를 쓰러뜨린다. 그 후에도 계속 요시오카 가문을 자극해 차남인 덴시치로를 두개골을 내리쳐 즉사시킨다. 그러자 무장한 사범들과 요시오카 가문의 어린 한시치로가 나타났는데, 무사시는 이들 또한 급습해 베고 달아난다. 이 무용담은 일본 전역에 퍼져서 무사시는 일약 전설적인 인물이 된다. 그는 29세가 되기 전에 60회가 넘는 결투를 벌였으며 모두 이겼다. 그의 이름과 무용담은 도쿄에서 규슈에 이르기까지 각종 기록과 비석, 민담으로 전해진다.[37]

무사시는 1614년에서 1615년 사이에 다시 한 번 참전한다. 이번에는 오사카 성을 공격하는 도쿠가와 군대 소속이었다. 그 후 무사시는 규슈의 오

---

37 미야모토 무사시, 《오륜서》, 양원곤 옮김(미래의 창, 2002), 21~22쪽 참고. 이하 《오륜서》의 내용은 모두 이 책에서 인용함.

쿠라大倉에 정착해 살았다. 1638년에 기독교도가 일으킨 시마바라島原의 난이 일어나자 그는 이 난을 진압하는 임무를 띠고 다시 참전한다. 이때 그의 나이는 55세였다. 그 후 무사시는 구마모토 성의 영주에게 초대받아 그곳에서 몇 년간 지내면서 그림을 그리며 소일한다. 그리고 1643년 실무에서 은퇴한 뒤 은둔 생활을 하다 1645년 사망하기 몇 주 전에 제자에게《오륜서五輪書》(1645)를 구술해 기록하게 했다.[38]

병법서인《오륜서》는 서문과 다섯 개의 장으로 구성되어 있다. 무사시는 병법의 도를 '땅地, 물水, 불火, 바람風, 하늘天'로 나누어 이를 다섯 개의 장에 배치했다. 첫째인 '땅의 장'에서는 병법의 도의 개요를 서술하고 자신이 창안한 니텐이치류二天一流 병법에 대해 해설한다. 둘째인 '물의 장'에서는 물이 용기 모양에 따라 형태를 바꾸는 것처럼 물의 이치에 따라 바뀌는 니텐이치류의 병법에 대해 해설한다. 셋째인 '불의 장'에서는 변화가 격심한 불의 이치에 따라 전투와 승부에 대해 해설한다. 넷째인 '바람의 장'에서는 세상의 병법을 각 유파별로 해설한다. 다섯째인 '하늘의 장'에서는 비법도 기본도 없는 자유로운 하늘의 경지에 이르는 법을 설파한다.

'땅의 장'에서, 무사시는 "무릇 병법이라 함은 무사가 익혀야 할 기술이다. 무사 중에서도 특히 무장은 병법을 수행해야 하며, 병졸도 또한 병법에 대해 알아야 된다"[39]라고 말한다. 무사시는 무사도와 병법에 대해 다음과 같이 이야기한다.

무사는 문무양도文武兩道라 하여, 문과 무의 도를 겸비하는 것이 무사도

38 미야모토 무사시,《오륜서》, 28~29쪽 참고.

39 미야모토 무사시,《오륜서》, 47쪽.

이다. 비록 이 길이 서투르다 하더라도, 무사 된 자는 제각기 자기 신분에 맞게 힘써 병법의 도를 연마해야 한다. 흔히 무사의 신념이라 하면 그저 죽음을 각오하는 것은 아니다. 출가한 승려나 여인, 또한 농민에 이르기까지 모든 계층의 사람들이 다 한결같이 의리를 알고 수치를 생각하며 죽음을 각오한다. 무사가 병법의 도를 수행한다 함은, 무슨 일에서든 무예 실력이 남보다 뛰어남을 기본으로 하며, 1대 1로 검술을 겨루거나 혹은 많은 무리와 싸워 이겨서 군주와 자기 자신을 위해서 입신양명하는 것을 뜻한다. 이는 병법의 덕에 의해서만 이루어지는 것이다. (《오륜서》)

무사에게 병법이 얼마나 중요한지 역설한 무사시는 병법을 배우려 하지 않는 당시의 세태와 관련해 다음과 같이 이야기한다.

세상에는 병법을 익혀도 실제 상황에는 별 도움이 되지 않을 거라 생각하는 사람이 있다. 그 점에 대해서는 병법의 도를 배우려 하는 자는 언제라도 도움이 될 수 있도록 훈련하고, 가르치는 자는 어떤 상황에서도 항상 도움이 될 수 있도록 교수하는 것이야말로 진정한 병법의 도이다. (《오륜서》)

무사시의 《오륜서》가 병법서이면서도 병법서의 경지를 뛰어넘는 것은 바로 도의 경지에 이르는 마음의 수련서와도 같은 '하늘의 장'이 있기 때문이다. '하늘의 장'은 공空을 통해 병법의 도를 가르친다.

공이란 아무것도 없고 인간이 알 수 없는 경지를 의미한다. 공은 없다는 뜻으로 아무것도 없다는 사실을 깨닫는 것이 바로 공이다. 세상의 속된 관점에서는 사물을 판단할 수 없는 것을 공이라 보지만, 이것은 진정한 공이 아니라 모든 것이 혼란스러운 마음이다. 병법의 도에서 무사의 길을 가는 자가 무사의 법을 알지 못하는 것이 공이 아니라 여러 가지 혼돈을 해결할 수 없는 상태이며, 엄격히 말해 이것 역시 진정한 공이 아니다. (《오륜서》)

무사시는 "병법의 도를 이루면 세상에 깨닫지 못할 것이 없으며 모든 것에 도통하게 된다"[40]라고 말한다. 실제로 그는 말년에 검을 손에서 놓고 그림을 그리고 공예를 하면서 지냈다. 그가 남긴 서화와 공예 작품은 아마추어 수준을 넘어 그 분야에서 일본 최고로 평가받는다.

무사시가 죽기 직전에 남긴《오륜서》는 350년의 세월을 뛰어넘어 현대 일본인들의 자기 수양서로 애독되고 있다. 나아가, "*A Book of Five Rings*"라는 제목으로 영역되어 전 세계 CEO들의 필독서가 되고 있다. 이는 무사시가 검도라는 한길에 인생을 걸고 매진하면서 이를 마음의 도로 승화시켰기 때문이다. 무사도를 논하면서 어디까지나 무사가 정진해야 할 길에 대해 이야기한《오륜서》는 천황제 이데올로기와는 무관했기 때문에, 근세의《엽은》이나 근대의《무사도》처럼 일본인에게 각광 받지는 못했다. 하지만 바로 그러한 탈이데올로기성 때문에 현대에 와서 전 세계인의 사랑을 받는 고전으로 거듭난 것이다.

근세 무사도의 교본《엽은》

무사도의 교본으로 꼽히는《엽은葉隱》(1716)은 은둔한 무사 야마모토 쓰

40 미야모토 무사시,《오륜서》, 31쪽.

네토모를 찾아간 다시로 쓰라모토라는 무사가 그에게 장장 7년에 걸쳐 들은 이야기를 기록한 것이다.《엽은》의 구술자인 쓰네토모는 자신이 모시던 사가佐賀 번의 2대 번주藩主인 나베시마 마쓰시게의 죽음이 임박하자 할복하여 주군을 따르려 한다. 하지만 주군에게 할복을 허락받지 못하자 주군이 죽은 후 삭발하고 세상과의 교류를 끊은 채 은둔 생활에 들어간다.

《엽은》에는 쓰네토모가 생각하는 무사도에 대한 생각이 기술되어 있다. 그에 따르면 무사도는 남다르거나 특별한 것이 아니며, 무사도의 근본이 무엇인지에 대해 서슴없이 답할 수 없다면 그것은 무사도에 전념하지 않고 있다는 증거이다.

> 무사 된 자가 무사도에 전념한다는 것은 당연한 것이다. 남다르다든가 특별한 일이 아니다. 그런데도 많은 사람이 방심하고 있는 것 같다. '무사도의 근본은 무엇이라고 생각하는가'라는 물음에 서슴없이 답할 수 있는 자가 적다. 언제나 확고히 명심하고 있지 않기 때문이다. 무사도에 전념하지 않고 있다는 증거이며 방심하고 있다는 뜻이다. (《엽은》[41])

그렇다면 평생을 무사도에 정진한 쓰네토모가 생각하는 무사도는 무엇일까. 이에 대해 쓰네토모는 "무사도란 죽음을 깨닫는 것"이며, "자나 깨나 죽음을 염두에 두고, 언제나 죽을 몸이 되어 있을 때 무사도의 각오가 몸에 배어 일생 동안 큰 탈 없이 무사로서의 책무를 다하게 되는 것"이라고 말한다.

---

41 야마모토 쓰네토모,《하가쿠레葉隱》, 이강희 옮김(사과나무, 2002). 이 책은《엽은》을 발췌 번역한 것으로, 이하《엽은》의 내용은 모두 이 책에서 인용함.

무사도란 '죽음'을 깨닫는 것이다. 생生과 사死 둘 중 하나를 선택해야 한다면 죽음을 선택하면 된다. 아무것도 생각할 것 없다. 각오를 굳게 하고 돌진하라. '목적을 이루지 못하고 죽는다는 것은 개죽음이다'라는 말은 경박한 무사도이다. 삶이냐 죽음이냐 막다른 곳에 처했을 때 잘할 수 있을지 없을지 판단될 리가 없다. 인간은 사는 쪽을 좋아한다. 그러므로 좋아하는 쪽으로 핑계를 대기 마련이다. 그렇지만 목적도 이루지 못하고 죽는다면 겁쟁이다. 목적을 이루지 못하면서 죽는다면 개죽음, 얼 나간 짓이다. 하지만 수치는 아니다. 이것이 무사도에 사는 사나이 본연의 자세이다. 자나 깨나 죽음을 염두에 두고, 언제나 죽을 몸이 되어 있을 때 무사도의 각오가 몸에 배어 일생 동안 큰 탈 없이 무사로서의 책무를 다하게 되는 것이다. (《엽은》)

충과 효는 같은 것이라고 하면서도 충을 효에 선행하는 도덕으로 여긴 쓰네토모는 주군에 대한 충성심을 다음과 같이 술회한다.

매일 아침 망배望拜하는 방식은 첫째가 주군에게, 다음이 어버이 그리고 고장의 수호신, 부처 순으로 하는 것이다. 주군만이라도 소중히 모시고 있으면 어버이께서도 기뻐하시고 신이나 부처도 그 뜻을 받아들인다. 무사는 주군을 챙기는 것 외에는 아무것도 생각하지 않아도 된다. 그런 기분이 충만해 있으면 그 마음이 언제나 주군의 신변 구석구석까지 미치게 된다. (《엽은》)

《엽은》에서 강조되는 주군에 대한 충성심은 무사도의 근본 도덕으로서 계승된다. 쓰네토모의 발언에서 유의해야 할 것은 천황에 대한 충성은 논의의 대상조차 되지 못하고 있다는 점이다. 실제로 아편전쟁(1840)의 충격으로 국가의 안위에 대한 걱정이 시작되는 막부 말엽에 이르러 서구 열강의 개항 요구가 일본을 압박하기 전에는 일본 사무라이들의 머릿속에 국가나 천황이 환기된 적이 거의 없었다.

그렇다면 서구 열강의 압력이 있기 이전의 막부 말엽에, 자신의 존재를 증명할 전란도 없이 평화의 시대를 산 사무라이들의 모습은 어떠했을까. 《엽은》의 구술자인 쓰네토모는 무사도의 긍지를 잃어버리고 일상에 매몰된 사무라이들의 모습을 다음과 같이 전한다.

> 앉았을 때나 누워 있을 때나 항상 싸워서 죽는다는 각오를 단단히 하고, 죽은 몸이 되어서 소임을 다하며 하루 일과로서 무도의 단련을 하고 있으면 부끄러움을 사는 일은 없을 것이다. 오늘날의 사무라이들은 이런 것들을 꿈에도 생각하지 않고, 이득을 취하는 데 망설이지 않으며, 무슨 일이든 창피를 사고도 부끄러워할 줄 모르고, 자기만 좋으면 수치나 소문에 개의치 않고 제멋대로 굴고 버릇없이 타락해가는 것은 거듭거듭 유감스럽기 짝이 없는 일이다. 미리 죽을 각오를 하고 있었다면 어찌 부끄러운 짓을 할 수 있었겠는가. 이런 점을 깊이깊이 생각하지 않으면 안 된다. (《엽은》)

이러한 개탄처럼, 현실에서는 죽음을 늘 응시하고 자각하는 사무라이가 거의 없었다고 해도 과언이 아니다. 사무라이가 목숨을 초개와 같이 버리려 해도 그럴 수 있는 전장이라는 무대가 없었던 것이다. 이는 에도 막부 때 이루어진 사무라이에 대한 교화가 성공해, 무의 사무라이가 문의 사무라이로 변신한 지 오래된 탓이었다. 에도 중기 무렵이 되면 자신을 친황親皇이라 칭하거나 천황을 유배하고 천하인으로서 막부를 개설하던 무사들의 기백은 완전히 사라지고 철저하게 막부에 길들여지게 된다. 그렇다고 해서 무사들의 혼마저 죽은 것은 아니었다.

에도 막부 말기에 일본이 서양의 위협에 노출되고 막부가 이에 제대로 대처하지 못하자 무사들이 여기저기서 준동하기 시작한다.《엽은》의 사상은 요시다 쇼인吉田松蔭(1830~1859)과 다카스기 신사쿠高杉晋作(1839~1867)에게 계승되어 막부 시대 말기의 지사들을 존왕양이의 광기로 몰아넣는다. 일본과 천황을 위해 죽음을 마다하지 않은 사무라이들이 들고일어나 메이지 유신을 일으킨다. 이처럼 무사도는 일본인의 가슴에 내재해 있는 불씨와도 같은 것이다. 그 불씨가 언제라도 점화되면 개인과 국가를 위해 타올라 화약과 같은 폭발력을 발휘할 수 있다는 것은 근대사를 통해 증명된 바이다.

흑선의 출몰과 페리 제독의 내항

에도 막부 시대 말기에는 막부의 권위가 실추되면서 각각의 목적을 가진 정치 세력들이 대립하는 가운데 천황과 조정의 권위가 급속하게 부상한다. 관위 수여나 연호 제정 같은 형식적인 권한을 제외하면 어떤 정치적 권한도 갖지 못했던 천황이 정치적 발언을 하기 시작하고 천황의 역할을 무사 계급이 인지하기 시작한 것이다.[42] 이러한 변화의 배경에는 막부 시대 말기의 국제 정세와 일본에 출몰하기 시작한 이국선 문제가 있었다.

---

42 마쓰모토 료타, 〈막말에 천황이 부상한 배경은 무엇일까〉, 일본역사교육사협의회 엮음, 《천황제 50문 50답》, 김현숙 옮김(혜안, 2001), 160~161쪽.

1840년에서 1842년에 걸쳐 일어난 아편전쟁은 동아시아의 변방에 위치한 일본 열도를 뒤흔든다. 청나라가 대영 무역을 통해 유입되던 아편의 수입을 금지한 것이 전쟁의 발단이었다. 결과는 청나라의 패배로 끝나고 1842년 난징南京 조약이 체결된다. 이 조약으로 청은 홍콩을 할양하고 상하이 등 5개 항구를 개항한다. 이 사건은 막부를 필두로 많은 일본인들에게 충격을 주었다. 중국의 주자학적 세계관에 침윤되었던 일본의 위정자와 무사들은 이 사건으로 서구의 힘을 자각하게 되었다. 그리하여 이 사건은 하루빨리 중국적 세계관에 벗어나 서양으로부터 일본을 지킬 방편을 찾아야 한다는 것을 알려주는 일종의 경계경보가 되었다.

아편전쟁에서의 청의 패배가 병법학자인 사쿠마 쇼잔佐久間象山(1811~1864)에게 얼마나 큰 영향을 미쳤는지는, 그가 1849년에 쓴 상서上書의 한 구절에서 엿볼 수 있다.

> 서양 제국이 학술을 연마하여 국력을 강성하게 하고 세력을 펼쳐 주공周公과 공자孔子의 나라인 중국까지도 넘어뜨렸습니다. 이는 대저 무슨 연유입니까? 필경 서양 학문이 요체要諦를 꿰뚫었고 중국 학문은 요체를 건드리지 못한 채 뽐내기만 하고 내실이 부족한 논담論談에 빠져 훈고 고증의 끝에만 매달렸기 때문일 것입니다. 물론 한둘 유용한 학문에 뜻을 둔 자가 없었던 것은 아니겠지만, 그 실체를 상실함으로써 나라의 기풍이 이론과 실천 사이에 큰 거리가 생겼기 때문입니다.[43]

중국의 패배를 서양 학문과 중국 학문의 차이에서 찾아내는 사쿠마 쇼잔

---

43 미나모토 료엔, 《도쿠가와 시대의 철학사상》, 230쪽에서 재인용.

의 혜안은 대단하다. 중국 학문이 요체를 건드리지 못하고 훈고 고증에만 매달린 탓에 이론과 실천 사이에 큰 괴리가 생겼다는 그의 진단은 정확한 것이었다.

한편, 아편전쟁으로 중국을 개항시킨 서구는 다음 목표로 일본을 겨냥하고 있었다. 1778년에 러시아 선박이 구나시리国後 섬에 내항해 통상을 요구한 적이 있기는 했지만, 서양 함대의 출몰이 본격화된 것은 1840년대 이후의 일이다. 1840년 무렵에 네덜란드 함대가 나가사키에 내항하고 영국과 프랑스 함대가 류큐琉球에 내항한다. 1845년 5월 27일, 아메리카 동인도 함대의 제임스 비들 함장이 대형 전함 콜럼버스 호에 탑승하고 에도 만에 나타난다. 하지만 이때는 별 성과 없이 순순히 물러났다.

이국선들이 계속 일본 해안에 출몰하는 가운데 1846년 고메이 천황이 16세의 나이로 즉위한다. 막 즉위한 고메이 천황은 막부를 향해 뜻밖의 행동을 취한다. 이국선 출몰에 대비해 해안 방비를 철저히 하라는 명령을 막부에 내린 것이다. 이는 당시로서는 놀랄 만한 일이었다. 1615년 도쿠가와 이에야스가 〈금중병공가제법도〉를 제정한 이래 천황이 막부에게 하명하는 일은 없었기 때문이다. 그런데 막부 역시 이 예외적인 일에 대해 별다른 이의를 제기하지 않고 이국선이 내항한 현황을 천황에게 주상한다.

한편 1853년 6월 3일 현재의 가나가와神奈川 현에 있는 우라가浦賀 항구에 아메리카 동인도 함대 사령관장 페리가 4척의 함대를 이끌고 정박한다. 페리 제독은 통상 조약을 체결하기를 요구하는 미국 대통령 필모어의 친서를 전달하기 위해서 온 것이다. 이에 막부는 페리 일행더러 나가사키로 회항하라고 요구한다. 페리 일행은 이를 거부하고 에도 근교에서 친서를 교환하자고 주장한다. 6월 9일 페리가 휘하의 배속 장교를 거느리고 우라가의 남방에 있는 구리하마久里浜에 설치된 응접 장소로 들어간다. 서로 말

1853년 페리 제독이 이끄는 흑선이 가나가와 현 우라가 항구에 내항한다. 흑선 앞에 보이는 작은 배들이 일본 배이다.

이 없는 가운데 대통령의 친서가 전해진다. 한 시간이 채 안 되는 응접이었다. 페리 제독은 회답을 받기 위해 반년 후에 다시 오겠다는 약속을 남기고 12일 함대를 이끌고 에도 만에서 사라진다. 막부는 페리의 통상 조약 체결 요구에 대해 가부를 결정짓지 못하다가 다음 해인 1854년에 미일화친조약을 체결한다. 결국 1853년에 있었던 흑선黑船[44]의 내항은 에도 막부에게 큰 전환점이 되어, 215년 동안 계속되었던 에도 막부의 쇄국 정책은 수정될 수밖에 없었다. 미일화친조약에 따라 일본은 연료와 식료를 미국 배에 공급할 것과 시모다下田와 하코다테箱館 두 항구를 개항할 것을 결정한다. 미국에 이어 러시아, 영국, 프랑스, 네덜란드 등도 개항을 요구해 일본은 이들

---

44 서양의 함선들이 일본 해안에 출몰하자 일본인들은 기존의 아시아 선박들과 이들을 구별하기 위해 이들을 흑선이라 불렀다.

나라와도 화친 조약을 체결한다.

요시다 쇼인의 조선 침략론

요시다 쇼인은 막부 시대 말기의 애국지사로 나라의 장래를 걱정하며 불꽃 같은 삶을 살았다. 그는 에도 시대 말기 막부를 토벌하자는 '토막파討幕派'의 선봉에 섰던 조슈長州 번(현재의 야마구치山口 현) 출신으로 야마가 소코류流의 병학兵學 사범인 요시다 가문의 뒤를 이어 병학자가 된다. 요시다 쇼인은 물론이고 조슈 번의 번주인 모리守利 가문 역시 야마가 소코류 병학을 계승한 가문이었다. 그러나 쇼인이 이름을 날린 것은 병학자로서가 아니라 조선 침략론에 의해서다.

쇼인의 인생에서 전기가 된 것은 20세 때인 1850년에 번주의 허락을 받아 규슈로 유학을 간 일이었다. 유학의 주된 목적은 히라도平戸에 있는 병학자를 만나 병학을 공부하는 것이었다. 히라도에서 병학을 배운 뒤 나가사키에 들른 쇼인은 처음으로 서양식 대포술을 목격한다. 이어서 쇼인은 다시 막부가 있던 에도로 유학을 가고, 거기서 사쿠마 쇼잔을 만나 서양 병학을 처음으로 배운다. 사쿠마 쇼잔을 만나고 나서야 비로소 쇼인은 서양의 군사적 위협이 목전에 다가와 있음을 알게 된다.

조슈 번의 일개 병학자인 쇼인은 다시 후기 미토학을 주도하고 있던 세이시사이와 개인적으로 수차례 만난다. 물론 쇼인은 세이시사이를 만나기 전에 이미 《신론》을 읽고 미토학의 사상에 공감하고 있었다. 미토학을 만나면서 쇼인은 존왕 사상에 본격적으로 눈뜬다. 미토학을 접하기 전의 쇼인에게는 충성이란 어디까지나 번주인 모리 가문에 대한 충성이었다. 모리가의 가신이었던 쇼인은 존왕 의식에 불타면서도 어디까지나 자신이 처해 있는 사회적 틀 속에서 천황에게 충성할 수밖에 없었기 때문이다.

쇼인의 존왕양이는 관념적인 미토학 유학자들의 그것과도, 그리고 히라다 아쓰타네平田篤胤의 사상을 계승한 복고 신도의 존왕양이와도 확실하게 달랐다. 병학자로서 사쿠마 쇼잔과 공감하고 있던 요시다 쇼인의 존왕양이는 명분론적인 존왕양이나 맹목적인 애국주의와 달리 보다 현실적인 것으로서, 서양의 병학을 배워 서양의 침략에 대비하자는 국방론에 더 가까웠다. 요시다 쇼인은 병학자로서 당시의 국제 관계 속에서 군사력이 중요하다는 것을 누구보다 잘 알고 있었다. 그는 서양을 이기기 위해서는 서양을 알아야 한다고 수차례에 걸쳐 주장했다.

서양이 일본에 개항을 요구하는 위기 속에서 서양을 알아야 한다고 역설하던 요시다 쇼인은 자신의 주장이 받아들여지지 않자 직접 서양으로 건너갈 것을 결심한다. 에도 시대에는 자신이 속한 번의 번주에게 신고하지 않고 번을 이탈하는 것이 중죄에 속했다. 그럼에도 불구하고 쇼인은 번주의 허락 없이 외국선을 타려고 시도했다가 실패한다. 쇼인은 1853년 가을 쇼잔과 함께 러시아 배를 타기 위해 나가사키까지 달려갔지만 배가 막 떠난 후라서 승선할 수 없었다. 그러자 그는, 1854년 막부의 회답을 요구하며 페리의 함대가 시모다에 입항했을 때 다시 미국 밀항을 기도했고, 이것이 발각되어 막부의 관리에게 인도된다. 막부는 쇼인을 체포해 감옥에 가둔다. 옥살이를 하다 풀려난 쇼인은 자택 연금 상태에 들어간다. 탈번죄로 투옥되었다 풀려난 쇼인은 1855년부터 1858년까지 3년간 오기萩에서 쇼가손주쿠松下村塾라는 서당을 열고 후진을 양성한다.

이런 요시다 쇼인의 생각이 극단으로 치달아 막부 요인에 대한 암살 음모로까지 나아가게 된 것은 당시 급변하는 일본 정세와 관련이 있었다.

1854년의 미일화친조약에서 1858년의 미일통상조약까지 막부의 대미 정책은 미국 함대의 압력하에 양보를 되풀이하는 것이었다. 이로 인해 개국을 주저하는 조정과 개국으로 나아가려는 막부는 첨예하게 대립하고 있었다.

에도 막부가 1858년 미일수호통상조약을 체결한 후 서양과 차례로 불평등 조약을 체결하자, 쇼인의 논조는 서양을 배척하는 양이攘夷에서 아시아와 조선에 대한 침략론으로 옮겨 간다. 그는 일본이 서양의 침략을 막기 위해서는 아시아의 주변 국가를 침략해 서구 열강에게 일본이 만만한 상대가 아니라는 것을 보여주어야 한다고 주장한다.[45]

> 병법에는 먼저 강하게 나가서 적을 위협하고 나중에 실력을 행사하는 방법이 있다. 지금 대대적으로 군선을 건조하여 북쪽으로는 에조蝦夷(홋카이도)를 수중에 넣고 서쪽으로는 조선을 정복하여 재빨리 진취의 기세를 보여주면 군이郡夷(서양 오랑캐)는 스스로 손을 놓을(일본 침략을 포기할) 것이다.[46]

이어서 쇼인은 설령 서구 열강이 일본에 접근하여 작은 이익을 얻더라도 그 본국을 침략하는 것은 두려워할 것이다. 그러나 이는 영구한 방책은 될 수 없다. 현재의 막부에는 이 정도의 웅략雄略을 펼칠 인물도 없으니 양이로 인한 환난을 생각하면 슬프기 그지없다고 한탄하고 있다.

그렇다고 해서 요시다 쇼인이 조선 침략을 위한 명분이나 구체적인 군사 비책을 세운 것은 아니었다. 요시다 쇼인이 조선 침략의 명분으로 내세운

45 호사카 유지, 〈요시다 쇼인과 메이지 정부의 대한정책〉, 김양희·김채수·호사카 유지·홍현길, 《일본 우익사상의 기저 연구》(보고사, 2007), 200~201쪽 참고.

46 吉田松陰, 〈書簡〉, 《吉田松蔭》(東京 : 岩波書店, 1978), 171쪽.

것은 진구 황후의 삼한 정벌 이후에 삼한이 일본에 굴복하고 조공을 맹세했는데 그 후 조선이 일본에 대한 조공을 태만히 했으니 그 죄를 물어야 한다는 것이었다.

> 이제 급히 병비를 하여 함선을 갖추며, 무기와 탄약을 점검하여 바로 에조를 개간하고 제후를 봉건하며, 기회를 보아서 캄차카, 오도가를 공략하고 류큐를 타이르고……특히 조선의 잘못을 엄하게 책하고 납질봉공納質捧供을 옛날 성행할 때와 같게 하며, 북으로 만주를 분할하고 남으로 대만과 필리핀 여러 섬을 다스린다.[47]

상기의 글에서 조선의 잘못을 책한다는 말은 조선이 진구 황후 이래 일본의 조공국이 되었으나 조공을 바치기로 한 약속을 깨고 조공을 태만히 한 죄를 책한다는 뜻이다. 아울러 "납질봉공함을 옛날 성행할 때와 같게" 한다는 말에서 '성행할 때'란 다름 아니라 진구 황후 시절의 삼한 조공과 조선 통신사의 내조를 의미한다.

상기의 글에서 유의해야 할 점은 요시다 쇼인의 조선 침략론이 단지 조선 침략을 꾀하는 데 그치는 것이 아니라 일본 내부에서 외부로 뻗어나가는 아시아 침략론으로까지 비화되고 있다는 것이다. 즉, 여기서 요시다 쇼인은 조선 침략에 앞서 먼저 수중에 넣어 다스려야 할 곳으로서 일본 북방의 에조(지금의 홋카이도)와 류큐(규슈 최남단 가고시마 남쪽의 섬나라)를 거론하고 있다. 이어서 그 뒤에 조선을 침략하고 이어서 북으로는 만주를 분할하고 남으로는 대만과 필리핀 여러 섬을 다스려야 한다고 보고 있다.

---

47 호사카 유지, 〈요시다 쇼인과 메이지 정부의 대한정책〉, 209쪽에서 재인용.

유폐 중이던 쇼인은 서신을 통해 막부를 토벌하려는 토막파 지사들과 연락하며 막부의 최고 중신인 이이 나오스케井伊直弼(1815~1860)의 암살을 계획한다. 1858년 이이 나오스케는 조정의 칙허를 받지 않은 채 자신의 판단으로 미일 수호통상조약을 체결한다. 이 조약을 계기로 일본은 영국, 프랑스, 러시아, 네덜란드 4개국과 조약을 맺는데, 이 조약은 일본의 입장에서 보면 불평등한 조약이었다. 일본은 이 조약을 본보기로 삼아 조선을 함포로 위협하여 조선과 강화도 수호조약을 맺는다. 이로 인해 이이 나오스케는 존왕양이파와 토막파 양쪽에서 노리는 주적이 된다.

그러자 막부의 실권자이던 이이 나오스케는 자신의 독단적인 행위에 항의하는 존왕양이파 지사들을 탄압하는 '안세이의 대옥安政の大獄'을 일으킨다. 이 사건으로 존왕양이론자인 도쿠가와 나리아키와 히도쓰바시 요시노부一橋慶喜(=도쿠가와 요시노부德川慶喜)가 처분되고, 요시다 쇼인은 사형당한다. 안세이의 대옥을 일으키면서 정치적으로 무리수를 둔 이이 나오스케는 1860년 미토 번에서 이탈한 사무라이들에 의해 주살당한다. 요시다 쇼인의 조선 침략론은 바로 메이지 신정부에 계승되어 그의 사후에 실현된다. 요시다 쇼인의 조선 침략론을 실현하는 데 혁혁한 공을 세운 사람은 그의 제자들, 특히 그의 직제자이자 메이지 신정부의 요인이었던 기도 다카요시木戶孝義(1833~1877)에게 직접 계승되었다.

공무합체와 존왕양이

천황과 조정의 권위를 높여준 것은 막부 시대 말기의 존왕양이론자들이었다. 1853년의 페리 제독의 내항은 일본 역사의 전환점이 되어, 1854년에 막부는 미일화친조약을 맺는다. 이어서 1858년에는 서구 열강들과 안세이安政 5국 조약을 맺는다. 그러나 1858년 미일통상조약의 체결과 비준 문제를 둘러싸고 막부와 존왕양이파 사이에 공방이 오간다. 이 과정에서 막부의 권위는 점점 실추되고 역으로 천황의 권위는 올라간다. 연이은 서구와의 불평등 조약에 분노한 막부 시대 말기의 지사들은 존왕양이를 부르짖는다.

안세이 대옥을 일으킨 이이 나오스케가 존왕양이파에게 살해되자 두려움을 느낀 막부는 서구에 개항 연기를 요청한다. 고메이 천황 역시 조정의 윤허를 받지 않고 조약을 맺은 것에 분노해 막부에 직접 항의하는데, 이는 매우 이례적인 일이었다. 에도 시대 동안 천황은 없는 것이나 마찬가지인 존재로서 정치를 막부에 맡겨놓은 채 관여한 적이 없었기 때문이다. 따라서 에도 막부 260년간 천황에게 국정에 대한 윤허를 받는 일은 거의 없었다고 해도 과언이 아니며, 당시의 관례로 보아서는 오히려 고메이 천황과 조정의 행동이 돌발적인 것이었다.

막부의 권위가 실추하면서 공무합체公武合體 운동과 존왕양이 운동이 사회의 주류가 된다. 공무합체 운동의 공公은 공가(조정)를 뜻하며, 무武는 무가(에도 막부의 뒤를 이어 실권을 쥔 유력한 번)을 뜻한다. 공무합체 운동이란 한마디로 조정과 막부와 웅번이 협력해서 정치를 이끌어나가자는 운동이다. 공무합체 운동의 서막은 막부와 천황가의 정략결혼 추진이었다. 이 운동의 주역들은 조정과 막부가 협력하면 일본은 쇄국에 머무르지 않고 먼 곳까지 항해하며 웅략을 펼칠 수 있다고 생각한 것이다. 하지만 이 무리한 정략결혼은 오히려 존왕양이론자들의 반감을 사서 실패로 끝난다. 공무합체 운동이 미처 결실을 이루기도 전에 존왕양이 운동이 격화되어 그 속에 매몰되어버린 것이다.

한편 존왕양이 운동은 천황을 숭배하고 천황의 의사에 따라 오랑캐夷(여기서는 서양)를 축출하는 운동을 뜻한다. 천황을 숭경하는 심정은 에도 시대에도 있었다. 하지만 막부 시대 말기의 존왕론은 그 이전의 존왕론과는 성격을 달리한다. 막부 시대 말기 이전의 천황은 전통문화와 권위의 상징이었다. 이에 반해 막부 시대 말기의 고메이 천황에 이르러 천황의 권위가 살아나기 시작하면서 메이지 천황은 종교적 권위와 정치적 권력을 동시에 가진 절대 군주가 된다.

막부 시대 말기와 그 이전의 존왕 사상이 서로 다르듯이, 존왕 사상과 양이 운동 또한 원래 별개의 것이다. 존왕 사상은 아마테라스에서 천황으로 이어지는 만세일계의 일본 신화에 기반을 두고 있다. 반면에 양이 운동은 서양을 오랑캐로 보고 이들을 몰아내자는 것이다. 에도 시대 말기에서 근대 메이지 시대에 이르러서야 비로소 이 두 가지 움직임이 하나로 합쳐진다. 이로써 존왕양이가 일부 지배층의 이데올로기에 머무르지 않고 국민 전체에게 확산되어 민초들에게까지 침투해 들어간다.

막부 시대 말기의 존왕론은 하급의 사족士族, 향사鄕士, 낭인에서 부유한 농민과 상인에 이르기까지 사농공상의 사민을 포섭하면서 각지에 존왕파 지사들을 탄생시킨다. 이들 존왕파 지사들은 천황의 의사가 양이에 있다는 굳은 신념하에 때로는 서로 협력하고 때로는 서로 경쟁하면서 존왕양이에 반대하는 자들을 협박하거나 살해한다. 이 과정에서 존왕양이를 지지하는 공가 귀족들이 나오고 조슈 번처럼 번 자체적으로 존왕양이 운동에 매진하는 유력한 번이 탄생한다. 이제 소수의 지사나 떠돌이 무사가 아니라 사쓰마薩摩 번(지금의 가고시마 현)이나 조슈 번과 같은 유력한 번 차원에서 존왕양이 운동이 전개된 것이다.

서양 오랑캐와의 전쟁을 계기로 외국과 유력한 번 사이의 직접 교섭이 시작된다. 첫 테이프를 끊은 것은 사쓰마 번이다. 1862년 8월, 에도에서 교토로 향하던 당시 사쓰마 번 최고의 실력자 시마즈 히사미쓰 일행이 자신들이 가는 길을 영국인이 방해했다는 이유로 영국인을 살해하는 사건이 터진다. 이른바 나마무기生麥 사건이다. 영국 공사는 막부에 배상금과 범인 인도를 요구한다. 막부는 순순히 배상금을 지불했지만 사쓰마 번이 범인 인도를 거부한다. 이에 영국은 사쓰마에 대한 직접 보복에 나섰고, 1863년 7월 사쓰마 번과 영국 사이에 전쟁이 벌어진다. 이 전쟁은 사쓰마의 패배로 끝나고 이후 사쓰마 번은 적극적으로 서양 문물을 받아들이기 시작한다.

다음 해인 1864년 5월 10일에 시모노세키 해협에서 조슈 번이 미국 함대를 공격하는 사건이 발생한다. 연이어 조슈 번은 프랑스와 네덜란드 함대를 향해서도 포문을 연다. 그러자 8월 5일에 영국, 프랑스, 미국, 네덜란드 4개국 연합 함대가 일제히 시모노세키를 공격한다. 이 전투는 연합국 함대의 일방적인 승리로 끝난다. 1865년 9월, 이들 4개국의 외교단이 효고兵庫(지금의 고베神戶) 항에 내항해 수호통상조약의 칙허를 요구한다. 이에 조정은 10월 5일 조약을 윤허한다. 양이의 선봉에 섰던 사쓰마 번과 조슈 번이 대패하면서 양이가 불가능하다는 인식이 확산되고 일본은 개국으로 방향을 선회한다.

대정봉환과 메이지 유신

1867년 10월 3일, 도사土佐 번(지금의 고치高知 현)이 〈대정봉환 건백서〉를 제출한다. 여기서 대정大政이란 일본 전국을 통치하는 권한을 말한다. 에도 막부의 쇼군이 천황에게 정권을 봉환하면 그 후에 천황 밑에 제후 회의를 창설해 제후 회의를 기반으로 정국을 운영한다는 것이 도사 번의 구상이었다. 마침내 사쓰마 번과 조슈 번의 막부 토벌파에게 막부를 토벌하라는 천황의 밀지가 내린다. 이로써 막부를 타도해도 좋다는 천황의 윤허가 떨어진 것이다. 그런데 막부 토벌이 실행에 옮겨지기도 전에 15대 쇼군인 도쿠가와 요시노부가 도사 번의 의견을 받아들여 10월 14일, 교토 니조二條 성에서 정권을 조정에 반환한다. 이것이 이른바 '대정봉환大政奉還'(1867)이다.

일본의 경우 1853년 페리가 내항한 후 막부가 붕괴하기까지는 15년밖에 걸리지 않았다. 청과 영국 간의 아편전쟁으로 촉발된 막부 시대 말기 지사들의 위기의식이 사실상 일본을 구한 것이다. 막부 타도의 선봉에 선 것은 바로 사쓰마 번과 조슈 번의 젊은 사무라이들이었다. 조슈 번과 사쓰마 번이 막부를 쓰러뜨리는 데 한몫을 한 것은 이들 번이 지정학적으로 에도 막부의 변방이자 서양이 들어오는 길목에 위치했기 때문이었다. 이들 번의 현실적인 위기의식이 일본을 구할 수 있었다.

1867년 12월 9일, 사쓰마, 도사, 아키安岐, 오와리尾張, 에치젠越前이라는 다섯 번의 병력에 의해 천황의 어소가 포위당한 상태에서 '왕정복고의 대호령大號令'이 내린다.

지금까지 천황에게 위임받았던 정권을 반환하고 또 쇼군직을 사임한다는 도쿠가와 요시노부의 두 가지 청원을 고메이 천황은 이번에 단연하게 허락하셨다. 원래 페리 제독의 내항 이래 미증유의 국난이 계속되어 고메이 천황께서도 늘 고민하신 사정은 사람들이 아는 바이다. 그래서 마음을 정하고 왕정복고와 국위 회복의 기본을 정하신 천황께서는 섭정, 관백, 막부 등을 폐지하고 그 대신에 즉시 총재總裁, 의정議定, 참여參與의 삼직을 설치하여 천하의 정치를 행하신다. 진무 천황이 일본국을 창업하신 것에

에도 막부 15대 쇼군 요시노부가 천황에게 정권을 이양한 대정봉환.

기초하여 모두가 공경, 무가, 지위가 높은 자와 낮은 자의 구별 없이 도리에 맞게 공의公義를 다해서 천하와 희비를 함께할 생각이니, 지금까지 자만하고 일을 게을리 하던 악습을 일소하고 각자 근면하게 진충보국의 성의를 다해서 나라에 봉공하지 않으면 안 된다.[48]

요컨대 이는 막부 제도만이 아니라 종래의 조정 자체도 부정하여, 천황 친정하에 총재·의정·참여라는 세 가지 기관을 설치해 정무를 보고 국난 타계를 위해 구습을 일소하며 언론을 개방하고 인재를 등용한다는 내용이

48 《詳録 新日本資料集成》, 坂本賞三·福田豊彦·頼祺一 監修(東京 : 第一学習社, 1992), 295~296쪽.

었다.[49] 하지만 이러한 개혁안보다 더 중요한 것은 왕정복고의 대호령 속에 '진무 천황의 창업(건국)' 정신을 계승한다는 내용이 들어가 있다는 점이다. 메이지 정부의 근간이 되는 사상은 바로 이것이었다.

1867년 1월 30일에 고메이 천황이 갑자기 병사하고, 1868년 2월 13일에 메이지 천황이 황위를 계승한다. 하지만 즉위 의례는 다음 해로 연기되어 1868년 10월 12일에 교토에서 거행된다. 1868년 3월 14일, 메이지 천황은 교토의 어소에서 천지신명과 황실의 조상신에게 맹세를 하는 형식으로 〈5개조 선언문〉을 발표한다. 이로써 에도 막부가 막을 내리고 1868년 메이지 신정부가 출범한다. 쇼군 요시노부와 그의 측근은 에도 성에서 오사카 성으로 물러난다. 왕정복고의 대호령에 의해 메이지 정부가 수립되었으나, 조슈 번과 사쓰마 번의 힘은 아직 미약해서 일본 정국을 장악하기에는 역부족이었다.

메이지 천황이 즉위하자 조정의 주도권은 이와쿠라 도모미岩倉具美(1825~1883)를 비롯한 토막파에게 넘어간다. 1867년 5월에 사쓰마 번과 도사 번이 막부 토벌을 위한 밀약을 맺고, 9월에는 사쓰마 번, 조슈 번, 게슈藝州(현재의 히로시마) 번이 막부를 타도하기로 맹약한다. 한편 그해 10월에 조정은 사쓰마 번과 조슈 번에 막부 토벌의 밀지를 내린다.[50]

사쓰마 번의 실력자인 사이고 다카모리는 에도 막부를 일소하기 위해, 에도의 경비를 서고 있던 막부 군대를 도발해 이들로 하여금 사쓰마 번의 에도 저택을 방화하게 한다. 사쓰마 번이 전쟁을 벌일 구실을 만든 것인데, 이에 젊은 혈기를 억누르지 못한 요시노부가 1868년 정월 초하루에 사쓰

---

49 《詳録 新日本資料集成》, 坂本賞三 · 福田豊彦 · 頼祺一 監修, 296쪽.

50 《詳録 新日本資料集成》, 坂本賞三 · 福田豊彦 · 頼祺一 監修, 293쪽.

마 번을 타도하자는 뜻을 여러 번에 알린다. 이로써 토막파, 즉 메이지 정부의 정부군과 대정봉환 후 오사카 성에 물러가 있던 구 막부의 전쟁이 시작된다. 이 전쟁은 1년 5개월 동안 계속되다가 1869년 5월에 정부군의 승리로 끝난다.

내전에서 승리한 메이지 정부는 막부와 번을 중심으로 하는 연방 국가적 체제를 몰아내고 정부와 지방을 일원화하는 중앙 집권적 체제를 진척시킨다. 메이지 정부가 단행한 '판적봉환版籍奉還'(1869)이 그것을 위한 첫 단계였고, 그다음 단계가 '폐번치현廢藩治縣'(1871)이었다. 판적봉환이란 각 번이 소유하고 있던 토지와 인민을 천황에게 반환하는 것이었다. 1869년 1월 사쓰마, 조슈, 도사, 에치젠, 사가의 번주가 판적봉환의 상주上奏를 제출한다. 그러자 각 번의 번주들도 앞다투어 상주를 제출한다. 이때 천황은 각 번의 영지를 빼앗은 것이 아니라 일단 천황에게 반환된 영지를 다시 위임하는 형식으로 각 번주에게 돌려주었다. 그리고 1871년 7월, 메이지 정부는 번을 폐하고 현을 설치하는 폐번치현을 단행한다.[51] 이로써 에도 막부 때의 막번幕藩(막부와 번) 체제는 완전히 막을 내리고 정부가 현을 직접 지배하는 중앙 집권제가 틀을 갖추게 된다.

---

51 다케미쓰 마코토, 《3일 만에 읽는 일본사》, 224~225쪽 참고.

4장

근대 천황제 신민 국가의 태동

에도 시대 말엽에 그동안 거의 잊힌 존재였던 천황이 왕정복고의 사회적 흐름을 타고 역사의 전면에 등장한다. 왕정복고란 진무 창업의 정신으로 왕정을 복고하고 제정일치를 목표로 막부를 타도하려는 사람들의 입장이나 활동을 뜻한다. 막부 시대 말기의 지사들은 외세에 대한 방어력을 갖추지 못한 에도 막부를 부정하고 왕정복고를 추진한다. 내외의 압력에 못 이겨 15대 쇼군 도쿠가와 요시노부는 1867년에 통치권을 천황에게 봉환하는 '대정봉환'을 실행하고, 이로써 260여 년 동안 일본을 실질적으로 통치한 에도 막부는 막을 내린다. 이어서 1867년 12월 '왕정복고의 대호령'이 선포되어 메이지 천황을 정점으로 하는 메이지 정부가 수립된다.

메이지 정부가 수립된 뒤 사쓰마와 조슈의 토막파의 책동으로 쇼군 요시노부의 관위와 영지 반환이 결정된다.[1] 마지막으로 막부의 숨통을 조이기 위해 사쓰마의 사이고 다카모리가 막부 측을 도발하고, 이에 폭발한 막부 측과 정부군 사이에 1868년 1월 내전이 벌어진다. 1869년 5월 정부군의 승리로 내전이 끝나고 신정부의 대대적인 개혁이 시작된다. 메이지 정부는 거점을 에도로 옮기고 에도를 도쿄로 개칭한다. 하지만 막부의 영지를 직할지로 삼은 것 외에는 영토가 여전히 300여 개의 번으로 나뉜 채 지방 분권 체제가 계속되고 있었다. 이에 신정부는 1869년 1월 '판적봉환'을 시행하고 1871년 '폐번치현'을 단행한다. 이 두 가지 개혁으로 각 번과 그곳의

---

1 카와이 아츠시, 《하룻밤에 읽는 일본사》, 236쪽.

백성이 메이지 정부로 귀속되면서 중앙 집권 체제가 이루어진다.

그 후 메이지 정부는 징병 제도를 시행해 정부군을 창설한다. 아울러 사민평등을 모토로 무사에게서 질록秩祿(녹봉으로 받은 영지)을 환수하고 폐도령(무사의 특권이었던 칼을 차고 다니는 행위를 금지하는 영)을 발한다. 이 모든 개혁은 사족이라 불리던 무사 계급을 완전히 해체해 사민이 평등한 근대 국민 국가를 수립하기 위한 것이었다.

하지만 메이지 정부가 국가의 정체성, 즉 국체를 일본 신화에 근거한 '천양무궁의 신칙'과 '만세일계'의 혈통에서 찾으면서 서구적 근대 국민 국가의 실현은 점점 멀어진다. 메이지 정부는 국가의 근간인 〈대일본제국헌법〉(일명 메이지 헌법)에 "대일본제국은 만세일계의 천황이 통치한다"(제1조), "천황은 신성불가침하다"(제3조)라고 명시한 것이다. 더욱이 메이지 시대가 열린 1867년부터 1945년 패전까지 천황의 이름으로 반포된 모든 칙어에서 천황은 자신을 '짐'이라 표현하고 국민을 '신민'(신하인 백성)이라고 표현했다. 따라서 메이지 시대의 일본은 '근대 국민 국가'가 아니라 '근대 천황제 신민 국가'라고 부르는 것이 타당하다.

: 1 :

근대 천황제와 전통문화의 창출

메이지 정부는 왕정복고라는 사회적 흐름에 편승해 초대 천황인 진무의 창업(건국) 정신으로 돌아갈 것을 국가 이념으로 표방한다. 이는 모든 고난을 극복하고 나라를 세운 진무 천황의 건국 정신으로 돌아가, 국민이 일치단결해 근대 국가 건설에 매진하자는 취지였다.[2]

하지만 이때의 왕정복고는 단순히 과거로 돌아가자는 복고주의는 아니었다. 왕정복고는 한편으로는 구시대의 막부 체제를 부정하면서 다른 한편으로는 서구적 근대로 진입하는 것이었기 때문이다. 신정부가 표방한 왕정복고는 근대 신민 국가를 창출하는 수단으로서 천황을 국가의 중심에 두겠다는 것에 지나지 않았다.

또한 일본이 근대화 과정에서 '화혼양재和魂洋才'(일본의 혼에 서양의 기술)라는 슬로건을 내건 것은 신정부 출범 전부터 직면해 있던, 압도적인 기세

---

2 瓜生中 · 澁谷申博, 《日本神道のすべて》(東京 : 日本文芸社, 1998), 133쪽 참고.

로 밀려오는 서구에 대한 위기의식 때문이었다. 근대 메이지 정부의 첫 과제는 무엇보다도 기독교를 비롯한 서구 사상에 대항할 전통적인 일본 사상을 발굴하는 것이었다.[3] 따라서 진무 창업의 정신으로 돌아가자는 왕정복고의 대호령에 담긴 기본 취지는, 단순한 복고가 아니라 서구에 대항할 수 있는 근대 입헌 군주로서의 새로운 천황 상을 창출하는 것이었다.[4]

이를 위해 메이지 정부는 메이지 천황의 시각화라는 목적으로 천황의 전국 순행을 실시한다. 아울러 역대 천황의 능들을 정비하고 진무 천황의 건국 신화를 토대로 나라 시에는 가시하라 신궁을, 천황가의 발상지인 미야자키 현에는 미야자키 신궁을 건립한다. 또한 황실을 중심으로 전통문화의 보존과 육성에 들어가, 서양의 기독교에 대항하기 위해서 신도를 정비한다. 이를 위해 신불 분리령을 내려 신도와 불교를 분리하고, 폐불훼석까지 하면서 국가 신도를 확립해나간다. 이어서 〈대일본제국헌법〉과 〈황실전범〉을 제정해 근대 국가의 기틀을 마련한다.

천황의 시각화

메이지 정부의 새로운 천황 상 창출이라는 목표에 가장 큰 걸림돌이 된 것은 천황이 에도 시대 260년 동안 대중 앞에 노출된 적이 단 한 번도 없었다는 점이었다. 근세의 에도 막부 시대에 천황은 말 그대로 주렴 너머의 존재였다. 에도 막부는 천황의 정치적 권위는 물론이고 종교적 권위까지

---

3 고모리 요이치 · 다카하시 데츠야 엮음, 《내셔널히스토리를 넘어서》, 이규수 옮김(삼인, 1999), 169쪽.

4 스즈키 마사유키, 《근대일본의 천황제》, 류교열 옮김(이산, 1998), 29쪽.

도 인정하지 않았다. 그 결과 천황의 즉위 의례조차 거행되지 못할 정도로 천황의 권위는 땅에 떨어졌다. 에도 막부는 천황을 독점하고, 천황의 정치 권력 행사를 완전히 차단하기 위해 천황이 처소 밖으로 한 발짝도 나오지 못하게 했음은 물론이고 외부에서 천황을 알현하러 들어가는 것조차 금지했다.

이러한 상황으로 인해 일본 민초들에게는 막부의 쇼군은 알려져 있어도 천황이라는 존재는 전혀 알려져 있지 않았다. 이에 메이지 정부의 주축이었던 오쿠보 도시미치大久保利通(1830~1878)는 1868년 〈오사카 천도 건백서〉에서, 천황을 '옥렴 너머의 존재'로 만들어 한정된 공경들 이외에는 알현조차 할 수 없게 해서는 곤란하다고 주장한다. 그리고 이를 이유로 천황을 공가로부터 분리시켜 근대적인 국부國父로서 자립시킬 것을 촉구한다.[5]

이 주장을 수용한 메이지 정부는 근대 천황제 신민 국가를 창출하기 위해 천황의 시각화 작업에 들어간다. 천황의 시각화를 위해 메이지 정부의 지도자들은 메이지 천황을 천황의 정주 공간이었던 교토에서 대일본제국의 수도인 도쿄로 모시는 천도를 계획한다. 이는 왕정복고의 목표인 '진무 창업'의 정신을 따르는 일의 일환이었다. 초대 천황 진무가 규슈의 휴가에서 발상해 혼슈의 가시하라로 옮겨 간 뒤 거기서 새로운 국가를 창업한 것처럼, 메이지 천황도 구습의 온상인 교토에서 벗어나 도쿄에서 새로이 메이지 시대를 열어야 한다는 취지였다.

천도와 병행한 메이지 천황의 조칙에 의해 1868년 7월 17일 에도가 도쿄로 개칭된다. 1868년 8월 27일에 즉위식을 올린 메이지 천황은 9월 27일에 메이지明治로 연호를 고친다. 천도와 관련해 10월 12일 새로이

5 스즈키 마사유키, 《근대일본의 천황제》, 29~30쪽 참고.

고안된 황위 계승 의식에 따라 고도인 교토에서 즉위 의례가 거행된다. 10월 13일 메이지 천황은 도쿄로 순행巡幸(행차)해서 에도 성을 황거皇居로 삼는다. 1871년 12월 28일에 새로운 수도 도쿄의 황거 부지에서 전통적인 천황의 즉위 의례인 대상제大嘗祭(천황 즉위 후 처음 지내는 신상제新嘗祭)가 거행된다. 대상제를 교토가 아닌 곳에서 거행한 것은 역사상 선례가 없는 일이었다.

메이지 천황의 공적 의례가 마무리되기 시작하면서 주렴 너머의 존재였던 천황을 국민에게 선보이기 위한 메이지 천황의 장기 순행이 시작된다. 메이지 5년(1872)부터 메이지 18년(1885)까지에 걸쳐 진행된 순행은 대대적인 규모로 전국 각지를 거의 빠짐없이 돌았다.[6] 이 장기간의 대규모 원거리 순행에 힘입은 천황의 시각화는 1876년에 시작된 천황의 지방 순행으로 절정에 달한다. 천황은 1876년 도호쿠와 홋카이도를 순행하고 1878년에는 호쿠리쿠와 도카이東海를 순행한다. 1880년에는 야마나시山梨, 미에三重, 교토를 순행하고, 1881년에는 야마가타山形, 아키타秋田, 홋카이도를 순행한다. 이러한 순행이 메이지 천황의 통치 행위의 시작이었다. 중세 고다이고 천황의 친정 체제가 근대에 메이지 천황에 의해 부활한 것이다.

천황의 시각화는 일본 황실의 국화 문장紋章이나 황기皇旗(황실 깃발) 같은 표상을 통해서도 이루어진다. "국화가 고토바 천황(1183~1198 재위) 시대 이래로 황실과 깊은 관련을 맺어온 것은 사실이기는 하지만, 잎이 16개 달린 국화 문장이 황실의 독점적 표상이 된 것은 1868년 4월이었다. 국화 문장이 들어 있는 황실의 깃발도 메이지 초기 발명품이다."[7] 이와 같은 근대

---

6 所功,《歷代天皇—知れば知るほど》(東京 : 実業之日本社, 2006), 248쪽.

7 다카시 후지타니,《화려한 군주—근대일본의 권력과 국가의례》, 한석정 옮김(이산, 2003), 81쪽.

의 발명품이 다시 '창조된 전통'이 되어, 2,600년의 유구한 역사를 자랑하는 황실 문화로서 확정되어간다.

천황이 순행을 통해 국민 앞에 빈번하게 모습을 드러내면서 국민들도 천황 앞에서 어떻게 행동해야 하는지를 배워야 했다. 반복되는 천황의 순행과 황실 의례 덕분에 천황의 신민은 천황과 황실에 대한 존경심과 친밀감을 동시에 갖게 되었다. 메이지 정부가 의도한 대로 천황의 순행은 천황과 그의 신민 사이의 간격을 좁혔고, 국가의 틀이 잡히면서는 국가 행사에 대규모 신민을 동원하는 것이 가능해진다.

천황릉의 정비

근대 천황제 국가의 역사 서술은 황실을 중심으로 한 것으로, 황실의 역사를 중요한 역사적 사실과 연결시켰다. 이 과정에서 신화를 역사적 사실로 둔갑시키거나 특정 신사를 신화에 나오는 천황의 유적지로 날조하기도 한다. 가장 좋은 본보기는 기원전 660년에 일본을 건국했다는 진무 천황 신화와 관련된 것이다.[8] 진무 천황의 건국 신화를 토대로 1872년 11월 15일에 메이지 정부는 진무 천황의 즉위일을 음력 1월 29일로 정한다. 이듬해인 1873년 10월 24일에는 태양력 채택에 따라 이 즉위일이 2월 11일로 변경된다.[9]

메이지 정부에 의해 진무 천황은 황실과 국가 공동체의 합일을 보여주는

8 다카시 후지타니, 《화려한 군주 — 근대일본의 권력과 국가의례》, 125쪽.

9 스즈키 마사유키, 《근대일본의 천황제》, 201쪽, 옮긴이주 7 참고.

전형적인 실례로서 특화된다. 신화시대에 기원을 둔 일본의 건국 신화와 유사 이래 한 번도 혈통이 단절된 적이 없다는 만세일계의 천황가를 부각하기 위해 진무 천황의 시각화가 시작된다. 왜냐하면 메이지 천황의 시각화는 필연적으로 초대 진무 천황의 시각화로 이어질 수밖에 없는 구조였기 때문이다.

진무 천황의 건국을 가시화하기 위해 진무 천황의 능을 비롯해 역대 천황들의 능을 정비해야 한다는 주장이 제기된다. 이에 따라 메이지 천황가의 시조이자 일본의 개국 천황인 진무 천황의 능이 우네비 산 산록의 가시하라 시市에 새로이 조성된다. 아울러 진무천황릉과 인접한 곳에 새로이 가시하라 신궁이 지어진다. 이른바 진무 창업의 시각화가 이루어진 것이다. 진무천황릉이 조성된 후 1876년 11월 22일 메이지 천황은 교토에 있는 부친 고메이 천황의 능과 초대 진무 천황의 능을 친히 참배하기 위해 교토로 순행한다.

진무천황릉 축조와 동시에 역대 천황들의 능이 새로이 비정되고, 이 능들에 대한 대대적인 정비가 시작된다. 당시 천황릉들은 에도 시대 동안 전혀 돌보지 않아 소재지조차 불분명할 정도였다. 1889년 〈대일본제국헌법〉이 반포된 직후에 본격적인 정비 작업에 들어갈 천황릉들이 모두 확정된다. 고대 문헌 기록을 토대로, 고고학적 조사도 없이 산재해 있던 고분에 천황릉의 이름이 붙여졌다. 메이지 정부는 졸속으로 모든 천황릉을 확정하고 새로이 단장함으로써, 진무 천황 이래의 역사적 전통을 시각화해 일본 국민과 서구 열강 앞에 과시한다.[10]

---

10 이시베 마사시, 〈천황릉에는 천황이 없다?〉, 일본역사교육자협의회 엮음, 《천황제 50문 50답》, 김현숙 옮김(혜안, 2001), 37~38쪽.

역대 천황들의 능에 대한 시각화 작업이 끝난 후인 1880년대 후반, 진무 천황의 발상지인 규슈 지역의 휴가가 주목을 받기 시작한다. 에도 시대까지 진무 천황을 제사 지내던 오래된 신사가 메이지 6년(1873)에 현사縣社로 승격되면서 미야자키宮崎 신사로 개칭된다. 이어서 1885년 무렵에는 관폐대사官弊大社로 승격된 후 다시 미야자키 신궁으로 개칭된다. 1940년에는 기원 2,600년 기념사업의 일환으로 가시하라 신궁과 함께 대대적인 정비사업에 들어가 규모에 있어 가시하라 신궁을 뒤따르게 된다. 신화를 토대로 전통이 창조된 것이다. 중요한 것은 이 창조된 전통으로 인해 미와자키 신궁에서 가시하라 신궁으로 연결되는 일본 신화의 심상 지리가 교과서에 역사적 사실로서 자리매김하게 되었다는 점이다. 아울러 학교 교육을 통해 이것이 일본인의 보편적인 역사 인식으로서 자리 잡게 되고, 결과적으로 일본인들에게 사실로 받아들여진다.

진무 천황은 실존 인물이 아니라 허구의 인물이다. 그뿐만 아니라 기원전 660년이라는 건국 연대는 중국의 참위 사상에 의해 날조된 것이다. 그럼에도 불구하고 진무천황릉과 가시하라 신궁이 들어선 가시하라 시의 우네비 산 산록은 1890년대부터 황기皇紀 2600년인 1940년까지 신원神苑으로서 정비, 확장된다. 엄밀하게 말하면 진무 창업의 시각화는 진무천황릉이 만들어진 1863년부터 1940년까지 무려 77년에 걸친 대역사大役事의 결과물이다. 이렇게 진무천황릉이 대일본제국의 건국 시조에 걸맞은 위용을 갖추면서 새로운 진무 상像이 창출된다.

황실과 전통문화

근대사는 개개의 국민 국가들이 고유한 국민 문화를 새로이 창조해나가면서 상호 과시하는 경쟁의 장이었다. 이를 인식한 메이지 정부의 정치가와 관료들은 황실과 관련된 일본 독자의 전통을 발굴하고 창출해나간다. 다시 말해서 전통을 발명하고 고전을 창조한 것이다. 이 과정에서 제일 먼저 주목받은 장소는 일본의 발상지이자 야마토 조정의 도읍이 있었던 고도古都 나라와 대대로 천황이 거주했던 수도 교토였다.

메이지 정부는 우선 《고사기》와 《일본서기》에 기록된 진무 천황의 건국 신화를 토대로 천황가의 공적인 공간들을 창출해나간다. 진무 천황의 건국 신화를 시각화하기 위해서였다. 우선 진무 천황이 야마토로 동천하기 전에 지냈다고 전해지는 천황가의 발상지 규슈 미야자키에 신궁을 건립한다. 아울러 진무 천황이 야마토(현재의 나라 현)에 입성해 도읍으로 정했다는 가시하라에도 신궁을 건립한다. 일본 근대 천황제 신민 국가의 출발과 〈대일본제국헌법〉이 일본 신화에 존립 근거를 두고 있는 한 이러한 작업은 필수일 수밖에 없었다.

또한 메이지 정부는 고대 국가의 발상지인 야마토의 문화적 공간을 창출하기 위해 《만엽집》의 무대가 된 야마토 3산山을 정비하기 시작했는데, 고대의 원풍경을 창출함으로써 《만엽집》에 나타난 미의식을 시각적으로 표출했다. 이를 위해 야마토 주변의 여러 촌락들이 황실 토지로 편입된다. 아울러 고대의 무대가 되었던 아라시嵐 산과 요시노吉野 산의 경관도 부흥된다. 메이지 정부는 단순히 고대의 경관을 창출하는 것에 그치지 않고, 일본 역사의 시간과 공간을 하나로 엮어 일본 문화사를 정립해나간다. 이에 따라 고대(야마토 시대) · 중고(헤이안 시대) · 중세(가마쿠라 시대)라는 시간이 나라·교토·가마쿠라라는 공간적 지평과 만난다. 아울러 각 시대는 그 시대를 상징하는 문화와 미의식에 의해 특화된다. 특히 천황과 공가가 평화로운 일상을 영위했던 헤이안 시대는 일본 고유의 우미한 궁정 문화, 이른바 국풍國風 문화로 특화된다.

메이지 시대에는 천황과 관련해 두 개의 공적 공간이 창출된다. 하나는 천황의 어소가 있던 전통적 공간인 교토이고, 다른 하나는 천황의 새로운 공적 공간이 된 도쿄이다. 천년 고도로서 일본의 전통문화를 발전시키고 계승해온 교토의 고엔御苑이라는 전통 공간에서 700여 년 동안 중단되었던 천황의 즉위 의례가 1868년 10월 12일 부활된다. 아울러 1871년 12월 28일에는 도쿄에서 천조대상제가 열린다.

이와 같은 메이지 정부의 노력으로 일본의 전통문화를 보호하고 애호하는 천황 상이 1880년대 이후인 입헌제 형성기에 만들어진다. 실제로 전통문화의 체현자로서의 천황 상에 대한 논의가 사회 일각에서 제기된다. 대표적인 것이 후쿠자와 유키치의 《제실론帝室論》(1882)이다. 후쿠자와가 《제실론》을 저술한 시점은 국회 개설의 조칙을 받아 정당 결성의 기운이 한창 고양되어 있던 때이다. 그가 염려한 것은 천황 친정과 민권 신장 간의 충돌로 국내가 혼란스러워지고 최악의 경우 내전에 이르는 것이었다. 보다 더 정확히 이야기하자면, 그 혼란을 틈타 열강이 일본의 식민지화를 도모하는 것이었다.

후쿠자와는 《제실론》에서 '제실帝室'은 정치사 외의 문제라고 단언하면서 제실이 정치 현장에서 독립된 위치에 서야 한다고 주장한다. 하지만 이 같은 주장은 천황 친정을 목표로 한 메이지 유신의 이념과는 융화될 수 없는 것이었다.

무릇 정치란 살풍경한 것으로 법률을 지키지 않는 자를 벌하듯 국가 질서를 강요하는 것이지, 인간 정신의 내면으로부터 질서를 지키려는 마음을 일으키게 하는 것은 아니다. 인간이 인간 되는 이유인 정신을 통합하는 것이므로 정치권력보다 훨씬 상위의 정신적 권위인 것이다. 특히 일본에서는 유럽의 크리스트교처럼 국민의 정신적 통합에 핵이 될 만한 그런 종교가 없으므로 더더욱 황실이 도덕의 중심이 될 필요가 있는 것이다. 그렇기 때문에 황실은 정부와 분리되지 않으면 안 된다.[11] (《제실론》)

후쿠자와가 들고나온 것은 이른바 문화 군주론이다. 그는 영국의 왕실을 이상으로 하여, 일본 황실을 정치 세계로부터 분리시켜 전통문화 보호의 역할을 맡겨야 한다고 주장한다. 또한 《존왕론存王論》(1888)에서도 상고를 존중하고 옛것을 그리워하는 인정이 황실을 보호해왔으므로 황실은 신사와 불각佛閣, 석비, 고성, 유적 등의 사적史跡을 보존해야 한다고 주장한다.

이런 주장을 따르기라도 하듯이, 메이지 시대에는 황실이 주축이 되어 노가쿠能樂, 아악雅樂, 차노유茶の湯(다도) 등을 보호한다. 또 천황을 비롯한 황실 사람들이 가부키와 강담講談을 관람하고 대스모大相撲에 국기國技라는 이름을 부여한다. 1871년 건립된 도쿄의 문부성박물관이 1889년에 제국박물관으로 개칭되면서 교토와 나라에도 제국박물관이 들어선다. 이 세 곳의 제국박물관은 황실이 문화 보호의 주체임을 나타내기 위해 1900년에 각각 도쿄제실박물관帝室博物館, 교토제실박물관, 나라제실박물관으로 개칭된다.

민간에서는 오카쿠라 덴신岡倉天心(1862~1913) 같은 미술사가에 의해 일

---

11 近代日本思想研究会,《天皇論を読む》(東京：講談社, 2003), 13쪽.

본 문화 예술품에 대한 조사 작업이 처음으로 이루어진다. 그리하여 불상, 회화, 공예품 한 점 한 점의 장르, 연대, 작자, 등급을 확정 지었다. 폐불훼석의 위험에 노출되었던 불상은 미술사가들의 노력으로 신앙의 대상에서 감상의 대상으로 가치가 전도된다. 이와 같은 시대 조류를 따라 호류지法隆寺와 고호쿠지興福寺 같은 불교 사원들이 재흥한다. 또한 도다이지東大寺의 기울어가는 대불전大佛殿도 메이지 시대에서 다이쇼大正 시대(1912~1926)에 걸쳐 보수된다. 메이지 정부는 계속해서 일본의 전통문화를 발굴하며 전통을 세워나간다.

일본 미술이 서구에 본격적으로 알려진 것은 1851년의 런던 만국박람회, 1855년의 파리 만국박람회를 통해서였다. 에도 시대에 그려진 목판화 우키요에浮世絵(풍속화)의 예술성에 감탄한 것은 당대의 일본인이 아니라 서양인들이었다. 도자기보다 우키요에에 더 관심을 갖는 서양 애호가들에 의해 우키요에가 본격적으로 유럽으로 흘러들면서 19세기 중엽에서 말엽에 걸쳐 유럽에 '자포니즘Japonism' 열풍이 분다. 우키요에가 유럽에 알려져 인상파 화가들에게 영감을 주었다는 것은 주지의 사실이다. 드가, 모네, 반 고흐는 열렬한 우키요에 애호가였다. 특히 반 고흐는 우키요에를 본뜬 작품을 남길 정도였다.[12]

1900년에는 일본에서 처음으로 일본 미술 개설서가 출간되었다. 프랑스어로 쓰인 《일본 미술사*Histoire de l'art de Japon*》가 그것이다. 이 책은 1900년 파리 만국박람회에 출품되었고, 각국 왕, 학자, 박물관장, 미술가 등에게 약 300부가 배포되었다.[13] 이는 파리 만국박람회라는 타자의 시선

12 김후련, 〈현대에 살아 숨쉬는 일본의 전통문화〉, 한국외국어대학교 일본연구소 엮음, 《교양으로 읽는 일본문화》(제이앤씨, 2006), 124~125쪽 참고.

13 김용철, 〈오카쿠라 덴신과 일본미술사의 성립〉, 윤상인 · 박규태 엮음, 《일본의 발명과 근대》

을 의식하며 근대화의 일환으로 벌여온 일본 미술사 정리의 성과를 처음으로 활자화한 것이다. 다음 해인 1901년에는 이 책을 일본어로 번역한《고본 일본제국 미술 약사稿本日本帝國美術略史》가 출판된다.

1903년에는 오카쿠라 덴신이 영어로 쓴《동양의 이상*The Ideals of the East*》이 런던에서 출판된다. 그는 이 책에서 불교와 힌두교를 비롯한 인도 종교, 유교와 도교를 중심으로 한 중국 철학, 그리고 일본 미술이 삼위일체가 되어 동양의 이상을 구현했으며 이와 같은 동양의 이상이 서양의 무력·과학보다 우월하다고 주장했다.[14] 메이지 유신을 통해 회천한 대일본제국은 이처럼 구미라는 타자와 대결하면서 일본을 대내외에 인식시킬 문화를 하나하나 확정해나간다.

신불 분리령과 폐불훼석

메이지 정부에 의해 수립된 근대 천황제 신민 국가는 헌법이나 신기神祇 제도와 같은 법 제도에 의해서만 틀을 갖춘 것이 아니다. 근대 국가에서 헌법과 같은 법제보다 더 중요한 것은 국민 개개인이 자신을 국가의 구성원으로 자각하는 것이다. 메이지 정부는 신도를 근간으로 한 천황제 이데올로기를 중앙 집권적인 국민 국가를 이루어나갈 수단으로 취한다. 메이지 정부는 천황은 현인신現人神(살아 있는 인간이자 신)이며 만세일계의 천황이 일본을 통치한다는 국체에 따라 국민을 교화하는 작업에 들어간다. 이 과

(이산, 2006), 169쪽.

14 김용철, 〈오카쿠라 덴신과 일본미술사의 성립〉, 171쪽.

정에서 근대 일본의 종교는 천황 중심의 강력한 중앙 집권적 국가를 만들기 위한 수단으로서 철저하게 이용되고 왜곡된다.

메이지 정부는 1868년 3월에 제정일치의 원칙에 따라 신불 분리령을 내린다. 천 년에 이르는 신불습합의 시대를 거쳐 불교와 일체가 되었던 신도는 메이지 정부의 천황 신격화에 발맞추어 신도 본래의 순수한 형태를 되찾기 위해 큰 변혁을 맞이한다. 신불 분리령이 공포된 후 신도와 불교의 분리에 관한 포고문이 연달아 발표된다. 신불 분리령은 신도와 불교, 신과 부처, 신사와 사원을 명확하게 분리함으로써 신도를 정화하려는 시도였다. 메이지 정부는 신사에서 불교 등 외래 종교의 요소를 배제하고, 전국에 산재한 다양한 유래의 신사를 정리해 재편성한다.

실제로 신불 분리령이 내린 1868년 3월부터 10월까지 7개월에 걸쳐서 전국적으로 대대적인 불교 탄압이 자행된다. 신불이 합사되어 있는 사원에서 불상이 파괴되고 승려들이 쫓겨난다. 나라 시대부터 신불습합의 전통에 따라 신과 부처가 합사되어 있었던 신사의 존재도 부정된다. 결국 천 년 동안 사이좋게 같은 공간에 합사되어 있었던 신도의 신들과 불교의 신들은 하루아침에 정치적 목적에 의해 분리된다. 하지만 신도는 천여 년 동안의 신불습합을 거쳐 성립되었고 불교만이 아니라 음양도, 유교 등과도 습합된 것이어서 사실상 단독으로 분리될 수 없는 상태였다. 더욱이 신불습합의 신도가 이미 민간 신앙으로 정착돼 있어서, 국가가 아무리 강제로 신불 분리를 추진해도 신불습합의 신도를 몰아내는 것은 무리였다. 그럼에도 불구하고 메이지 정부는 단호하게 이를 밀어붙인다.

1868년의 신불 분리령에 이어서 1869년에는 고대 율령제 국가에서 제사를 담당했던 신기관神祇官이라는 기관이 천여 년 만에 부활해 정치를 담당하는 태정관과 같은 지위로 부상한다. 메이지 정부는 천황가의 시조신인 태양신 아마테라스를 받드는 이세 신궁과 천황의 관계를 강조한다. 1869년 메이지 천황은 도쿄 천도 후에 이세 신궁을 참배한다. 이는 고대의 지토 여제가 이세 신궁을 참배한 이후 처음 이루어진 공식 참배였다.

1870년에 메이지 정부는 "신도만의 국체(천황은 현인신이며, 만세일계의 천황이 일본을 통치한다는 주장)로 국민을 교화하기 위해 '대교大教 선포'라는 종교 정책을 실행에 옮긴다".[15] 대교란 천황교를 말한다. 아울러 메이지 정부는 교부성教部省이라는 관공서를 만들어 신도와 천황 숭배를 위한 국민 교화 운동을 전개한다.

다음 해인 1871년 5월 14일의 포고는 국가가 제사할 신들의 체계를 규정하는 한편, 전국에 산재해 있는 모든 신사의 위계를 정한다. 이로써 이세 신궁 이하 대대로 이어져온 신직神職의 세습이 금지되면서 신직은 명실상부하게 국가 기관화된다.[16] 황실에서도 대교 선포 정책을 확실하게 따른다. 1871년까지 황실에서 치러졌던 장례식을 포함한 모든 불교 행사를 금하고 천황의 무덤을 관리하는 데 있어서도 사원과 승려의 개입을 금하는 등 황실은 단호한 신불 분리의 태도를 보여준다.[17]

이와 같은 정부의 천황 숭배 작업은 '신도는 종교가 아니라 국가 제사'라는 신도비종교론에 의해 극대화된다. 메이지 정부는 외래 종교로부터 신도를 보호하고 육성하기 위해 신도는 종교가 아니라 국가 제사라고 규정한다. 그러면 국민에게 신도를 강요하는 것이 신앙의 자유를 침해하는 일이

---

15 마스다 이에아쓰, 〈국가신도는 어떻게 만들어졌을까, '현인신'으로 가는 길〉, 일본역사교육자협의회 엮음, 《천황제 50문 50답》, 김현숙 옮김(혜안, 2001), 203쪽.

16 박규태, 《상대와 절대로서의 일본》(제이앤씨, 2005), 161쪽 참고.

17 김양희, 〈일본의 우익사상의 기저와 신도〉, 김양희 · 김채수 · 호사카 유지 · 홍현길, 《일본 우익사상의 기저 연구》(보고사, 2007), 343쪽 참고.

되지 않는 것이다.

천황과 신도를 중심으로 한 근대 일본의 종교 정책은 결과적으로 교단 종교와 자연 종교 양쪽 모두에 왜곡과 변질을 강요하게 된다. 우선 교단 종교는 개인의 사적인 신앙으로 국한되어, 국가에 의해 사회적 활동을 심하게 제약당한다. 아울러 자연 종교는 천황을 중심으로 한 체계화 과정으로 인해 전통적인 신앙생활에 많은 변형을 가져오게 된다. 종교계에서 나름대로 저항을 하기도 했으나 국가주의의 틀을 넘어보려는 시도는 거의 실패로 돌아간다. 불교와 기독교를 필두로 종교계의 크고 작은 저항에 부딪혀 신도를 국교화하려는 신정부의 종교 정책 역시 결국 좌절된다. 1871년 신기관은 신기성神祇省으로 격하된다. 1872년에는 결국 신기성마저 폐지되고 새롭게 교부성教部省이 신설된다. 1877년에는 이 교부성마저 폐지된다.

양산되는 국가 신도 신사

근대에 들어와 일본에는 수많은 신사들이 여기저기 들어선다. 이 신사들은 전통문화의 보존이라는 차원에서 예로부터 내려온 일본의 신기 신앙에 의해 복원된 것이 아니라, 메이지 정부의 주도면밀한 계획과 계산하에 축조된 것이다. 1880년대 후반, 근대 천황제 신민 국가의 천황제 이데올로기에 따라 일본 신화에 나오는 신들과 역대 천황 및 국가적 영웅을 기리는 수많은 신사가 전국 각지에 세워진다.

전국의 신사들 중 최상위에 군림하는 것은 천황가의 황조신 아마테라스를 받들어 모시는 이세 신궁이다. 에도 시대의 이세 신궁 참배는 아마테라스를 모시는 내궁보다는 민간 신앙 차원에서 풍요와 번영의 신인 도요우케를 숭배하는 외궁 쪽의 비중이 컸다. 외궁의 도요우케를 숭경하는 민중의 이세 신앙을 황조신 아마테라스를 모시는 내궁 중심으로 돌려놓은 것은 메이지 시대 이후의 일이다. 천황가의 황조신을 숭배하는 전당으로서 이세 신궁이 복원되는 것과 동시에 무가 정권에 대항해 천황 친정 정치를 부활시킨 인물들이 복권된다.

메이지 정부의 지도자들에게 있어서 고다이고 천황과 그의 측근들이 이룩한 겐무 중흥은 막부를 타도하고 메이지 천황의 친정 체제를 구축한 것에 버금가는 기념비적인 대사건이었다.[18] 그래서 메이지 시대에는 요시노에 있었던 남조南朝의 고다이고 조정과 그의 지지자들이 부각되면서 이들을 기념하는 신사가 곳곳에 건립된다. 1868년 4월 메이지 천황은 구스노키 마사시게에게 신神이라는 칭호를 내리고 그를 기리는 신사를 건립하라고 명한다. 이에 1872년 미나토가와湊川 신사가 세워진다. 구스노키 마사시게의 신격화는 메이지 유신 때 관군으로 싸우다 전사한 사람들을 위해 메이지 정부가 계속적으로 벌인 현창顯彰 운동의 일환이었다.[19]

메이지 천황이 구스노키 마사시게에게 신이라는 칭호를 내리고 그를 위한 신사 건립을 지시한 것은 그가 고다이고 천황의 친정 체제를 여는 데 공헌했을 뿐만 아니라 목숨을 바쳐 천황에게 충성한 인물이기 때문이었다. 구스노키 마사시게는 적군에 둘러싸여 승산이라고는 없는 전쟁터에서 6년이나 성을 지키며 항전했다. 최후의 일각까지 싸우다 남은 사람들은 모두 할복자살했다. 남조를 지지하고 고다이고 천황의 친정 체제를 이상으로 생각한 메이지 천황으로서는 국민 교화의 모델로서 이 이상의 인물을 찾기

---

18 다카시 후지타니, 《화려한 군주 — 근대일본의 권력과 국가의례》, 126쪽.

19 오오누키 에미코, 《사쿠라가 지다 젊음도 지다》, 이향철 옮김(모멘토, 2004), 210쪽.

남조의 충신 구스노키 마사시게는 국민 교화의 모델로서 메이지 정부에 의해 현창된다.

어려웠을 것이다.

'일가권속 남김없이 천황에게 충의를 다하고 죽으라, 죽으면 일곱 번 환생해 더욱 천황에게 충성을 다하라'라는 것이 구스노키 마사시게의 가르침이었다. 그 가르침대로 그의 일족도 자손도 천황을 위해 죽었다.[20] 이와 같은 충절을 기리고 국민 교화의 모범으로 삼기 위해 전시 일본 전역에 그의 동상이 건립된다. 구스노키 마사시게의 정신을 모든 일본인이 받들어야 한다고 여겼기 때문이다. 실제로 구스노키 마사시게 상을 가슴에 품은 채 전장에 나간 장병이 많았다.[21]

죽으면 일곱 번 환생해 천황을 위해 죽으라는 구스노키 마사시게의 가르

---

20 다치바나 다카시, 《천황과 도쿄대 2》, 이규원 옮김(청어람미디어, 2008), 336쪽.

21 다치바나 다카시, 《천황과 도쿄대 2》, 339쪽.

침은 '칠생진충七生儘忠'(일곱 번 다시 태어나 충성을 다하라)과 '칠생보국七生報國'(일곱 번 다시 태어나 나라에 보답하라)의 정신으로 재창조되어 전시에 군부를 통해 황군에게 주입된다. 가미카제 특별공격대의 분대 이름들이 대부분 구스노키 마사시게와 관련해서 지어진 것만 봐도 그가 전시의 일본에서 군부에 의해 얼마나 현창되고 군인들에게 존경받았는지 알 수 있다.

당시 새로이 만들어지거나 재흥한 신사들 중 대표적인 것이 오다 노부나가를 받드는 겐쿤建勳 신사와 도요토미 히데요시를 받드는 도요쿠니豊国 신사이다. 과거의 역사적 인물을 받드는 신사 외에 메이지 천황 사망 후에는 그를 제신으로 모시는 메이지 신궁도 건립된다. 아울러 메이지 천황을 따라 순사殉死한 노기 마레스케乃木稀助(1849~1912) 대장군을 모시는 노기乃木 신사도 건립된다. 노기 마레스키는 러일전쟁 이후 군신軍神으로 모셔진 사람 가운데 한 명이다. 그는 두 아들을 러일전쟁에서 잃었고, 메이지 천황의 운구가 나가는 날 아내와 함께 메이지 천황을 따라 순사한다. 그의 순사가 연일 신문에 대서특필되면서 그는 군인의 귀감으로 추앙받았고, 급기야 신격화되어 군신으로 추대된다.

메이지 정부가 만든 신사 가운데 가장 기념비적인 것은 근대 천황제 신민 국가를 창출하는 과정에서 죽은 사람들을 모신 야스쿠니 신사이다. 야스쿠니 신사의 전신은 도쿄 초혼사招魂社로, 1869년 메이지 정부가 내전에서 사망한 관군을 제사 지내기 위해 건립한 곳이다. 1877년 도쿄 초혼사에서는 메이지 정부와 사쓰마 번 사이의 세이난 전쟁에서 전사한 정부군을 기리는 임시 제사가 거행됐다. 메이지 정부는 1879년 도쿄 초혼사를 야스쿠니 신사로 개칭하고 신사의 격을 별격관폐사別格官弊社(신하의 신분인 실존 인물을 제신으로 하는 신사)로 높인다.

메이지 정부는 국가 신도를 배경으로, 전사자의 종교나 유족들의 의사와 관계없이 전사자를 야스쿠니 신사에 신으로 모시고 모든 제사를 신도식으로 거행한다.[22] 전사자를 야스쿠니 신사의 신으로 승격하는 의식인 임시 제사 때는 천황이 참배했고 유족들과 관계자들도 참석했다.[23] 야스쿠니 신사가 국가에 의해 대대적으로 현창되고 기념된 것은 아시아태평양전쟁이 발발하고부터였다.

이렇게 근대의 신기 제도는 헌법의 총람자로서의 천황을 중심으로 재편성되어간다. 진무 천황을 제신으로 받들어 모시는 가시하라 신궁은 1890년 〈대일본제국헌법〉 체제와 함께 건립되어 근대 천황제 이데올로기의 발상지로서의 역할을 한다. 하지만 메이지 시대에는 러일전쟁 때를 제외하면 가시하라 신궁이든 야스쿠니 신사든 참배객 수가 그다지 많지는 않았다.

니토베 이나조의 《일본의 영혼, 무사도》

일본의 다른 전통문화와 마찬가지로 무사도 역시 구미라는 타자를 통해 최종적으로 확립되었다. 니토베 이나조新渡戶稻造(1862~1933)는 《일본의 영혼, 무사도*Bushido, The Soul of Japan*》(1898)[24]라는 저술을 통해 일본 정신을 서구에 각인한 인물이다. 이 책은 미국 필라델피아에서 영어로 먼저 출판되었고, 서구에서 반향을 불러일으킨 뒤에 일본어로 번역되어 "무사도"

22 노길호, 《야스쿠니 신사》(문창, 1996), 29쪽.

23 노길호, 《야스쿠니 신사》, 30쪽.

24 니토베 이나조, 《일본의 무사도》, 양경미 · 권만규 옮김(생각의나무, 2004). 이하 《일본의 영혼, 무사도》의 내용은 모두 이 번역서에서 인용함.

라는 제목으로 출판된다. 니토베 이나조는 독일과 미국에서 수학하고 교토 대학 교수를 역임한 메이지 시대의 대표적 사상가이자 교육가이다. 또한 그는 국제 평화를 외친 평화주의자로서 국제연맹 초대 사무차장과 태평양 문제조사회 위원장으로 활약했다.

메이지 시대의 지성인들이 그러했듯 니토베 이나조 또한 열렬한 애국주의자였고, 그의 혈맥에는 사족(사무라이)이었던 아버지의 피가 면면히 흐르고 있었다. 따라서 그의 서구적 지성이나 종교는 무사도를 일본적인 미학으로서 재창조하는 데 아무런 방해가 되지 않았다. 아니, 오히려 그의 기독교적 감성이 이 책의 저술에 일조하고 이 책을 서구인에게 이해시키는 데 도움이 되었다고 봐야 한다. 하지만 니토베 이나조의 맹목적인 애국심과 기독교를 대체할 도덕률을 만들겠다는 자기모순적인 정신 구조는 결국 일본을 무모한 광기의 전쟁으로 몰아넣는 데 일조했다. 그의 책이 무사로 변용된 황군의 정신적 지주 역할을 했기 때문이다.

무사도에 관한 책으로는 니토베 이나조의 책 이전에 미야모토 무사시가 구술한 《오륜서》와 야마모토 쓰네토모가 구술한 《엽은》이 있었다. 《오륜서》와 《엽은》이 일본사 내부에서 사무라이가 쓴 책으로, 무사도에 관한 자기 인식을 바탕에 깔고 있었다. 반면 니토베 이나조의 책은 학자가 처음부터 서양이라는 타자를 의식하며 썼다는 점에서 기존의 무사도에 관한 저술과 본질적으로 다르다. 니토베 이나조가 《일본의 영혼, 무사도》라는 책을 일본어도 아니고 영어로 쓴 것은, 본인이 서문에서 밝히고 있듯이, 서구의 기독교를 대체할 만한 불멸의 도덕률이 일본에 존재한다는 것을 서구에 알리기 위해서였다. 그의 의도대로 이 책은 서구의 외교가에서 대단한 반향을 불러일으킨다. 각국의 주일 대사와 친일적 외국인들이 이 책의 애독자였는데, 청일전쟁에서 승리하고 제국주의 국가의 반열에 오른 일본의 저력을 이해하는 데 영어로 된 이 책만큼 좋은 책은 없었기 때문이다.

당시 프랑스의 주일 대사였던 세기의 시인 폴 클로델은 "내가 결코 멸망하지 않기를 염원하는 민족이 하나 있다. 그것은 일본 민족이다. 그만큼 흥미 있는 태고의 문명을 가진 민족은 또 없다"[25]라고 일본을 상찬한다. 또한 메이지 시대에 미국 대통령을 지낸 시어도어 루스벨트는 니토베 이나조의 《일본의 영혼, 무사도》의 열렬한 애독자로 이 책을 읽은 뒤 일본이라는 극동의 섬나라에 대해 흥미와 친밀감을 느꼈다.[26] 이 미국 대통령이 러일전쟁 발발(1904) 후 영국과 함께 일본을 후원하고 1905년 러일전쟁이 종결되는 과정에서 러시아와 일본의 강화講和에 개입하지 않았다면 러일전쟁은 장기화되었을 것이다. 이로 인한 일본의 피해가 어떠했을지는 아무도 장담할 수 없다.

니토베 이나조는 《일본의 영혼, 무사도》라는 책에서 "무사는 일본의 꽃"이며 일본의 "근원"이었다고 하면서 무사도를 다음과 같이 극찬한다.

> 과거의 일본은 무사에게 모든 것을 빚지고 있다고 해도 과언이 아닐 것이다. 무사는 일본의 꽃이었을 뿐만 아니라 그 근원이기도 했다. 하늘의 온갖 은전과 하해와도 같은 하사품은 무사를 통해 전해졌다. 무사는 대중과 사회 계급으로부터 떨어져 있었지만 대중 사이에 도덕적 표준을 심었으며 몸소 모범을 보이면서 대중을 이끌어갔다. 무사도의 교훈은 대외적 교훈과 대내적 교훈 두 가지가 있는데, 전자는 사회의 안녕과 행복을 바라는 선한 의지였으며 후자는 강력하게 덕을 실천시키려는 규율이었다. (《일본

---

25 永井一水, 〈明治とともに消ゆ—"日本の心"の終焉〉, 別冊歷史読本 《武士道—侍の意地と魂》(東京 : 新人物往来社, 1995), 232쪽.

26 永井一水, 〈明治とともに消ゆ—"日本の心"の終焉〉, 235쪽.

의 영혼, 무사도》)

니토베 이나조의 이러한 역설에도 불구하고 무사도가 대외적으로 사회의 안녕과 행복을 바라는 선한 의지로 작동한 적이 없었다는 것은 일본 역사가 증명하는 바이다. 아울러 무사도가 대내적으로 강력하게 덕을 실천시키려는 규율이었다는 것 역시 사실이 아니다.

이어서 니토베 이나조는 무사도는 일본을 상징하는 사쿠라와 함께 일본을 대표하는 고유의 정신이며, 일본 역사에 보존되어 있는 바싹 말라버린 고대 도덕의 표본이 아니라 오늘날에도 변함없이 아름다움과 힘을 간직한 채 일본 국민들의 가슴속에 살아 숨 쉬는 것이라고 말한다. 아울러 봉건제의 자식으로 태어난 무사도는 모태인 봉건제가 이미 붕괴했음에도 불구하고 여전히 살아남아 일본의 도덕성을 비춰준다고 단언한다.[27]

니토베 이나조는 무사는 국민의 아름다운 이상으로 '꽃은 사쿠라, 사람은 무사'라는 말이 회자된다면서, 일본에서 인간 삶에 대한 본연의 자세, 사고방식 등 무엇 하나 무사도에 영향 받지 않은 것이 없다고 말한다.

> 무사는 온 국민의 아름다운 이상이며, "꽃은 사쿠라, 사람은 무사"라는 말이 널리 펴져 있을 정도이다. 무사 계급은 상업에 종사하는 것이 금지되어 있었기 때문에 직접적인 도움을 주지는 못했다. 그러나 인간의 삶에 대한 본연의 자세, 사고방식 등 무엇 하나 무사도에서 영향을 받지 않는 것이 없다. 지적인 일본, 혹은 도덕적인 일본은 직·간접적으로 무사도에 의해 완성되었다. (《일본의 영혼, 무사도》)

---

27 니토베 이나조, 《일본의 무사도》, 27쪽.

'꽃은 사쿠라, 사람은 무사'라는 말 역시 내셔널리즘에 이용된다. 니토베 이나조에 의해 새롭게 재구축된 일본 정신大和魂은 무사뿐만 아니라 근대의 병사에게도 흔쾌하게 죽을 '권리'를 부여했다. 이러한 죽음에서 사쿠라는 일본인의, 특히 병사의 혼을 표상한다.[28] 그리하여 지는 사쿠라는 전사戰死를 의미하고 피는 사쿠라는 전사자의 환생을 의미했는데, 이와 같은 사쿠라의 의미 변용은 군부에 의해 주도되었다. 군부의 조작에 의해 사쿠라의 이미지는 생명력을 나타내는 활짝 핀 사쿠라에서 죽음을 나타내는 지는 사쿠라로 바뀌고, 야스쿠니 신사에 피는 사쿠라는 죽은 병사의 환생을 의미하게 된 것이다.[29]

이와 같은 사쿠라의 의미 변용은 병사들과 유가족들에게 무리 없이 받아들여져, 가미카제 특별공격대의 병사들은 일장기가 새겨진 머리띠를 두르고 사쿠라를 머리에 꽂은 채, 야스쿠니 신사에서 만나자는 말을 전우들과 유가족에게 남기고 장렬하게 전사한다. 이런 병사들의 유언을 들어주기라도 하려는 듯이 천황은 병사들의 영혼을 위무하는 야스쿠니 신사의 제사에 출석하고, 유가족은 전몰 병사를 만나러 야스쿠니 신사로 가는 것이다. 한국에서 야스쿠니 신사 참배 문제를 따질 때 야스쿠니 신사의 이러한 정신적 배경, 즉 야스쿠니 신앙을 이해할 필요가 있다.

아울러 니토베 이나조는 신도와 천황의 관계를 다음과 같이 설명한다. "신도의 자연 숭배 관념은 국토에 대한 친근감과 애착을 심어주며 조상 숭배 관념은 국민들의 혈맥을 그 근원까지 소급시켜 왕실이 온 국민의 공통 조상이라고 가르친다."[30] 그러나 "왕실이 온 국민의 공통 조상"이라는 것

28 오오누키 에미코, 《사쿠라가 지다 젊음도 지다》, 222쪽.

29 오오누키 에미코, 《사쿠라가 지다 젊음도 지다》, 223쪽.

역시 동의할 수 없는 부분이다. 왜냐하면 이는 근대 천황제 신민 국가가 국민을 통합하기 위해 만들어 주입한 이데올로기, '일대가족국가一大家族國家' 이데올로기에 불과하기 때문이다. 원래 신도의 조상 숭배, 특히 민중의 조상 숭배는 역사적으로 왕실을 온 국민의 공통 조상이라고 생각한 적이 단 한 번도 없었다.

보다 더 정확하게 말하면 천황과 국민을 하나의 혈맥으로 엮은 니토베 이나조의 이와 같은 언설은 《일본의 영혼, 무사도》를 저술한 당대의 시의에 따른 것이 아니다. 오히려 니토베 이나조는 시대를 앞서서 메이지 정부가 취해야 할 국민 교화의 방향성을 명확하게 제시한 것이라고 봐야 한다. 니토베 이나조가 언급한 대로 일대가족국가 이데올로기는 메이지에서 쇼와에 걸친 80년의 시간을 관통하며 천황제 이데올로기이자 프로파간다로서 끊임없이 재생산된다.

가토 히로유키의 《국체신론》

국체는 만세일계의 천황을 군주로 하는 일본 국가의 정체성을 말할 때 쓰는 용어이다. 근대 천황제 신민 국가의 사상적 지주로 기능한 국체라는 용어를 처음 사용한 쪽은 미토학이다. 아이자와 세이시사이는 저서 《신론》에서 천황가의 '황성일통皇姓一統'을 통해 일본의 도덕적 우월성을 주장한다. 또한 도쿠가와 나리아키는 '간나가라(예로부터 내려온 신도, 에도 시대에 주창된 고신도古神道)의 대도大道'를 교육의 연원으로 삼아 이에 유교를 동화시

30 니토베 이나조, 《일본의 무사도》, 39쪽.

키고, 충효 일체와 문무 일도를 통해서 억조가 일심으로 황운을 부익하고 받드는 황도皇道의 실천을 주장한다. 이른바 국체와 충효 일치의 발명이다.

미토학에 의해 촉발된 국체에 관한 언설은 메이지 시대에 이르러 미토학과 히라타 아쓰타네 신봉자들에 의해 급속도로 확산된다. 이러한 흐름을 신랄하게 비판하고 나선 인물이 가토 히로유키加藤弘行(1836~1916)이다. 가토 히로유키는 천황을 개인적으로 교육하고 일본 교육 제도의 근간을 만든 메이지 시대의 철학자이자 도쿄제국대학 총장을 역임한 저명인사이다. 1875년에 가토 히로유키는《국체신론國体新論》(1874)을 저술한다.

《국체신론》은 제목 그대로 기존의 국체론과는 다른 새로운 국체론을 전개하고 있다. 기존의 국체론이란 국학자류의 언설을 말한다. 가토 히로유키는《국체신론》총론에서 기존의 국학자류의 국체론을 다음과 같이 신랄하게 비판한다.

> 본국에서 국학자류라고 주장하는 무리들의 논설은 진리에 심히 위반되고 실로 혐오해야 할 것이 많다. 국학자류 무리들이 절절한 애국심에서 자주 황통일계를 과장되게 칭송하는 것은 진실로 경하할 일이기는 하지만, 안타깝구나. 국가와 군민의 진리를 알지 못하기 때문에 마침내 천하의 국토는 모두 천황의 사유私有이고 억조 인민은 모두 천황의 신복이라고 하고, 따라서 여러 가지 견강부회의 망언을 주장하며, 대개 본국에 태어나는 인민은 오로지 천황의 마음만을 마음으로 여기고 천황에 관한 일이라면 선악사정善惡邪正을 논하지 않고 그저 만족하여 칙명대로 존중하고 따르는 것을 진정한 신국체라고 생각하고, 이것이 이 나라가 만국보다 탁월한 까닭이라고 말한다. 이러한 시각의 비열함, 그 주장의 야비함은 실로 가소롭다고 해야 할 것이다. (《국체신론》[31])

나아가 가토 히로유키는 이러한 야비하고 누열한 국체를 가진 나라에 태어나는 것이야말로 실로 불행의 극치라며 일본과 중국도 사실은 개화되지 못한 미개국이라고 주장한다. 그럼에도 불구하고 작금의 일본에서는 이러한 야비하고 누열한 국체가 도리에 맞지 않다고 생각하는 자가 전혀 없을 뿐만 아니라 이러한 국체가 금과옥조처럼 떠받들어진다고 신랄하게 비판한다. 그는 메이지 시대의 국체 맹신 풍조를 비판하면서 다음과 같이 경고한다.

> 우리나라가 황통일계로 해서 일찍이 혁명이 없었던 것은 대단히 경하할 일이며 또한 천지와 더불어 무궁하게 발전한다는 것은 나 역시 간절히 소망하는 바이기는 하지만 그렇다고 해서 천하국토 억조만민을 한 사람 천황의 사유 신복으로 간주하는 것과 같은 야비누열野鄙陋劣(야만스럽고 어리석고 견식이 좁고 열등함)의 풍습을 가지고 우리의 국체라고 하는 일은 결코 있어서는 안 된다. 천황과 인민은 결코 다른 부류가 아니다. 천황도 사람이고 인민도 사람이라면 단지 동일 인류 가운데서 존비상하의 분별이 있는 것일 뿐, 결코 사람과 가축 같은 현격한 거리가 있는 것이 아니다. (《국체신론》)

가토 히로유키는 당대의 최고 지성인답게, 날이 갈수록 고조되는 '만세일계의 천황이 다스리는 신국 일본'을 기조로 하는 국체 사상의 위험성을 경고한다. 이와 같이 당당하게 자기 생각을 밝혔던 가토 히로유키는 10년

---

31 植手通有, 《西周 加藤弘之》(東京 : 中央公論社, 1997). 이하 《국체신론》의 내용은 모두 이 책에서 인용함.

이 지난 뒤 자기 저술을 부정하고 책을 절판시킨다.

1881년 11월 24일 가토 히로유키는 《우편보지신문郵便報知新聞》에 광고를 내서 자신의 책 《국체신론》과 《진정대의眞政大意》(1870)를 스스로 절판시킨다고 밝힌다.[32] 절판 사유에 대해서는 이들 저서가 "잘못된 견해와 망언謬見妄說이 왕왕 적지 않아 후진에게 폐해가 크다는 것을 깨달았기 때문"이라고 밝힌다. 그뿐만 아니라 이미 세상에 유포된 책이 많은데 "이를 열독하는 제군은 부디 그 책과 나의 의견이 일치한다고 생각하지 않기를 바란다"라고 덧붙인다.[33] 가토 히로유키의 이런 돌연한 행동에 의혹을 표하는 사람이 많았지만, 당시에는 구체적인 이유가 밝혀지지 않았다.

하지만 가토 히로유키 책의 절판은 예견된 일이었다. 메이지 정부의 문부성 요직에는 이미 에도 시대의 미토학과 국학 사상을 계승한 인물들이 포진하고 있었다. 메이지 정부의 관료들 역시 일본의 정체성을 천황을 현인신으로 하는 국체 사상에서 찾고 있었던 것이다. 문명개화와 부국강병을 기치로 내건 메이지 정부가 이러한 국체 사상을 정면으로 부정하는 가토 히로유키의 저술을 받아들일 수는 없는 일이었다. 결국 가토 히로유키는 국수적 내셔널리스트의 표적이 되어 나라의 공적公敵으로 지목되고 만다.

이 일을 계기로 보수 사상가로 전환한 가토 히로유키는 러일전쟁 후에는 "건국 이래로 제실은 오늘날까지 면면하게 이어져오고 있으며 우리 일본 민족의 종가임"을 주장한다.[34] 당대 최고의 지성 중 하나였던 가토 히로유키 스스로 책을 절판시키는 데 그치지 않고 학자로서의 양심마저 저버리고

---

32 다치바나 다카시, 《천황과 도쿄대 1》, 114쪽.

33 다치바나 다카시, 《천황과 도쿄대 1》, 132쪽.

34 스즈키 마사유키, 《근대일본의 천황제》, 89쪽.

만 것이다. 그의 사상적 변절은 맹목적인 국체 사상을 비판하지 못하고 정부의 정책에 야합하는 학문적 풍토를 낳는 데 일조했다.

그 후 국체 관념은 더욱더 맹위를 떨치며 사회 전반으로 확산됐다. 국체 관념은 막부를 타도하고 왕정복고를 통해 메이지 유신을 이루는 원동력이 되었을 뿐만 아니라 근대 천황제 신민 국가의 정치 이데올로기로 기능한다. 학자들 사이에서 국체 논쟁이 벌어지는 가운데 메이지 정부는 〈군인칙유〉(1882), 〈대일본제국헌법〉(1889), 〈교육칙어〉(1890)를 통해 국체 관념을 차례차례 명문화하기 시작한다.

그렇다고 국체 논쟁이 가토 히로유키의 변절과 더불어 마무리된 것은 아니어서, 쇼와 시대에 들어 '천황 기관설' 사건으로 재점화된다. 하지만 이 역시 천황 기관설을 주창한 헌법학자가 테러를 당하고 그의 저술들이 출판 금지되는 결과로 이어진다. 그 후 일본 정부는 국체를 명징하게 한다는 의미의 '국체 명징' 운동을 전개했고 문부성은 국체 해설서인 《국체의 본의》를 제작해 전국적으로 30만 부를 배포한다. 《국체의 본의》를 토대로 국사 교과서가 개정되어 국체 사상은 초등학교에서 고등학교에 이르기까지 철저하게 주입된다.

〈대일본제국헌법〉과 〈황실전범〉

메이지 천황은 진무 창업의 건국 정신으로 돌아가자는 슬로건을 내세우며 1867년 왕정복고를 단행했지만, 즉위했을 때 나이는 15세에 불과했다. 사실상 정치적 권력을 행사한 것은 메이지 유신을 성공시킨 정부 인사들이었다. 1870년대 초반에 메이지 정부의 독단적인 전제 정치에 반발해 자유 민권 운동이 일어난다. 자유 민권 운동가들이 메이지 정부에 요구한 것은 의회 개설, 토지세 경감, 불평등 조약의 개정, 언론과 집회의 자유 보장 등이었다. 이 중 메이지 정부를 가장 곤혹스럽게 한 것은 의회 개설이었다.

이타가키 다이스케板垣退助(1837~1919)를 비롯한 자유 민권 운동가들은 1874년 국회를 개설하고 민선 의원을 선출하자는 〈민선의원설립 건백서〉를 정부에 제출한다. 자유 민권 운동의 확산을 막기 위해 메이지 정부는 1881년 메이지 천황의 이름으로 〈국회개설조칙〉을 내려, 1890년에 국회를 개설할 것이며 흠정 헌법을 제정할 것임을 표명한다. 이로써 메이지 정부는 국회 개설에 관한 자유 민권 운동의 압력에서 벗어난다. 정부와 민간은 10년 앞을 내다보며 국회 개설을 위한 연구를 활발히 진행했고 메이지 정부는 약속대로 1889년 2월 11일 기원절에 맞추어 〈대일본제국헌법〉(일명 메이지 헌법)을 반포하고 1890년 제국의회를 개설한다. 제국의회는 1890년부터 1947년 3월까지 지속된다.

메이지 정부는 천황의 종교적 권위를 그대로 메이지 정부의 정치적 권위로 연결시켜 근대 국가의 골격인 헌법을 만든다. 메이지 정부는 〈대일본제국헌법〉을 통해 천황에게 절대적 권위를 부여한다. 헌법 제1조에는 "대일본제국은 만세일계의 천황이 통치한다"라고 명시되어 있다. 만세일계의 천황이 통치하는 일본의 국체(천황제)를 헌법이 분명하게 밝힌 것이다. 이어서 제3조에는 "천황은 신성불가침하다"라고 되어 있다. 이 조항은 제1조에서 밝힌 천황 신권의 유래와 만세일계의 황통을 근거로 한 것이다. 결국 헌법 제1조와 제3조를 통해 일본의 국체와 천황의 신성불가침이 확정된 것이다.

한편, 제4조에는 "천황은 국가의 원수로서 통치권을 총람하며 이 헌법의 조규條規에 따라 이를 행사한다"라고 돼 있어, 천황의 행정권에는 제한이 있었음을 알 수 있다. 또한 "천황은 제국의회의 동의를 얻어 입법권을 행사한다"라는 제5조를 통해 천황의 입법권에도 제한이 가해졌다. 메이지 헌법을 제정한 메이지 정부의 각료들은 천황의 신권을 인정하는 대신 천황의 행정권과 입법권은 제약한 것이다.

반면에 천황의 통수권은 어떤 제약도 받지 않는다. 제11조에 아무 조건 없이, "천황은 육해군을 통수한다"라고만 되어 있기 때문이다. 그러므로 군사적인 문제에 관한 한 천황은 내각이나 의회와 의논하지 않고 자유로운 결정을 내릴 수 있었다.[35] 이는 천황에게 육해군 통수권이 주어지기 전에 이미 메이지 천황이 〈군인칙유〉를 통해 자신이 '대원수'임을 군인들에게 천명한 것과 무관하지 않을 것이다. 그러나 헌법을 제정할 당시만 해도 군이 천황을 등에 업고 정치에 직접 관여하는, 도조 히데키 내각(1941. 10~1944. 7)과 같은 군부 내각이 출현하게 되리라고는 누구도 예상치 못했을 것이다.

일본이 1931년의 만주사변, 1939년의 중일전쟁, 그리고 1941년의 태평양전쟁으로 치닫는 과정에서 군부는 천황에 대한 신성불가침을 규정한 헌법 제3조와 천황의 육해군 통수권을 규정한 제11조를 연결시켜 하나의 논리를 개발한다. 육해군은 대원수가 직접 지휘하는 천황의 군대인 황군이므로 행정부나 입법부가 군에 관여할 수 없다는 논리였다. 더욱이 신성불가침한 존재인 천황의 명으로 전쟁을 수행하는 만큼 이는 침략 전쟁이 아니라 성스러운 전쟁, 즉 성전聖戰이라고 주장했다.

당시에 나온 초등학교 수신 교과서는 〈대일본제국헌법〉을 소개하면서 진무 천황의 건국 신화와 만세일계의 천황을 연결시켜 일본의 국체에 대해

---

35 다치바나 다카시, 《천황과 도쿄대 1》, 123쪽 참고.

다음과 같이 설명한다.

> 우리 대일본제국헌법은 천황이 이에 따라 우리나라를 통치하실 대법이므로 따라서 법령의 근본이 되는 가장 중요한 규칙입니다. 메이지 천황은 황실의 유훈에 따라 나라의 번영과 국민의 행복을 바라시는 마음에서 군신君臣이 공히 영원히 따라야 할 법을 제정하시어 메이지 22년 기원절을 기념하는 날에 발표하게 되었습니다. 헌법에는 만세일계의 천황이 나라를 다스리시는 것을 드러내어 옛날부터 변치 않는 국체의 근본을 분명히 하고 있습니다. (《일본 초등학교 수신서(1918 제3기)》)

여기에 담긴 뜻은 〈대일본제국헌법〉에 명시된 바대로 '일본은 만세일계의 천황이 다스리는 나라'라는 것이다. 아울러 헌법이 '예로부터 변치 않는 국체의 근본을 분명히 하고 있다'는 것이다.

한편 〈황실전범〉은 1889년 2월 11일 〈대일본제국헌법〉의 발포와 동시에 비공식적으로 발표된다. 〈황실전범〉은 국체와 황실, 황실과 신민의 관계를 〈대일본제국헌법〉보다 더 분명하게 드러내 보인다.

> 황실전범은 황실 스스로 그 가법家法을 조정하는 것이므로 공식적으로 국무대신의 부서副署하에 이를 신민에게 공포할 것이 아니다. 따라서 장래 피치 못할 사정으로 그 조문을 고칠 경우가 있더라도 역시 제국회의의 승낙을 거칠 필요는 없다. 무릇 황실의 가법은 조종祖宗으로부터 이어받아 자손에게 전해진 것이지 군주가 임의로 만든 것이 아니다. 하물며 신민이 이를 간섭한다는 것은 더더욱 있을 수 없는 일이다. 유럽 나라들처럼 이를 헌법에 명기하여 향후 신민의 개입을 허용하는 것은 우리 국체로서는 도

저히 받아들일 수 없는 것이다.[36]

황실의 가법은 조상신으로부터 자손인 천황에게 전해진 것이지 군주가 임의로 만든 것이 아니므로, 이를 헌법에 명기해 향후 신민의 개입을 허용하는 것은 일본의 국체로서는 용납할 수 없는 일이라는 것이다. 여기서도 알 수 있듯이 〈황실전범〉은 〈대일본제국헌법〉과 별도로 제정된 법으로서 제국회의와 메이지 정부로부터 자유로운, 치외법권적 성격을 띠었다.

1868년 8월 27일에 즉위식을 올린 메이지 천황은 9월 8일에 연호를 메이지로 고친다. 이와 함께 각 천황마다 하나의 연호를 쓰는 일세일원제一世一元制 채용을 공포한다. 이는 새로이 즉위한 천황과 새 연호의 일체화로 천황에 의한 정치 지배의 존속과 일본 국토의 시간을 천황이 지배한다는 점을 시사한다는 의미에서 천황 절대화의 일환이었다. 일세일원제의 확립은 〈황실전범〉에서 비롯되었다.[37] 연호는 패전 후 미군 점령하에 있던 1947년에 폐지되었다가 1979년에 부활한다.

---

36 스즈키 마사유키, 《근대일본의 천황제》, 64쪽.

37 스즈키 마사유키, 《근대일본의 천황제》, 200쪽, 각주 5 참고.

: 2 :

천황의 칙어로 수렴되는 국민 교육

에도 말기에 천황이 군림하는 국가로서의 신국(신슈神州) 의식이 앙양되었고, 이는 메이지 유신을 거쳐 근대로까지 계승되어간다. 그러나 메이지 정부는 '대일본은 신국이며 만세일계의 천황이 통치하는 나라'라는 기본 틀은 유지하면서 그 내용을 다른 것으로 대체하려고 시도한다. 1868년 3월 메이지 정부는 신불 분리령을 발표해 신사와 신기 신앙에서 불교의 영향을 배제할 것을 명한다. 천황을 중심에 놓은 신생 일본을 구축하기 위해서는 아키쓰미카미現御神(현인신)로서의 천황의 권위를 뒷받침하는 신들의 세계를 재구축하고 근대 천황제에 적합한 새로운 신화를 창조할 필요가 있었던 것이다.[38]

이러한 시대 상황에서 1882년 메이지 천황에 의해 군인들에게 내리는 〈군인칙유〉가 반포된다. 1889년에는 〈대일본제국헌법〉이 반포되고,

---

38 佐藤弘夫, 《神國日本》(東京 : ちくま書房, 2006), 212쪽.

1890년에는 일선 학교에 〈교육칙어(교육에 관한 칙어)〉가 하달된다. 〈교육칙어〉는 천황에게 정치적 권위에 대해 도덕적 권위까지도 부여해주는 것이었다. 〈군인칙유〉와 〈교육칙어〉는 천황이 그의 신민인 군인과 학생에게 하달한 것으로 국체 사상의 양대 실천 강령에 해당한다. 〈교육칙어〉가 학교 교육을 통해 천황제를 투사하는 이데올로기로 기능하면서, 신도 중심의 국체와 천황제 이데올로기는 일본인 개개인의 내면적 도덕으로 서서히 정착되어간다. '너희 신민은'으로 시작되는 천황의 근대 조칙들은 '국민'이 아니라 '신민'을 전근대적인 절대 군주제에 종속시키는 새로운 종교적 언설이다.

〈군인칙유〉와 〈교육칙어〉는 '칙유' 또는 '칙어'라는 말이 보여주듯이 내각의 부서副署(서명 날인) 없이 천황이 직접 하사한 조칙詔勅으로 초법적인 성격을 띠었다. 특히 〈군인칙유〉의 초법성은 그 언설에 명확하게 드러나 있다. 〈대일본제국헌법〉에 대원수로서의 천황의 지위가 명시되기도 전에, 메이지 천황은 〈군인칙유〉에서 자신을 대원수로 지칭한다. 〈대일본제국헌법〉 제11조에 의하면 천황은 육해군을 통수하는 대원수이다. 이 규정에 따라 천황과 군인의 관계는 확고부동한 것이 된다. 육해군의 수뇌부는 헌법 제11조에 의거해 정부나 의회가 군의 일에 관여하는 것을 원천적으로 봉쇄한다. 그 결과 태평양전쟁 말기에는 헌법 제11조가 군부에 의해 악용되어, 현인신 천황을 대원수로 하는 황군(군부)이 내각을 무시하고 침략 전쟁을 진두지휘하게 된다.

근대 천황제 신민 국가의 가장 현저한 특징은 일본 신화에 입각해서 천황을 살아 있는 신, 즉 현인신으로 숭배하도록 국민을 교육하고 세뇌했다는 것이다. 이와 같은 국민 교화는 군인에게 내린 〈군인칙유〉와 일선 학교에 내린 〈교육칙어〉를 통해 50여 년 동안 계속된다. 메이지 정부는 일본 신화에 기초한 천황의 절대성을 국민들이 믿고 받아들이도록 국가 권력을 이용해 국민을 교화한 것이다. 〈교육칙어〉의 중점은 "유사시에는 충의와 용기를 가지고 봉사하여 천양무궁의 황운을 부익해야 할지니라"라는 구절에 놓여 있다. 〈교육칙어〉에 나오는 덕목은 모두 '멸사봉공'으로 수렴된다.[39]

〈군인칙유〉 공포

메이지 신정부는 무사들에게 내려졌던 영지를 환수하고(질록 처분) 무사들에게 칼을 차고 다니는 행위를 금지(폐도령 단행)함으로써 사족士族이라 불리던 무사 계급을 해체한다. 그리고 조슈와 사쓰마 번의 사무라이들을 중심으로 임시 정부군이 만들어진다. 국가가 만든 정식 군대는 아니었지만, 메이지 정부 초기의 내란을 진압한 것은 바로 이 군대였다. 하급 무사, 농민, 조닌町人(상인), 피차별 부락민으로 구성된 정부군은 사족 출신의 구 막부군을 타도하면서 활용 가치를 증명한다. 메이지 정부는 1873년 국민의 국방 의무를 규정한 〈징병령〉을 공포한다. 〈징병령〉은 만 20세 이상의 남자 중에서 선발해서 3년간 상비군으로 복무케 하고 상비군 복무가 끝나면 후비군(예비군)으로 삼는다는 것을 골자로 한다. 이러한 징병 제도는 구 사족의 반대에 직면하고, 사이고 다카모리 휘하에 구 사족이 결집하면서 1877년 구 사족과 정부군 간에 세이난 전쟁이 발발한다. 이 내전은 정부군의 승리로 끝났고, 〈징병령〉은 1889년에 전면 개정되어 1927년에는 〈병역법〉으로 이행된다.

---

39 山科三郎, 〈総力戦体制と日本のナショナリズム—1930年代の〈国体〉イデオロギーを中心に〉, 後藤道夫 · 山科三郎, 《ナショナリズムと戦争》 戦争と現代 4(東京 : 大月書店, 2004), 134쪽.

아스카이 마사미치飛鳥井雅道(1934~2000)는 〈교육칙어〉와 〈대일본제국 헌법〉에 선행해 나온 〈군인칙유〉에 대해 다음과 같이 논한다.

> 〈군인칙유〉가 국회 개설 공약 직전에 법에 제약을 받지 않는 형태로 발표되고 〈교육칙어〉가 국회 개설 직전에 발표된 것은 결코 우연이 아니다. 이 두 가지 칙어에 정치 주체로서의 대신 및 내각의 부서가 명기되어 있지 않고, 정치나 법의 외부에 있는 천황의 발언 형식을 취한 것 또한 필연이다. 이것이 군사와 교육이라는, 근대 국민이 반드시 통과해야만 하는 영역에서 발동하여 기능했다는 것이 메이지 천황의 존재를 상징적으로 보여준다. (《명치대제明治大帝》[40])

아스카이 마사미치가 지적한 것처럼, 군사와 교육이라는 근대 국민이 반드시 통과해야만 하는 필수 영역에서 메이지 천황의 이름으로 실천 강령이 반포되었다는 것은 대단히 의미심장한 일이다. 군인을 교화할 목적으로 반포한 〈군인칙유〉가 제국의 신민 전체를 교화할 목적으로 반포한 〈교육칙어〉보다 8년이나 먼저 나온 것은 메이지 정부의 당면 문제와 관련이 있었다. 에도 막부 말기에 서구 열강과 맺은 불평등 조약을 해소하기 위해서는 제국주의 국가의 반열에 들어가야 했고 그러기 위해서는 강력한 군대가 필요했던 것이다. 헌법이 제정되기도 전에 〈군인칙유〉를 통해 메이지 천황이 자신을 '대원수'로 칭한 것 역시 이 때문이었다.

메이지 천황이 군인에게 하달한 〈군인칙유〉는, "우리나라의 군대는 대대로 천황이 통솔해온 바 있느니라"라는 언설로 시작된다. 이어서 메이지 천

---

40 飛鳥井雅道, 《明治大帝》(東京 : 講談社, 2002), 225쪽.

황은 천황이 군대를 이끈 선례로서 초대 진무 천황을 든다. 〈군인칙유〉를 통해 처음으로 군인으로서의 천황 상이 만들어진다.

> 우리나라의 군대는 대대로 천황이 통솔해온 바 있느니라. 옛날에 진무 천황이 몸소 오토모 씨와 모노노베 씨의 병사를 이끌고 아시하라노나카쓰쿠니葦原中國 내의 따르지 않는 자들을 토벌하시고 다카미쿠라高御座에서 즉위하시어 천하를 다스린 때로부터 2,500여 년이 지났다. (〈군인칙유〉[41])

이처럼 초대 진무 천황을 통해 군대를 진두지휘하는 천황 상을 창출한 것은 일본 근대 천황제 신민 국가가 진무 창업의 정신에서 유래했음을 명시하기 위해서였다. 하지만 이는 어디까지나 신화적 언설에 지나지 않는다.

〈군인칙유〉는 대원수인 천황과 천황의 수하인 군인들의 관계를 신체에 비유하면서 상하 간의 친밀감을 강조한다.

> 짐은 너희 군인의 대원수이니라. 그러면 짐은 너희를 고굉股肱(손발)이라 믿고 너희는 나를 두수頭首(머리)라고 우러러 그 친밀함이 특히 깊어야 한다. 짐이 국가를 보호하고 상천上天의 은혜에 응답하고 조종祖宗의 은혜에 보답할 수 있는가 없는가는 너희 군인이 그 직분을 다하느냐 다하지 않느냐에 달려 있다. (〈군인칙유〉)

결국 메이지 천황은 대원수인 자신이 국가를 수호하고 조종의 은혜에 보

---

41 〈軍人勅論 解題〉, 《軍隊 兵士》 日本近代思想大系 4(東京 : 岩波書店, 1989). 이하 〈군인칙유〉의 내용은 모두 이 책에서 인용함.

답할 수 있는지 여부는 군인에게 달려 있다고 밝힘으로써, 국가를 위해야 하는 군인들의 사명을 강조한 것이다. 이처럼 천황을 군의 머리에 비유하고 군인을 천황의 수족에 비유한 〈군인칙유〉를 통해 천황과 군인의 일체감이 생성된다. 이로써 대일본제국의 군대는 황군, 즉 천황의 군대라는 생각이 점차 확산되었다.

군대를 지휘하는 천황 상은 메이지 천황이 반포한 〈군인칙유〉의 언설에만 머무는 것이 아니었다. 1872년 징병 제도가 실시된 이후에 메이지 천황은 군의 사기 진작을 위해 군대의 훈련에 직접 참가해 지휘한다. 이렇게 해서 군대를 지휘하는 메이지 천황의 이미지가 군대와 신민들에게 정착되어 간다.

1904년에 발행된 초등학교 수신 교과서는 청일전쟁에 즈음해 전쟁을 진두지휘하는 메이지 천황에 대한 다음과 같은 서술을 통해 군대의 대원수로서의 군주 상을 아동들에게 각인한다.

> 1894~1895년의 청일전쟁 때 천황 폐하는 8개월 동안 히로시마에 계시면서 전쟁을 지휘하셨다. 이때 계신 곳은 조촐한 서양식 건물의 한 칸뿐이라, 너무 불편하실 것이라고 생각해서 궁내성에서도 내각에서도 증축할 것을 건의했지만 폐하는 "오늘날의 상황에 이 정도의 불편함이 어떻다는 것이냐"고 하시며 허락하시지 않았다. 또 아침 일찍부터 잠드시기 전까지 군복을 벗지 않으시고 지휘를 하시며 그 다망하심은 참으로 황송할 따름이다. 천황 폐하는 이런 불편함을 감내하시고 직무에 힘쓰시며 오로지 국위의 번창함을 도모하셨다. 우리 신민들은 삼가 그 은덕을 높이 받들어야 할 것이다. (《일본 초등학교 수신서(1904 제1기)》)

메이지 천황은 직접 전장에 나가 싸우지는 않고 히로시마에 대본영(전시에 설치된 천황 직속의 최고 기관)을 차렸다. 하지만 후방을 지키면서 황후나 궁녀의 시중을 받지 않고 시종들의 보필을 받으면서 전선의 병사들과 동고동락하는 자세를 취한다.

메이지 천황은 〈군인칙유〉를 통해 군인이 가져야 할 다음과 같은 5개조의 덕목을 강조한다.

> 하나, 군인은 충절을 다하는 것을 본분으로 삼아야 한다.
> 하나, 군인은 예의를 바르게 해야 한다.
> 하나, 군인은 무용을 숭상해야 한다.
> 하나, 군인은 신의를 존중해야 한다.
> 하나, 군인은 근검함을 신조로 삼아야 한다. (〈군인칙유〉)

그리고 마지막으로 군인과 국민, 그리고 천황을 하나로 묶어 쐐기를 박는다.

> 이 5개조는 천지의 공도公道, 인륜의 상경常經(도리)이다. 행하기 쉽고 지키기 쉽다. 너희 군인이 짐의 훈령을 잘 따르고 이 도를 지키고 행하고 국가에 보은하는 의무를 다하면 일본국의 창생들이 모두 기뻐하지 않겠는가. 짐 혼자만의 기쁨이 아닐 것이다. (〈군인칙유〉)

메이지 천황이 천지의 공도이며 인륜의 상경이라고 일컬은 5개조의 덕목이 얼마나 비인도적이고 잔악한 만행으로 이어졌는지는 메이지 시대와 쇼와 시대에 걸쳐 일본이 벌인 침략 전쟁에서 여실히 드러난다. 메이지 천황이 〈군인칙유〉에서 제시한 군인의 덕목들이 오로지 현인신인 천황을 위한 것이었음은, 메이지 천황의 손자인 쇼와 천황이 국체 유지를 위해 패전을 지연시켰던 태평양전쟁의 역사에서 확연히 드러난다.

〈군인칙유〉에서 가장 악명 높은 대목은 "세론世論에 현혹되지 말고 정치에 구애받지 말고 그저 오로지 자기 본분의 충절을 지키며 의義는 산악보다 무겁고 죽음은 새털보다 가볍다고 각오하라"라는 것이다. 이 중에서 "의는 산악보다 무겁고 죽음은 새털보다 가볍다"라는 구절이 널리 회자되었다. 군대는 모든 병사에게 〈군인칙유〉를 암송시켜 일본의 군대는 천황의 군대라는 것을 그들의 머릿속에 주입한다. 그 결과 병사들은 대원수인 천황에게 하사받은 무기를 몸에 지닌 채 죽음을 각오하고 전쟁에 나가 천황을 위해 죽어간다. 아시아태평양전쟁 때는 전쟁에 임하는 병사들의 자세에 대해 가르치는 〈전진훈戰陣訓〉과 〈결전훈決戰訓〉이 군인들에게 하달되어, '특공'(가미카제 특별공격대 혹은 가미카제 특공대)과 '옥쇄玉碎'(옥이 아름답게 부서지듯 명예와 충의를 위해 깨끗하게 죽는 것)를 강요하며 많은 희생을 낳는다.

〈교육칙어〉 반포

〈교육칙어〉는 천황제 신민 국가 일본의 사상과 교육의 원리를 정한 것으로, 1890년에 메이지 천황에 의해 반포된다. 당시는 구미를 일방적으로 추종하는 시대는 가고 국수적 국가주의의 색채가 농후해지기 시작한 때였다. 〈교육칙어〉의 문안을 작성한 사람은 메이지의 법 제도를 정비하는 데 진력한 이노우에 고와시井上毅(1843~1895)였다. 이노우에 고와시는 종교 논쟁이 일어나지 않도록 불교, 유교, 기독교 등에서 사용되는 용어는 되도록 피하고 세속적이고 상식적인 도덕을 중심으로 〈교육칙어〉를 기안한다. 유럽의 기독교에 대응할 국민 도덕으로서 만들어진 〈교육칙어〉는 일본 유학의 전통에 입각해 충효의 일치를 역설했다.

〈교육칙어〉에 의하면 충효는 국체의 정화精華이자 교육의 연원이다. 아울러 천양무궁의 황운을 부익하는 것이야말로 황조황종皇朝皇宗의 유훈이며 충량한 신민의 도리이다.

> 짐이 생각하건대 우리 황조황종이 나라를 여실 때에 규모를 광활하고 원대하게 하시고 덕을 깊고 두텁게 세우셨노라. 우리 신민이 충효의 도리를 다하고 억조 일심億兆一心으로 세세에 그 미덕을 다함은 우리 국체의 정화이니 교육의 연원 또한 실로 여기에 있노라. 너희 신민은 부모에게 효도하고, 형제간에 우애하며, 부부간에 화목하고, 스스로 공손하고 검소하게 행동하며, 널리 사랑을 베풀고, 학문에 힘쓰고 일을 배움으로써 지능을 개발하고, 인격 향상에 노력하여 공익을 넓히고, 사회의 의무를 다하여 항상 나라의 헌법을 중시하고 준수하며, 유사시에는 충의와 용기를 가지고 봉사하여 천양무궁의 황운을 부익해야 할지니라. 이와 같이 하면 짐의 충량한 신민이 될 뿐만 아니라 또한 충분히 너희 선조의 유풍을 현창하리라. 이 도리는 실로 우리 황조황종의 유훈이니 자손과 신민이 모두 준수할 것인바, 이를 고금을 통해서 틀림이 없게 하고 국내외에 베풀지어다. 짐은 신민과 함께 삼가 명심하여 이를 잘 지키고 행함으로써 모두 그 덕을 함께하기를 바라노라. (〈교육칙어〉[42])

42 〈教育勅語〉, 《教育の体系》 日本近代思想大系 6(東京 : 岩波書店, 1990).

이처럼 국민이 지켜야 할 도덕을 천황의 이름으로 반포함으로써 도덕의 원천으로서의 천황 상이 새로이 만들어진다. 메이지 정부는 일본 신화에 기초한 천황의 절대성을 국민들이 믿고 받아들이도록 하기 위해 〈교육칙어〉를 통해 국가 권력에 의한 교화를 반복한다.

근대 일본의 천황제 신민 국가에서 충효 일체는 사실상 공허한 명분이었고, 결국 충이 효에 선행하는 가치로서 자리매김한 것이다. 이는 "유사시에는 충의와 용기를 가지고 봉사하여 천양무궁의 황운을 부익해야 할지니라"라는 말에 함축되어 있다. 더욱이 〈교육칙어〉에서 말하는 효에는 신민을 그의 종가인 황실에 수렴시키려는 천황제 국가의 지배 이데올로기가 은연중에 드러나 있다.

여기서 특히 유의해야 할 것은 〈교육칙어〉만이 아니라 메이지 정부에서 반포한 모든 칙어와 조칙, 그리고 역사 교과서와 수신 교과서를 관통하는 '신화적 역사관'이다. 신화적 역사관은 신화를 통해 역사를 기술하고자 하는 태도를 말한다. 상기의 인용문에서 "우리 황조황종이 나라를 여실 때"라는 구절은 천손 니니기의 강림과 초대 진무 천황의 건국에 대한 신화를 뜻한다. 아울러 "천양무궁의 황운을 부익해야 할지니라"라는 구절에서 '천양무궁의 황운'이란 천지와 함께 다함이 없는 황국의 국운이라는 뜻이다. 이는 황조신 아마테라스가 천손 니니기를 지상에 내려보낼 때 한 말, 즉 천양무궁의 신칙을 가리킨다.

1941년에 편찬된 일본 초등학교 6학년 수신 교과서는 제1과 〈천황폐하의 뜻을 받들자〉에서 〈교육칙어〉에 대해 설명하는 가운데 '천황의 뜻을 받드는 것이 황국의 길'이라고 가르치고 있다.

> ……칙어는 마지막으로 "이 도리는 실로 우리 황조황종의 유훈이니 자

손과 신민이 모두 준수할 것인바, 이를 고금을 통해서 틀림이 없게 하고 국내외에 베풀도록 할지어다. 짐은 신민과 함께 삼가 명심하여 잘 지키고 행하여 모두 그 덕을 함께하기를 바라노라"라고 말씀하셨습니다. 칙어에 표현된 황국의 도는 메이지 천황이 정하신 것이 아니라 황조황종이 남기신 가르침으로 황조황종의 자손도 신민도 모두 지켜야 될 도리입니다. 이 도리는 예나 지금이나 변함없이 국내외를 막론하고 어디에서나 행해야 할 도리라는 것을 일깨워줍니다. 천황은 몸소 신민과 함께 이 도리를 지키시고 실행하시어 모두 그 덕을 한결같이 증명하십니다. 우리는 매일 이 칙어를 받들어 황은에 보답하도록 노력해야 합니다. (《일본 초등학교 수신서 (1941 제5기)》)

〈교육칙어〉는 신민이 억조 일심으로 대대로 충효의 도리를 다하는 것이 우리 국체의 정화이자 교육의 연원이라고 밝히고 있다.

그런데 메이지 정부의 법령으로서 공식적으로 반포된 메이지 헌법과 달리 〈교육칙어〉는 메이지 천황이 직접 신민들에게 하달한 칙어이다. 〈교육칙어〉는 대일본제국의 신민이 가져야 할 마음 자세와 지켜야 할 도덕에 대해 역설한 것으로, 엄밀하게 말하면 하등의 법적 구속력을 갖지 않는다. 그럼에도 불구하고 〈교육칙어〉는 반포 당시부터 초법적인 지위를 누린 것은 물론이고 학교 교육을 통해서 신민들에게 직접적인 영향을 미쳤다. 메이지 정부는 천황의 신민들에게 〈교육칙어〉에 대한 최상의 예의와 복종을 강요했다.

〈교육칙어〉와 어진영

메이지 정부는 천황과 황실에 대한 국민들의 충성심을 영속적으로 지속시킬 방법의 하나로 천황의 초상화 작업을 진행한다. 1872년 특명전권대사로 미국에 가 있던 이와쿠라 도모미의 요청에 따라 1873년에 처음으로 천황의 사진이 촬영된다. 천황의 사진은 외국의 일본 대사관에 하사되었고, 국내의 경우 받는 사람의 신분을 엄격하게 따져서 하사되었다. 따라서 민간에서 천황 사진을 매매하는 것은 엄격하게 제한되었다. 서구처럼 지폐나 동전에 천황의 모습을 넣는 것도 금기시되었다. 하지만 메이지 천황의 사진을 토대로 이탈리아 화가가 그린 초상화는 거듭 복제되었고, 사진과 달리 이 복제된 초상화를 판매하는 것은 용인됐다.

문부성은 1880년대 초부터 메이지 천황의 초상화를 각 학교에 보내기 시작했는데, 1897년에는 모든 소학교가 천황의 초상화를 보유하게 됐다. 또한 1890년에는 각 학교에 〈교육칙어〉가 하달되기 시작한다. 학생들을 대상으로 한 국민의례는 1880년대 후반부터 시작되었다. 특히 문부성이 1891년 의례 지침을 만든 이래 전국적으로 표준화된 국경일 행사 참관이 학생들의 의무로서 뿌리를 내린다.[43] 1891년에는 '소학교 축일과 대제일 의식 규정'이 제정되고 1893년에는 '소학교 의식의 창가용 가사 및 악보'(〈기미가요〉, 기원절·천장절 노래 등 8곡)가 만들어진다.[44]

소학교에서는 기원절紀元節, 원단元旦(설), 천장절天長節이라는 3대 국가 경축일의 기념식을 거행하다가, 1927년 이후에는 메이지절明治節을 포함

---

43 다카시 후지타니,《화려한 군주—근대일본의 권력과 국가의례》, 120~121쪽 참고.

44 이와모토 쓰토무, 〈교육칙어와 천황초상은 어떤 역할을 하였을까—교육에 대한 천황의 주술〉, 일본역사교육자협의회 엮음,《천황제 50문 50답》, 김현숙 옮김(혜안, 2001), 219쪽.

사진을 토대로 이탈리아 화가가 그린 메이지 천황의 초상화.

해 4대 국가 경축일에 맞추어 엄숙한 의식을 거행한다. 학생들만이 아니라 지역 유지들도 행사를 참관하는 것이 하나의 관례로 정착했다. 어린 학생들은 경축일에 등교해 어진영御眞影(천황 부부의 사진)을 향해 예배하고 〈교육칙어〉의 낭독을 듣고 궁성을 요배遙拜하고 천양무궁의 황운을 예축하는 창가를 부른다. 의식이 진행되는 동안 학생들은 반듯한 자세로 경청해야 하며 몸을 움직이는 것은 일체 허락되지 않는다. 천황의 표상(어진영)과 언설(〈교육칙어〉)은 엄숙한 국민의례를 통해 무의식중에 어린 두뇌와 신체에 현인신인 천황의 이미지를 각인한다.

대일본제국이 침략 전쟁을 향해 치달으면 치달을수록, 메이지 천황이 하달한 〈교육칙어〉를 조회 때마다 교장이 더욱 철저하게 봉독하고 어진영을 모셔두는 봉안전奉安殿을 배례하는 일이 더욱더 철저하게 시행된다. 어진영은 국민의례에 사용되었기 때문에 당연히 강당 정면에 걸리는 것이 관례였다. 어진영 봉안은 교장의 최대 사명이어서 어진영을 지키기 위해 학교에 숙직 제도가 생긴다. 각 학교는 화재로 어진영이 불탈 위험에 대비해 금고 형태의 봉안고奉安庫를 만들거나 교사 밖에 철재와 콘크리트로 독립된 봉안전을 만들기도 했다. 독립 봉안전의 건립은 1935년을 전후해 소학교를 중심으로 적극적으로 추진된다. 태평양전쟁 때 공습에서 어진영을 보호하려다 순직한 교장이 교육자의 귀감으로 칭송받는 일도 있었다.

우치무라 간조의 불경 사건

천황제 이데올로기 그 자체인 〈교육칙어〉와 종교 간의 충돌은 기독교 신자인 우치무라 간조内村鑑三(1861~1930)의 불경不敬 사건으로 표면화된다. 우치무라 간조는 기독교인이었지만, 메이지 시대 일본의 지성인들이 그러했듯이 민족주의적 성향이 강했다. 따라서 그 역시 자신의 기독교 신앙과 관계없이 천황을 공경하고 천황 사진 앞에서 고개를 숙이는 정도의 행동은 늘 했다. 그의 불경 사건은 메이지 천황에 대한 신격화가 고조되어 있던 시대 상황과 그가 기독교 신자라는 사실이 어울려 촉발된 것이지, 그가 천황이나 천황제 이데올로기에 노골적으로 반기를 든 것은 아니었다.

사건의 대략적인 경위는 다음과 같다. 〈교육칙어〉가 반포된 다음 해인 1891년 1월 9일, 그가 촉탁 교사로 재직하던 도쿄 제일고등학교에서 교원과 학생이 〈교육칙어〉를 받드는 의식이 거행된다. 교장 이하 다른 선생들이 최경례最敬禮(최대한의 경의를 표하는 경례)를 하고 우치무라 간조의 차례가 왔을 때, 그는 머리를 허리 높이까지 깊숙이 숙이는 최경례를 하지 않았다. 그의 고백에 의하면, 당시 그가 경례를 하지 않은 것은 기독교 신앙 때문이 아니었다. 〈교육칙어〉에 기재된 천황의 친필 서명에 교장이 최경례를 하는 것을 보며, 이것이 혹시 우상 숭배는 아닌가 하는 의구심 때문에 망설이느라 머리를 제대로 숙이지 않은 것이었다.

이 일이 불경 사건으로 번지게 된 것은 우치무라 간조의 고개 숙인 각도가 모자랐다며 소동을 일으킨 학생 때문이었다. 법과와 정치과 학생들은 행사가 끝난 후 즉시 우치무라 간조를 규탄하는 동맹을 만들어 그에게 사직 압력을 가했고 교장에게는 그의 해직을 요구했다. 학생 총대표가 담판을 짓기 위해 우치무라 간조의 집을 방문했을 때 그는 사직의 뜻을 표한다. 그러자 학생 대표들은 이런 비국민에게는 경의를 표할 필요가 없다면서 다섯 명이 현관의 다다미방에 각자 소변을 보고 돌아간다.[45]

이 일은 매스컴에 보도되면서 전국적인 문제로 비화되었고, 천황이 직접 서명한 〈교육칙어〉 봉정식에서 최경례를 하지 않았다는 점에서 불경죄不敬罪로 간주된다. 결국 이 일로 우치무라 간조는 사직한다. 하지만 정작 그를 당혹스럽게 만든 것은 마치 마녀 사냥이라도 하듯이 쏟아진 일본 사회의 비난과 매도, 그리고 그가 몸담고 있던 학교의 학생들이 그의 집에 들이닥쳐 기물을 부수고 폭력을 휘두른 일이었다. 평탄했던 그의 일상을 뒤엎은 그 사건이 그의 강한 종교적 신념 때문이 아니라 우연하게 일어난 것이었음을 감안하면, 당시 일본에서 기독교인으로 산다는 것이 얼마나 힘든 일이었을지 짐작이 된다.

우치무라 간조를 가장 강하게 비판한 사람은 당시 도쿄제국대학 교수였

---

45 다치바나 다카시, 《천황과 도쿄대 1》, 269~270쪽 참고.

던 철학자 이노우에 데쓰지로井上哲次郎(1855~1944)였다. 이노우에는 우치무라의 불경죄를 단죄하는 것으로 그치지 않고, 일본의 국체인 천황제와 기독교 신앙은 애초부터 공존할 수 없다고 역설한다. 이와 같은 이노우에의 발언은 천황제 이데올로기를 강화하는 데 기독교가 걸림돌이라는 여론을 비등시킨다.

우치무라의 불경 사건은 천황제 신민 국가를 확립하는 과정에서 있었던 기독교 신앙과 천황제 이데올로기 간의 갈등이 표면화된 공식적인 사건이었다. 또한 앞으로 일본에서 발생할 수많은 사상 탄압을 예고하는 사건이기도 했다. 국체가 천황제 이데올로기의 핵심 사상이 되면서 신민이 국체 사상으로 무장되어 있는지 여부를 검열하기 위해 1925년 〈치안유지법〉이 만들어진다. 〈치안유지법〉은 불경죄에 대한 법적 처벌을 명시한다. 1928년 〈치안유지법〉이 개정되면서, 천황에 대한 불경을 저지른 자는 물론이고 국체의 변혁을 꾀한 자도 사형에 처해진다.

가토 히로유키가 시대의 조류에 영합했듯이 우치무라 간조 역시 1894년 청일전쟁이 일어나자 시류에 영합한다. 우치무라 간조는 "청일전쟁은 우리에게 있어서 실로 의로운 전쟁이다. 그 의로움은 법률적으로뿐만 아니라 윤리적으로도 또한 옳다"라고 강조했다. 또한, "일본은 동양에서 진보주의의 전사이다. 때문에 진보의 큰 적수인 중국 제국을 제외한다면 일본의 승리를 희망하지 않는 나라는 세계 만국에 있을 수가 없다"라고 주장했다.[46] 나중에 일본의 대표적 기독교 사상가가 된 그는 과거의 이러한 발언에 대해 참회했지만, 이는 청일전쟁 발발 당시의 메이지 지식인의 정신 구조를 보여주는 단적인 예에 지나지 않는다.

---

46 후지무라 미치오,《청일전쟁》, 허남린 옮김(소화, 1997), 144쪽.

: 3 :

침략 전쟁으로 구축된 대일본제국

근대 일본은 문명개화와 부국강병이라는 슬로건 아래 구미 열강과 어깨를 나란히 하는 국가를 꿈꾼다. 미국을 비롯한 서구 열강과 차례로 불평등 조약을 맺은 일본으로서는 불평등을 해소하고 부국강병을 이루기 위해 근대 국민 국가를 창출해야만 했다. 일본은 1868년부터 시작된 메이지 시대 이래 구미로부터 받은 정치적, 경제적 압박을 근린 아시아 여러 나라를 식민지화함으로써 보상받으려 한다.

에도 막부가 1858년에 서구 열강과 불평등 조약을 체결한 후 요시다 쇼인은 서양의 일본 침략을 막기 위해 일본이 조선을 비롯한 이웃나라를 침략해 일본의 위세를 보여야 한다고 주장한다. 요시다 쇼인의 조선 침략론은 그의 제자인 기도 다카요시를 통해 메이지 정부의 정한론으로 계승된다. 1868년 메이지 정부는 조선에 사절을 보내어 외교 문서를 전한다. 조선이 이를 받아들이지 않자 이를 구실로 메이지 정부 안에서는 조선을 치자는 정한론이 일어난다. 하지만 당장 조선을 침략하자는 정한론은 국내 문제의 해결이 시급하다는 반대론에 부딪혀 일단 가라앉는다.

반면에 조선은 청국과 일본에 대한 신의를 지키면서, 쇄국양이 정책을 고수하며 서구 열강의 개국 요구에 의연히 대처하고 있었다. 조선에서는 프랑스군에 의해 촉발된 '병인양요'[47]와 미국에 의해 촉발된 '신미양요'[48]가 일어난다. 1868년 조선은 일본과의 선린우호 관례에 따라 쓰시마 번에 사신을 파견해, 미국과 프랑스의 침략 사건(병인양요와 신미양요)을 알리고 양이에 대한 경계를 소홀히 하지 않도록 배려하는 서한을 막부에 전한다. 하지만 이미 서구 열강에 굴복한 막부는 미국과 프랑스의 공사와 협의해 조선의 쇄국양이를 개국 통상으로 전환시키기 위해 조정에 나서려 하고 있었다.[49] 청국과 달리 일본은 선린우호 관계에 있던 조선에 서신을 보내 조선을 경계시키거나 아니면 양해를 구하는 식의 외교적 신뢰 관계를 전혀 보이지 않았다.

한편 일본은 조선 정벌을 잠시 보류한 채 류큐를 손에 넣으려고 호시탐탐 노리고 있었다. 1871년 대만에서 류큐의 표류민이 살해당하는 사건이 발생한다. 이 사건을 빌미로 일본은 1874년에 대만을 침략하고, 이 사건을 해결했다는 것을 빌미로 1879년에는 류큐를 합병해 오키나와 현으로 만든다. 한편 일본은 1875년의 운요호雲揚號 사건을 거쳐 1876년에 한국

---

47 조선은 천주교를 금지하고, 프랑스 선교사를 포함한 수천 명의 천주교도를 처형한다. 그러자 이를 빌미로 1866년 프랑스 군대가 강화도에 침입해 귀중한 문화재를 약탈한다. 이에 양현수가 이끄는 군대가 삼랑성(성족산성)에서 프랑스군을 물리친다. 이 일을 '병인양요'라 한다.

48 1866년 미국 상선 제너럴셔먼호號가 대동강에서 통상을 요구하다 평양 군민들의 공격을 받아 침몰했다. 이 사건을 뒤늦게 알게 된 미국은 1871년 5척의 군함을 보내 강화도의 초지진을 점령하고 제너럴셔먼호 사건에 대한 사죄와 배상, 그리고 개국 통상을 요구한다. 이때에도 강화도 군민이 합심해 미군을 격퇴한다. 이 일을 '신미양요'라 한다.

49 久保井規牡夫,《図説 朝鮮と日本の歴史—光と影(近代編)》(東京 : 明石書店, 1994), 34쪽 참고.

에 불평등 조약인 한일수호조약을 이끌어낸다. 1894년 동학혁명이 일어나면서 조선을 사이에 두고 일본은 청나라와 전쟁을 벌인다. 1895년 청나라와 일본은 시모노세키 조약을 체결하고 대만을 할양받는다. 대만을 식민지로 삼으면서 비로소 일본은 제국주의의 대열에 합류한다. 이어서 일본은 1904년에 발발한 러일전쟁을 승리로 이끌고 1905년에 조선에 통감부를 설치한다. 마침내 일본은 1910년에 조선을 병합하여, 대륙으로 가기 위한 교두보를 확보한다.

메이지 정부의 정한론

근대에 일본과 조선 사이에 전개된 역사는 일본이 에도 시대 260년 동안 지속해온 선린우호의 관계를 경시하고 조선을 침략해 국가 주권을 빼앗고 식민지 지배라는 대죄를 지은 부정적인 역사이다.[50] 메이지 정부가 들어서자마자 일본이 조선과 관련해 제일 먼저 한 일은 조선을 정벌하자며 정한론 논의를 시작한 것이었다. 에도 막부 말기부터 있었던 정한론을 실행에 옮겨 서구 열강에게 일본의 위세를 과시함으로써 서구와 맺은 불평등 조약을 개정하려는 것이 일본의 속셈이었다.

조선과 마찬가지로 쇄국양이 정책을 취했던 에도 막부는 미국이 파견한 페리 제독의 함대에 한번 싸워보지도 않고 굴복해 개국을 단행했다. 막부의 개국에 반대했던 존왕 토막파인 조슈 번과 사쓰마 번은 구미 열강에 대항하다 포탄 세례를 받고 항복한다. 그 후 이들 번은 구미 열강에게 배우자

50 久保井規牡夫,《図説 朝鮮と日本の歴史—光と影(近代編)》, 17쪽.

는 자세로 돌아선다. 이런 자세를 취한 대표적인 인물 중 하나가 정한론을 주장한 조슈 번의 요시다 쇼인이다.

요시다 쇼인의 사상은 그의 사후에 기도 다카요시(1833~1877), 이토 히로부미(1841~1909), 이노우에 가오루井上馨(1835~1915), 야마가타 아리토모山県有朋(1838~1922) 등을 통해 메이지 정부에 계승된다. 이들은 메이지 유신의 주역들로 모두 메이지 정부에서 요직을 맡았다. 이토 히로부미와 야마가타 아리토모는 총리직에까지 올랐고 이토 히로부미는 조선통감부의 초대 통감으로 취임한다. 이들 인물 중에서 기도 다카요시는 요시다 쇼인의 조선 침략론을 그대로 계승해 메이지 정부에서 정한론을 가장 먼저 제기한 인물이다.

요시다 쇼인은 1858년, 당시 조슈 번의 요직에 있던 제자 기도 다카요시에게 서한을 보내 다케시마竹島(울릉도)[51]를 공략할 것을 촉구한다.[52] 그러자 기도 다카요시는 쇼인이 막부에 의해 처형당한 다음 해인 1860년에 오무라 마스지로大村益次郎와 함께 막부의 로주老中에게 울릉도를 서양 열강보다 먼저 개척하자고 건의했으나 막부가 이것을 인가하지 않았다.[53] 요시다 쇼인과 그의 제자인 기도 다카요시의 조선 침략론이 메이지 정부의 대한 정책의 기조로 떠오른 것은 메이지 정부가 조선에 서계書契를 보내면서부터이다.

메이지 유신 직후인 1868년 6월에 신정부는 쓰시마 번을 매개로 해 일

---

51 일본은 역사적으로 울릉도를 다케시마라고 불렀다. 일본에서 독도를 다케시마라고 부르기 시작한 것은 1905년 이후의 일이다. 그러므로 여기서 다케시마는 울릉도를 가리킨다. 호사카 유지, 〈요시다 쇼인과 메이지 정부의 대한정책〉, 204쪽.

52 호사카 유지, 〈요시다 쇼인과 메이지 정부의 대한정책〉, 204쪽 참고.

53 호사카 유지, 〈요시다 쇼인과 메이지 정부의 대한정책〉, 205쪽에서 재인용.

본에 신정부가 출범했음을 알리는 동시에 국교를 재개하기 위해 조선과의 교섭을 시도한다. 일본은 조선을 정벌하겠다는 정한론을 가슴속에 품은 채 조선에 사절을 파견한다. 에도 막부 260년 동안 조선이 쓰시마 번을 통해 막부와 대등한 선린외교 관계를 맺어왔다는 사실을 잘 알고 있으면서도, 일본은 조선을 도발하는 서계를 일부러 보낸다. 이에 조선은 이 서계가 에도 시대의 그것과 형식이 다르다는 이유로 거절한다. 보다 정확하게 말하면 이 서계는 형식이 다를 뿐만 아니라, '황皇'이나 '칙勅'이라는 문자를 포함함으로써 일본이 상국이고 조선이 속국인 듯한 형식을 취하고 있었다.

기도 다카요시는 다시 1868년 12월 14일 이와쿠라 도모미岩倉具視(1825~1883)에게 견조선사遣朝鮮使(조선에 보내는 사절) 파견을 건의한다. 그는 "사절을 조선에 보내 그의 무례함을 책하여 그가 만약 굴복하지 않을 때는 그 죄를 나무라고 그 땅을 공격하여 크게 신주神州(일본)의 위威를 신장할 것"[54]을 건의한다. 여기서 말하는 조선의 무례함은 일본의 외교 문서를 받지 않은 것을 말한다. 그러나 기도 다카요시의 의견은 받아들여지지 않았다. 1870년 3월에 메이지 정부는 조선에 사다 하쿠보佐田白茅(1833~1907)와 모리야마 시게루森山茂(1842~1919)를 파견한다. 사다 하쿠보는 9월에 조선에서 돌아와 정부에 정한征韓을 건의한다. 이와 같은 정세 속에서 기도 다카요시는 다시 〈정한 의견서〉를 정부에 제출한다. 기도 다카요시의 정한론이 실현되는 것은 한참 뒤인 1876년 강화도 사건을 통해서이다.

기도 다카요시가 집요하게 건의한 정한이 이처럼 지연된 것은 메이지 정부의 당면 과제 때문이었다. 당시 메이지 정부 내에 정한에 반대하는 인사

---

54 久保井規牡夫, 《図説-朝鮮と日本の歴史—光と影(近代編)》, 37쪽에서 재인용.

는 없었다. 1장에서 이미 밝혔듯이 정한은 이미 정해진 일이었고, 단지 그 시기를 언제로 할 것인지에 관해 서로 의견이 달랐을 뿐이다. 메이지 정부가 정한을 실행에 옮기기 위해서는 먼저 두 가지 과제를 해결해야 했다. 첫째는 군사력이고 둘째는 서구 열강의 승낙이었다. 그러나 정한보다 급한 과제는 1854년 이후 구미 열강과 차례로 체결한 불평등 조약을 개정하는 것이었다.

이를 위해 정한은 뒤로 미룬 채, 우대신 이와쿠라 도모미를 특명전권대사로 하는 '이와쿠라 사절단'이 1871년부터 1873년까지 구미 12개국 120개 도시를 순방하는 대규모 외유에 나선다. 이 사절단에는 오쿠보 도시미치, 이토 히로부미, 기도 다카요시 같은 신진 관료 약 50명이 포함돼 있어서 흡사 메이지 정부가 통째로 움직이는 것 같았다.[55] 공식 사절은 아니었지만, 메이지 시대의 대표적 사상가인 후쿠자와 유키치도 이에 합류해 있었다. 그는 이때 얻은 견문을 토대로 《문명론지개략文明論之概略》(1875) 등 많은 책을 저술해 메이지 정부와 지식인들에게 큰 영향을 미친다.[56]

이와쿠라 사절단이 조약 개정을 위해 서구에 나가 있는 동안 국내에 남아 있던 각료 사이고 다카모리와 이타가키 다이스케 등이 다시 정한론을 들고나온다. 이들은 조선을 강제로 개국시켜 통상을 요구할 목적으로 조선에 사이고 다카모리를 사절로 파견하기로 한다. 이와쿠라 사절단이 돌아오

---

55 다치바나 다카시, 《천황과 도쿄대 1》, 274쪽 참고.

56 후쿠자와 유키치는 메이지 시대의 대표적인 계몽 사상가이자 교육가로 그의 문명개화론은 메이지 지식인들에게 막대한 영향을 끼쳤다. 그는 세 차례의 서양 방문을 통해 얻은 견문으로 《서양 사정西洋事情》, 《학문의 권장学問への進み》, 《문명론지개략文明論之概略》 등을 연달아 집필해 세상에 이름을 알렸다. 1868년에는 자신이 운영하던 사학을 게이오 의숙慶応義塾(현재의 게이오 대학)으로 개칭해 후학 양성에도 힘을 쏟았다. 그리고 1882년에 《시사신보時事新報》라는 신문을 창간해 본격적으로 메이지 정부의 시책에 영합하면서 군국주의의 선봉에 섰다.

군함 운요호를 앞세우고 조선 영해에 불법 침입해 조선을 개국시킨 일본.

자 이 문제는 메이지 정부의 주요한 현안으로 떠오른다. 서구에서 돌아온 외유파들이 아직은 일본이 내치에 집중할 때지 정한을 할 때가 아니라는 이유로 사이고 다카모리의 정한론을 좌절시킨다. 결국 정한을 추진했던 이들은 1873년에 모두 사임하고, 사이고 다카모리는 고향인 사쓰마(현재의 가고시마 현)로 낙향한다. 하지만 사이고 다카모리의 정한에 기대를 걸었던 사족들이 그의 밑에 결집하면서 결국 세이난 전쟁이 일어난다. 이 전쟁은 정부군의 승리로 끝나고 전쟁에 패한 사이고 다카모리는 자살한다. 정한은 다시 뒤로 연기된다.

기도 다카요시와 사이고 다카모리의 숙원이었던 정한은 1876년에 일어난 운요호 사건으로 실현된다. 일본은 서양에서 배운 그대로, 군함 운요호로 조선 영해에 불법 침입해 함포 사격으로 위협하면서 조선을 개국시킨다. 나아가 자국이 서구 열강과 맺은 불평등 조약을 토대로 그보다 더한 불평등 조약을 조선과 맺는다. 이른바 강화도수호조약이다. 그런데 조약을 맺은 날짜가 하필이면 2월 11일, 즉 일본의 기원절이다. 기원절은 메이지 정부에 의해 지정된 국경일로, 진무 천황이 동쪽을 정벌해 나라 지방에 도읍을 정하고 즉위했다는 날이다. 따라서 이 날짜는 우연의 산물이 아니라, 메이지 정부의 원대한 포부에 따라 의도된 것이었다. 즉, 진무 천황이 규슈의 변방에서 야마토 일원을 정복하고 일본을 건국한 것처럼 메이지 천황도 조선을 교두보 삼아 대륙으로 진출하겠다는 뜻이 이 날짜에 반영돼 있었다.

문명과 야만의 전쟁, 청일전쟁

조선을 사이에 두고 청나라와 일본 사이에 일어난 청일전쟁은 동북아시아의 힘의 판도를 바꾼 전쟁이다. 일본 역사학계의 호도로 일본은 물론이고 한국에서도 청일전쟁은 조선의 동학 혁명이 원인이 되어 일어난 전쟁으로 잘못 인식되어 있다. 정확하게 말하면 동학 혁명은 청나라와 일본이 격돌하는 계기를 마련해준 것에 지나지 않았고, 청일전쟁의 주된 원인은 일본의 조선 침략 야욕에 있었다. 앞에서 살펴보았듯이 일본은 메이지 유신 전부터 서구 열강과의 불평등 조약을 개정하고 제국주의 국가로 도약할 기회를 호시탐탐 노리고 있었다.

에도 막부 말엽에 일어난 요시다 쇼인의 정한론에서 알 수 있듯이, 조선 침략의 목적은 일본의 군사력을 서구에 과시해 서구와의 불평등 조약을 개정할 계기를 마련하는 한편, 대륙으로 진출할 교두보를 확보하는 데 있었다. 1876년에 일본이 일으킨 운요호 사건과 그 결과물인 강화도수호조약은 조선 침략의 전초전에 지나지 않았다.

조선뿐만 아니라 류큐와 대만도 일본의 침략 대상 중 하나였다. 일본은 1871년 류큐의 어부들이 대만인에게 살해당한 사건을 빌미로 1874년에 대만 정벌을 단행한다. 그리고 이 문제를 일본이 해결한 것을 빌미로 1876년 강제적으로 류큐를 점령한다. 나아가 1879년에는 류큐를 오키나와 현으로 편입시킨다. 이를 '류큐 처분'이라 부른다. 당시 류큐는 청나라의 조공국인 동시에 일본의 조공국이었기 때문에 청일전쟁의 싹은 류큐 처분에서 이미 싹트고 있었던 셈이다.

1894년 조선에서 일어난 동학 혁명을 진압하기 위해 청군과 일본군이 동시에 조선에 들어오면서, 예견되었던 대로 양국 사이에 전쟁이 벌어진다. 1895년 청일전쟁에서 승리한 일본은 시모노세키 조약(1895)을 통해 청나라로부터 대만을 할양받는다. 류큐에 이어 대만을 얻음으로써 일본은 남방 진출 교두보를 마련하게 되었다. 남은 일은 대륙 진출을 위한 교두보로서 조선을 손에 넣는 것이었다. 시모노세키 조약을 통해 일본은 '조선은 완전무결한 자주독립국'임을 천명함으로써 조선의 청국에 대한 종속 관계를 부인한다. 이것이 조선을 차지하기 위한 일본의 포석이었음은 말할 것도 없다.

이러한 시대 상황에서 아시아 침략론의 선봉에 선 인물이 바로 메이지 시대의 대표적 계몽사상가인 후쿠자와 유키치였다. 《서양 사정西洋事情》(전 10권을 1866년, 1868년, 1870년에 걸쳐 나누어 출간했다), 《학문의 권장学問への進み》(1872~1876), 《문명론지개략》(1875) 등을 집필해 메이지의 대표적 사상가로 떠오른 후쿠자와 유키치는, 일본이 문명개화하고 부국강병하기 위해서는 중국과 조선이라는 악우와는 인연을 끊고 탈아입구脫亞入區(아시아에서 탈피해 서구에 진입함)해야 한다고 주장한다.

따라서 조야 구별 없이 모두 서양 근대 문명을 받아들여 오로지 일본의 낡은 틀을 벗는 것뿐만 아니라, 아시아 전체를 하나의 축으로 하여 주의로 내세워야 할 것이다. 주의로 하기 위해서는 오직 '탈아脫亞'라는 두 글자가 있을 뿐이다. 우리 일본의 국토는 아시아 동쪽에 있다고 하더라도 그 국민 정신은 이미 아시아의 고루함을 벗고 서양 문명을 따르고 있다. 그런데 여기에 불행한 일은 이웃에 있는 나라이다. 하나는 중국이고 또 하나는 조선이다. 교통 편리한 세상에 문명의 사물을 못 듣거나 못 보았을 턱이 없는데도 마음을 움직이지 않고 고풍 구습에 연연한 점은 백 년 천 년의 옛날과 다름이 없다……수레와 수레바퀴, 입술과 이의 관계인 이웃 나라는 서로 도움이 되는 것이 보통의 예이다. 그렇지만 지금의 중국, 조선은 일본에 조금도 도움이 되지 않는다. 뿐만 아니라 서양 문명인의 눈에는 세 나라가 지리적으로 가까이 있어 동일하게 보고 중국과 조선을 평가하는 데도 일본과 같이 한다……그 영향이 간접적으로 우리들의 외교에 장애가 되는 일이 적지 않다. 일본의 일대 불행이라고 말할 수밖에 없다. 그렇다고 오늘의 꿈을 펴기 위해 이웃 나라의 개명을 기다려 함께 아시아를 일으킬 시간이 없다. 오히려 아시아의 일원에서 벗어나 서양의 문명국과 진퇴를 함께 하고, 중국과 조선을 대해야 한다. 이웃이란 이유 때문에 특별 대우를 할 수 없다. 서양인이 하듯 처리해야 한다. 나쁜 친구와 친할 경우, 오명을 벗을 수 없다. 우리들은 아시아 동방의 나쁜 친구를 사절해야 한다.[57]

요는 서양이 아시아를 침략의 대상으로 보듯이 일본도 앞으로 중국과 조선을 그렇게 봐야 한다는 것이다.

아울러 후쿠자와 유키치는 《학문의 권장》에서, 나라가 위급에 처했을 때

---

57 정일성, 《후쿠자와 유키치》(지식산업사, 2001), 19~21쪽.

는 한 사람도 빠지지 않고 나라의 위신을 지키는 것이 바로 한 나라의 자주 독립이라고 주장한다. '일신一身의 독립이 일국의 독립'이라고 외치며 자주 독립과 부국강병을 외치던 후쿠자와 유키치는 1894년 청일전쟁이 일어나자 《시사신보》를 통해 전비를 위한 모금 운동을 벌이고 본인도 1만 엔을 기부한다. 또한 그는 이 신문을 통해 "정부에 불만이 있더라도 이번 대사건이 마무리될 때까지는 모든 정쟁을 중지하고 오로지 정부의 정략과 군략을 지켜보자"라고 외치며 정부에 대한 조건 없는 협력을 제의한다.[58]

청일전쟁에 대한 후쿠자와 유키치의 시각은 1894년 7월 29일자 《시사신보》에 쓴 〈청일전쟁은 문야文野(문명과 야만)의 전쟁이다〉라는 그의 사설에 잘 나타나 있다.

> 전쟁의 실상은 청일 양국 사이에 벌어졌지만 그 근원을 찾으면 문명개화의 진보를 도모하는 자와 그 진보를 방해하려는 자와의 싸움이지 결코 양국 사이의 싸움은 아니다. 본래 일본인은 중국인에 대해 사원私怨이 없고 적의도 없다. 세계 일국의 국민으로서 인간 사회에 보편적인 교제를 바라는 것도 그들은 고루 몽매하여 보통의 도리를 깨닫지 못하고 문명개화의 진보를 보고 이를 좋아하기는커녕 반대로 그 진보를 방해하여 무례하게도 우리에게 반항의 뜻을 표하여 어쩔 수 없이 이 지경에 이른 것이다. 즉 일본인의 안중에는 중국과 중국인은 없고 오로지 세계 문명의 진보를 방해하는 자를 타도할 때까지이므로 사람과 사람, 나라와 나라 사이의 다툼이 아니라 일종의 종교 분쟁으로 보아야만 하는 것이다. 적어도 문명 세계에서의 사람들은 사태의 옳고 그름을 불문하고 하나도 둘도 없이 우리

58 정일성, 《일본 군국주의의 괴벨스 도쿠토미 소호》(지식산업사, 2005), 130쪽.

목적의 소재에 동의하리라고 우리들은 결코 의심하지 않는다. 즉 청일전쟁은 문명과 야만의 전쟁이다.[59]

후쿠자와에게 있어 문명과 야만을 가르는 기준은 어디까지나 문명개화의 진보를 도모하는가 아니면 이와 같은 진보를 방해하는가 하는 것이었다. 이러한 기준에 따르면 청과 조선은 바로 문명개화의 진보를 방해하는 야만 세력이다. 야만이란 반드시 타파되어야 할 것이므로 전쟁을 통해 문호를 개방시켜야 한다는 논리는 침략 전쟁으로 직결될 수밖에 없다. 후쿠자와의 논리는 일본이 서구에 침략당하지 않고 진정한 독립을 달성하기 위해서는 오히려 일본이 강국이 되어 다른 아시아 국가들을 해방시켜야 한다는 논리와 다름이 없다. 후쿠자와는 일본 제국주의에 굉장한 침략 이론을 제공해준 셈이었다.

일본은 청나라와의 전쟁을 문명 대 야만의 전쟁으로 도식화한다. 일본의 시사만화들은 문명과 야만의 전쟁을 선명하게 시각화함으로써 국민들의 자발적이고 열광적인 참여를 끌어낼 수 있었다. 이 만화들은 청국이 야만적 관습에 젖어 있는 나라라는 것을 강조하기 위해 변발과 전통적 복장을 그로테스크하게 그려냄으로써 청국을 야만적이고 추하고 허약한 존재로서 대내외에 각인한다. 나아가 이러한 야만적인 청나라의 지배하에 있는 몽매한 조선을 구출하고 청나라를 응징해 이들을 문명 세계로 인도하는 것이 일본의 사명이라는 메시지를 전달한다. 독자 역시 이러한 만화의 생산과 유통에 적극적으로 참여하면서 청일전쟁을 문명과 야만의 전쟁으로 정당화한다.[60]

---

59 정일성, 《후쿠자와 유키치》, 56쪽.

청일전쟁 후의 일본의 행보를 예고하는 조르주 비고의 풍자만화.

한편, 이러한 시사만화들은 일본을 '탈아입구'라는 문명화의 수순을 밟는 문명인으로 간주해서인지 메이지 천황을 비롯한 일본인을 서양화된 모습으로 그렸다. 반면에 중국과 조선의 전통적 복식이나 두발 형태는 모두 야만적인 것으로 간주해 조롱의 대상으로 삼았다.

프랑스인으로서 일본에 체류하면서 일본에 대한 풍자만화를 그린 조르주 비고의 일련의 풍자만화들은 일본 시사만화가들의 그림과 달리 일본의 침략 행위를 비판적인 시각으로 바라본다. 일본이라는 타자를 객관적으로 바라보면서 풍자성과 비판성을 잘 살리고 있는 것이다. 비고가 그린 한 그림을 보면, 청일전쟁에서 승리한 일본군이 뒤에 있는 청군의 변발을 잡아끌며 맹인인 조선인을 밟고 넘어가 강을 건너려 하고 있다. 강 건너에서는 무기를 든 러시아군이 이를 예의 주시하고 있다. 이 그림은 청일전쟁

60 한상일 · 한정선, 《일본, 만화로 제국을 그리다》, 119~120쪽.

의 성격을 명확하게 보여주는 동시에 앞으로 있을 러일전쟁을 정확하게 예고한다.

청일전쟁에서 일본이 승리함으로써 국가주의의 상징으로서의 메이지 천황의 지위와 권위는 확고부동해진다. 메이지 천황이 전쟁을 독려하기 위해 히로시마의 대본영에 도착한 9월 16일, 일본군은 청군을 몰아내고 평양을 점령한다. 그 후 천황은 대본영에서 상주하며 불철주야 전쟁을 독려한다. 청일전쟁에서 일본이 승리하자 군 통수권자로서의 천황의 권위와 위상은 한층 높아진다. 메이지 천황은 직접 전장에 나가 싸우지는 않았지만, 히로시마에 대본영을 차려놓고 후방을 지키면서 전선의 병사들과 동고동락하는 자세를 취한다. 〈군인칙유〉를 통해 형성된 대원수로서의 천황 상은 청일전쟁을 통해 유감없이 발휘된다.

마침내 청일전쟁에서 승리한 일본은 청나라를 꺾고 조선을 손에 넣는다. 1895년, 승리하고 개선하는 일본군을 위해 도쿄 시의 상인들이 힘을 합쳐 개선문을 세운다. 일본군의 개선 행진 때 연도에는 국기인 '히노마루'와 '욱일승천기旭日昇天旗'가 함께 걸리고, 일본군 행렬이 개선문을 통과한다. 이처럼 청일전쟁을 통해 하나가 되어 싸우고 승리의 기쁨을 함께 나누면서 비로소 일본인들은 대일본제국의 일원이 되었음을 자각하게 된다.

하지만 전승의 기쁨은 잠깐이었다. 전리품으로 얻은 랴오둥遼東 반도를 러시아, 프랑스, 독일의 삼국 간섭으로 인해 반환할 수밖에 없게 되자 일본인들은 큰 충격을 받았다. 반면에, 일본으로부터 독립을 지키려는 조선은 이 일을 통해서 러시아의 힘을 깨닫게 되었다. 조선이 러시아 쪽으로 급히 기우는 것을 목도한 일본은 조선을 병합하고 대륙으로 영토를 확장하기 위해서는 언젠가 러시아와 사활을 걸고 격돌해야 함을 예상하고, 청일전쟁의 승리로 얻은 배상금을 전부 군비 확충에 쓴다. 특히, 무적함대로 불리던 러

메이지 28년 5월 30일 히비야 해군성 앞에서 벌어진 개선 행진을 그린 〈청일전쟁 다색도판화錦版畫〉.

시아 해군을 이기지 못한다면 대륙 진출이 어려우리라는 판단 아래 해군력 증강에 힘을 쏟는다.

제국주의로의 도약, 러일전쟁

청나라의 의화단이 난을 일으켜 베이징에 거주하던 외국인들을 살해하자 영국, 미국, 프랑스, 독일, 오스트리아, 이탈리아, 러시아, 일본 8개국이 연합군을 구성해 의화단을 진압한다. 일본은 열강들의 요청으로 2만여 명의 군대를 파견한다. 이를 계기로 일본의 국제적 위상이 높아지지만, 만주에서의 철병 문제를 둘러싸고 일본과 러시아 간의 갈등은 더욱 심화된다. 1891년 3월, 러시아는 시베리아 횡단 철도 건설에 착공한다. 러시아는 러시아와 동아시아를 육로로 연결한다는 야심 찬 계획을 가지고 있었다. 러시아의 남하에 위협을 느낀 청나라의 의화단은 만주로 세력을 확장해, 러시아가 부설 중인 동청東淸 철도를 파괴한다. 그러자 러시아는 15만 대군을 파병해 이를 진압한다. 그리고 이를 기회로 창춘長春, 랴오양遼陽, 펑톈奉天, 펑황청鳳凰城 등을 점령하고 각 곳에 군대를 주둔시킨다. 이로써 러시아는 사실상 남만주의 대부분을 손아귀에 넣는다.

청일전쟁에 승리하고도 전리품을 빼앗기는 경험을 했던 일본은 외교의 중요성을 깨닫고 있었다. 러시아와 본격적으로 전쟁을 벌이기에 앞서, 일본은 러시아의 남하를 누구보다도 싫어하던 영국과 1902년에 영일동맹을 맺는다. 청일전쟁에서 승리함으로써 영국과 동맹을 맺을 수 있게 된 것이다. 영일동맹으로 입지를 강화한 일본은 조선에서 러시아의 영향력을 제거하기 위해 철저하게 전쟁 준비에 돌입한다. 마침내 1904년 2월 4일 일본은 메이지 천황이 주재하는 어전 회의에서 러시아와의 전쟁을 결정한다. 전쟁이 시작되자 각 신문들은 호외를 발행해 전황을 전했는데, 특히 전투 승리의 소식을 전하는 호외를 하루에도 수차례씩 발행한다.

연이은 승리에도 불구하고 러일전쟁이 1년 이상 끌자 일본은 전비 부족 사태에 직면했다. 일본은 영국과 미국에 도움을 청했는데, 미국은 12억 엔에 달하는 일본의 국채를 사주었고 영국도 여러 방면으로 지원을 아끼지 않았다. 러일전쟁에 소요된 전비의 50퍼센트는 미국과 영국이 충당해준 것이었다. 또한 영국은 동맹국 일본에 최신의 함대를 공급했는데 영국이 이렇게 아낌없이 일본을 지원한 것은 동맹국이기 때문만은 아니었다. 엄밀한 의미에서 러일전쟁에는 러시아의 남하를 막으려는 영미의 이해관계가

영국과 미국에 전비 지원을 요청하는 일본을 그린 시사만화.

맞물려 있었다. 말하자면 러일전쟁은 러시아에 대한 영미의 대리전이었다.

1904년 10월 15일, 러시아의 발틱 함대는 일본을 향해 리예파야 항구를 출발한다. 하지만 승리를 낙관하고 러시아를 떠난 발틱 함대의 운명은 너무나 가혹했다. 영국의 방해로 수에즈 운하를 눈앞에 두고도 통과할 수 없게 되어, 220일 동안 지구 둘레의 4분의 3에 해당하는 2만 9,000킬로미터의 거리를 항해할 수밖에 없었던 것이다. 아프리카와 아시아에 거대한 식민지를 가지고 있던 영국은 발틱 함대가 식수와 연료를 공급받기 위해 기항하는 것조차 막는다. 영국의 식민지는 물론이고 영국을 의식한 중립국들조차 발틱 함대의 기항을 거부하는 바람에 필수품 등의 중간 보급도 제대로 받지 못한 함대는 지칠 대로 지쳐서 항해를 계속한다. 설상가상으로 영국은 발틱 함대의 항로는 물론 함대의 자세한 상황을 무전으로 일본에 알린다. 한편 발틱 함대가 지구의 4분의 3을 돌아서 쓰시마 해협에 당도하는 동안 러시아군 32만 명과 일본군 25만 명이 격돌한 펑톈 전투가 벌어지고 있었다. 펑톈 전투는 쓰시마 해전과 더불어 러일전쟁의 승패를 가름한 러일전쟁 최대의 격전이었다. 일본군이 펑톈을 함락한 것은 1905년 3월이었다.[61]

연이은 승전으로 사기충천한 일본은 쓰시마 해협에서 발틱 함대를 맞아 싸울 만반의 태세를 갖춘 것은 물론이고 작전 지도까지 짜놓고 있었다. 쓰시마 해전은 개전 24시간 만에 러시아 함대가 완전히 격침되는 것으로 끝난다. 1905년 5월 27일 쓰시마 해협에서 벌어진 이 해전으로 6,000명의 러시아군이 사망하면서 러일전쟁은 막을 내린다. 러일전쟁이 시작되었을 때 일본의 승리를 낙관하는 나라는 없었다. 영국과 미국이 일본을 적극적으로 돕기는 했지만, 동양의 소국 일본이 러시아에 이긴 것은 거의 기적 같은 일이었다. 이 전쟁은 세계를 들끓게 하고 연일 세계 뉴스를 화려하게 장식했다.

러일전쟁은 국민 한 사람 한 사람을 교화해 국가 총력전이 가능한 사회를 만드는 중요한 계기가 된다. 국민 교화는 초등학교 교육과 국민개병제에 의해 입대한 군인의 교육을 통해 일사불란하게 빈틈없이 이루어진다. 학교 교육을 통한 국민 교육은 1910년에 나온 제2기 초등학교 수신 교과서에서 분명하게 확인된다. 초등학교 수신 교과서 제6학년 6과 〈충군애국〉은 위로는 천황부터 아래로는 국민까지 혼연일체가 되어 전쟁을 지지하고 지원한 것으로 묘사하고 있다.

> 1904년 2월 전쟁의 명령이 내려지자 국민은 한결같이 그 뜻을 받들어

---

61 KBS 스페셜 을사늑약 100년 〈그때 일본이 탄생했다〉 1편 '러일전쟁' 참고.

일본이 러시아 발탁 함대를 격침시킨 쓰시마 해전을 그린 시사만화.

나라에 참으로 충성을 다하기를 약속했다. 육해 군인은 추위와 더위를 이기며 고난을 참아내고 용감하게 전쟁을 하고 또 빗발치는 탄환 속에서도 의연하게 그 임무를 다했다. 혹은 부상을 당하여서도 후송되는 것을 거부하고 끝까지 전장에 있기를 바라는 등 충성스럽고 용감한 군인의 미담이 매우 많다. 국민은 모두 검약을 하여 많은 전쟁 비용을 부담하고 몸소 병사를 위문하는 사업, 군인 가족의 구호, 전사자의 유족을 위로하는 등 전력을 다했다. 특히 출정한 자의 아내는 마음을 다해 집안일을 담당하여 남편이 염려하지 않도록 하였으며 높은 신분의 부인들이 손수 붕대를 만들거나 독실한 간호사가 되어 구제를 하여 여자로서 전시의 의무를 다하였다.

나라를 생각하는 길에 두 마음은 없노라. 전장에 나가든 안 나가든.
— 메이지 천황 지음 (《일본 초등학교 수신서(1910 제2기)》)

메이지 천황이 지은 "나라를 생각하는 길에 두 마음은 없노라. 전장에 나가든 안 나가든"이라는 시처럼 러일전쟁은 국민개병제가 실시된 뒤 위로는 황족에서 밑으로는 장병까지 합심해 싸우고 후방에서 전 일본 국민이 후원한, 일본 전쟁사에서 보기 드문 전쟁이었다. 다시 말해 러일전쟁은 전 국민을 동원한 총력전이자 제국주의 전쟁이었다. 러일전쟁은 세계사에 있어서는 동양이 서양을 이긴 전쟁으로 각인되었고, 일본 역사에 있어서는 일본을 제국주의의 대열에 한 걸음 다가서게 한 전쟁으로 남았다. 아울러 일본인 개개인에게는 국가에 대한 자부심과 개인적 자신감을 심어준 전쟁이었다.

러일전쟁에 일본 정부가 쏟아 부은 비용은 청일전쟁 전비의 8배를 웃도는 18억 엔이었다. 1904년 당시 일본 정부의 세입 총액이 약 3억 3,000만 엔이었음을 감안한다면 엄청난 거액이다. 부족한 전비를 조달하기 위해 대량의 외국채가 발행되었으며 대폭적인 증세增稅가 시행되 민중의 어깨를 짓누른다. 특히 농촌은 전쟁으로 일손을 잃고 마필을 징발당한데다가 조세 수탈이 계속되면서 크게 동요한다. 영세 자작농의 몰락, 지주 소작 관계의 악화, 농촌 인구의 도시 유입이 이때를 기점으로 급속히 촉진된다.[62]

수많은 인명 손실과 전비로 인한 국가 경제의 파탄에 비추어 승리의 열매는 너무 적었다. 일본은 포츠머스 조약 제2조에 의해 조선에 대한 지배를 인정받은 것 외에는 아무런 성과를 얻지 못했고, 심지어 전쟁 배상금도 받지 못했다. 대대적인 승전에도 불구하고 일본군이 너무나 지쳐 있어서 강화를 서두르지 않을 수 없었기 때문이다. 일본 정부의 강화 요청으로 미

---

62 하시모토 데쓰야, 〈러일전쟁은 천황제 국가에 어떤 의미가 있었을까〉, 일본역사교육자협의회 엮음, 《천황제 50문 50답》, 김현숙 옮김(혜안, 2001), 239쪽.

국과 영국이 나서서 서둘러 전쟁을 종결시킨다. 이런 내막을 알 길 없는 일본의 주전론자들은 강화를 반대했고, 이에 동조하는 민중들이 도쿄의 히비야日比谷에서 폭동을 일으킨다.

한편 조선은 러일전쟁 후에 일본과 러시아 사이에 체결된 포츠머스 조약(1905) 제2조에 의해 일본의 지배하에 들어간다. 1906년 1월에 조선에 조선통감부가 설치되고 3월에 초대 통감으로 이토 히로부미가 부임한다. 1장에서 본 삽화처럼 메이지 정부의 숙원이었던 정한이 이토 히로부미의 통감 부임으로 실현된 것이었다. 삽화에서 이토 히로부미가 조선을 상징하는 닭을 사이고 다카모리에게 건네는 것은 그의 정한론이 틀린 것이 아니고, 다만 정한의 시기에 대한 의견이 달랐을 뿐이라는 것을 표현한 것이다. 메이지 정부 내에서 정한 논쟁이 폭발했을 때 외유파인 이토 히로부미는 사이고의 반대편에 서서 조기 정한을 반대했다. 삽화는 정한론으로 인해 유명을 달리한 메이지 유신의 동지 사이고 다카모리에 대한 이토 히로부미의 '진혼'을 의미한다고 해석할 수 있다.

러일전쟁과 반전 무드

러일전쟁이 그 이전의 청일전쟁과 결정적으로 달랐던 점은 주전론 못지 않게 반전의 움직임 또한 명확히 존재했다는 것이다. 종교인인 우치무라 간조는 과거에 영문으로 〈청일전쟁의 의거〉라는 글을 발표한 것에 대해 "마음속 깊이 부끄러움을 느낀다"라고 뉘우치며 러일전쟁에 대해 철두철미한 반대 주장을 편다.[63]

한편 일본의 여성 시인 요사노 아키코与謝野晶子(1878~1942)는 러일전쟁

에 참전한 막내 남동생을 향해 쓴 〈너는 죽지 말거라君死にたまふことなかれ〉[64] 라는 시를 발표한다. 이 시는 1904년 9월에 잡지 《명성明星》에 발표되어 전시하의 일본 사회에 큰 물의를 일으킨다.

아아 남동생아 너 때문에 운다.
너는 죽지 말거라
막내로 태어난 너이기에
부모의 정은 더했지만,
사람을 죽이라고 하지 않았구나.
사람을 죽이고 죽으라고
스물네 살까지 키운 것이 아니다.

사카이 거리의 상인
명문가를 자랑하는 주인으로
부모의 이름을 물려받은 너이기에
너는 죽지 말거라.
여순성旅順城이 함락되든
함락 안 되든, 그게 무슨 상관이랴,
너는 잊지 말거라, 상인
집안의 법도에는 없었다.

63 하시모토 데쓰야, 〈러일전쟁은 천황제 국가에 어떤 의미가 있었을까〉, 237~238쪽.
64 최충희, 《일본시가문학 산책》(한국외국어대학교 일본연구소, 2006), 120~123쪽.

너는 죽지 말아라.
천황 폐하는 싸움에
몸소 친히 나가시지 않고
많은 사람의 피를 흘리게 하고,
짐승처럼 죽으라니,
죽는 것을 명예라니,
사려가 깊으시면
물론 어찌 그리 생각하시겠느냐.

아아 남동생아, 싸움에서
너는 죽지 말거라.
지난 가을 아버님을
저세상에 보내신 어머님은,
비통 속에 가엽게
자식을 나라에 바치고, 집안도 꾸리며
평안하다는 이 시절에도
어머니의 흰머리는 늘어만 간다.

포렴 뒤에 숨죽여 우는
가냘픈 어린 신부를,
넌 잊었느냐, 생각하느냐.
십 개월도 함께 있지 못하고 헤어진
아녀자의 심정을 생각해보거라.
이 세상에서 너 말고

아아 누구를 믿고 의지해야 하느냐.

너는 죽지 말거라.

제국주의 국가 진입이라는 대사를 앞두고 국가가 총력전을 펼치는 상황에서 이처럼 요사노 아키코는 남동생에게 전쟁터에 가지 말라고 이야기하는 반전시를 쓴다. 가장 문제가 되는 대목은 "천황 폐하는 싸움에 / 몸소 친히 나가시지 않고 /많은 사람의 피를 흘리게 하고, / 짐승처럼 죽으라니, / 죽는 것을 명예라니, / 사려가 깊으시면 / 물론 어찌 그리 생각하시겠느냐"라는 부분이었다. 국가가 총력전을 펼치고 있는 전쟁에 대해 비난하고, 나아가 천황을 정면으로 비난하는 시를 쓴다는 것은 당시의 일본에서는 파격적인 일이었다. 천황이 내린 〈교육칙어〉에 최경례를 하지 않았다는 이유로 불경죄를 뒤집어쓰고 사회적으로 매장당한 우치무라 간조의 경우를 생각하면 이 시가 발표된 것만도 기적이다.

이러한 요사노 아키코의 반전시는 이시카와 다쿠보쿠石川啄木(1886~1992)가 말하는 시대폐색 현상이 아직 사회 전면에 그늘을 드리우지는 않았기 때문에 나올 수 있었다. 27세의 나이로 요절한 천재 시인 이시카와 다쿠보쿠는 1910년 8월 29일 메이지 정부가 한일합방을 공표한 지 얼마 안 되어 지은 34편의 단가短歌를 10월에 《창작》지에 "9월 밤의 불평9月の夜の不平"이라는 제목으로 발표한다. 이중 세 편이 명확하게 한일합방에 대한 비난의 뜻을 담고 있어 눈길을 끈다.

지도 위 조선국에 새카맣게 먹을 칠하면서 가을바람 소리를 듣는다.

가을바람 우리 메이지 청년의 위기를 슬퍼하는 얼굴을 스치며 분다.

시대폐색의 현상을 어떻게 하나 가을에 들어서 특히 이렇게 생각하는 건가

첫 번째 것은 한일합방에 의해 지도 위에 일본과 같이 적색으로 칠해져 있는 조선을 먹으로 까맣게 칠해가면서 조국을 잃은 불행한 조선인들을 생각하는 시이다. 두 번째 것은 일본과 조선의 병합이 조선의 불행으로 그치는 것이 아니라 일본의 장래를 위해서도 불행한 일임을, 즉 메이지 청년들의 위기임을 자각하고 이를 슬퍼하는 시이다. 세 번째 것은 일본 사회 전체에 그늘을 드리우는 국가주의를 시대폐색의 현상으로 여기는 것이 가을이라는 계절 탓인가 하고 생각하는 시이다.

하지만 전쟁이나 조선 침략에 반대하는 일부 메이지 지식인들의 시들은 문단의 저항시에 지나지 않았으며, 대부분의 메이지인들은 일본의 침략 전쟁에 대해 일말의 회의도 품지 않고 그저 시대의 대세이니 어쩔 수 없다는 태도를 취했다. 청일전쟁과 러일전쟁의 승리를 누구보다 기뻐하며 환영한 것이 메이지 청년들과 지식인이었음을 잊어서는 안 된다.

5장

국체지상주의와 대동아공영권

1914년에 시작된 1차 세계대전에 연합국 측으로 참전한 일본은 전시 수요로 경제적 호황을 구가하고 그 결과 세계 5대 강국의 하나로 발돋움한다. 그러나 1918년 11월 전쟁 종료와 함께 시작된 불황이 1920년에는 경제 공황으로까지 발전하자 1920년 3월 주가가 폭락하면서 일본의 불황도 본격화된다.

한편 1917년 러시아에서 혁명이 일어나 소비에트 정권이 성립되면서 일본에서도 사회주의 사상과 운동이 고양된다. 1922년에는 일본 공산당이 창당되고 노동자와 농민의 권익 투쟁이 고조된다. 1920년 5월 일본 최초의 노동 쟁의가 우에노上野 공원에서 열렸다. 이처럼 사회가 어수선하고 민심이 흉흉한 가운데 1923년에 간토 대지진(관동關東 대지진)이 발생한다. 간토 대지진은 사상자와 행방불명자를 포함해 14만 가량의 인명 피해를 내고 간토 지방을 초토화한다. 이 크나큰 재해로 국민의 원망과 분노가 정부로 향할 것을 우려한 일본 정부와 군부는 '조선인이 우물에 독을 탔다', '조선인이 폭동을 일으켰다'는 등 의도적으로 불온한 소문을 퍼뜨린다. 그 결과 경찰과 자경단에 의해 무고한 조선인이 6,000명 이상 희생되는 일이 벌어진다. 일본 정부가 흉흉한 민심을 다른 데로 돌리기 위해서 죄 없는 재일 조선인을 희생양으로 삼은 것이었다.

일본 정부는 사회주의 운동을 탄압하고 공산당원을 체포하기 위해 1925년 3월 19일에 〈치안유지법〉을 공표하고, 이어서 3월 29일에 〈보통선거법〉을 공표한다. 〈치안유지법〉은 악법 중에 악법으로 일본 정부는 이 법을 통해 '다이쇼 데모크라시' 운동과 사회주의 운동을 동시에 억압한다. 〈치안유지법〉은 일본 국체의 변혁을 막기 위한, 즉 천황제를 지키기 위한 법으로, 히로히토 황태자의 즉위를 대비하는 것이기도 했다. 쇼와 시대를 열기 위한 준비였던 셈이다. 또한, 〈치안유지법〉이 공표되고 곧이어 3월 29일에 〈보통선거법〉도 공표되었는데, 〈치안유지법〉은 〈보통선거법〉에 따라 실시될 선거의 안전핀으로서 마련된 것이기도 했다. 이에 만족하지 않고 정부는 1928년에 〈치안유지법〉을 한층 강화하는 방향으로 개악改惡한다.

다이쇼 천황이 죽고 섭정으로 있던 히로히토가 1926년 천황에 등극하면서 쇼와 시대가 시작된다. 쇼와 천황(1926~1989 재위)이 즉위한 것은 도쿄가 간토 대지진의 피해에서 채 복구되기 전이었다. 1927년의 일본 금융공황에 이어 1929년 10월에 미국에서 주가가 대폭락하면서 세계적인 대공황이 찾아온다. 대공황의 진원지인 미국에서는 1,700만 명이 일자리를 잃고, 200만 명이 노숙자 신세가 된다. 그러자 세계 열강들은 자국 경제를 지키기 위해 외국 공산품 수입을 차단하는 등 블록 경제권을 형성한다. 세계 대공황은 일본 경제를 거의 붕괴 직전까지 몰고 가 대도시에는 실업자가 넘쳐나고 농촌 경제는 피폐해진다. 이러한 상황에서 정당 정치가 제대로 기능하지 못해 경제난이 개선될 조짐이 보이지 않는다. 정당 정치에 대한 국민들의 불만을 배경으로, 천황을 중심으로 한 파쇼적 군부 정권을 지지하는 우익의 움직임이 활발해졌다. 일본 군부에서는 경제 난국을 타개하기 위해 중국 대륙으로 진출해야 한다는 '대륙 진출론'이 강력하게 대두한다.

이와 같은 시대 상황 속에서 쇼와 시대에 국체 논쟁이 재점화된다. 이른바 '천황 기관설' 사건(1935)과 이에 대한 반동으로 일어난 '국체 명징 운동'(1935)을 통해서였다. 국체 명징 운동의 일환으로 문부성은 《국체의 본의》

(1937)라는 국체 해설 책자를 제작·배포해 전국 학교에서 가르치게 한다. 아울러 《국체의 본의》를 토대로 1941년에 역사 교과서를 개정한다. 그 결과 만세일계의 천황이 군림하고 통치하는 신국 일본이라는 담론이 일본 사회 저변에까지 확대되면서 국민의 정신을 지배하게 된다.

대중을 조작하기 위해 만들어진 이러한 신화적 담론은 천황의 신민들만 세뇌한 것이 아니라 이를 만들어낸 주체의 사고까지 잠식해 들어갔다. 2차 세계대전에서의 패전을 전후해 벌어진 쇼와 천황과 측근들의 국체 수호 논의가 바로 그 증좌다. 패전 후 포츠담 선언을 수락할지 말지 고민하던 최종 국면에서도 쇼와 천황은 자신의 만세일계의 통치권을 뒷받침하는 유일한 명분인 3종의 신기를 어떻게 지킬 수 있을까 하는 것 외에는 다른 생각이 없을 정도로 권력자 스스로 만들어낸 신화적 망상에 포박돼 있었다.[1]

---

1 고모리 요이치, 《1945년 8월 15일 천황 히로히토는 이렇게 말하였다》, 송태욱 옮김(뿌리와 이파리, 2004), 74~75쪽.

1

국체 논쟁의 점화

에도 시대에 미토학에 의해 주창되고 국학에 의해 확산된 국체 사상은 근대에 들어 메이지 정부의 관료와 어용학자들에 의해 다시 활발하게 논의된다. 앞에서 언급한 것처럼, 가토 히로유키는 일본의 국체에 대해 신랄하게 비판하다 국수주의자들의 반발을 사자, 자신의 책들을 절판시킨다는 광고를 내면서 기존의 주장을 부인한다. 이것이 제1차 국체 논쟁이었다.

그 후 메이지 정부는 국체 논쟁의 준동을 막고 일본의 국가 정체성을 분명히 하기 위해서 1889년에 제정된 〈대일본제국헌법〉 제1조와 제3조를 통해 일본의 국체는 만세일계의 천황이 통치하는 천황제에 있고, 천황은 신성불가침한 존재임을 천명한다. 이어서 1890년에 반포한 〈교육칙어〉에서는 '신민이 충효의 도리를 다하고 억조 일심으로 세세에 그 미덕을 다함은 우리 국체의 정화精華이며 교육의 연원'이라며 '국체의 정화'를 주창한다.

메이지 천황이 죽고 다이쇼 시대가 열리면서 정치, 사회, 문화 전반에 걸쳐 민주주의와 자유주의 풍조가 확산된다. 1919년에서 1920년에 걸쳐 보통 선거 운동, 사회주의 운동, 노동 운동, 농민 운동, 여성 해방 운동 등을 통해서 민주주의에 대한 요구가 봇물처럼 쏟아지는데 이를 '다이쇼 데모크라시'라 부른다. 국제 사회에서는 1913년 윌슨이 미국 대통령으로 취임하면서 민족자결주의를 주창한다. 이에 식민지 국가들에서 민족 자결 운동과 독립 운동이 촉발된다. 1917년에는 러시아에서 사회주의 혁명이 일어나고, 그 여파로 1921년에 일본공산당이 창당된다. 러시아에서 왕정이 타도되고 사회주의 혁명이 일어나자 일본 정부는 일본의 국체(천황제)를 위협하는 사태가 국내에서도 재현되지 않을까 우려한다.

일본 정부의 당면 과제는 국민의 바람에 따라 보통 선거를 실시하는 것과 일본의 국체를 위협하는 사회주의 사상을 뿌리부터 잘라내는 것이었다. 메이지 정부는 보통 선거를 실시하기에 앞서, 천황제의 근간을 흔들 우려가 있는 사회주의 운동을 탄압하기 위해 1925년 4월 22일 〈치안유지법〉을 공포하고 이어서 5월 5일 〈보통선거법〉을 공포한다. 〈보통선거법〉에 앞서 〈치안유지법〉을 공포한 것은 보통 선거를 통해 민권 운동이나 사회주의 운동이 확산되어 '국체의 변혁'이 초래되는 것을 원천적으로 봉쇄하기 위해서였다. 보다 정확하게 말하면 국체인 천황제를 위험에 빠뜨릴 소지가 있는 사회주의 운동을 탄압하기 위해서였다. 일본 정부는 〈치안유지법〉을 남용해, 천황제와 일본 정부를 위험에 빠뜨릴 염려가 있다고 여겨지는 인물은 모조리 검거함으로써 사회주의의 확산을 원천적으로 봉쇄한다.

〈치안유지법〉 개정

1917년 러시아에서 사회주의 혁명이 일어나 소비에트 정권이 들어선다.

그 여파로 일본에서도 사회주의 사상이 확산되고 사회주의 운동이 고양되 1921년에는 일본공산당이 창당된다. 하지만 당시 좌파 지식인을 중심으로 한 일본공산당보다 다이쇼 정부를 더 위협한 것은 수평사水平社라는 단체였다. 당시 일본의 각 지역과 학교, 직장에서 비인간非人間이라 불리던 부락민에게 가해진 차별과 박해는 대단히 심했는데, 부락민은 전국적으로 300만 명을 넘고 있었다. 1922년 3월에 전국 수평사 창립 대회가 개최되면서 조직적인 부락 해방 운동이 시작된다.

수평사 창립은 천황제 권력에 대한 중대한 타격이었다. 수평사는 천황제를 정점으로 하는 비인간적 지배 구조에 정면으로 도전한 단체로, 수평 운동을 통해 신분제의 억압으로부터의 모든 인간의 해방을 목적으로 하는 보편적 원리를 추구했기 때문이다. 게다가 수평 운동은 처음부터 노동·농민·사회주의 운동과 결합해 일본에서 진정한 민주주의를 실현하고자 했다. 초기의 수평사 투쟁은 차별 규탄 운동을 중심으로 했으나 천황제에 대해서도 정면 투쟁을 전개했다.[2]

쇼와 천황이 즉위하기 1년 전인 1925년에 제1차 〈치안유지법〉이 〈보통선거법〉에 조금 앞서서 특별법으로 제정된다. 1925년 4월 22일에 〈치안유지법〉이 공표되고, 이어서 5월 5일에 〈보통선거법〉이 공포된다. 〈치안유지법〉이 〈보통선거법〉과 이렇게 표리를 이루듯 함께 제정 공포된 것은 〈보통선거법〉에 의해 보통 선거가 실시됨에 따라 노동 운동과 사회주의 운동이 활발해질 것을 염려한 탓이었다. 말하자면 〈보통선거법〉하의 치안 대책으로서 〈치안유지법〉이 함께 마련된 것이었다.[3]

---

2 고마키 가오루, 〈부락문제는 어떻게 생겼고 해방운동은 어떻게 발전하였을까〉, 일본역사교육자협의회 엮음, 《천황제 50문 50답》, 김현숙 옮김(혜안, 2001), 286쪽.

3 박경희 엮음, 《연표와 사진으로 보는 일본사》(일빛, 1998), 440쪽.

〈치안유지법〉은 한마디로 국체(천황제)와 사유재산제를 부정하는 사회주의자를 단속하기 위한 법률이었다. 〈치안유지법〉 제1조는 "국체를 변혁하거나, 혹은 사유재산제를 부인할 목적으로 결사를 조직하거나 또는 정에 이끌려 (그 결사에) 가입하는 자는 10년 이하의 징역 내지 금고에 처한다" 라고 규정한다. 이처럼 〈치안유지법〉이 '국체의 변혁'을 제일 먼저 언급한 것은, 러시아에서 볼셰비키 혁명으로 왕정이 무너진 것처럼 일본에서도 사회주의 운동과 자유 민권 운동으로 국체인 천황제의 근간이 흔들리는 일이 없도록 미연에 방지하기 위해서였다.

〈치안유지법〉은 일본에서만 시행된 것이 아니라 식민지 대만, 조선, 사할린에까지 적용되었다. 치안유지법이 일본 국내에서 최초로 적용된 것은 1926년 1월 교토의 학생사회연합회(약칭 학련) 관계자 38명을 검거한 '교토학련 사건'이다. 그러나 이 교토학련 사건 이전에 이미 조선에서 1925년 11월부터 시작된 조선공산당 사건으로 66명을 검거하면서 〈치안유지법〉을 적용한다.[4]

이에 그치지 않고 1928년 4월, 내각은 임시 의회에 〈치안유지법〉 개정안을 제출하나 개정안은 통과되지 못한다. 그러자 6월 29일에 정부가 긴급 칙령으로 개정안을 통과시킨다. 긴급 칙령에 의한 〈치안유지법〉 개정에 관해 헌법학자인 미노베 다쓰키치美濃部達吉(1873~1948)는 헌법 유린이자 권력 남용이라고 비판한다.[5] 1928년에 개정된 제2차 〈치안유지법〉은 개악의 전형적 사례이다. 우선 국체의 변혁과 사유재산제를 부인하는 죄에 대한 규정을 따로 둔다. 아울러 국체 변혁 및 결사에 대한 형이 무거워져 사형제

4 望月雅士, 〈治安維持法と弾圧〉, 《日本20世紀館》(東京 : 小学館, 1999), 301쪽.

5 望月雅士, 〈治安維持法と弾圧〉, 301쪽.

가 도입된다. 이에 수반해 목적수행죄가 추가됐는데 이것은 〈치안유지법〉의 확대 해석과 운용에 결정적인 역할을 했다.

태평양전쟁을 목전에 둔 1941년 3월 10일, 일본 정부는 세 번째로 〈치안유지법〉을 개정한다. 3차 개정은 국체의 변혁을 목적으로 하는 사상, 행위, 결사를 보다 더 철저하게 단속하고 국체의 변혁을 목적으로 하는 결사의 지원 결사 혹은 준비 결사와, 국체의 변혁을 목적으로 하는 집단 및 개인을 엄격하게 단속하는 것을 주안점으로 한다.[6]

천황 기관설 사건

국체 관념은 메이지 유신에 의해 성립된 근대 천황제 국가 일본의 사상적 지주이다. 메이지 시대 초기에 있었던 국체에 관한 논란이 쇼와 시대인 1935년에 '천황 기관설' 사건으로 다시 점화된다. 도쿄제국대학 교수인 잇키 기도쿠로一木喜德郎(1867~1944)는 통치권은 법인인 국가에 있고 천황은 국가의 최고 헌법에 따라 통치권을 행사하는 것이라는 취지의 천황 기관설을 주창한다. 그 후 천황 기관설은 그의 제자인 미노베 다쓰기치美濃部達吉에게 계승된다. 미노베 다쓰기치의 천황 기관설은 국가는 하나의 단체로서 법률상의 인격을 갖고 있으며 통치권은 법인인 국가에 속하는 권리라는 것, 그리고 일본에서 최고의 기관은 천황이며 주권은 천황에게 있다는 것이다.

미노베의 천황 기관설을 둘러싸고 다이쇼 시대 초기에 우에스키 신기치

---

6 《日本史大事典》4(東京 : 平凡社, 1993), 828쪽.

上杉真吉(1878~1929)와 미노베 다쓰기치 사이에 논쟁이 벌어진다. 우에스키는 천황은 천황 자신을 위해서 통치하며 국무대신의 보필 없이 통치권을 마음대로 행사할 수 있다고 주장한다. 반면에 미노베는 천황은 국가 인민을 위해 통치하는 것이지 천황 자신을 위해서 통치하는 것이 아니라고 역설한다. 미노베의 헌법 해석은 의회중심주의자나 정당정치주의자들에게 이론적 근거를 마련해주는 것이어서 다이쇼 데모크라시 운동의 지주 가운데 하나가 된다. 동시대에 섭정 천황이었던 쇼와 천황도 천황 기관설을 당연한 것으로 받아들인다.

천황 기관설이 제기하는 문제는 결국 국가의 주체가 어디에 있는가 하는 것이다. 다른 말로 하면 국가의 통치권이 어디에 있는가 하는 것이다. 국가의 통치권이 천황 개인에게 있는가(천황이 자의적으로 행사해도 좋은 권력으로서 통치권을 가지는가), 아니면 통치권의 주체는 국가 자체이고 천황은 국가의 최고 기관으로서 통치권을 행사할 권능을 갖는 것에 불과한가. 물론 일본은 법제상 입헌군주제의 나라이므로 학계에서는 천황 기관설이 옳다고 보았고, 고등 문관 시험이나 외교관 시험도 그 설에 따른 답안을 정답으로 보았다. 천황 스스로도 "천황은 국가의 최고 기관이다. 기관설로 충분하지 않은가"라고 말했다고 한다.[7] 그럼에도 불구하고 1935년 2월 18일 귀족원 본회의에서 전 육군 중장인 기구치 다케오菊地武夫(1875~1955) 의원이 도쿄제국대학 명예교수이자 제국학사원 대표인 미노베 의원의 천황 기관설을 국체에 위반되는 학설이라고 비난하면서 천황 기관설은 다시 논란에 휩싸인다. 기구치 의원은 미노베를 학문적 도적이라는 의미로 '학비学匪'라고 폄하하면서 맹렬히 비난한다. 기구치의 연설을 계기로 군부와 우익을 중심

7 다치바나 다카시, 《천황과 도쿄대 1》, 122쪽.

으로 천황 기관설 배척이 격화된다.

그러자 미노베는 〈일신상의 변명〉이라는 연설을 한다. 이 연설은 "기쿠치 남작은 나의 저서를 가리켜 우리 국체를 부인하고 군주 주권을 부정한 것처럼 논했지만, 이는 그분이 나의 저서를 읽지 않았거나 읽었더라도 이해하지 못했다는 것을 보여주는 명백한 증거입니다"라는 말로 시작된다.[8]

미노베 의원은 천황 기관설이 국가 그 자체를 하나의 법인으로 간주하고 천황을 국가 원수라는 지위에서 국가를 대표해 국가의 모든 권리를 총괄하는 존재로 간주하며, 천황이 헌법에 따라 하는 행위를 국가의 행위와 같은 효력을 갖는 것으로 간주한다고 명료하게 설명한다.

하지만 미노베의 해명 연설에도 불구하고 우익 단체와 재향군인회의 항의 시위는 격해져만 간다. 더욱이 연설 내용이 신문에 보도되면서 군부와 우익의 미노베 탄핵 움직임이 가속화되어 미노베는 불경죄로 고발된다. 그 결과 미노베는 기소 유예 처분을 받고, 출판법 위반이라는 이유로 대표 저서인《헌법촬요憲法撮要》,《축조헌법정의逐条憲法精義》,《일본국 헌법의 기본주의日本国憲法ノ基本主義》가 발매 금지 처분을 당한다. 또한 대학에서 천황 기관설에 대해 가르치는 것이 법으로 금지된다. 결국 미노베는 압력에 굴복해 귀족원 의원직에서 사임한다. 그의 불운은 이에 그치지 않아, 다음 해에 그는 천황 기관설에 격분한 우익 인사의 총탄에 맞아 부상을 입는다.

미노베 개인의 불행을 떠나서 이 사건이 시사하는 바는 사상 탄압에 대한 일본 사법부의 침묵과 국가 권력에 대한 일본 지식인들의 맹종이다. 천황 기관설이 하루아침에 폐기 처분당하는 일이 벌어져도, 미노베와 사제지간의 연을 맺고 있던 사법관조차 미노베를 옹호하지 않고 침묵을 지킨다.

8 다치바나 다카시,《천황과 도쿄대 1》, 126쪽.

이 사건은 앞으로 있을 사상과 학문의 자유에 대한 무차별적 탄압을 예고하는 동시에, 이와 같은 정부의 탄압에 대해 침묵으로 일관하는 일본 지식인의 자세를 예견케 했다.

국체 명징 운동

미노베 의원의 해명 연설 후 그에 대한 공격은 한층 더 격화된다. 군부와 재향군인회 및 우익 단체의 반발이 끊이지 않는 가운데 미노베를 불경죄로 고발하는 의원이 나오는가 하면 재향군인회가 비난 성명을 낸다. 또한 민간의 우익이 결집해 천황 기관설 배격 동맹을 맺는다. 마침내 1935년 3월에는 귀족원과 중의원에서 국체 명징 결의안이 채택된다. 이어서 4월에 육군이 전군에게 국체 명징 훈시를 내린다. 국체를 명확히 하려는 국체 명징 운동은 더욱 확산되어 8월에는 정부도 천황 기관설을 버리겠다고 선언하는 '국체 명징에 관한 정부 성명'을 발표한다.[9]

> 삼가 생각하건대 우리 국체는 천손 강림하실 제 내려주신 신칙에 명시된 것으로 만세일계의 천황국을 통치하시고 보조寶祚(황위)의 융성은 천지와 함께 끝없도다……그럼에도 그 통치권이 천황에게 있지 않고 천황은 이를 행사하기 위한 기관이라 칭함은 만방무비한 우리 국체의 본위를 훼손하는 것이다. 근래 헌법 학설을 둘러싸고 국체의 본의와 관련하여 이러니저러한 논란에 이른 것은 참으로 유감스럽기 그지없다. 정부는 마침내

---

9 다치바나 다카시, 《천황과 도쿄대 1》, 128쪽.

국체의 명징에 힘을 보태어 그 정화를 발양케 하고자 한다.[10]

여기서 '국체 명징'이란 말 그대로 국체를 분명하게 증명한다는 의미이다. 정부는 1935년 8월과 10월 두 차례에 걸쳐 '국체 명징에 관한 정부 성명'을 내고 미노베 의원으로 하여금 의원직에서 사퇴하게 한다.

이와 같은 정부의 공식 성명에도 불구하고 이것으로는 국체를 명징하게 하기에는 미흡하다고 군부와 우익이 다시 소란을 피우자, 정부는 10월 15일에 다시 2차 성명을 낸다.

앞서 정부는 국체의 본의에 관해서 소신을 피력함으로써 국민이 명심해야 할 바를 분명히 하고 마침내 그 정화를 발양케 하고자 하였다. 본래 우리나라에서는 통치권의 주체가 천황에게 있음은 우리 국체의 본의이며 제국 신민의 절대 부동의 신념이다.[11]

2차 성명은 통치권의 주체가 천황에게 있음은 국체의 본의이며 제국 신민의 절대 부동의 신념이라고 단언한다. 아울러, 함부로 외국의 사례나 학설을 취해 우리의 국체 사상을 훼손하는 것이 극심해 이를 엄하게 제어해야 한다고 역설한다.

여기서 말하는 국체는 헌법 제1조에 명시된 "대일본제국은 만세일계의 천황이 통치한다"라는 것이다. 이를 다시 확정지은 것이 〈치안유지법〉이다. '국체 명징'에서 말하는 국체는 여기에다가 헌법 제3조에 규정된 천황

---

10 다치바나 다카시, 《천황과 도쿄대 1》, 128쪽.

11 다치바나 다카시, 《천황과 도쿄대 1》, 129쪽 참고.

의 신성불가침성("천황은 신성불가침하다")과 헌법 제4조나 제11조에 규정된 천황의 통수권("천황은……통수권을 총괄하고", "천황은 육해군을 통수한다")을 포함하는 것이다.[12]

천황 기관설 사건이 일어난 시점은 1931년 만주 사변에 이어 1937년 중일전쟁이 발발하는 과도기였다. 중일 전면 전쟁을 시작하려는 군부는 정부와 의회의 간섭 없이 천황대권의 이름을 빌어 군부가 독자적으로 전쟁을 수행하고자 하는 움직임이 일고 있었다. 만주사변이 바로 그런 경우이다. 천황 기관설 사건이 일어났을 때 군부가 가장 격렬하고 열성적으로 발빠르게 움직인 것은 바로 그 때문이다.

군이 천황 기관설을 용납할 수 없었던 이유 중 하나는 그것이 천황의 신성을 약화시킨다는 데 있었다. 군에게 천황은 신성불가침한 존재여야 했던 것이다. 군에게는 일본 국체의 본질이 천황의 신성불가침성에 있었다. 그리고 군은 천황의 통수권을 통해서 그 신성불가침성과 연결되어 있었다.[13] 천황이 현인신이자 통수 대권을 지닌 존재라면 그러한 통수 대권과 직결된 존재인 군 역시 신성불가침한 존재가 된다. 그래서 군은 국민의 군이 아니라 신성불가침한 군이 되었다. 군은 천황의 신성함을 나눠 가졌으므로 국민은 군을 신성시하고 존중해야 한다. 여기에서 일본 군대의 그 모든 정신적 특수성이 비롯되었다.[14] 천황의 현인신 신앙은 군대 교육의 근간이며 군대의 존립 기반 그 자체였다.[15]

천황과 군인의 특수한 관계는 메이지 천황이 반포한 〈군인칙어〉와 메이

12 다치바나 다카시, 《천황과 도쿄대 1》, 222~223쪽 참고.

13 다치바나 다카시, 《천황과 도쿄대 2》, 226쪽.

14 다치바나 다카시, 《천황과 도쿄대 2》, 227쪽.

15 다치바나 다카시, 《천황과 도쿄대 2》, 230쪽.

지 헌법이라 불린 〈대일본제국헌법〉에 의해 공식적으로 천명되었다. 일본의 군부가 군인에게 필수적으로 〈군인칙유〉를 암기시킨 것은 군이 국민의 군대가 아니라 천황의 군대, 즉 황군이라는 것을 군인 스스로가 납득하게 함으로써 국민개병에 의해 모집된 군인들에게 자긍심을 심어주기 위해서였다. 결국 일본 군부는, 황군은 천황의 군대이므로 천황의 명이라면 무슨 일이든 할 수 있으며 천황이 신성불가침한 존재이므로 천황의 명에 따라 황군이 한 행위는 무슨 일이든 면책받을 수 있다는 논리를 갖게 되었다. 이는 아시아태평양전쟁 당시 일본군이 자행한 일들에서 여실히 증명된 바이다.

총력전 체제의 사상적 지주, 《국체의 본의》

국체 명징 운동은 처음에는 정부 요직의 인사들에게 자신의 이데올로기적 견해를 표명하도록 종용하거나 강요하는 것에 그쳤다. 그러나 뚜렷한 과시적 성과가 나오지 않자 국체 명징 운동은 새로운 돌파구를 모색한다. 정부는 천황 기관설을 대학 교육에서 몰아낸 것으로 만족하지 않고, 국체 해설서를 발행해 소학교에서 고등학교까지의 학생들을 대상으로 학교에서 국체 교육을 실시하려 한다. 이러한 학교 교육을 통해 '천황은 국체 그 자체의 표상이 되고, 아울러 '국체'는 일본 국사의 테제로 급부상한다.

1937년 문부성은 《국체의 본의》라는 책자를 발행해 전국의 관공서와 교육 기관에 배부한다. 《국체의 본의》는 〈교육칙어〉의 실천에 관한 이론서이자 교사들을 위한 국체 해설서였다. 〈교육칙어〉는 신민이 충효의 도리를 다하고 억조 일심으로 대대로 그 미덕을 지키는 것이 우리 국체의 정화이자 교육의 연원이라고 가르친다. 그런가 하면, 일본의 국체는 일본 민족 고유의 문화적 토양 속에서 탄생해 유럽의 근대 국체와는 근본적으로 다른 것으로 만세일계의 천황을 중심으로 한 국가 체제임을 강조하기 위해 편찬된 것이 바로《국체의 본의》이다.

1937년에 중일전쟁이 시작되어 1941년에 태평양전쟁으로 비화하는데, 이런 중차대한 시기에 〈교육칙어〉에 명시된 "유사시에는 충의와 용기를 가지고 봉사하여 천양무궁의 황운을 부익해야 할지니라"라는 천황의 어명이 국체의 해설서인《국체의 본의》에 의해 재천명된다.《국체의 본의》는 일본 문부성이 직접 제작해 내각인쇄국에서 출판할 정도로 일본 정부가 중요시한 책으로 국체 명징 운동의 부산물이다. 국체 명징 운동이 '국체 명징 훈령'을 두 차례 발표한 것 외에는 특별히 가시적인 성과를 내지 못하자 정부는 서둘러서《국체의 본의》를 발간해 배포한다. 발간 목적은 중일전쟁이 발발해 일본 본토는 물론이고 식민지까지 전시 동원 체제하에 들어가는 중차대한 시점에 다시 한 번 국민의 국체 사상을 점검하고 국민을 전쟁에 총동원하려는 데 있었다.

《국체의 본의》에 의하면, "대일본제국은 만세일계의 천황이 황조의 신칙을 받아서 영구히 통치하는 만고불역의 국체이며, 이 대의에 따라 일대가족국가로서 억조가 한마음으로 성지聖旨를 받들어 충효의 미덕을 발휘하는 나라이다".[16]

> 경신숭조와 충의 길의 완전한 일치는 또 그것과 애국이 하나가 되는 까닭이다. 우리나라는 황실을 종가로서 받들고 천황을 고금에 걸친 중심으

16 文部省,《国體の本義》(東京 : 内閣印刷局, 1937). 이하《국체의 본의》의 내용은 모두 이 책에서 인용함.

로 우러러 모시는 군민 일체의 일대가족국가이다. 그런 까닭에 국가의 번영을 다하는 것은 바로 천황의 번영에 봉사하는 것이며 천황을 충성을 다해 받드는 것은 바로 나라를 사랑하고 국가의 융성을 도모하는 것이다. (《국체의 본의》)

그리고 충은 천황에게 절대 순종하는 길이며 천황을 위해 생명을 버리는 것은 국민으로서 참다운 생명을 발양하는 길이다. 말하자면 《국체의 본의》는 천황과 국가를 위해 죽는 것에 대한 교육이자 찬미이다.

충은 천황을 중심으로 받들고 천황께 절대 순종하는 길이다. 절대 순종은 나를 버리고 나를 떠나서 오로지 천황께 봉사하는 길이다. 이 충의 길을 행하는 것이 우리 국민의 유일한 살길이며 모든 힘의 원천이다. 그러니 천황을 위해서 생명을 바치는 것은 이른바 자기희생이 아니라 소아小我를 버리고 큰 능위稜威를 위해 살며 국민으로서 참다운 생명을 발양하는 것이다. (《국체의 본의》)

조선총독부가 발행한 《초등 국사》(1944)에 따르면 국사 교육의 첫 번째 의의는 국체 관념을 이해시키고 아동으로 하여금 확고한 국체 관념을 체득하게 하는 데 있다. 《초등 국사》에 의하면, "국사 교육의 첫 번째 의의는 고금을 통틀어 정치, 경제, 사회, 문화 각 방면이 국체를 기본으로 하여 발전했다는 것을 이해시키고 확고한 국체 관념을 체득시키는 데 있다. 이른바 국체 명징은 쇼와 성대聖代의 일대 사실이다"[17]라고 되어 있다. 아울러 국체

---

17 朝鮮総督府, 《初等国史》 5학년 교사용(京城府 : 朝鮮書籍印刷株式會社, 1941), 4쪽.

란 제국 헌법에 명시되어 있는 대로 '대일본제국은 만세일계의 천황이 이를 통치한다고 현시되어 있는 것을 말한다.'[18]

〈교육칙어〉와 《국체의 본의》를 관통하는 것은 고대 천황 신화에 기반을 둔 충효 일치의 국체 사상이다. 천황제 이데올로기로 재생하는 천황 신화의 핵심은 일본은 신들이 세운 나라이며 신들의 혈통인 만세일계의 천황가가 대대로 다스리는 나라라는 것이다. 그리고 이를 보증하는 것이 바로 황조신 아마테라스가 천손 니니기에게 내린 '천양무궁의 신칙'과 왕권의 상징인 '3종의 신기', 그리고 진무 천황의 건국 신화에 나오는 '팔굉일우'의 정신이다. 근대 일본의 국민 교육에서 중핵을 차지한 〈군인칙유〉, 〈교육칙어〉, 《국체의 본의》에 의해 만세일계의 황통, 천양무궁의 신칙, 3종의 신기는 한 치의 의심의 여지도 없는 역사적 사실로 자리매김하게 된다.

만주사변을 거쳐 중일전쟁으로 들어가는 전시에 일본은 신국이고 천황은 현인신이라는 사상이 국가에 의해 교육되고 강요된다. 이어서 국민 도덕론과 가족 국가론의 입장에서 국체 사상이 주입된다. 이와 같은 사상을 이론적으로 구축한 것이 다름 아닌 《국체의 본의》이다. 천황제 국가의 관료와 군부 지배층이 아시아태평양전쟁을 성전이라고 호도하면서 신민의 몸과 마음을 총력전으로 몰고 간 것은 일종의 내셔널리즘의 발현이다. 말하자면 이것은 '일본형 내셔널리즘'이다. 국체를 지주로 하는 일본형 내셔널리즘의 토대는 일본 신화에 기초해 현인신인 천황을 종가로 보고 신민을 말가와 분가로 보는 국체 사상이다.

《국체의 본의》의 의해 국체 사상은 끊임없이 확대 재생산되고, 이를 토대로 만들어진 《초등학교 수신 교과서》(1941 제4기)와 《초등 국사》

18 朝鮮総督府, 《初等国史》, 4~5쪽.

(1944)를 통해 학생들에게 반복해서 주입된다. 본토와 식민지를 아우르는 국체 사상 교육을 통해서, 일본은 물론 식민지까지 아우르는, 지배와 예속 관계를 중심으로 하는 일대가족국가라는 민족 공동체 이데올로기가 창출된 것이다. 이는 말하자면 '상상의 공동체'였다.

이 상상의 공동체가 바로 전시의 '일억옥쇄'와 전후의 '일억총참회'(전쟁에 패배한 것에 대해서 일억이 총 참회한다)라는 억지 논리를 만들어낸다. 이 일억이라는 숫자에는 일본 본토의 국민은 물론이고 대만, 조선, 남양 군도 등 식민지의 국민도 포함되어 있다. 태평양전쟁 말기에 일본 군부는 국체인 천황제를 수호하기 위해 일억옥쇄를 강요한다. 사이판과 오키나와에서 일어난 옥쇄도 그러한 맥락에서 벌어진 일이었다. 이에 그치지 않고 전후에는 국체의 상징인 천황의 도쿄 재판 기소를 막기 위해 일본 정부가 일억총참회를 들고 나온다. 일억옥쇄는 전시에 강요된 것이라 어쩔 수 없었다 치더라도, 일본이 패망하고 일본의 식민지가 독립한 후에 일본 내각이 쇼와 천황을 구하기 위해 주창한 자발적인 일억총참회에 전전의 식민지를 다시 포함시킨다는 것은 있을 수 없는 일이다. 식민지 백성이 침략 전쟁에 대해 책임을 져야 할 이유도 없거니와 더욱이 쇼와 천황을 위해 참회하다니 어불성설이다. 결국 일억총참회는 쇼와 천황의 전쟁책임을 희석시키기 위한 눈속임에 불과한 것으로 그 누구도 책임지지 않겠다는 뜻이다.

: 2 :

팔굉일우와 대동아공영권

1931년, 중국 동북 지방을 강점하고 있던 일본 육군 부대인 관동군이 만주사변을 일으킨다. 만주사변은 단순히 만주를 침략해 영토를 확장하는 데 목적이 있는 것이 아니라, '팔굉일우'(천지사방을 하나의 지붕으로 덮는다)라는 일본의 세계사적 사명을 관철하기 위한 교두보를 확보하는 데 목적이 있었다. 이 세계사적 사명이 바로 일본이 말하는 '대동아전쟁'으로, 다른 말로 하면 1931년의 만주사변 발발에서 1945년의 태평양전쟁 종식까지에 걸친 '15년전쟁'이다.

그런데 '팔굉일우'는 앞에서 설명한 대로 《일본서기》에 나오는 "엄팔굉이위우掩八紘而爲宇"라는 구절에서 유래한 말이다. 이는 초대 천황 진무가 나라 시의 가시하라에서 즉위하면서 했다는 말로, '천하를 덮어 내 집으로 하는 것은 대단히 좋은 일이 아닌가'라는 뜻이다. 여기서 천하란 물론 일본 열도를 가리킨다. 국주회의 다나카 지가쿠田中智学(1861~1939)가 이 '엄팔

굉이위우'라는 말을 가지고 '팔굉일우'라는 용어를 만들어냈다.[19]

이 용어는 군부에 채용되어, 천황 기관설을 배격하는 이른바 '2·26 사건'을 일으킨 청년 장교들의 궐기 취의서에도 등장한다. 궐기 취의서에는 "삼가 생각하건대 우리가 신주神州(신국)인 까닭은 만세일신萬世一神인 천황 폐하의 통수 아래 거국 일체하에 생성화육生成化育을 이루고 종내는 팔굉일우를 완수하는 국체라는 데 있다"[20]라고 씌어 있다. 이에 따르면 만세일계의 천황과 국체, 그리고 팔굉일우와 국체는 하나이다.

그런데 팔굉일우의 이러한 세계사적 이상을 침략 전쟁을 통해 실현시키려한 인물이 바로 관동군 참모였던 이시하라 간지石原莞爾(1889~1949)이다. 이시하라 간지는 일련종一蓮宗[21] 신자였는데, 그의 사상은 팔굉일우라는 관념을 확산시킨 국주회의 다나카 지가쿠에게 귀의함으로써 깊어진다. 다나카의 교학은 세계에 비할 데 없는 국체를 갖고 있는 일본이야말로 세계 통일의 천명을 부여받았다는 것이다. 아울러 일본에 의한 세계 통합과 일련종의 선포를 일체시하고 이를 저해하는 미국과의 대결을 역설하는 것이 특징이다. 동양(왕도)의 대표자인 일본이 서양(패도)의 대표자인 미국과 결전을 치르지 않는 한 세계에 평화가 오지 않는다는 이시하라의 미일 최종 전쟁론은 그의 독자적인 전쟁사관과 일련종 신앙에서 나왔다.[22] 이 군사적 종말론의 전제가 된 것이 바로 말법末法의 세상 마지막에 묘법妙法의 세상이 도래한다는 일련종의 세계관이었다.

---

19 김후련, 〈일본 신화와 천황제 이데올로기〉, 11쪽 참고.

20 다치바나 다카시, 《천황과 도쿄대 1》, 120쪽.

21 일본 불교 13종파의 하나로, 가마쿠라 시대의 승려 니치렌日蓮(1222~1282)을 시조로 한다. 니치렌은 처음에는 천태종에서 배웠으나 불법의 정수를 법화경에서 구하면서 타 종교를 배격했고, 결국 설화를 입어 유배당하는 등 곤욕을 치른다.

22 山室信一, 〈満蒙問題解決と石原莞爾の世界最終戦論〉, 《満州帝国》(東京 : 学研, 2006), 84쪽 참고.

팔굉일우는 대동아공영권의 슬로건이 되어 일본을 침략 전쟁으로 몰아넣는다. 진무 천황의 팔굉일우가 나라 분지에 도읍한 야마토 왕조를 중심으로 천하(일본 열도)를 통일하고자 한 것이라면, 쇼와 시대의 팔굉일우는 천황의 통치 영역을 대일본제국(일본 및 조선, 대만, 사할린, 남양 군도 등의 식민지)에서 아시아 전체로 확대하고자 한 것이었다. 일본은 대동아전쟁이라는 침략 전쟁을 '아시아 해방 전쟁'이라고 미화했을 뿐만 아니라, 학교 교육을 통해 미래의 군인이 될 학생들에게 이 전쟁을 철저하게 성전聖戰으로 인식시킨다.

만주사변과 만주국 건설

만주사변은 발단이 된 철도 폭파에서 관동군의 출동, 치안 유지, 자국 국민 보호 명목의 만주 전역 제압에 이르기까지 만몽(중국 동북 지방과 만주와 몽골) 지역을 무력 점령하려 한 관동군의 계획적인 군사 행동이었다. 1931년 9월 18일 밤, 중국 동북부의 펑톈(현재의 선양瀋陽) 근교인 류탸오후柳條湖 부근에서 일본 육군 부대인 관동군이 남만주 철도(일명 만철)의 선로를 폭파한다. 그리고 이를 중국군의 소행으로 몰아 중국군 병영을 공격한다. 일본은 이 사건을 발판으로 중국 동북부 전역을 침략하는 만주사변을 일으킨다.

만주사변이 일어나자 일본의 무력 침략과 이에 대한 중국 국민당 정부의 비저항 방침에 반발해 중국인들의 격한 저항이 일어난다. 중국에서는 일찍이 볼 수 없던 항일 운동이 전개된 것이다. 상하이에서는 9월 24일 학생 10만 명과 항만 노동자 3만 5,000명이 데모에 참가한다. 이어서 26일에는 시민 25만 명이 참가해 항일구국대회를 개최하고 대일 무역 단절을 결의한다. 또한 28일 베이핑北平(현재의 베이징)에서 20만여 명이 모여 항일구국대회를 개최한다. 이들은 정부를 향해 대일 선전 포고를 요구하면서 시민에 의한 항일 의용군 편성을 결의한다.[23]

이와 같은 급박한 상황에서 1931년 10월 8일 펑톈을 포기한 중국 군벌 장쉐량張學良이 새로운 거점으로 삼은 진저우錦州를 관동군 폭격기가 공습한다. 육군 대신 미나미 지로南次郎(1874~1955)는 총리 와카쓰키 레이지로若槻礼次郎(1866~1949)에게, 중국군이 대공 포화를 가해와 응대할 수밖에 없었다고 허위로 보고한다. 한편 만주사변을 예의 주시하던 미국은 1932년 1월 일본의 만주 침략에 의한 중국 영토 및 행정에 관한 침해와 파리부전조약에 위반되는 일본의 침략 행위를 일체 인정하지 않는다는 스팀슨 독트린을 발표한다. 일본은 이를 거부하고, 국제 사회의 눈을 만주로부터 돌리려고 국제도시인 상하이에서 일본군과 중국인이 충돌하도록 일을 만든다.

1932년 일본에 비판적인 국제 여론을 의식한 관동군은 당장 중국을 침략하기는 어렵다는 판단을 내리고 중국에서 만주를 분리해 일본의 괴뢰 국가인 만주국을 세우려 한다. 이에 일본은 청조의 마지막 황제인 푸이溥儀(1906~1967)에게 만주국 수뇌에 해당하는 집정執政이 되어줄 것을 설득한다. 황제가 되기를 원하는 푸이는 집정이라는 지위에 만족할 수 없었지만 청조 부흥을 조건으로 이를 수락한다. 푸이는 톈진天津의 자택을 나와 뤼순旅順의 일본군 주둔지에 도착했다. 국제 사회의 시선이 상하이에 쏠린 틈을 타 1932년 3월 1일 만주국의 건국이 선언된다. 3월 9일 푸이의 집정 취임

---

23 小島晋治 · 丸山松幸, 《中國近現代史》(東京 : 岩波書店, 1986), 139쪽.

푸이의 만주국 황제 즉위식 직후에 찍은 사진.

식이 신징新京(현재의 창춘)에서 만주 주둔 관동군의 수뇌들이 참석한 가운데 거행된다. 국체는 민주주의, 수도는 신징, 연호는 대동大同으로 정해진다. 일본의 괴뢰 정권이 탄생한 것이다. 중국은 만주국을 '위만僞滿'(만주국은 가짜)이라고 칭하며 전쟁 중에는 물론이고 현재에도 인정하고 있지 않다.

만주국은 건국 선언에 즈음해 순천안민順天安民(하늘의 뜻에 따라 백성을 편안하게 한다), 왕도주의(왕도王道에 따른다), 민족 협화(민족이 서로 화합한다), 문호 개방門戶開放, 이 네 가지를 통치 이념으로 내건다.[24] 이 중에서 가장 중요한 이념은 '오족협화'이다. 헌법과 국적법도 없이 시작된 만주국으로서는 만주에 흩어져 사는 서로 다른 민족을 하나로 뭉쳐 국민화해야 했기 때문

---

24 山田朗, 〈〈五族協和〉の実像〉, 《満州帝国—北辺に消えた"王土楽土"の全貌》(東京 : 学研, 2006), 113쪽.

이다. 아울러 일본인의 만주 이민을 합법화하기 위해 일본인을 이 오족에 포함시켰다.

오족협화는 원래 만주국이 만든 구호는 아니고 손문이 신해혁명 때 구호로 내건 것이다. 손문이 말한 오족은 한족, 만주족, 몽골족, 회족(위구르족), 장족(서장족, 티베트족)으로 중국 대륙 전체를 아우르는 말이다. 반면에 만주국과 관동군 사령부가 말하는 오족은 일본, 조선, 한족, 만주족, 몽골족이었다.[25] 오족협화에 일본을 넣은 것은 일본 농민을 중심으로 한 대대적인 이민을 염두에 둔 것이었다. 일본 정부는 본토에서 만몽개척단과 만몽개척청소년의용단을 대대적으로 모집한다.

1932년 9월 15일 대일본제국과 만주국 사이에 일만협정이 체결됨으로써 일본은 만주에서의 기득권과 관동군의 만주 잔류를 승인받는다. 이렇게 해서 만주는 사실상 일본의 식민지가 된다. 당시 일본, 특히 관동군은 만주를 '일본의 생명선'이라고 부를 정도로 전략적으로 중시했다. 만주는 아시아 침략의 교두보일 뿐만 아니라 부족한 자원을 조달하는 창고였으며, 인구 과잉과 식량 부족 문제를 해결할 수 있는 신천지였기 때문이다. 일본이 중국 대륙에 관심을 갖기 시작한 것은 러일전쟁의 승리로 조선을 손에 넣은 뒤부터였다.

하지만 1933년 2월 국제연맹은 일본에 의한 만주국 설립을 승인하지 않기로 결의한다. 그해 3월 일본은 국제연맹을 탈퇴한다. 이로써 관동군을 중심으로 한 일본 군부의 폭주가 시작된다. 관동군 사령부는 1934년 푸이를 만주제국 황제로 즉위시킨다. 청조의 황제는 아니지만 자신이 원하는 대로 만주제국 황제가 된 푸이는 일본 군부의 의도를 미처 간파하지 못한

25 山田朗, 〈《五族協和》の実像〉, 113쪽.

채 일본 군부의 각본대로 움직인다. 1935년 푸이는 일본을 방문해 쇼와 천황 이하 일본 국민의 대대적인 환영을 받는다. 푸이는 만주제국 황제로서 일본과 영광을 같이할 꿈에 들뜬다. 하지만 전후의 푸이 황제의 증언에 따르면 그가 자기 의사대로 결정할 수 있는 것은 아무것도 없었다.

푸이의 일본 방문을 계기로 일본이 내건 구호는 일본제국과 만주제국이 하나라는 뜻의 '일만일여日滿一如'였다. 하지만 '일만일여'는 '내선일체'(일본과 조선은 하나라는 뜻)와 마찬가지로 말뿐인 공허한 구호이자, 만주에 대한 황민화 정책의 구실이었다. '만주국'과 '일만일여'의 실체가 분명히 모습을 드러낸 것은 1940년 7월의 〈국본존정조서國本尊定詔書〉를 통해서였다.

> 우리 만주국의 건국 정신은 멀리 일본 조국肇國(개국)의 대정신에 연원하고 있으므로……민족 협화, 도의 세계 건설이라는 것은 실로 진무 천황의 성칙聖勅에 있는 팔굉일우의 정신과 완전히 동일한 것이기에 그 뜻에 있어서 우리들은 벌써 일계日系 국민이 되었을 뿐만 아니라 각 민족도 함께 건국과 동시에 아마테라스오미카미의 신의를 받들어 그 성업을 봉사하고 있는 것입니다.[26]

이 조서에 의하면 만주국의 개국이 일본 개국의 대정신에 기원을 두고 있으므로 만주국의 오족협화는 진무 천황의 팔굉일우의 정신과 완전히 똑같다. 더욱이 일본인이 만주국 국민이 된 것이 아니라 만주국 국민이 일본계 국민이 된 것이다. 이와 같은 논법에 따라, 진무 천황의 건국이 아마테라스의 신의를 받든 것이듯이 만주국 역시 아마테라스의 신의를 받들어야

---

26 호사카 유지, 《日本帝國主義의 民族同化政策 分析》(제이앤씨, 2002), 281쪽에서 재인용.

한다. 이 조서는 푸이가 통치 이념으로 내세운 왕도주의王道主義[27]를 사실상 부정한 것이었다. 그러므로 이로써 만주국 자체의 존립 기반이 사라지고, 만주국이 사실상 일본의 식민지라는 것이 대외적으로 천명된 것이나 다름없었다.

일본이 이와 같은 억지 주장을 편 것은 미국을 중심으로 한 서구와 전쟁을 하기로 각오하고 전쟁 준비에 돌입했기 때문이었다. 일본이 미국과 사이가 나빠진 것은 1931년 만주사변이 일어나면서부터였으며, 1937년 일본의 중국 침략으로 중일전쟁이 발발하면서 양국 간 관계는 더욱 악화되었다. 1939년 7월 미국은 일본의 중국 침략을 견제하기 위해 미일통상항해조약의 파기를 일본에 통고한다. 미국이 일본의 주적으로 부각되면서 관동군 사령부를 중심으로 한 일본 군부는 미국과의 일전을 준비하기 시작한다. 그리고 만반의 준비가 끝난 1941년 일본은 선전 포고도 없이 하와이를 선제 공격한다. 이른바 '진주만 공격'이다.

태평양전쟁을 개시하기 전인 1940년 7월에 만주국의 국체 자체를 부정하는 이러한 조서가 나온 것은 만주국을 일본의 식민지로 규정함으로써 만주를 전시의 국민 총동원 체제하에 두기 위해서였다. 일본으로서는 중일전쟁이 장기화되고 새로이 태평양전쟁을 시작하려는 마당에 만주국을 독립국으로 놓아둔다는 것이 불안했던 것이다. 일본은 오족협화를 주창했지만 그 오족 중에서 일본을 뺀 나머지 민족은 믿지 못했고, 이런 상황에서는 만주국을 완전히 일본 통치하에 두는 것이 필요했다.

---

27 왕도주의는 인륜과 도덕으로 정치를 하는 것이다. 일본이 푸이의 왕도주의를 정면으로 부정한 것은 쇼와 천황을 중심으로 한 황도주의皇道主義를 내세우기 위해서였다. 이는 청조를 계승한 푸이의 정체성을 부인한 것이며, 만주국의 건국 이념을 진무 천황의 창업 정신과 황조신의 신칙에서 찾음으로써 만주국을 조선이나 대만과 같은 식민지로 간주한 것이었다.

만몽개척단과 만몽개척청소년의용단

1932년 3월에 만주국을 세운 관동군은 즉시 만주 농업 개척과 중공업 건설을 위한 일본인의 대대적인 이민 계획을 발표한다. 이른바 '만몽 개척 이민'이다. 이는 일본의 지배하에 놓인 만주에 대단위로 일본인을 파견함으로써 만주에 대한 일본의 권리를 확고히 하려는 의도였다. 아울러 만주 이민은 농촌의 빈곤과 인구 증가라는 일본 내부 문제를 해결해줄 수 있다는 이점, 일본인을 주축으로 만주를 방위할 수 있다는 군사적 이점 또한 내포하고 있었다. 그리하여 일본은 만주 현지 주민들의 토지를 강제로 몰수한 후에 일본 국민들을 대규모로 이주시킨다.

식량난과 인구 과잉 문제로 골머리를 앓고 있던 당시의 일본에게 광대한 만주국의 영토는 모든 문제를 일시에 해결해줄 수 있는 신천지로 보였다. 도호쿠 지방이나 규슈 지방의 가난한 농민들에게 만주 이민은 자기 토지를 가질 수 있는 놓치기 아까운 기회였다. 일본 정부와 군부가 만주 이민을 장려하는 포스터를 제작해 대대적으로 유포하는 등 만주 이민을 국책 사업으로 추진하자 매스컴도 이에 발맞추어 연일 이민 장려 기사를 낸다. 순식간에 만주는 낙토樂土가 되어 경제난에 허덕이는 가난한 농부들을 현혹한다. 농촌에서는 촌락 단위로 만몽개척단이 조직되고 가족은 물론이고 친지와 이웃까지 모두 함께 집단 이민을 가는 상황이 발생한다. 사람만 가는 것이 아니라 신사와 제신도 함께 모시고 가는 이민이라 모두 안심하고 고향을 떠났다.

정부는, 만몽개척단을 지키는 임무를 수행하다가 유사시에는 군대로 재편될 만몽개척청소년의용단을 만들어, 주로 낙후된 도호쿠 지방이나 규슈 지방의 청소년들을 중심으로 의용단원을 대대적으로 모집한다. 그래서 이들 지방의 토지를 소유하지 못한 가난한 농민의 아들들, 당시 소학교 초등과 졸업생(현재의 중학교 3학년에 해당)인 15 · 16세 전후의 청소년들이 이 의용단에 적극적으로 지원한다. 의용단을 인솔하는 단장은 마을 촌장이나 산업조합장, 소학교 교장 등이 맡았다.

의용단원들은 중대로 편성된 뒤 만주의 훈련소에 입소해 군사 훈련과 농업 이민 교육을 받았다. 소학교의 교사가 중대장으로 임명되었다. 훈련소에서 이들은 아주 규칙적인 생활을 했다. 새벽 5시 반에 기상해 천황이 거하는 궁성을 향해 요배한 뒤 점호를 거쳐 7시에 아침 식사를 한다. 그리고 아침 8시부터 학과 공부를 하고, 점심을 먹은 후 오후 2시 반부터 농사와 관련된 일을 한다. 저녁 식사 후에는 목욕을 하고 저녁 8시 반까지 자습이나 간담회 등을 한 뒤 저녁 9시 반에 취침한다. 의용단에 들어온 청소년들은 3년간의 훈련소 생활을 마친 뒤 의용개척단이라는 이름으로 개척지에 투입되었다.[28]

만몽개척청소년의용단의 만주 이민과 맞물려 필요하게 된 것이 바로 이 청소년들의 신붓감이었다. 이주한 청소년들이 만주족 여자와 결혼하는 것을 막기 위해서 '대륙의 신부大陸の花嫁'라 불린, 일본 각지에서 모집된 여성들이 만주로 보내진다. 일본 정부는 만주 현지에 기숙사를 짓고 일본 본토에서 여성들을 모집해 보냈다. 신부 후보들은 상대 남성의 사진만 보고 신랑감을 선택해 집단 결혼식을 올렸다.

1940년 당시 만주 지역에 거주하는 사람은 3,800만 명 정도였다. 민족별로는 만주인과 한인漢人 3,500만 명, 조선인 100만 명, 몽골인 100만 명, 일

---

28 合田一道, 〈滿蒙開拓団の崩壊〉, 《滿州帝国—北辺に消えた"王道樂土"の全貌》(東京 : 学研, 2006), 148쪽.

본인 50만 명 정도였다. 만주국은 인구 3,800만을 끌어안고 있었지만, 엄밀히 따져 만주 국민이라고 할 만한 사람들은 없었다. 왜냐하면 만주국에는 '오족협화'라는 정치적 슬로건만이 존재할 뿐, 만주국 국민을 어떻게 규정하는가에 관한 법적 기준이 전혀 마련되어 있지 않았기 때문이다. 만주국에는 국가의 기본법인 헌법도, 국민의 국적 취득과 국적 이탈에 대해 규정하는 국적법도 존재하지 않았다.[29] 한마디로 만주국은 관동군의 독단에 의해 만들어진 허상에 지나지 않았으며 사막의 신기루 같은 존재였다.

소련군 참전과 만몽개척단의 참사

1941년 12월 일본이 미국의 하와이를 기습 공격함으로써 아시아태평양전쟁이 발발한다. 기습 공격으로 초반에는 전세가 일본에 유리했지만, 미군의 맹반격으로 일본은 남방 전선에서 패배를 거듭한다. 1945년 6월, 전황이 일본에게 한층 더 불리해지고 소련의 참전이 목전에 다가온다. 대본영은 소련이 참전할 경우 만주의 4분의 3을 포기하기로 결정한다. 전황이 계속 일본에 불리하게 돌아가자, 대본영은 만주에 주둔하고 있던 관동군 75만 명을 남방에 배치한다.

1945년에 들어서 남방 전선이 연달아 무너져 만주에 주둔하고 있던 관동군의 주력 부대가 남방으로 이동한다. 방비가 약해진 관동군은 8월 1일 만주에 있던 젊은 남성을 몽땅 동원하지만, 12일에 만주를 포기하는 한편, 14일에 최후의 총소집을 한다. 소련군은 일본의 패전을 6일 앞둔 1945년

29 合田一道, 〈滿蒙開拓团の崩壞〉, 113쪽.

8월 9일, 만주 국경을 넘어 진격해 들어온 상태였다. 일본이 만주를 사실상 포기하고 소련군이 이미 만주로 들어왔다는 사실이 만몽개척단에게는 철저히 비밀에 부쳐졌기 때문에, 만몽개척단의 젊은이들은 어린 아내와 갓난 아기가 어떤 위험에 처하게 될지 알지 못한 채 사지로 떠났다. 도중에 소식을 듣고 개척단으로 되돌아온 사람들도 있었지만, 대부분 군부에 출두하자마자 소련군의 포로가 되어 시베리아로 끌려갔다.

만몽개척단에 땅을 빼앗겼던 중국인 농민들이 폭도로 변해, 노인과 젊은 아녀자와 아이만 남은 개척단을 일제히 습격한다. 만몽개척단 사람들은 집단 자결을 택하거나 비참한 도피 생활을 계속했다. 당시 만주 벌판에 버려진 개척단원들과 가족들은 7만여 명에 달했다.

> 쇼와 20년(1945) 8월 9일, 소련의 침공 소식을 들은 것은 동만주(지금의 중국 북동부)의 가이토쿠 제9유격연대에서 이른 아침 비상 소집으로 일어났을 때였다. 연대장은 전진이라 명령하고 부대는 이동을 시작했다. 삼 천 몇 백 명의 대부대였지만 전투 능력이 있는 것은 700명 정도의 현역병들로, 나머지는 개척단으로부터 동원되어 모인 사람들이었다. 부대는 낙오자 발생과 공습으로 며칠 뒤에는 뿔뿔이 흩어지게 되었다. 개척단의 아낙이 수레에 아이와 짐을 싣고 노새의 고삐를 움켜쥐고 있었다. 어떻게 해서든 부대를 따라가려 하지만 뒤처지고 만다. 현지 사람들에게 습격을 받아 참살당한 아낙이 쓰러져 있다. 아이와 짐은 빼앗긴 듯하다. 피범벅이 되어 아이의 이름을 부르며 인가를 향해 비척비척 걸어가는 아낙도 있다. 그러나 우리 부대도 겨우 도망치기나 할 뿐이라 그 여인들에게 아무것도 해줄 수 없었다. 잔류 고아를 볼 때마다 회한이 쌓여 가슴이 아프다. (〈개척단의 모자, 도움받지 못한 채 전진開拓団の母子, 助けられずに転進〉[30])

이들의 처참한 생존 기록은 7권의 〈북만농민구제기록北滿農民救濟記錄〉이라는 노트에 남아 있다. 아울러 이들 만몽개척청소년의용단과 대륙의 신부들이 남긴 수기가 전해진다. 자식을 잃고 남편과도 생이별한 채 본국으로 귀환한 여성들 중에는 재혼한 여성들도 있고, 시베리아에 억류된 남편의 생환을 기다린 여성들도 있다. 전쟁 통에 어쩔 수 없이 자식을 현지에 버리고 온 사람들도 있다.

> 전쟁 전에 일본의 국책에 따라 만주로 이민 간 일본인 농민(만몽개척단)과 만몽개척청소년의용군으로 보내진 소년들 가운데는 8월 9일 소련의 참전 이후 일본군의 방패막이가 되거나 도망치다가 굶주림과 추위로 목숨을 잃은 이들이 적지 않다. 또한 어쩔 수 없이 부모와 헤어지고 중국에 남겨져 중국인 양부모에게 길러진 아이들(중국 잔류 일본인 고아)이 3,000명 이상에 달한다. (〈머나먼 고국遠かった故国〉[31])

전선에 배치되었다가 소련군의 포로로 시베리아에 억류되어 잔혹한 세월을 보낸 만몽개척청소년의용단원들은 대부분은 십대였다. 이들은 고국으로 돌아와서도 만주에서의 경험에 대해 좀처럼 입을 열지 않았다. 하물며 어린 나이에 남편을 전선으로 보내고 갓난아이와 남겨져 온갖 고초를 겪다가 아이를 잃거나 버리고 온 어린 엄마들은 더 말할 나위도 없다. 그중에는 만주에 진주한 소련군이나 현지 만몽인에게 성폭행을 당한 여성들도 수없이 많았다. 전후에 대규모 중국 잔류 고아 문제가 발생한 것은 무계획

---

30 朝日新聞 編, 《戦場体験》(東京 : 朝日新聞社, 2005), 27쪽.

31 日中韓3国共通歴史教材委員会, 《未来を開く歴史—東アジア3国の近現代史》(東京 : 高文研, 2005), 179쪽.

적인 이민 정책과 자국 국민을 버린 대일본제국의 죄과 때문이었다.

《대륙의 신부大陸の花嫁》라는 수기를 쓴 이즈쓰 기구에井筒紀久枝는 심상소학교尋常小學校(초등학교)를 졸업하고 여공으로 일하다 대륙의 신부가 되어 만주에 들어간다. 만주에서 결혼해 아이를 하나 두었으나 고국으로 돌아오는 길에 병든 아이는 결국 숨을 거두고 남편과는 헤어진다. 그리고 일본에서 재혼해 다시 가정을 꾸린다. 대륙의 신부였던 여성들 대부분이 만주에서의 과거를 지우려고 한 것과 달리 그녀는 자비로 수기를 출판한다. 후세에게 만주에서의 삶을 전하려는 염원 때문이었다. 그녀의 책에 실려 있는 시 한 편이 대륙의 신부와 잔류 고아들의 삶을 대변해주는 것 같아서 소개한다. 그녀의 이 자작시는 1999년 선양 교외의 류탸오후에 세워진 9·18 기념관 한쪽 구석의 '중국 양부모에 대한 감사의 비'에도 새겨졌다.

대단히 감사합니다. 양부 양모
동양 평화 오족협화를 믿고
중국 침략의 최일선에 섰다는 것을 알지 못한 채
괴뢰국 만주에 갔습니다
그리고 '낳아라 늘려라' 하는 말에 놀아나
아이들을 많이 낳았습니다
그런 끝에
조국으로부터 버림받은
일본인 여자와 아이들

원한에 사무친 적국의
일본 원수의 자식이었을 텐데

당신은 따뜻한 품에 안고

따뜻한 음식을 주고

사람으로서의 덕을 배우게 하고

훌륭하게 키워주셨습니다

중국의 아버지 어머니 감사합니다

대단히 감사합니다 양부 양모

중일의 영원한 평화우호를 기원합니다.[32]

이 시의 전반부는 대륙의 신부로 건너간 여성의 심경을 그린 것이고, 후반부는 중국 잔류 일본인 고아를 길러준 중국인 양부와 양모에게 고마움을 표한 것이다. 중국인과 일본인 사이에 이와 같은 미담도 있었지만, 미담이 전부는 아니었다.

만몽개척단에게 자신의 토지를 빼앗기고 오족협화라는 슬로건 아래 차별받았던 만주인과 중국인들이 이들에게 보복하려 한 경우가 더 많았기 때문이다. 이 수기를 읽으면서 떠오른 생각은 만주에 이주해 있던 100만 이상 되는 조선인들은 그 후 어떤 지경에 처했을까 하는 것이었다. 이에 관해서는 기록이 남아 있지 않아 자세히 알 길이 없다.

32 井筒紀久枝,《大陸の花嫁》(東京：岩波書店, 2004), 156~157쪽.

: 3 :

전시의 국민 총동원 체제와 황민화 교육

중일전쟁이 시작된 1937년 7월부터 1945년 8월 패전에 이르기까지 15년간은 일본 국민들 대부분이 어떤 형태로든 전쟁 수행에 참가한 국민 총력전의 시대였다. 중일전쟁이 발발하자 일본은 정치, 경제, 사회 전반에 걸쳐 전시 체제에 들어간다. 중일전쟁에서 태평양전쟁에 이르는 시기에는 일본 국내는 물론이고 해외의 식민지와 점령지에서 사람과 물자가 총동원되었다. 특히 전쟁 당사국인 일본의 경우 전방과 후방, 군인과 국민, 전투원과 비전투원의 구별 없이 일본 국민들 모두가 국가로부터 일방적인 희생을 강요당한다.

중일전쟁이 시작되자 고노에近衛 내각은 국민을 전쟁에 동원하기 위해 거국일치, 진충보국 등을 기치로 내걸고 일대 국민운동으로서 국민정신 총동원 운동을 펼친다. 당초 이 운동은 국체 관념을 명징하게 하고 일본 정신을 앙양하는 등의 정신적 교화·선전에 주안점을 두고 있었다.[33] 하지만 전쟁이 장기화되면서 이 운동은 전쟁 물자 동원과 후방에서의 전쟁 지원으로 방향을 틀게 된다. 그리하여 이 운동을 통해 '총후銃後'(후방)라 불리던 여성의 활동이 적극 장려된다. 국민정신총동원중앙연맹에 참가한 애국부인회, 대일본국방부인회, 대일본부인연합회, 대일본여자청년단 같은 관립 단체들은 국민정신 총동원 운동의 주된 추진력이었다.[34]

아울러 식민지 조선과 대만 등에서는 황민화 정책이 철저하게 실시된다. 중일전쟁으로 일본의 전력戰力 소모가 커지자 식민지 남성을 전쟁에 끌어들이기 위해서였다. 중일전쟁이 시작되자 조선에서는 〈육군특별지원병령〉이 공포된다(1938년 2월). 그리고 황민화 정책의 일환으로서 1940년 2월 11일 기원절을 기해 조선과 대만에서 동시에 '창씨개명'이 실시된다. 조선인의 창씨개명은 신고제였고 대만인의 창씨개명은 허가제였다.[35] 아울러 일상생활에서의 국어(일본어) 사용이 강화된다.

중일전쟁이 장기화되고 태평양전쟁의 발발로 전선이 아시아 전체로 확대되면서 일본인의 병력 손실을 막기 위해 마침내 식민지에서 징병제가 실시된다. 조선에서는 1944년부터, 대만에서는 1945년부터 징집이 이루어진다. 아울러 점령지에서의 강간 방지, 성병 예방, 성적 위안을 목적으로 일본군이 들어간 곳이면 어디에나 위안소가 설치되고, 종군 위안부가 강제로 동원된다. 아시아 여기저기에서 여성들이 강제로 끌려왔지만 그중 80퍼센트가 조선 여성이었던 것으로 추정된다. 또한 전쟁 수행에 필요한 노동력

---

33 池田順, 〈国家総動員〉, 《日本20世紀館》(東京 : 小学館, 1999), 418쪽 참고.

34 이들 애국부인회는 위문주머니 발송, 군인 유가족 위문, 출정하는 병사와 부상 군인 및 전사 영령에 대한 송영 행사, 폐품 수집, 금속 헌납, 농번기의 탁아소 봉사, 공동 취사 봉사, 부상병 간호 및 위문, 병동 청소 등 국가를 위해 다양한 근로 봉사 활동을 한다. 이러한 활동은 일찍이 자신의 시간을 가져본 적이 없는 여성들의 사회 진출을 촉진한다. 여성 운동 지도자들은 여성의 전시 동원 체제에 적극적으로 협력한다.

35 宮本正明, 〈皇民化政策の徹底〉, 《日本20世紀館》(東京 : 小学館, 1999), 456~457쪽 참고.

을 위해 강제 징용이 실시됐다. 1939년부터 1945년까지 100만 명으로 추정되는 조선인 노동자가 강제 징용된다.

아울러 1945년 6월 23일 〈국민의용병역법〉이 공포되면서 15세에서 60세까지의 남자와 17세에서 40세까지의 여성이 국민 의용 전투대로 편성된다. 여기에 편성된 여학생들은 교련 훈련과 위생병 훈련을 받고, 일반 여성들은 잠방이 차림으로 죽창을 들고 적을 찔러 죽이는 훈련을 받는다. 국민 의용 전투대로 편성된 여학생들이 전쟁의 제물로 희생된 대표적인 사례 중 하나가 바로 오키나와의 '히메유리 부대'다. 이에 대해서는 이후 오키나와 옥쇄를 다룰 때 이야기하고자 한다.

이와 같은 국민의 전적인 희생에도 불구하고 일본의 전세는 기울어, 본토 공습, 오키나와 결전, 원자폭탄 투하, 대륙에서의 철수가 이어지는 가운데 국민은 아비규환의 생지옥으로 내몰린다. 그 과정에서 '옥쇄'라는 말이 일상어처럼 사용되고 군부는 군인뿐 아니라 민간인에게도 옥쇄를 강요한다.

대동아공영권의 허상

중일전쟁 발발부터 패전까지 15년에 걸쳐 일본이 벌인 침략 전쟁을, 보는 시각에 따라 '15년전쟁', '대동아전쟁', '아시아태평양전쟁' 등으로 부른다. 전전에 일본은 이 전쟁을 대동아공영권大東亞共榮圈(동아시아가 하나의 공영권이 된다는 의미)을 건설하기 위한 성전이라는 의미로 대동아전쟁이라 불렀다. 전후에는 대동아전쟁이라는 말의 이면에 감추어져 있는 이데올로기를 기피하기 위해 15년전쟁이라 부르기도 했다. 얼핏 생각하면 대동아전쟁보다 15년전쟁이 괜찮을 것 같지만 사실은 그렇지 않다. 15년전쟁이라는 이름을 취할 경우 침략 전쟁의 주체가 드러나지 않게 되는데다가, 1937년 이전에 자행된 일본의 침략 전쟁이 누락되기 때문이다. 한편 아시아와 태평양 전체가 전선이 된 전쟁이라는 의미에서 이를 아시아태평양전쟁이라고 부르기도 하며, 원칙적으로는 이 이름이 옳다. 하지만 이 책은 천황제 이데올로기의 해부를 목적으로 하는 만큼, 경우에 따라서는 대동아전쟁이라는 용어를 그대로 썼다.

1941년 12월 8일, 천황이 미국과 영국에 대한 '선전宣戰의 조서詔書'를 내자 전쟁은 태평양전쟁으로 확대된다. 12월 12일 각의는 1937년에 발발한 중일전쟁을 포함한 전쟁을 '대동아전쟁'으로 부르기로 결정한다. 이로써 대일본제국의 침략 전쟁은 동남아시아로까지 범위를 확대하고, 구미 제국주의로부터 아시아를 해방하고 대동아공영권을 확립하기 위한 아시아 해방 전쟁이라는 명분을 표방한다. 중일전쟁이 1941년 태평양전쟁으로 비화되자 〈교육칙어〉에 명시된 "유사시에는 충의와 용기를 가지고 봉사하여 천양무궁의 황운을 부익해야 할지니라"라는 천황의 어명이 초등학교 수신교과서와 《초등 국사》를 통해 끊임없이 확대 재생산된다.

1941년에 발행된 초등학교 수신 교과서 5학년용의 20과 〈옛날부터 지금까지〉에는 태평양전쟁의 원인과 전쟁을 일으킨 주체에 대한 설명은 일체 없이 천황의 선전 조칙에 따라 일본이 영미와 전쟁 중이라는 사실만 기술되어 있다.

지금 일본은 미국이나 영국, 그 외의 다른 나라들을 상대로 전쟁을 하고 있습니다. 쇼와 16년(1941) 선전의 조칙을 받고 나서 황국 신민은 오로지 천황의 뜻을 받들어 충군애국을 위해 진력하려고 굳게 결심했던 것입니다. 태평양이나 남쪽 바다에서는 이미 새로운 일본의 신화가 시작되었습니다. 신화시대에 오야시마大八洲가 있었듯이 이 이야기는 앞으로 오래도록 전해질 것입니다. 마치 우리가 진무 천황 치세의 은혜를 받고 메이지 치세의 번영을 축복하듯이 후세 사람들이 쇼와 치세의 빛을 우러러볼 날이 올 것입니다. 우리는 앞으로도 평소의 행동을 조심하고 훌륭한 국사를 만들어낼 수 있도록 노력합시다. (《일본 초등학교 수신서(1941 제5기)》)

이처럼 교과서를 통해 어린 학생들에게 태평양전쟁 발발을 '새로운 신화의 시작'이라고 가르치면서 침략 전쟁을 미화한다. 일본의 건국 시조 진무 천황의 치세가 그러하고 근대 일본을 건국한 메이지 천황의 치세가 그러하듯 후세 사람들이 쇼와의 치세를 우러러볼 날이 있을 것이라고 찬양한다.

또한 1941년에 발행된 초등학교 수신 교과서 6학년용의 20과 〈새로운 세계〉는 초등학교 교과서가 아니라 마치 대동아 건설의 선전 책자 같다.

우리 일본과 뜻을 같이하는 독일, 이탈리아 양국도 역시 새로운 유럽을 만들려고, 지중해로 아프리카로 대서양으로 미국과 영국에 대한 싸움을 벌이고 또한 소련과도 싸우고 있습니다. 세계를 자기 것으로 만들려는 야심으로 만들어진 낡은 세계가 점차 무너지기 시작한 것입니다……이미 만주국은 눈부신 발전을 이루었습니다. 국민 정부도 또한 중국에서 순조롭게 그 기초를 굳혀, 태국이나 동남아시아도 일본과 친밀한 관계를 맺어 서로 연대하는 대동아 건설을 위해서 협력하고 있습니다. 게다가 우리의 빛나는 전과에 남방의 여러 지방은 신생의 빛으로 넘쳐 말레이시아와 쇼난昭南(싱가포르) 섬, 미얀마, 필리핀, 동인도 제도에 울리는 건설의 소리가 귓전에 가까이 들려옵니다. 대동아 10억의 힘찬 진군이 시작된 것입니다. 일본은 큰 가슴을 열어 모든 동아시아 주민에게 손을 서로 맞잡도록 호소하고 있습니다. 일본인은 천황의 위광을 삼가 받들어 세계에 진정한 평화를 가져오도록 대동아 건설의 선두에 계속 설 것입니다. (《일본 초등학교 수신서(1941 제5기)》)

일본이 중국을 침략해 난징 대학살이라는 엄청난 일을 자행한 것이 엄연한 사실임에도 불구하고, 교과서는 이러한 사실을 철저히 은폐한 채 마치 일본이 중국의 국민당 정부와 긴밀하게 협력하며 대동아공영을 위해 싸우는 것처럼 진실을 왜곡하고 있다. 또한 여기서 아시아 '10억'이라는 숫자가 무엇을 근거로 한 것인지 알 수 없다. 더욱이 "일본은 큰 가슴을 열어 모든 동아시아 주민에게 손을 서로 맞잡도록 호소하고 있습니다. 일본인은 천황의 위광을 삼가 받들어 세계에 진정한 평화를 가져오도록 대동아 건설의 선두에 계속 설 것입니다"라는 대목은 위선 그 자체이다.

대동아전쟁은 목적과 수행 과정으로 보아 침략 전쟁 그 이상도 그 이하도 아니다. 만약 일본이 주장하듯 대동아전쟁이 아시아 해방 운동이었다면, 일본은 식민지 대만과 조선부터 독립시켰어야 했다. 조선인들은 식민 통치 기간 내내 국내는 물론이고 북간도와 만주 일대에서 끊임없이 항일 운동을 벌였다. 만주국 역시 일본의 또 다른 형태의 식민지에 지나지 않아, 일본에 대해 저항감을 갖고 있었다. 또한 일본군의 중국 점령은 '점과 선'이라 할 정도로 몇몇 도시와 철도를 간신히 장악한 정도였고, 중국의 광범위한 농촌 지역에서는 중국 공산당과 국민당의 지배하에 항일 운동이 끊이지 않았다.

서구의 식민지로 있었던 동남아시아 국가들은 처음에는 일본의 감언이설에 속아 일본군을 환영한다. 그러나 일본군이 침략자의 본색을 드러내며 노골적으로 식량을 수탈하고 사람들을 전쟁에 동원하기 시작하자 동남아시아 각지에서 항일 운동과 독립 운동이 일어난다. 필리핀에서는 1942년 필리핀 공산당 지도하에 항일 인민군이 결성되어 항일 운동을 펼친다. 1945년 3월 일본군은 프랑스군을 무장 해제시키고 베트남을 점령한다. 일본군 점령기에 일본군의 식량 수탈로 200만 명이 넘는 베트남인이 아사한다. 말레이시아와 태국에서도 항일 운동이 일어나고, 버마와 인도네시아에서도 항일 운동이 일어난다. 이것이 바로 대동아공영권과 대동아전쟁의 실상이었다.

그럼에도 불구하고 일본은 대동아전쟁이 서구 제국주의와 싸워 아시아를 해방시킨 '아시아 해방 전쟁'이라는 거짓 선전을 일삼는다. 어린 학생들에게 동아시아의 영원한 평화 실현이 천황제 국가의 세계사적 사명이라고 선전하면서 국민을 총력전으로 몰고 간다. 그리고 이를 위해 국체에 관한 교육과, 침략 전쟁을 미화하기 위한 방책을 생각해낸다.

황국사관, 천황제 이데올로기, 국체 사상이 모두 일본 신화를 지주로 하는 것처럼 대동아 성전聖戰 이데올로기도 일본 신화에 기댄다. '팔굉일우'는《일본서기》의 진무 천황 건국 신화에 나오는 용어이다. 앞에서 밝힌 바대로 팔굉일우가 하나의 용어로 굳어진 것은 다나카 지가쿠가 1923년 이것을 일본의 세계 통일 원리로 제시하면서부터다. 일본 신화에 쓰인 이 말이 다나카 지가쿠로 인해 근대에 돌연히 부각되어 세계를 하나의 집으로 한다는 공동 환상을 키워간다. 세계를 오야시마구니(일본)로 만든다는 신화적 설정을 역사적 현실로 만들겠다는 의지가 팔굉일우에 담겨 있다고 할 수 있다.

다음은 1944년 조선총독부가 발행한《초등 국사》(6학년) 제1과 〈황국의 목표〉로, 대동아전쟁의 목표가 팔굉일우의 실천에 있음을 다음과 같이 서술하고 있다.

우리 대일본제국은 항상 팔굉일우의 이상을 목표로 해서 전진해왔습니다. 그리하여 전 세계의 사람들이 일체가 되어 화목하고 서로 도우면서 편안한 생활을 영위하고 인류의 행복을 도모하고 영원한 평화를 표방하게 되기를 바라고 있습니다. 이는 우리 황국 신민의 긍지이며 또 전 세계 사람들의 희망입니다……그래서 우리나라는 전 세계 사람들이 모두 같이 팔굉일우의 이상을 목표로 서로 힘을 합하여 하루라도 빨리 훌륭한 세계를 건설하고 싶어 하도록 나라들을 이끌려고 노력하고 있습니다. 우리나라는 나라의 시초부터 이 훌륭한 이상을 목표로 했습니다. 대대의 천황은 천업회홍天業恢弘(천업을 넓힌다)의 뜻으로 은혜를 널리 베푸셨습니다. 국민은 오로지 황운부익의 진심을 다했습니다……우리의 국운은 약진하고 국체는 더더욱 광채를 더해가고 황국의 목표는 점점 분명해지고 바야흐로 동아의 나라들은 우리나라를 중심으로 해서 일체가 되려 하고 있고 세계의 나라들도 드디어 눈을 뜨고 우리나라와 힘을 합하려 하고 있습니다.[36]

이처럼 교과서는 학생들이 이해하기도 어려운 용어를 남발하면서, 일본이 건국 시초부터 팔굉일우의 이상을 목표로 했으며 바야흐로 동아의 나라들이 일본을 중심으로 일체가 되려 하고 있다고 선전한다. 교과서의 내용을 떠나서 더욱 어이없는 것은 이 교과서가 1944년에 발행된 것이라는 점이다. 1944년이면 대동아공영권의 실체가 이미 만천하에 드러나고 일본이 패전을 향해 치닫던 시기이다. 그럼에도 불구하고 교과서에서는 여전히 1940년 대동아전쟁 발발 시의 상황을 가지고 진실을 왜곡하며 식민지 조선을 우롱하고 있는 것이다.

---

36 朝鮮総督府,《初等国史 第六学年》(京城：朝鮮書籍株式会社, 1944), 1~3쪽.

1944년 조선총독부가 발행한《초등 국사》(5학년) 제24과 〈국체의 광채 1〉에 의하면 국체는 세계 일가의 친목이라는 목표와 연결된다.

> 만주사변 이래로 우리 국민은 황국의 사명을 자각함과 동시에 더더욱 국체의 존엄을 깨달았습니다. 그리하여 동아를 각성시키고 세계를 인도하기 위해서는 아마테라스오미카미가 국체를 정하시고 진무 천황이 나라의 기초를 공고히 하신 뜻을 넓히고 세계 일가의 친목을 목표로 하여 전진하지 않으면 안 된다는 것을 확실하게 깨달았습니다.[37]

여기서 황국의 사명이란 대동아공영권을 만들기 위한 아시아태평양전쟁을 의미한다. 그리고 이러한 황국의 사명은 신화시대부터 결정된 일이었다. 아마테라스가 국체를 정했다는 것은 '천양무궁의 신칙'을 의미하고 진무 천황이 나라의 기초를 공고히 하신 뜻을 넓힌다는 것은 '팔굉일우'를 의미한다. 일본은 이처럼 초등학생을 대상으로, 침략 전쟁이 동아를 각성시키고 세계를 인도하기 위한 일이라고 호도하고 세계 일가의 친목을 목표로 하여 전진해야 한다고 가르친 것이다. 뿐만 아니라 어린 학생들에게 아시아태평양전쟁은 대동아공영권을 건설하는 세계사적 사명이라고 가르쳤다.

1942년 1월 제국회의에서 내각 총리대신 도조 히데키東條英機(1884~1948)는 시정 연설을 통해서 "대동아공영권 건설의 근본 방침은 건국의 대정신에 연원을 둔 것으로, 대동아의 각 나라 및 각 민족으로 하여금 원하는 대로 제자리를 찾게 하며 일본제국을 핵심으로 하여 도의에 기초해 공존공영의 질서를 확립케 하는 데 있다"라고 주장한다. 관료와 군부 지배층은 전

37 朝鮮総督府,《初等国史 第五学年》, 222쪽.

1943년 대동아회의에 참가한 친일 정권 수뇌들.

쟁이 난항을 거듭할수록 과대망상적인 국가관 내지 민족관에 사로잡혀 광기 어린 신국 사상에 침윤된다.[38]

미국과 영국을 비롯한 구미와의 식민지 쟁탈 전쟁에 돌입한 일본은 대동아공영권을 슬로건으로 내세우며 아시아 태평양 지역 전역을 침략해 들어간다. 일본은 점령 지역들에 괴뢰 정권을 세우고, 그 정권의 수반들을 불러다 대동아공영권을 선전하고 과시할 목적으로 1943년 11월 도쿄에서 대동아 회의를 개최한다. 그러나 이는 허세에 지나지 않았고, 전세는 이미 일본에 불리하게 돌아가고 있었다. 일본군은 1943년 2월 과달카날 섬 전투에서 패배했고, 이어 3월에는 아투 전투에서 옥쇄를 벌였다. 1944년에 들

38 山科三郎, 〈総力戦体制と日本のナショナリズム—1930年代の〈国体〉イデオロギーを中心に〉, 147쪽 참고.

어서는 마리아나와 사이판을 연이어 잃는다. 이와 같은 상황에서 군부 정권인 도조 히데키 내각은 일본이 아직 건재하다는 것을 보여 일본 국민을 안심시키고 식민지와 점령지의 동요를 막기 위해서 친일 정권의 수뇌들을 불러들여 대동아 회의를 개최한 것이다.

731부대와 쇼와 천황

20세기는 학살의 세기로 불리는데, 2차 세계대전의 가장 큰 특징은 핵병기, 세균 병기, 독가스 병기에 의한 대량 학살이 자행된 데 있다.[39] 중일전쟁에서 일본은 세균 병기와 독가스 병기를 중국 대륙 전역에 사용한다. 중국 대륙이 일본의 새로운 전쟁 무기 시험장이었던 것이다. 사실상 일본의 식민지나 다름없었던 광활한 만주 지역은 화학전과 세균전의 실험 무대로는 최적지였다. 전후 일본은 원폭 피해를 입었다는 구실로 침략 전쟁의 주범이 아니라 희생자인 양 처신해왔지만, 사실 스스로 벌인 침략 전쟁의 결과로 핵폭탄 세례를 받은 것이고, 전쟁 중에는 중국인을 대상으로 한 세균 무기와 화학 무기로 잔인무도한 대량 학살을 자행했다. 그러한 만행의 주역이 바로 731부대의 이시이 시로石井四良 중장이었다.

731부대의 지휘관 이시이 시로는 도쿄육군의과대학의 면역학 교수가 되면서 소령으로 진급한다. 그는 세균 무기야말로 차세대 무기이며 재래 무기에 비해 비용이 많이 들지 않는다고 상부에 주장해 1932년 세균 및 화학 무기 연구소 설립을 허락받는다. 그 후 자신이 진행하는 세균 연구가 마

---

39 松村高男, 〈731部隊 · 細菌戦 · 毒ガス戦〉, 《日本20世紀館》(東京 : 小学館, 1999), 470쪽 참고.

1926년 천황에 등극해 쇼와 시대를 연 쇼와 천황.

무리 단계에 있으므로 실험과 새로운 무기 개발을 위해 연구팀을 만주로 파견해달라고 상관에게 건의한다. 이로써 이시이 시로 소령의 731부대가 만주에서 세균 무기와 화학 무기에 대한 연구와 실험에 들어가게 된다.

731부대라고 알려진 이 조직은 유일하게 천황의 칙령에 의해 창설된 부대이다.[40] 1936년도의 막대한 국방 예산 속에는 천황의 문장紋章이 새겨진 명령서에 따라 '전염병 예방과 수질 정화 부대'에 대한 예산이 배정되어 있었다. 예산을 심의하는 의회조차 천황의 명령에 의해 731부대에 배정된 대규모 예산의 용도에 대해서 아는 바가 없었다. 또한 쇼와 천황은 1939년과

40 에드워드 베르, 《히로히토—신화의 뒤편》, 유경찬 옮김(을유문화사, 1989), 240쪽 참고.

1940년에 이시이의 분대를 재편성하라는 공문을 내린다.[41]

만약 이시이 시로의 부대가 진짜로 전염병 예방과 수질 정화를 목적으로 하는 부대였다면 쇼와 천황이 이처럼 특별한 관심을 기울이며 예산을 지원하거나 부대 재편을 지시했을 리 없다. 전염병 예방과 수질 정화는 731부대의 정체를 감추기 위한 방패막이에 지나지 않았고, 이 부대의 임무는 기존의 전쟁 무기를 능가하는 새로운 화학 무기와 세균 무기를 만드는 것이었다.

준장으로 진급한 이시이 시로는 북만주 하얼빈에서 약 65킬로미터 떨어진 핑팡平房에 주둔한다. 1936년경에는 이 주둔지에 실험실이 우후죽순처럼 생겨나 있었고, 3,000명에 달하는 과학자, 실험실 연구원, 경비병들이 함께 머물고 있었다. 거대한 실험실 용기들에서는 발진티푸스균, 탄저균, 파상풍균, 살모넬라균 등이 숙성되고 있었다. 중일전쟁 기간 동안 병원균에 감염된 쥐를 공중 살포하는 일본의 공습이 다반사였고, 장제스蔣介石는 미국의 루스벨트 대통령과 영국 내각에 이를 보고했다.[42]

731부대는 중국 대륙에 주둔하면서 세균전과 화학전을 수행했고, 살아 있는 인간 6,000명을 대상으로 생체 실험을 벌였다. 이 피실험자들은 전원 사망한다. 731부대는 생체 실험에 이용하는 인간 모르모트를 '마루타丸太'라 불렀다. 이 부대는 광활한 만주와 중국 전선에서 생체 실험에 쓸 마루타를 얼마든지 구할 수 있었다. 처음에는 죄수, 부랑아, 스파이 협의자, 항일 운동가 등이 마루타로 이용되었다. 중일전쟁과 태평양전쟁이 발발한 후에는 주로 중국인 포로가 마루타가 되었고, 그 외에 영국, 오스트레일리아, 네

---

41 셸던 H. 해리스, 《일본의 야망 & 죽음의 공장》, 김소정 옮김(눈과 마음, 2002), 104쪽 참고.

42 에드워드 베르, 《히로히토—신화의 뒤편》, 245쪽.

덜란드, 미국의 전쟁 포로들도 마루타로 이용되었다.

731부대가 자행한 생체 실험은 세 가지 형태로 진행되었다. 첫 번째는 가장 중요한 것으로, 핑팡이나 안다 같은 만주와 중국 점령지에 퍼져 있던 이시이 직속 부대 실험실 내에서의 실험이었다. 두 번째는 세균 폭탄의 성능을 알아보기 위해 안다에서 인간 마루타를 대상으로 실시한 야외 실험이었다. 세 번째는 일반인과 분대원들을 세균에 노출시키는 야외 실험이었다.[43]

731부대는 살아 있는 사람에게 병원균을 주입하고 병의 진행 과정을 낱낱이 기록했다. 피실험자를 말뚝에 묶어놓고 청산 가스를 뿌려대기도 했다. 소련과의 전쟁을 염두에 두고서, 인간이 견딜 수 있는 최저 온도를 알기 위해 사람을 영하 50도의 방에 집어넣고 죽을 때까지 방치하기도 했다. 추운 지방에서 싸울 때의 고질병인 동상에 대한 실험을 위해 혹한의 날씨에 죽음의 행군을 시키기도 했다. 병의 장기臟器에 대한 영향을 관찰하기 위해서 살아 있는 사람의 몸을 해부해 장기를 절개하기도 했고, 과학적인 연구를 위해서 마루타의 생물 표본을 만들어두기도 했다.

패전 후 일본 군부의 명령으로 이시이는 세균과 화학무기를 배양하고 만들던 공장을 폭파하고 마루타를 생매장하는 방식으로 731부대의 흔적을 지운다. 하지만 731부대로 인한 피해는 이로써 끝난 것이 아니었다. 중국 여기저기에 있던 실험실을 폭파하는 과정에서 세균들이 퍼져나가, 1946년, 1947년, 그리고 1948년에도 생체 실험 부대가 주둔했던 지역에서 대규모 전염병이 발생해 수만 명이 목숨을 잃는다.

731부대의 모든 것을 처음부터 계획하고 실행에 옮긴 인물인 이시이는 자신의 안위를 위해 실험 자료를 일부 남겨둔다. 도쿄 전범 재판이 시작되

---

43 셸던 H. 해리스, 《일본의 야망 & 죽음의 공장》, 149쪽.

고 당연히 이시이도 심문을 받는다. 재판 때 중국 측이 제시한 자료에 의하면, 이시이 시로의 지휘하에 731부대가 3,580명에게 세균 무기를 실험하고 2,450명에게 화학 무기를 실험해 피실험자 전원이 사망했다.[44] 이시이의 자백에 의하면 1941년 6월까지 일본군이 비행기로 독가스탄을 살포한 것이 모두 965차례였고, 이로 인해 사망한 중국인 및 기타 민간인은 35만 8,600여 명에 달했다.[45]

1946년과 1947년, 처벌 면제를 조건으로 731부대 과학자들이 공공연한 비밀을 상세히 공개한다. 당시 이 과학자들은 인간 생체 실험에 관한 정확한 정보를 얻고 싶어 안달하는 미국 과학자들에게 더 이상 실험 내용을 감출 수가 없었다. 1945년 일본군이 퇴각하면서 자료를 모두 폐기 처분했기 때문에 진술 내용은 개개인의 기억력에 의존할 수밖에 없었다. 그러나 심문 내용을 기록한 자료를 살펴보면, 이러한 진술로도 731부대의 실험과 관련된 정보가 아주 많이 확보되었음을 알 수 있다.[46]

예심에 참석했던 연합통신사 기자들에 의해 심문 과정이 자세히 전해지자 미 육군의 세균전 연구 기지인 터틀릭 연구소의 세균학 박사 에이튼은 트루먼 대통령에게 전화를 한다. 그리고, 이시이 시로가 머릿속에 감추고 있는 지식은 엄청난 자금을 투입하고 살아 있는 사람을 대상으로 실험해 얻은 30년간의 연구 성과임을 강조한다. 또한 미국이 세균과 독가스에 관한 연구에서 일본에 한참 뒤지는 것은 미국이 인도주의 원칙 때문에 살아 있는 사람을 대상으로 실험을 할 수 없어서라고 말한다. 그의 결론은 이시

---

44 황허이, 《도쿄 대재판》, 백은영 옮김(예담, 1999), 154쪽.

45 황허이, 《도쿄 대재판》, 184쪽.

46 셸던 H. 해리스, 《일본의 야망 & 죽음의 공장》, 153쪽 참고.

이 시로의 연구 결과와 그의 목숨을 맞바꾸자는 것이었다.[47]

이시이 시로와 731부대의 면책을 둘러싸고 각국의 이해관계는 첨예하게 대립한다. 731부대로 인해 막대한 피해를 입은 중국은 이시이를 비롯한 731부대 책임자들을 처벌하려 한다. 반면에 미국은 731부대가 남긴 생체 실험에 관한 기록을 미국에 넘긴다는 조건으로 책임자들을 면책하려 한다. 또 소련은 자국이 억류하고 있는 일본군 포로를 석방한다는 조건으로 이시이를 인도받으려 한다. 결국, 이시이 시로의 연구 성과를 미국에 넘긴다는 조건으로 이시이를 비롯한 731부대 책임자들은 면죄부를 받고 도쿄 재판에 기소조차 되지 않았다. 도쿄 재판의 가장 큰 오점은 이시이 시로와 731부대를 후원한 대원수 쇼와 천황 양쪽을 기소조차 하지 않은 것이다. 731부대에 대한 면책은 미국의 국익 때문이었고 쇼와 천황의 면책은 전후 맥아더 장군의 일본 통치를 원활하게 하기 위해서였다.

국가 총동원 체제하의 일본

중일전쟁이 장기화되면서 일본 사회는 본격적인 전시 국면에 접어들고 국민 총동원 체제에 돌입한다. 일본 국내에서는 1938년 〈국가총동원법〉이 공포되어 시행된다. 일본 정부는 다양한 행사를 통해 국민 통합을 강화하고, 국민들이 전쟁에 적극 협력하는 체제로 만들기 위해 전력을 다한다. 1937년 중일전쟁이 발발하자 당시의 고노에 내각은 거국일치, 진충보국을 구호로 국민정신 총동원 운동을 시작한다. 이에 국민정신총동원중앙연맹

---

47 황허이, 《도쿄 대재판》, 187쪽 참고.

이 조직되었으며, 신사 참배, 칙어 봉독식, 위문품 전달, 전몰자 위령식, 군인 유가족 위문, 출정 병사와 전사 영령의 송영식, 건국제, 라디오 체조, 국방헌금, 군 병원 청소와 같은 근로 봉사 등이 장려되고 집단적으로 활발하게 이루어졌다.[48]

그뿐만 아니라 국가 미증유의 전시 국면에 처한 일본 정부는 국민을 정신적으로 무장시키기 위해 1939년 9월부터 매월 하루를 흥아봉공일興亞奉公日로 정한다. 흥아봉공일에는 예를 들면 일찍 일어나 궁성을 향해 절하는 조기早起 궁성 요배나 신사 참배 등을 통해 국민의 정신 교육을 강화했으며, 전시의 물자 부족을 해결하기 위해서 일즙일채一汁一菜, 히노마루 도시락(흰 밥에 빨간 우메보시 하나를 넣은 도시락), 금주·금연, 요정이나 오락장의 휴업을 실시했다. 승전 축하 행사 역시 흥아봉공일의 일환으로서 열린다. 난징 공략을 축하하는 제등 행렬 때는 40만, 우한武漢 공략을 축하하는 제등 행렬 때는 100만 명이 참가한다. 하지만 이와 같은 승전 기념행사는 잠시뿐이었고, 중일전쟁은 끝없는 수렁으로 빠져든다.

전쟁의 장기화로 군인이 부족하자 군인 보충을 위해 병역법이 수시로 변경된다. 병역 대상 범위가 점점 늘어나, 1927년에 20~40세의 남자가 병역 대상이었다면 1944년에는 이 연령대가 17~45세로 확대된다. 아울러 식민지 조선과 대만에서까지 징집해야 하는 상황에 이른다. 1939년부터는 남학생의 교련 수업이 의무화된다. 징병 검사 전에 군사 훈련을 철저하게 시키는 것이 급선무라는 정부 시책에 따른 일이었다. 또한 심상소학교 5학년 이상 남아에게 무도를 정식 교과목으로 가르치는 등 군국주의적 경향이 한층 더 강화된다.

---

48 다치바나 다카시, 《천황과 도쿄대 2》, 234쪽 참고.

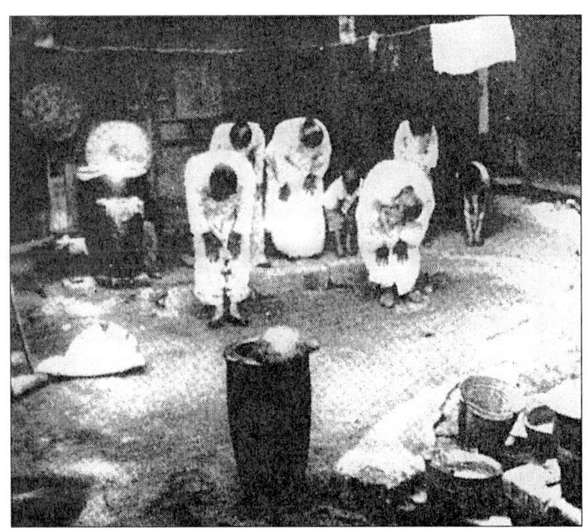

낮에 가족끼리 모여 황거(皇居)를 향해 궁성 요배를 하는 조선인들.

1939년 5월 22일에는 〈청소년 학도에게 하사하는 칙어青少年學徒ニ賜リタル勅語〉가 소학교 학생들에게 하달된다. 골자는 국가를 위해 신명을 바치라는 것이었다.

국기를 튼튼히 하고 국력을 길러 국가 융성의 기운을 영세永世에 유지하도록 하는 임무는 매우 중요한 일이며 또한 지속되어야 하는데 그 임무는 그대 청소년 학도의 양어깨에 달려 있다. 그대들은 기개를 존중하고 수치심을 중히 여기고 고금의 사실을 거울삼고 국내외의 사정을 깊이 생각하고 식견을 기르는 것을 잊지 말고 실행하는 데 실수하지 않도록 각자의 본분을 각별히 지키고 문무를 수련하여 실질 강건의 기풍을 진려振勵함으로써 짊어진 대임을 완수하도록 기期하라. (《일본 초등학교 수신서(1941 제5기)》)

이와 같은 국민 총동원 체제에 발맞추어 교육도 황국 국민으로서의 단련, 다시 말하면 장래의 황군 양성이라는 목적에 수렴된다. 〈청소년 학도에게 하사하는 칙어〉는 미래에 병사가 될 청소년들의 정신 교육을 위한 것이었다. 태평양전쟁 말기에 14세 이상의 청소년 학도들이 전쟁에 동원되어 희생된다. 오키나와 전투에서 희생된 청소년 학도들이 대표적인 경우이다.

한편 1941년 12월 8일 태평양전쟁이 시작됨과 동시에 교육의 전시 체제는 한층 더 강화된다. 1941년에 초등 교육을 담당하는 교육 기관의 명칭이 '심상소학교尋常小學校'에서 '국민학교 초등과'로 바뀐다. '국민학교'라는 명칭이 국민을 양성한다는 의미를 띠고 있어 자연히 병역과 접점을 이루게 되는 만큼, 이러한 개칭에는 병역 대상을 성년을 넘어 소년으로까지 확대하려는 의도가 깔려 있었다. 실제로 대일본제국 육군성의 병무국장은 국민학교는 아이가 둥지를 벗어나 소년병이 되는 장소이므로 국민학교에서 군사 훈련을 철저하게 시키라고 지시한다. 이에 따라 모든 학교 행사가 군사 훈련의 일환이 된다. 순도 100퍼센트 군부 내각인 도조 히데키 내각은 당시 국민학교 아이들을 '소국민'이라고 불렀다. 소국민이란 연소한 국민이라는 뜻으로, 말하자면 황군의 예비군을 의미했다. 이는 국가 유사시에는 전장으로 진군할 각오를 하라는 뜻에서 사용한 호칭이었다.

초등 교육 기관의 명칭이 소학교에서 국민학교로 바뀌면서 교과서가 대폭 개편된다. 신화에 의거해 천황의 지배와 대외 침략이 정당화되고 천황에게 충성해야 한다는 의무가 한층 강화된다. 아울러 천황을 위한 전쟁인 성전을 완수하기 위해 노력할 것을 요구하는 내용이 증가한다. 1941년에 만들어진 초등학교 수신 교과서 6학년용의 8과 〈국민개병〉은 전시의 국가 총동원 체제와 국민의 자세에 대해 다음과 같이 설명한다.

일본인은 평화를 사랑합니다. 그러나 조국의 유사시에는 한 몸 한 가정을 잊고 천황의 방패로서 병영으로 소집되는 것을 남자의 의무로 여기고 더할 나위 없는 긍지로 삼고 있습니다……일단 전쟁이 시작되면 제일선에 서는 것은 말할 필요도 없이 군인입니다. 그러나 오늘날의 전쟁은 나라와 나라가 전력을 다해서 싸우는 것이기 때문에 진정한 거국일치가 아니면 전쟁에 승리할 수가 없습니다. 따라서 후방의 국민도 역시 제일선의 장병과 함께 중대한 임무를 지는 것입니다. 제일선에 군수품을 조달하는 것은 물론이거니와, 전쟁이 아무리 길어져도 생활을 조여 군비를 만들고 산업이 번창하게 하는 것이 필요합니다……전시를 맞이하여 국방의 목적을 달성하기 위해서는 이와 같이 나라의 전력을 다하는 국가 총동원이 가장 중요합니다. (《일본 초등학교 수신서(1941 제5기)》)

"천황의 방패로서 병영으로 소집되는 것을 남자의 의무"로 여기라는 가르침대로 청년 학도들은 자신을 '천황의 미천한 방패'라고 칭하면서 천황을 위해 죽어간다. 아울러 청소년들은 수업을 중단하고 군수 공장 노동에 동원된다. 일본은 국가 총동원 체제에 순응하는 국민을 만들기 위해 초등학교 때부터 어린 학생들을 세뇌한 것이다.

1941년부터 '황국의 길皇國の道'에 준한 '황국민의 연성皇國民の錬成'이라는 전시 교육의 목적이 강화된다. 태평양전쟁 직전인 1941년 8월에 문부성은 각급 학교에 학교보국대學校報國隊를 편성하라는 훈령을 내린다. 이에 맞추어 황국민의 연성을 주안으로 하는 의무 교육이 초등과 6년, 고등과 2년으로 개편된다. 계속되는 패전으로 본토 결전이 임박한 1945년 3월 28일에는 〈결전교육조치요강決戰教育措置要綱〉이 각의에서 결정된다. 이에 따라 국민학교 초등과를 제외한 모든 학교가 4월부터 수업을 전면 중단한다. 또한 5월 22일에는 〈전시교육령戰時教育令〉이 공포되고 학도대의 조직이 결정된다.

1941년 12월부터는 〈국민근로보국협력령〉에 따라, 각 지역마다 별도로 시행되던 근로 봉사가 종합·강화되어 전국적인 '근로보국대'가 조직된다. 그뿐만 아니라, 처음에는 여의사와 간호부만을 징용 대상으로 규정했던 〈국민징용령〉이 1941년 12월에 개정되면서 14세 이상 25세 미만의 미혼 여성도 징용할 수 있게 된다.[49] 이와 같이 개정된 〈국민징용령〉에 의해 오키나와 전투 당시 많은 여학생들이 간호 요원으로 동원되었다가 목숨을 잃는다.

미군에 의한 본토 공습이 격화되자 일본 정부는 1944년 6월 30일 학동學童들을 도시에서 지방으로 피난시키는 이른바 '학동 소개疎開'를 결정한다. 이에 따라 도시에서 국민학교 초등과 학생의 집단 소개가 실시된다. 학동 소개는 도시의 방공 체제를 강화하고, 장래의 전력戰力인 아이들을 공습에서 지키기 위한 조치였다. 처음에는 아이를 지방의 친척에게 맡기는 방식이 장려되었지만, 1944년 8월부터는 연고지 없는 아이들을 위한 집단 소개가 도쿄 등 대도시에서 실시된다.[50]

1943년 10월 2일 〈재학징집연기임시특례〉가 칙령으로 반포된다. 다음 달인 11월 1일 〈징병령〉이 개정되어 문과 계열 학생들의 징집 유예가 완전히 정지되면서 많은 학도들이 전쟁에 나가게 된다. 그 기점은 1943년 10월 21일, 메이지 신궁 외원外苑 경기장에서 비가 오는 가운데 거행된 '학도출진식'이었다. 12월 24일에는 징병 대상 연령이 20세에서 19세로 낮아지고 학도출진이 박차를 가하게 된다. 그 결과 전쟁이 끝날 때까지 약 30만 명에

---

49 堀サチ子, 〈根こそぎ動員〉, 《日本20世紀館》(東京 : 小学館, 1999), 479쪽 참고.

50 山辺昌彦, 〈小国民の生活〉, 《日本20世紀館》(東京 : 小学館, 1999), 483쪽.

달하는 학도병이 출진한다.[51] 대일본제국의 적장자들을 전쟁에 동원하게 된 것이었다. 1943년 10월 21일의 학도출진식에는 도조 히데키 총리 이하 군 수뇌들이 참석했고, 많은 여학생들이 동원되어 히노마루를 흔들며 학도병들의 장도를 축하한다. 대학생들은 제대로 훈련도 받지 못한 채 전투에 투입되어 이내 목숨을 잃었다.

조선인의 황민화 정책

일본 국내에서 국민정신 총동원 운동이 시작되면서 식민지 조선에서는 이 운동과 아울러 황민화 정책이 시작된다. 황민화란 조선인을 황국의 신민으로 만드는 것이다. 조선총독부는 다양한 슬로건과 정책을 내놓으며 조선인의 황국 신민화에 매진한다. 이는 중일전쟁이 장기화되고 태평양전쟁으로 전선이 확대됨에 따라 후방인 조선의 동요를 막고 조선을 침략 전쟁의 병참 기지화하며 조선인을 전쟁에 동원하기 위해서였다. 일본은 전방의 군인과 후방의 노동력이 절실하게 필요했던 것이다.

일본은 조선을 합병한 뒤에 일시동인一視同仁, 내선일체內鮮一體, 동조동근同祖同根 같은 다양한 슬로건을 내건다. '일시동인'이란 모든 사람을 차별 없이 평등하게 사랑하고 자애롭게 대한다는 것이다. 즉 일본인과 조선인을 평등하게 차별 없이 대한다는 뜻이다. 내선일체는 내지(일본)와 조선은 일체, 즉 하나라는 뜻이다. 동조동근이란 일본과 조선은 멀리 신화시대부터 깊은 관계에 있었고, 인종적으로나 문화적으로나 동일 조상에서 기원하여

51 纐纈厚, 〈學徒出陣と少年兵〉, 《日本20世紀館》(東京 : 小学館, 1999), 496쪽 참고.

뿌리가 같다는 것이다. 아마테라스가 일본을 건국한 천황가의 시조신이고, 신라를 건국한 스사노오가 아마테라스의 남동생이니 일본과 조선은 같은 뿌리에서 나왔다는 것이다. 이에 반발한 조선의 지식인들을 중심으로 단군에 대한 연구가 진행되자 일본은 다시 스사노오가 바로 단군이라는 설을 편다. 이 슬로건들 중에서 전시 동원 체제하의 조선총독부가 가장 강조한 것은 내선일체이다.

내선일체를 제창한 이는 1936년부터 제8대 조선총독을 지낸 미나미 지로이다. 미나지 지로의 정의에 따르면 '반도인으로 하여금 충량한 신민이 되게 하는 것'(1939년 5월 29일 도지사 회의 때의 조선총독의 훈시)이다. 미나미 지로에 의해 정치적 슬로건이 된 내선일체는 다양한 담론을 만들어낸다. 일본인이 제창한 동화 이론으로서의 내선일체론은 조선총독부의 명의하에 공식적으로 "내선일체의 구극의 모습은 내선內鮮(일본과 조선)의 무차별 평등에 도달하는 것이다"라는 언명을 낳기에 이른다(국민정신총동원 조선연맹이사총회에서).[52]

조선총독부는 민족 차별에 저항감을 갖고 있던 조선인들을 회유하기 위해, 동화와 차별이라는 이율배반적인 상황을 '민도의 차이'와 '황민화의 차이'라는 구실로 합리화한다. 대일본제국과 조선총독부가 제도적으로 조선을 차별하는 것이 아니라, 일본과 조선의 민도의 차이 때문에 자연스럽게 차별이 발생한다는 것이다. 따라서 일본인과 조선인 간의 차별이 사라지는 것은 조선인의 황민화 수준에 달려 있다고 역설한다.

한편 식민지 조선 사람들이 '차별 탈피'의 이론으로서 제창한 식민지 조

52 宮田節子, 〈内鮮一体 同化と差別の構造〉, 《季刊 三千里 31号 特集 15年戦争下の朝鮮》(東京 : 三千里, 1982년 가을), 56쪽.

조선인을 전쟁에 총동원하기 위해 강조된 '내선일체'를 새긴 비석.

선의 내선일체론이 존재한다. 민족 차별을 문제시하던 일부 조선 지식인들은 미나미 지로의 이 한마디에 '차별 탈피'에 대한 기대를 갖게 된 것이다. 비극의 발단은 여기에 있었다.[53] 조선을 내선일체의 선풍에 휩싸이게 만든 미나미 지로는 "조선인과 일본인은 모습도 마음도 피도 육체도 모두 일체가 되지 않으면 안 된다"고 외치고 "조선은 식민지가 아니다. 조선을 식민지로 여기는 자가 있으면 두들겨 패라"라고 단언해, '과연 우리 총독'(현영섭, 《신생 조선의 출발》)이라고 박수갈채를 받는다.[54]

미나미 지로의 내선일체론이 실은 조선인을 전쟁에 총동원하기 위한 술책임을 간파하지 못한 순진한 일부 조선 지식인들은 조선총독부의 황민화 정책에 적극 협력하기 시작한다. 더 분명하게 이야기하면, 그들은 중일전쟁에 이어 태평양전쟁의 서전을 화려하게 치른 대일본제국의 활약상을 목전에서 지켜보면서 조선 독립에의 희망을 잃고 대동아공영권이 시대의 대

---

53 宮田節子, 〈内鮮一体 同化と差別の構造〉, 56쪽.

54 宮田節子, 〈内鮮一体 同化と差別の構造〉, 56쪽.

세라고 판단하게 된 것이었다. 그럴 바에는 적극적으로 황민화에 임해 일본과 조선의 차별을 없애는 편이 낫다는 게 그들의 생각이었다.

그런 미나미 지로가 1942년 조선총독을 사임하고 일본으로 돌아가 추밀 고문관이 된 후 쇼와 천황이 참석한 자리에서 "조선은 최근까지 수천 년에 걸쳐서 하나의 국가를 형성하고 있었기 때문에 사상, 인정, 풍속, 관습, 언어 등을 달리하는 이민족이라는 것이 엄연한 사실"이며, 따라서 정부와 국민 및 현지 위정자는 이 엄연한 사실을 솔직하고 허심탄회하고 올바르게 인식하여 정책을 입안해야 한다고 역설한다.[55] 미나미 지로의 이와 같은 발언은 조선총독부의 조선 통치와 지배의 본질을 잘 보여준다. 아무리 일본이 조선인에게 동조동근을 앞세우며 내선일체를 부르짖고 일시동인을 외쳐도 조선인은 어디까지나 이민족이며 조선과 일본의 동화는 사실상 불가능하다는 것을 내선일체의 주창자인 미나미 지로 자신이 고백한 것이다.

조선총독부는 조선인을 황민화하기 위해 매월 1일을 '애국일'로 정하고, 조선인들에게 이날의 의무로서 신사 참배, 동방 요배, 일본 국기 게양, 황국 신민의 서사 제창, 근로 봉사 등을 강요한다. 이 가운데 동방 요배란 동쪽에 있는 일본의 황거를 향해 절하는 것을 말한다. 조선총독부는 '아침마다 궁성을 요배합시다'라는 전단을 만들어 배포하고, 식민지 조선의 신민들에게 멀리 일본에 있는 궁성을 향해 절할 것을 강요한다.

이에 그치지 않고 조선총독부는 1937년 10월 '황국 신민의 서사皇國臣民誓詞'라는 서약문을 어린이용과 어른용을 별도로 만들어 조선인 전부가 '황국 신민의 서사'를 암송하도록 강요한다.

먼저 아동용의 '황국 신민의 서사'는 다음과 같다.

---

55 宮田節子, 〈内鮮一体 同化と差別の構造〉, 59쪽.

우리는 대일본제국의 신민입니다.

우리는 마음을 합하여 천황 폐하에게 충의를 다합니다.

우리는 인고 단련하여 훌륭하고 강한 국민이 되겠습니다.[56]

성인용의 '황국 신민의 서사'는 다음과 같다.

우리는 황국 신민이며 충성으로써 군국에 보국한다.

우리 황국 신민은 서로 신애信愛 협력하고 이로써 단결을 굳게 한다.

우리 황국 신민은 인고 단련하여 힘을 배양하고 이로써 황도皇道를 선양한다.[57]

'황국 신민의 서사'를 만든 지 2년 후인 1939년 가을, 조선총독부는 '황국 신민의 서사'의 표상으로서 조선 신궁 참배 가도 앞에 높이 약 17미터의 탑인 '황국신민서사지주皇國臣民誓詞之柱'를 세운다. 그 안에 아동, 학생 140만 명이 쓴 '황국 신민의 서사'가 봉납된다. '황국 신민의 서사'는 전시에 일본인을 황민화하는 데 활용됐던 〈교육칙어〉나 《국체의 본의》와 같은 역할을 했다. 조선 신민의 황민화를 상징하는 이 탑을 필두로 조선 각 지역의 신사와 학교에 '서사비誓詞の碑'와 '서사탑誓詞の柱'이 세워진다. 전시의 조선 황민화 정책의 실상을 파악하기 위해서는 서사비와 서사탑이 어떤 형태로 식민지 조선에 침투되었는지를 검토할 필요가 있다.

아울러 조선총독부는 조선인을 황국 신민으로 만들기 위해 학교는 물론

---

56 佐野通夫, 〈〈皇民化〉教育と日本人教員〉, 《季刊三千里》 31号(東京 : 三千里社, 1982), 76쪽.

57 佐野通夫, 〈〈皇民化〉教育と日本人教員〉, 76쪽.

이고 가정에서도 일본어를 사용하게 하는 국어(일본어) 상용화 정책을 추진한다. 당시 발행된 일본어 사용 선전 포스터에는 "훌륭한 군대를 만들기 위해서 국어의 생활화를 실천하자"라고 쓰여 있다.[58]

이처럼 일본어 상용화와 병역을 하나로 묶고 있는 것은 전투 요원을 확보하기 위해 일본어 상용화를 추진했을 가능성을 시사한다. 전투에서 의사소통은 대단히 중요하기 때문이다. 일본어 상용화와 식민지 지원병 제도가 시기적으로 거의 맞물려 있었다는 점은 이러한 추측의 개연성을 높여준다.

조선총독부는 1938년 〈조선교육령〉의 개정과 더불어 1939년에 조선인을 대상으로 하는 '육군특별지원병 제도'를 마련해 조선 청년을 전쟁터로 끌어낸다. 이는 조선인도 일본인과 마찬가지로 제국 군인으로 지원할 수 있게 한 제도였다. 그동안 일본이 '내선일체'니 '일시동인'이니 외치면서도 조선인에게는 군인이 될 권리를 주지 않았다는 점에서, 이는 식민지가 된 지 29년 만에 비로소 조선인에 대한 차별을 거둔 것이라고 할 수 있다. 하지만 이는 사실상 조선인에게 일본을 위해 희생할 권리를 준 것에 불과했다. 아이러니하게도 일본의 차별 때문에 식민지 조선의 청년들이 일본제국주의의 희생양이 되는 사태가 지연되었던 셈이다.

전황이 계속 일본에 불리하게 돌아가자 식민지 조선과 대만에서의 징집이 불가피해졌다. 조선총독 미나미 지로의 머릿속에서는 조선에서의 징병제 실시 계획이 움트고 있었다. 1944년에는 제1회 징병 검사가 실시된다. 일본 지도부의 말을 빌리자면, '조선인의 황민화 정도가 마침내 숭고한 병역의 임무를 담당할 경지에 다다랐기 때문'이었다. 조선에서는 1944년부터, 대만에서는 1945년부터 징집이 실시된다.

---

58 《독립기념관 전시품 도록》(독립기념관 한국독립운동사연구소 2006), 76쪽.

강상중의 〈국민의 심상지리와 탈국민의 이야기〉에 나오는, 황군으로 지원한 조선인 청년의 인상기는 황민화된 반도인의 모습을 여실히 보여준다.

> 우리들의 내지 여행 목적은 일반 학생 단체의 수학여행과는 완전히 의미가 다른 것입니다. 그 하나는 이세 신궁 참배, 궁성 요배이며 또 하나는 저희들을 내지의 여러분들에게 보여드리고, 더 강한 내선일체의 성과를 거두려는 것에 있습니다……신국 일본의 소중함과 황국이 더욱 번창할 것을 기원하고 일시동인의 성은에 대해 만분의 일이라도 보답해드려야 한다고 굳건히 결의했습니다. 저희들은 훈련소에서 매일 아침 동방 요배를 하는데, 이때 (천황이) 눈앞에 계시는 것 같은 기분이 들어 황국 신민의 서사를 읊으며 신민의 신념을 굳건히 하고……니쥬바시二重橋에 나아가 정중하게 예배했을 때는 다만 감격의 눈물을 흘렸습니다.[59]

여기서 드러나는 '일본인'이 되고 싶은 갈망은 확실히 식민지라는 강제와 억압의 현실 없이는 있을 수 없는 것이지만, 더 좋은 제국 신민이 되려는 식민지 '반도인'의 욕망이 강제에 의한 것만이 아니라 자발적인 것이기도 했다는 사실 또한 부인할 수 없다[60]고 강상중은 지적한다.

1943년 10월 21일 처음으로 학도출진식이 열리는데, 소집된 학도 2만 5,000명이 메이지 신궁 외원의 경기장에 모여 도조 히데키 총리와 문부상 앞에서 사열한다. 이어서 1943년 12월의 3일 동안은 6,000명의 학도가 병사로 입대했다. 이 가운데 500여 명이 도쿄제국대학 출신이었다. 이 전쟁

59 강상중, 〈국민의 심상지리와 탈국민의 이야기〉, 코모리 요우이치 외, 《내셔널 히스토리를 넘어서》, 이규수 옮김(삼인, 1999), 193쪽.

60 강상중, 〈국민의 심상지리와 탈국민의 이야기〉, 193쪽 참고.

에서 이 3일간 소집된 학도병들의 사망률이 가장 높았다.[61]

한편 조선인 학도의 전시동원은 우선 1943년 10월에 공포된 〈육군특별지원병임시채용규칙〉으로 시작된다. 재일 조선인 학도의 전쟁 동원에 중요한 역할을 한 조선장학회의 조사에 의하면 1942년 8월 조선인 학도수는 대학과 전문학교를 합해 6,771명, 그중에서 징병 적격자는 2,839명이었다(1943년 11월).[62] 학도병으로 소집된 조선인은 4,385명이었고, 이 중에는 어쩔 수 없이 특공대원을 지원한 사람도 있었다. 이들 조선인 학도병 중 640명이 전사했고, 400명 이상이 중국과의 전투에서 중국으로 도망치려 했으며 반 이상이 도망에 성공했다.[63]

전쟁 말기까지 약 30만 명에 달하는 대일본제국의 젊은이들(식민지 조선과 대만 포함)이 패색이 짙은 전쟁터에 총알받이로 동원되었다. 일본 군부는 의과와 공과 그리고 사범과 학생에게는 특혜를 주고 문과생들을 대대적으로 전쟁에 동원한다.

태평양전쟁이 막바지에 이르면서 조선 청년에 대한 징병 제도의 실시와 아울러 노무자 징용, 여자 정신대 징발, 가가호호의 근로 동원, 국방헌금 강제 모금과 물품 징발, 애국 채권 강매, 미곡과 자재의 공출, 창씨개명, 신사참배 등 황민화 교육은 날이 갈수록 극심해진다. 전시의 강제 동원 중에서 제일 비극적인 경우는 노무자 징용과 종군 위안부 징용이었다. 그 수는 징용 노무자 100만 명, 종군 위안부 20만 명으로 추정된다. 조선총독부는 일시동인과 내선일체라는 말로 조선인을 철저하게 기만하면서 '동화'와 '차

---

61 오오누키 에미코,《사쿠라가 지다 젊음도 지다》, 288쪽.

62 纐纈厚, 〈學徒出陣と少年兵〉, 497쪽 참고.

63 오오누키 에미코,《사쿠라가 지다 젊음도 지다》, 288쪽.

별'의 이중 정책을 구사한 것이다.

황민화의 리트머스 시험지, 신사 참배

일본 제국주의는 침략에 의해 식민지를 획득하거나 조차권 · 위임통치권 등을 얻으면 그 지역에 예외 없이 관립 신사를 세우고, 이를 중심으로 정신적 · 종교적 지배를 도모했다. 그래서 일본은 식민지 대만이나 조선, 남양 군도에 이르기까지 일본인이 있는 곳이면 어디에나 신사부터 건립한다. 아울러 기존의 일본 거류민들이 건립한 민간 신사도 관립화 내지 공립화해 철저하게 관리한다.

1910년 조선을 강점한 일본은 조선총독부를 세우고 신사 정책을 수립한다. 조선총독부는 조선인에게 천황제 이데올로기를 주입하기 위해 1912년부터 조선 신사 건립 예산을 편성하고 장소를 물색했다. 조선총독부가 조선 신사를 짓고자 한 곳은 국사당 자리였다. 국사당에는 단군왕검, 하늘 · 산 · 바다의 삼신, 조선을 건국한 이태조와 무학대사를 위시한 여러 제신을 모시고 있었다. 이처럼 조선의 국조를 모시는 국사당이 조선총독부의 눈에 곱게 보일 리 없었다.

조선총독부는 국사당을 헐어 인왕산 기슭으로 옮기고 그 자리에 조선 신사를 세웠다. 수년에 걸친 기초 조사와 준비 끝에 총독부는 1920년 기공식인 지진제地鎮祭를 거행하고 신사 건립에 착수한다. 공사가 마무리되어가던 1925년, 일본 내각은 이 조선 신사를 조선 신궁으로 격상시킨다. 조선총독부는 천황가의 황조신인 아마테라스와 메이지 천황을 조선 신궁의 제신으로 결정한다. 결과적으로 조선총독부는 조선의 시조를 모시는 국사당을 헐어낸 바로 그 자리에 조선을 망하게 한 메이지 천황과 그의 시조인 아마테라스를 모시는 신궁을 세운 것이다.

조선 신궁이 세워지면서 1936년 8월부터 조선인들은 본격적으로 신궁 참배를 강요당한다. 조선총독부는 중국 대륙 침략이 시작된 1937년부터 면 단위로 하나씩 신사를 짓는다는 '일면일신사주의一面一神社主義' 방침에 따라 전국 곳곳에 신사를 건립한다. 중일전쟁 발발을 전후해 일면일신사주의가 실시된 것은 조선을 대륙 침략의 전초 기지로 만들려는 일본의 계획과 무관하지 않았다. 그 전제가 바로 조선인의 황민화였으며, 신사 참배는 조선인의 황민화를 시험하는 리트머스 시험지와 같았다.

중일전쟁이 발발하기 전까지 조선총독부는 다른 문제와 달리 신사 참배 문제에 관해서는 비교적 관대했다. 그러나 중일전쟁 발발과 동시에 신사 참배 문제에 강경하게 대처하기 시작한다. 조선총독부는 본국과 마찬가지로 조선에서도 매월 하루를 애국일로 정하고 각 학교에 신사 참배를 강요했고 거부하는 학교는 모두 폐교시킨다.

1938년부터는 교회에도 신사 참배를 강요한다. 일본 관헌의 압력에 굴복한 기독교인들은 조선기독교연합회를 만들어 황민화 운동에 동조한다. 우상 숭배를 이유로 신사 참배를 거부한 기독교 신자들이 많았지만 일제의 폭압에 끝까지 거부하기란 쉽지 않았다. 천주교, 감리교, 장로교가 차례로 무너지고, 앞장서서 신사 참배를 강요하는 목사·장로들이 늘어난다. 그러나 일부에서는 완강하게 신사 참배를 거부한다.

이에 총독부는 1940년 6월부터 주기철 목사(평양의 산정현 교회)를 필두로 신사 참배에 저항하는 기독교인들에 대한 일제 검거에 나선다. 일본이 패전할 때까지 투옥된 목사와 신자의 수는 2,000여 명에 달했다. 폐쇄된 교회도 200여 개에 달했고, 주기철 목사를 포함해 50여 명의 기독교인이 순교

한다.[64]

메이지 시대에 기독교 교단이 그러했듯이 일본의 기독교 교단은 이번에도 철저하게 국가에 맹종하면서 대동아전쟁에 적극 협력한다. 〈일본 기독교단이 대동아공영권에 있는 기독교도에게 보내는 서한〉은 "서전 이래 황군에 의해 얻은 전과와 업적은 우리 일본의 성전의 의의를 명확히 표시하고 있는 것이 아닌가. 그들의 부정과 불의에서 동아시아 민족이 해방되는 것은 하느님의 거룩한 의지이다"[65]라며 적극적으로 대동아전쟁을 미화했다.

1941년에 발행된 《초등 국사》(5학년)의 〈제5나라의 시작〉이라는 과課는 부여 신궁의 건립 배경을 고대 일본과 삼한의 관계를 통해 설명한다. 그리고 스이코 천황 시대에 수나라의 양제와 일본의 쇼토쿠 태자 간의 외교 문서 사건을 기술하면서 일본이 중국과 대등한 관계를 맺고 있었음을 주지시킨다. 이어서 나당연합군이 백제를 멸망시킨 일을 다음과 같이 언급한다.

> 특히 당은 중국의 북방을 평정하기 위하여 만주와 조선으로 세력을 넓혀왔습니다. 조선의 나라들이 모두 (당의) 조정에 공물을 바치며 (당과) 왕래를 계속하고 있었기 때문에 대단히 복잡한 관계가 발생했습니다. 당은 신라와 손잡고 백제를 쳐서 멸망시키고 수도인 부여를 함락하고 국왕을 인질로 삼았습니다. 백제에서는 (우리) 조정에 출사해 있던 왕자를 맞아들여 우리나라의 힘을 빌려 나라를 다시 일으킬 것을 기도하는 자가 나타나 (우리) 조정에 도움을 청하러 왔습니다. 제37대 사이메이 천황은 그 무렵 황태자였던 제38대 덴지 천황과 상의하시어 조선이 중국에 당하는

64 姜在彦, 〈十五年戦争下の朝鮮〉, 《季刊 三千里41号—特集日本の戦後責任とアジア》(東京 : 平凡社, 1985년 봄), 198쪽.

65 이에나가 사부로, 《전쟁책임》, 현명철 옮김(논형, 2005), 306쪽에서 재인용.

것을 방지하고 삼한을 옛날 그대로 이어가게 하고 싶어 하셨습니다. 그래서 백제가 소원하는 바를 허락하시고 친히 규슈에 행차하셔서 군을 백제로 파견하고 백제의 왕자를 돌려보내 당의 군대를 치게 하셨습니다.

이는 사실과 허구를 교묘하게 섞어서 마치 당시 일본이 중국과 대등한 천하를 구축하고 삼한을 조공국으로 삼고 있었던 것처럼 기술한 것이다. 나당연합군과 백제 간의 전쟁이 어디까지나 신라가 주체가 되어 삼국 통일을 이루기 위해 백제와 벌인 전쟁임에도 불구하고, 여기서는 마치 당나라와 일본이 그 전쟁의 주체인 것처럼 기록돼 있다. 더욱이 이 과는 삼한의 흥망이 마치 일본 천황의 의사에 달려 있었던 것처럼 기술한다. 반면에 백제의 원군으로 간 일본이 완전히 대패한 사실과 덴지 천황이 즉위도 미룬 채 후쿠오카의 다자이후에 성을 쌓고 7년간이나 신라의 일본 침공에 대비해 고군분투했다는 사실은 일체 언급하지 않는다.

이어서 시점이 고대에서 근대로 옮겨져, 조선에 부여 신궁을 건립해 과거 조선과 인연이 있었던 일본의 천황들을 제신으로 모시게 된 것에 대해 다음과 같이 언급된다.

지금 부여 신궁에서 해외 제정祭政의 초석을 공고히 하신 진구 황후, 오진 천황과 더불어 사이메이 천황과 덴지 천황을 제사 드리는 것은 이와 같은 고마운 마음에 감사의 제사를 올리기 위해서입니다.

말하자면, 일본의 시각으로 볼 때 삼한을 정벌한 진구 황후와 당시 태중에 있었던 오진 천황, 백제를 구하기 위해 노력한 사이메이 천황과 덴지 천황을 조선인들로 하여금 제사하게 했다는 것이다. 이 과가 전달하려는 요점은 현재뿐만 아니라 과거에도 일본이 실질적으로 삼한을 지배했다는 것이다. 당시 식민지 조선의 아이들과 조선에 거주하던 일본인 아이들은 같은 교실에 나란히 앉아서 이를 사실로 받아들이며 배웠을 것이다.

1945년 8월 15일 광복이 되자 이튿날 오후에 조선 신궁은 승신식昇神式이라는 폐쇄 행사를 치른다. 그리고 9월 7일에 시작된 신궁 해체 작업은 10월 6일에 마무리된다. 그 이튿날 일본인들이 잔해를 직접 소각한 뒤 철수한다. 메이지 천황과 아마테라스를 제신으로 모셨던 조선 신궁을 조선인들이 짓밟고 파괴하도록 내버려두지 않겠다는 조선총독부의 조치였던 셈이다.

히라이즈미 기요시의 황국 사관

도쿄제국대학 교수인 히라이즈미 기요시平泉澄(1895~1984)는 황국 사관의 주창자이자 아시아태평양전쟁 당시 군부의 정신적 지주였다. 그가 주창한 황국 사관은 그의 이름을 따서 '히라이즈미 사학'이라고도 불릴 정도로 한 시대(1931년부터 1945년까지)를 풍미했다. 히라이즈미 사학은 특히 전시에 정계는 물론이고 군부와 경찰에 결정적인 영향력을 발휘했다. 도쿄제국대학 교수였음에도 불구하고 히라이즈미는 1931년 만주사변 때부터 1945년 패전 직전까지 육해군 부대들을 종횡무진 누비고 다니면서 황국 사관을 주입하고 전쟁을 독려하는 열정적인 강연으로 젊은 청년 장교들을 미혹한다. 그 결과 도쿄제국대학의 강의실이 아니라 그의 집을 드나들며 그의 사상을 흡수한 장교들이 셀 수 없이 많았다.

1931년의 만주사변에서 1945년의 패전까지 이 광기의 전쟁에 민간인으로서 직접 관여하고 깊숙이 개입한 사람은 히라이즈미밖에 없다. 특히 태평양전쟁 말기에 '옥쇄'와 '특공'이라는 이름의 집단 자살을 기획한 군부에게 히라이즈미가 끼친 영향은 이루 말할 수가 없다. 태평양전쟁 개전과 더불어 그가 해군 칙임촉탁이 된 까닭에 해군병학교에서는 그의 저술이 교과서로 사용되기도 했다. 인간 어뢰 '가이텐回天'의 창시자인 구로키 히로시黒木博司 해군 소좌, 그리고 1945년 8월 15일 종전 직전에 쇼와 천황의 종전 선언을 막기 위해 쿠데타를 기도한 육군 장교들도 그의 제자들이었다.

일본 신화와 천황제 이데올로기를 연구하다 보면 일본사에는 '사상사적 연쇄'라고 불러도 좋을 만큼 사상적으로 상호 연동하는 책들과 인물들이 존재함을 알 수 있다. 일본 사상사를 관통하는 서적은 고대의《일본서기》, 중세의《신황정통기》, 근세의《대일본사》이다. 대일본제국의 국체는《일본서기》에서 비롯되었고 신국 사상은《신황정통기》에서 비롯되었다. 히라이즈미 사학의 기본 테제인 '천황'과 '신국'은 이 두 책을 근간으로 한다.

그중에서도《신황정통기》가 히라이즈미 사학의 토대를 이룬다고 해도 과언이 아니다. 히라이즈미가 가장 존경하며 강연의 주제로 삼았던 인물은《신황정통기》를 저술한 남조의 충신 기타바타케 지카후사, 고다이고 천황의 친정을 여는 데 공헌하고 '칠생진충'을 몸으로 실천한 구스노키 마사시게, 그리고 에도 막부 말기에 존왕양이 사상으로 일관하며 정한론을 주장한 요시다 쇼인이다. 말하자면 히라이즈미 사학은 일본 역사와 사상사를 관통하는 책과 인물을 통해 일본군에게 전쟁을 독려하고 군부에 사상적 조언을 하는 가운데 구축된 것이다.

히라이즈미의 말을 빌리면 일본 역사의 정수는 국체 인식과 천황 존숭에 있으며, 그 극치는 '충'이라는 한 글자이다. 그리고 천황에 대한 충성의 극치는 천황을 위해 기꺼이 목숨을 바치는 것이다. 그것이 일본 도덕의 극치이며 가장 아름다운 행위라고 히라이즈미는 거듭 주장한다. 이것이 전시 일본인의 내면을 지배한 히라이즈미 사학의 요체였다. 히라이즈미에 따르면 '역사는 곧 부활'이며, 역사는 기본적으로 역사상의 인물에 대한 현대인의 의식, 이해, 공명 위에 성립한다.[66] 히라이즈미가 발굴한 역사상의 인물에 대한 그의 평가는 여과 없이 일본 청년 장교들의 공감을 얻어냈고, 그리하여 구스노키 마사시게와 같은 인물이 현대사로 불려온다.

히라이즈미 사학의 정수는 가망 없는 절망적인 전투에서도 천황을 위해 기꺼이 목숨을 바치는 충의의 죽음을 찬양하는 것, 즉 '산화散華'의 미학에 있다. 그의 말을 빌리면, 대의(천황=조국)를 위해 목숨을 바쳐 사쿠라가 지듯이 죽어가는 것이야말로 일본인의 이상적인 삶이다.[67] 그리고 이 이상적인 삶을 표상하는 인물이 바로 구스노키 마사시게이다. 구스노키 마사시게는 승산이라고는 조금도 없는 전쟁에서 6년 동안 고군분투하며 성을 지키다가 죽었다. 그가 치른 최후의 전투는 불과 700기騎의 군사가 50만의 적군과 맞서 싸우다 마지막 남은 73기가 일제히 할복하는 것으로 끝을 낸 옥쇄전이었다. 그가 죽으면서 자식과 후손들에게 남긴 최후의 말은, "일곱 번 다시 태어나서 조적朝敵을 무찌르겠다"라는 것이었다.[68]

히라이즈미를 통해 군부와 군인들이 구스노키 마사시게의 삶에 공명하면서 그들의 사상적 재무장이 이루어진다. 이는 일본군을 '특공'(가미카제 특별공격대)과 '옥쇄'로 몰고 간다. 히라이즈미는 최후까지 항전할 것을 주장하면서, 오키나와까지 가서 강연을 하고 특공대원들을 독려한다. 《천병은

---

66 다치바나 다카시, 《천황과 도쿄대 2》, 298~299쪽 참고.

67 다치바나 다카시, 《천황과 도쿄대 2》, 299쪽.

68 다치바나 다카시, 《천황과 도쿄대 2》, 462쪽 참고.

무적天兵に敵なし》에서 그는 요시다 쇼인의 〈맹자강의孟子講義〉를 찬양하며 최후까지 항전할 것을 다음과 같이 독려한다.

> 만약 일본인 전부가 일본국을 위하여 생명을 바친다는 정신으로 무장하고, 신민 전부가 폐하를 위하여 생명을 바친다면, 그런 도덕이 확립된다면, 외국을 두려워할 필요가 있겠는가. 오늘날 가장 중대한 것은 일본의 도덕을 확립하는 것이다. 사람은 부모를 위하여 죽고 신하는 군주를 위하여 죽는다는 도덕만 확립해놓으면 외국을 전혀 두려워할 필요가 없다. 이것을 위하여 우리는 전력을 다하여 도덕을 확립해야 하지 않겠는가. 이것이 선생이 옥중에서 설파한 내용입니다.[69]

패색이 짙은 태평양전쟁 말기에 일본 신민의 정신적 지주가 쇼와 천황이었다면, 군인들의 사상적 지주는 히라이즈미였다. 수많은 사람을 사지로 내몰고 마지막까지 옥쇄를 강요했던 쇼와 천황과 히라이즈미는 둘 다 전쟁에 대한 책임을 모면한 채 천수를 누리다가 저세상으로 간다. 신국 일본의 이데올로기를 투사하고 이에 공명하면서, 죽은 자나 죽음을 강요한 자나 다 역사 속으로 사라져가고 있는 것이다.

태평양전쟁의 마지막 카드, '특공'과 '옥쇄'

1941년 쇼와 천황이 〈개전의 조칙開戰の詔勅〉을 선포하면서 미국과 연합

69 다치바나 다카시, 《천황과 도쿄대 2》, 435쪽에서 재인용.

군을 상대로 한 일본의 힘겨운 전쟁이 시작된다. 전쟁 선포도 없이 기습적으로 이루어진 일본의 진주만 공격은 미국과 세계를 놀라게 했고 일본은 자신감에 들떠 있었다. 일본 군부가 승산이 있다고 생각해서 벌인 전쟁이었다. 과거에나 지금에나 일본은 이 전쟁을 미국을 위시한 연합군에 대항하기 위해 벌인 '자존자위의 전쟁'이자 '아시아 해방 전쟁'으로 규정하며 일본 국민을 기만하고 있다. 하지만 그것이 사실이 아님은 당시의 모든 정황과 전황이 말해준다.

일본이 태평양전쟁의 서전을 성공적으로 치르면서 일본 육해군은 자국이 이긴 전투에 관한 군가를 앞다투어 만들었고, 이들 노래를 군인만이 아니라 일반인과 어린이까지 따라 부르면서 일본 열도가 들뜬다. 1941년에 개정된 수신 교과서는 일본의 침략 전쟁을 미화하고 일본의 승전을 예견하는 글들로 채워진다. 당시 일본은 '팔굉일우'라는 용어가 일상어가 되고 교과서에 반복적으로 등장할 정도로 전쟁에 미쳐 있었다. 초등학교 수신 교과서와 국사 교과서가 기만과 허위로 가득한 글들을 실어 어린 학생들을 세뇌해도 이를 비판하거나 규탄하는 사람이 없었다. 군인들은 물론이고 도쿄제국대학 출신의 엘리트 관료들 중에도 이 광기 어린 전쟁의 무모함을 말리는 사람이 없었고, 천황에게 전쟁이 불가함을 간하는 사람이 없었다. 언론 역시 마찬가지였다.

하지만 승리에의 도취는 아주 잠깐뿐이었고, 1942년 미드웨이 해전부터 일본의 전세가 기울기 시작해 1943년부터는 패색이 짙어진다. 일본이 1943년 2월 과달카날 섬 전투에서 패배한 데 이어 3월에는 아투 섬 전투에서 일본군 전원이 옥쇄한다. 1944년에는 일본이 마리아나와 사이판을 잃는다. 이때 군인과 주민이 죽음을 함께한 이른바 '사이판 옥쇄'가 있었다. 1945년에는 그 유명한 이오지마 전투에서 일본이 패했고, 오키나와에서는 일본 본토 사수를 위해 군인이 주민에게 집단 자살을 강요한 '오키나와 옥쇄'가 벌어진다.

이 무모한 전쟁의 막바지에 일본 군부와 천황이 내놓은 비장의 카드는 '특공'과 '옥쇄'였다.

'특공'은 '가미카제 특별공격대' 혹은 '가미카제 특공대'를 줄인 말이다. 가미카제 특별공격대는 병사가 폭탄이나 폭약을 탑재한 비행기, 고속정, 잠수정 등에 탄 채로 적의 함선을 들이받는 자살 공격 부대를 말한다. 특공 작전은 태평양전쟁의 패색이 짙어가던 1944년 10월에 해군 중장 오니시 다키지로大西滝次郎(1891~1945)가 고안했다. 해군이 특공대를 먼저 조직하고 이어 육군도 특공대를 조직한다. 자살 공격을 감행한 특공대원은 주로 해군의 비행 예과 연습생과 학도병이었는데, 특공대원이 되는 것은 겉으로는 병사 자신의 지원이라는 방식을 취했지만 사실은 강제에 가까웠다. 가미카제 특별공격대는 6장 〈대일본제국의 희생양〉에서 자세히 다루기로 하고 여기서는 옥쇄와 맞물린 특공 작전을 중심으로 기술하고자 한다.

특공대에는 1944년 8월 21일부터 1945년 8월 15일 사이에 총 647개 부대가 편성되었고, 더구나 전쟁이 끝난 뒤에도 3개 부대가 편성되었다.[70] 특공기에 의한 전사자는 공식 기록으로 해군 2,527명, 육군 1,388명이다.[71] 특공 작전이 처음 실시되었을 때만 해도 상대국은 함대를 향해 자살 공격을 감행하는 특공대를 자살 특공대라고 부르며 두려워했다. 하지만 일본 군부의 대대적인 선전에도 불구라고 특공 작전의 성과는 아주 미약했다.

이러한 특공은 결국 옥쇄의 한 방식이었다. 옥쇄란 옥이 아름답게 부서

---

70 오오누키 에미코, 《사쿠라가 지다 젊음도 지다》, 286쪽.

71 纐纈厚, 〈特攻と玉砕〉, 《日本20世紀館》(東京 : 小学館, 1999), 503쪽.

지듯이 명예와 충의를 위해 깨끗하게 죽는 것을 말한다. 일본군은 흔히 옥쇄를 택했는데, 그 근원에는 〈군인칙유〉에 나오는 "의는 산악보다 무겁고 죽음은 새털보다 가볍다"라는 메이지 천황의 언설이 존재한다. 1941년 1월에는 당시 육군상이던 도조 히데키가 이를 이어받아 전쟁에 임하는 일본 군인의 자세에 대해 논한 〈전진훈〉이 군인들에게 하달된다. 도조 히데키는 〈전진훈〉에서 "살아서 포로가 되는 치욕을 당하지 말고 죽어서 죄과의 오명을 남기는 일이 없도록 하라"라고 엄명한다.[72]

육군상의 이와 같은 훈령은 특히 육해군 장교들의 뇌리에 각인되어, 그들은 살아서 포로가 되지 않기 위해 전 부대가 끝까지 싸우다 한 명도 남김없이 전사하는 옥쇄를 실천한다. 그 대표적인 예가 아투 전투이다. 1943년 5월 전황이 악화되면서 아투 섬에 있던 일본 수비군은 병력 증원도, 철수 명령도 받지 못한 채 5월 29일 전멸한다. 그다음 날 대본영은 아투 섬의 장병 2,000명이 옥쇄했다고 국민들에게 발표한다. 그러나 옥쇄는 미명에 지나지 않았고, 실상은 이들이 군부에게 버림받아 전멸한 것이었다.

이어서 1943년 6월 미군 기동대가 마리아나 제도 쪽으로 진격해 약 6만 7,000명에 달하는 미군 지상 부대가 사이판에 상륙한다. 이때 사이판에는 육해군을 합해 약 3만 명의 일본 수비군이 있었다. 쇼와 천황은 사이판이 함락되면 도쿄 공습이 본격화될 것으로 예상해 사이판 사수를 명한다. 제해권과 제공권을 미군이 장악한 가운데 7월 7일 사이판 수비군은 총돌격을 감행했고, 다음 날 사이판 주민 약 1만 명과 함께 전멸한다. 이에 그치지 않고 쇼와 천황은 사이판 탈환을 명령한다.[73] 1944년부터 도처에서 옥쇄가

72 纐纈厚, 〈特攻と玉砕〉, 502쪽 참고.

73 纐纈厚, 〈特攻と玉砕〉, 501~502쪽 참고.

벌어진다.

사이판 탈환은 실현되지 못했고, 사이판 함락으로 일본 본토 방위를 위한 절대방위권이 뚫린다. 1944년부터 마리아나 기지에서 미국 B29 부대의 출격이 시작되면서 일본 본토에 대한 미군의 공습이 감행된다. 미군은 1945년 2월 이오지마에 상륙했고, 3월에는 오키나와로 진격하는 동시에 일본 군대와 국민의 전의를 상실시키기 위해 대대적인 본토 공습을 실시한다.

1945년 4월 육군상 아나미 고레치카의 이름으로 발표된 본토 결전을 위한 〈결전훈〉의 제4훈은 다음과 같다. "황군 장병은 육탄 정신에 철저해야 한다. 유구한 대의에 사는 것은 황국 무인의 전통이다. 군 전체가 육탄 정신으로 황토를 침범하는 자는 필사감투必死敢闘하여 남김없이 살육하고 한 명의 생환자도 없게 해야 한다." 이는 옥쇄할 때까지 싸우라는 말이다. 〈결전훈〉 제2훈은 옥쇄 후의 영혼의 처신에 대해서까지 이야기한다. "황군 장병은 황토를 사수해야 한다. 황토는 천황이 계시고 신령이 계신 땅이다. 맹세코 외이外夷의 침습을 격퇴하고 죽어서도 여전히 혼백으로 남아 수호해야 한다."[74] 이처럼 〈결전훈〉은 황군의 병사들에게 옥쇄를 강요하는 군령이다. "죽어서도 여전히 혼백으로 남아 수호해야 한다"라는 말은 구스노키 마사시게가 이야기한, 일곱 번 다시 태어나 천황에게 충성을 다하고 나라에 보답하라는 '칠생진충', '칠생보국'의 정신을 계승한 것이다.

이처럼 당시 일본 군부는 옥쇄로 치닫는 필사의 결전을 요구하는 논리를 개발하는 데 매달렸는데 그 이데올로기적 배경에는 히라이즈미 사상이 있었다고 할 수 있다. 이 시대의 육군 문서와 정부 문서 대부분은 국체 수호를 가장 앞세우는 사상, 천황에게 절대적으로 귀의하는 충군애국 사상, 소

---

74 다치바나 다카시, 《천황과 도쿄대 2》, 470쪽.

위 칠생보국의 구스노키 정신, 나아가 그것들을 하나로 묶는 옥쇄 미학으로 온통 물들어 있었다.[75]

일본의 패전이 임박한 1945년 3월 이오지마에 상륙한 미군은 오키나와에 대한 포격전을 개시한다. 이미 오키나와 수비군은 본토 사수를 위한 옥쇄를 준비하고 있었다. 5월에 들어서면 일본군 수뇌들은 슈리首里 성을 포기하고 남쪽으로 철수한다. 섬의 남부로 가는 길이 피난민으로 인산인해를 이룬 가운데 6월에 마부니摩文仁 반도에서는 일본군 패잔병 3만 명과 주민 10만 명이 독 안에 든 쥐와 같은 형국에 처해 있었다. 이런 절박한 상황에서, 섬 전역에서 패잔병들이 주민들에게 주민 살해와 집단 자살을 강요한다. 이른바 오키나와 옥쇄의 시작이었다. 이에 관해서는 6장 〈동화와 차별의 이중 구조, 오키나와 옥쇄〉에서 자세히 다루기로 한다.

태평양전쟁의 마지막 카드로 던져진 특공과 옥쇄는 즉흥적인 군사 전략이 아니라, 1867년의 메이지 유신 이후 1945년의 패전까지 지속된 천황과 군부의 합작품이었다. 〈군인칙유〉(1882), 〈대일본제국헌법〉(1889), 〈교육칙어〉(1890), 《국체의 본의》(1937), 〈전진훈〉(1941), 〈결전훈〉(1945)으로 이어지는 천황의 조칙과 군부의 명령은 학교 교육과 군인 교육이라는 두 개의 제도적 교육을 통해 끊임없이 반복되면서 주입된다.

'죽음의 미학'을 노래하는 일본인의 정신사 이면에는 이와 같은 죽음을 예찬하는 견고한 근대 신민 국가의 교육 체계가 존재하고 있었음을 간과해서는 안 된다. 전후의 일본 정신사도 이와 크게 다르지 않다. 일본 정부가 동아시아 국가와 마찰을 빚으면서도 역사 교과서 기술에서 한 치도 물러서려 하지 않는 것은 국가주의 교육의 힘을 누구보다 잘 알고 있기 때문이다.

---

75 다치바나 다카시, 《천황과 도쿄대 2》, 474쪽.

그래서 일본 정부는 전후 민주주의 교육의 모태가 되고 있는 〈교육기본법〉을 개정하고, 국민의 기억을 재프로그래밍해 과거로 회귀하려 하고 있는 것이다. 이에 관해서는 7장 〈상징천황제하의 국가 의식의 향방〉에서 자세히 다루기로 한다.

6장

대일본제국의 희생양

막부 시대 말기에서 메이지 시대에 들어서기까지의 일본은 정신적으로나 물질적으로나 구미에 대한 두려움과 열등감을 불식할 시간을 필요로 한다. 일본의 구미에 대한 열등감과 표리를 이루는 것이 바로 아시아에 대한 우월감이다. 서구의 시선에 초점을 맞춘 일본의 아시아 인식, 아시아에 대한 멸시는 조선과 청을 대상으로 표출된다. 구미에 대한 열등감을 메우는 수단으로 시작한 대외 전쟁에서 연승하고 대만과 조선을 식민지화하면서 일본은 자신감을 회복한다. 그러나 이 과정에서 국가적 자부심이 과잉 상태가 되면서 일본은 주관적 국수주의에 빠지게 된다. 부국강병을 모토로 달려온 메이지 시대 일본의 뒤에는 무거운 세금과 가혹한 노동에 시달리는 사람들의 희생이 있었다. 농민들은 무거운 조세와 소작료에 시달리고 여공이나 광부 같은 노동자들은 열악한 조건에서 장시간 노동에 시달렸다.

강병을 육성한 덕분에 대만과 조선을 손에 넣고도 일본은 여전히 영토 확장의 야욕에 눈이 멀어 있었다. 1920년대에 일본 군부의 젊은 급진주의자들은 일본의 군비 팽창이 자국의 생존의 관건이라고 주장한다. 〈젊은이들에게 보내는 연설Address to Young Men〉에서 일본의 육군 중령 하시모토 긴고로橋本欣五郎(1890~1957)는 이렇게 말한다.

> 일본이 현재와 같은 과잉 인구 상태에서 벗어날 수 있는 길은 세 가지가 있다……이민과 세계 시장에서의 성공, 새로운 영토 확장, 첫 번째 대안인 이민은 다른 나라의 이민 반대로 인해 어려움을 겪는다. 두 번째는 관세 문

제와 상업 조약의 폐지 때문에 여의치 못하다. 세 가지 선택 중 두 가지 길이 이미 막혀 있는 상태에서 일본이 선택할 수 있는 길이란 무엇이겠는가.[1]

이는 일본이 선택할 길은 전쟁밖에 없음을 역설한 글이다. 일본의 우익은 입버릇처럼 침략 전쟁이 아니라 자존자위의 전쟁이었다고 이야기하지만, 이처럼 당시에 일본은 과잉 인구를 먹여 살리자면 영토 확장, 즉 타국을 침략해 영토를 넓히는 것밖에 방법이 없다고 생각하고 있었다.

이와 같은 사회 분위기 속에서 1931년 9월 18일 일본 관동군은 고의적으로 남만주 철도를 파괴해놓고 이를 중국군의 소행으로 몰아간다. 그리고 중국군의 남만주 철도 폭파는 일본 권익에 대한 중대한 침해라고 주장하면서 중국군에 대한 군사 행동을 개시한다. 이른바 만주사변이 발발한 것이다. 1932년 초엽까지 일본은 만주 전역을 제압한다. 그리고 1932년 3월에 일본의 괴뢰 정권인 만주국을 건설한다. 이렇게 만주를 점령한 일본은 이번에는 중국을 공격할 기회를 호시탐탐 노렸다.

결국 1937년 7월 7일 '루거우차오盧溝橋 사건'을 계기로 중일전쟁이 발발한다. 일본군의 야간 훈련 도중 날아온 총알에 병사 한 명이 행방불명된 것을 빌미로 일본군이 중국군 진지를 공격함으로써 전투가 시작된다. 일본군 병사는 나중에 귀대한다. 이 사건은 일본이 계획적으로 일으킨 것임이 나중에 밝혀진다. 이 사건을 중일 간 전면전으로 비화시킨 것은 도조 히데키[2] 관동군 참모총장을 필두로 한 군부의 강경파들이었다. 이 전투는 순식

---

1 아이리스 장, 《난징대학살》, 김은령 옮김(끌리오, 1999), 35~36쪽.

2 일본 군부의 군국주의자로 40대 내각에서 총리대신을 지냈다. 미국에 대한 주전론자였으며 진주만의 미국 함대 기지를 기습 공격해 태평양전쟁을 일으켰다. 패전 후 A급 전범으로 도쿄 재판에 기소된 끝에 교수형에 처해졌다.

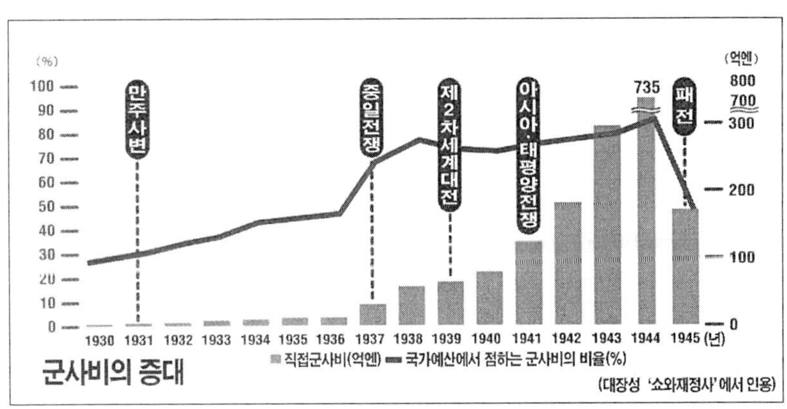

일본의 군사비 증가를 보여주는 그래프.

간에 화베이華北 전역으로 확대되어 상하이로 불똥이 튀고 중국 전역이 전쟁터로 바뀌었다. 이 전쟁은 8년간 계속된다. 1937년 중일전쟁이 발발하면서 일본의 군국주의적 성향은 날로 더해간다. 1937년 8월 24일에는 〈국민정신총동원실시요강國民精神總動員實施要綱〉이 각의에서 결정된다. 10월 12일에는 국민정신총동원중앙연맹이 창립된다. 또한 전시 요원 확보를 위해 1938년 4월 1일에 〈국가총동원법國家總動員法〉이 발령된다. 1939년 3월 28일에는 내각에 '국민정신총동원위원회관제國民精神總動員委員會官制'가 공포되는 등 '국민정신총동원 운동'이 전개된다. 아울러 이와 같은 전쟁 체제에 반대하거나 방해가 되는 사람들, 이른바 자유주의자와 공산주의자는 〈치안유지법〉에 의해 철저하게 탄압받는다.

총동원 체제하에서 군사비가 점점 증가해, 만주사변이 일어난 1931년에 국가 예산의 30.8퍼센트를 차지했던 군사비가 중일전쟁이 발발하기 전해인 1936년에는 47.2퍼센트로 급증하고, 1944년에는 78.8퍼센트에 이르게 된다. 만주사변부터 서서히 늘어나기 시작한 군사비가 중일전쟁이 발발하는 1937년을 기점으로 가파르게 상승한다. 1944년의 군사비는 무려 735억 엔으로 국가 예산의 90퍼센트 이상을 차지했다.[3] 한마디로 일본은 패전 직전까지 군수 물자를 비롯한 생활 전반의 물자 부족을 정신력으로 메워가면서 승산 없는 전쟁에 매달린 것이었다.

3 沖縄県平和祈念資料館,《沖縄県平和祈念資料館 総合案内》(沖縄県平和祈念資料館, 2001), 45쪽.

⁝ 1 ⁝

제국적 내셔널리즘의 희생양, 가미카제 특별공격대

중일전쟁이 장기화되자 대일본제국은 난국을 타개하기 위해 1938년 11월 3일 '동아 신질서 건설 성명'을 발표한다. 주된 내용은 일만지日滿支(일본, 만주, 중국) 삼국의 선린우호와 경제 제휴를 표방하는 것이었다. 하지만 이것은 명분에 지나지 않았고, 일본의 속셈은 일만지 경제 블록을 만드는 것이었다. 일본, 만주, 중국에다 남양南洋을 추가해 황국 일본의 자급자족 경제권을 확립함으로써 제국주의 침략 전쟁을 수행하는 데 보탬이 되기 위해서였다. 하지만 대일본제국은 그런 속내를 감추고, 동아시아 지역에서 구미의 식민지 지배를 몰아내고 아시아를 해방시킨다는 명분으로[4] 대동아

---

4 일본인들 중에는 지금도 아시아태평양전쟁을 구미 제국주의의 지배에서 아시아를 해방시키기 위해 벌인 전쟁으로 보며 대동아전쟁이라는 명칭을 사용하는 사람들이 있다. 이런 사람들은 당시 일본이 대만, 조선, 관동주關東州, 사할린, 만주국 등을 지배하는 제국주의 국가였다는 사실을 무시하는 셈이다. 일본이 아시아 해방을 부르짖었다면 그 전에 먼저 일본의 식민지로 있던 조선이나 대만을 해방시켰어야 했다. 일본 스스로가 자국 식민지를 해방시키지 않았기 때문에 아시아 해방이라는 일본의 명분은 설득력이 없다. 金富子 · 梁澄子ほか, 《もっと知りたい〈慰安婦〉

공영권을 외치면서 침략 전쟁을 정당화한다.

1939년에 2차 세계대전이 발발하자 일본은 독일, 이탈리아와 삼국 동맹을 맺는다. 이 전쟁으로 서구 열강이 유럽 전선에 묶여 있는 동안, 일본은 석유 등의 군수 물자를 확보하기 위해 동남아시아를 침공한다. 1941년 7월 독일과 소련 간의 전투가 시작된 후 일본군이 프랑스령 인도차이나에 진주하자 미국, 영국, 중국, 네덜란드는 일본에 대한 철광, 석유 수출을 금지하는 등 대일 경제 봉쇄에 들어간다. 대일 경제 봉쇄에 참여한 이들 4개국 국명의 앞 글자를 따서 이 봉쇄선을 ABCD라인이라 불렀다. 이러한 대일 경제 봉쇄가 결국 태평양전쟁 발발의 원인이 되었다고 일본은 호도하지만, 당시 관동군을 위시한 일본 군부는 미국과의 일전이 불가피하다고 생각하며 전쟁을 미리 준비하고 있었다.

아시아 전체를 태평양전쟁으로 몰아넣은 도조 히데키 내각이 출범한 것은 1941년 10월이다. 그로부터 채 두 달이 안 된 1941년 12월 8일, 일본은 선전 포고도 없이 하와이의 진주만을 공습한다. 아시아태평양전쟁의 시작이었다. 일본은 하와이 공격을 필두로 미국, 영국, 네덜란드와의 개전을 선언하고, 쇼와 천황의 〈개전의 조칙〉이 공표된다. 도조 히데키 내각은 태평양전쟁을 정당화하기 위해서 이를 '성전'이라 불렀는데 성전이라는 말은 이미 중일전쟁 때부터 사용되었다. 일본은 대동아공영권을 태평양전쟁의 궁극적 목적으로 선전한다. 아울러 이 전쟁을 서양 제국주의의 침략에 대항해 동아시아를 보위하기 위한 자위전쟁 내지 동아시아 민족을 미국과 영국의 세력에서 이탈시키려는 해방 전쟁, 새로운 세계 질서를 구현하기 위한 전쟁으로 미화한다. 또한 일본은 대동아공영권의 구현이야말로 구미 제

問題》(東京 : 明石書店, 1995), 100쪽.

국주의의 침략에 맞서 동아시아 각 민족의 생존권과 번영을 보장하는 유일한 길이라고 정당화한다.

학도 전시 동원 체제

1937년 7월에 시작된 중일 간 전면전을 기점으로 병력의 대량 동원이 예측되면서 문부성은 1939년 3월 30일 대학의 군사 훈련을 필수 과목으로 만든다. 1939년 9월에는 징병 유예 연령이 중학교는 21세, 고교 · 사범학교는 23세, 전문학교 · 대학교는 24세(의학부만 25세)로 내려간다. 태평양전쟁이 시작된 1941년 이후에는 학생의 수업 연한이 단축된다.[5]

아시아태평양전쟁이 발발한 후 대학 진학 희망자가 급증한 사태에 대해 육군 헌병 소좌 도쿠나가는 다음과 같이 지적했다.

> 본년도 진학 지원자는 문부성도 인정하고 있는 것같이 일찍이 볼 수 없는 굉장한 기록을 나타낸다. 예를 들면 와세다 대학 고등 학원 전문부만 약 6만 3,000명, 게이오 대학 1만 5,000명, 메이지 대학 2만 5,000명, 니혼 대학의 예과만 2만 4,000명, 기타 릿쿄 대학 4만 명, 주오 대학 2만 2,000명 등 모집 인원의 10~20배에 달하며 심한 곳은 50배 이상을 돌파했다고 전한다……전시하에 이러한 특이 현상을 드러내는 것은 호학의 열의가 참으로 간절한 것에 있지 않고 수학을 구실로 징집을 연기하려는 저

5 纐纈厚, 〈学徒出陣と少年兵〉, 496쪽 참고.

의를 의심하게 하는 것도 적지 않다.[6]

일본 군부에서도 파악하고 있었던 것처럼 갑자기 대학 진학률이 높아진 것이 군대에 가지 않으려는 사람들 때문이었음은 확실하다. 전쟁이 장기화되면서 사상자가 계속 늘어나자 군대에 가지 않으려는 젊은이들이 늘어난 것은 사실이며, 당시만 해도 중학교 이상에 재학하는 자는 징집 연기가 가능했기 때문에 진학만이 징집을 피하는 길이었다.

태평양 전선이 급박하게 돌아가자 학생들을 대량 징집하기 위해 1943년 10월 2일 〈재학징집연기임시특례〉가 칙령으로 반포된다. 더욱이 1943년 11월 1일 징병령 개정에 따라 법문학과法文學科 계열 학생의 징병 유예가 완전히 중단되어 많은 학도들이 전쟁터로 나가게 된다. 1943년 10월 21일 메이지 신궁 외원 경기장에서 우천 중에 학도 출진식(정식 명칭은 '출진학도장행대회出陣學徒壯行大會')이 거행된다.[7]

학도 출진식에서는 도조 히데키 총리 이하 군 수뇌들이 열석한 가운데 대규모 학도가 빗속에서 분열 행진을 한다. 다음은 학도 출진식 당시의 상황을 묘사한 글이다.

> 쇼와 18년(1943)에 들어서 날이 갈수록 전황이 악화되자 우리 대학과 고전(고등전문학교) 섬유과 등 이공계 학과의 학생에게도 징집 연기를 정지하는 명령이 내렸다. 10월 21일, 클래스 29명 중 12명이 소총과 검을 들고 메이지 신궁 외원으로 향했다. 입장 행진이 시작될 무렵에는 세찬 비

---

6 요시다 유타카, 《일본의 군대》, 최혜주 옮김(논형, 2005), 161쪽.

7 纐纈厚, 〈学徒出陣と少年兵〉, 496쪽 참고.

가 거의 개었다. 스탠드에는 여학생들의 환호와 흔드는 흰 손수건의 물결, 그 분위기에 머릿속이 새하얘지고 '출전해야만 한다'라는 마음으로 기개가 들끓는 느낌이었다. 도조 총리를 중심으로 문부대신, 해군대신, 군부 간부가 열석한 중앙 단상 앞에서 '우향우' 경례를 하며 행진하였다. 관공립과 사립 77개교 전원이 정렬하자 도조 총리의 훈시가 시작되었다. 어미를 올리는 어조에 실린, 이 미증유의 국란에 즈음해 제군들은 나라를 위해서, 천황을 위해서 몸을 바쳐 유구한 대의에 살지 않으면 안 된다는 등의 말이 떠오른다. 11월 10일, 학교(현재의 도쿄 농경대)의 장행회에서는 은사께서 '죽는 것만이 나라에 충성하는 길은 아니다, 반드시 살아서 돌아오라'라고 격려하셨다. 학생들을 전장에 보내는 마음이 복잡했으리라고 생각한다. 12월 1일, 출신지 규슈 도성의 보병 부대에 입대하여 간부 후보 교육을 3개월 받고 하마마쓰浜松 육군비행학교에 입교하여 결전 요원이 되었다. 운 좋게 생환하였지만, 동급생 12명 중에 전사자와 전병사자가 4명 있어서 마음이 아프다.[8]

나라를 위해 죽으라는 〈전진훈〉과 도조 히데키 원수의 훈시와 달리, 죽는 것만이 나라에 충성하는 길은 아니니 반드시 살아서 돌아오라는 은사의 말은 학생들의 눈시울을 적셨을 것이다.

전황이 날로 악화되는 가운데 군인뿐만 아니라 많은 노동력 또한 필요했다. 대량의 병력 동원으로 산업 분야의 일손이 부족해지자 대대적인 징용이 시작되고, 특히 조선인과 대만인의 강제 연행이 시작된다. 인력 보충을

8 五島正喜, 〈歓呼に送られた雨中の行進〉, 朝日新聞社 編, 《戦争体験―〈声〉が語り継ぐ昭和》(東京 : 朝日新聞社, 2005), 54~55쪽.

위해 여자 정신대를 조직하는 등 여성의 근로 동원도 실시된다. 아울러 어린 학도까지 노동에 동원하는 학도 노동 동원이 실시된다.

1942년 9월에는 〈국민근로보국령시행규칙國民勤勞報國令施行規則〉에 준해서 '학도 출동 명령'이 발령되고 학도의 근로 동원이 개시된다. 이와 같은 상황에서 근로가 교육이라는 지도 정신이 주창되고, 국민학교 초등과 이외의 학생, 교직원이 학교 보국대로 조직되어 1년 이내의 근로 동원에 끌려 나간다. 그뿐만 아니라 1945년 4월부터는 국민학교 초등과 이외의 수업은 원칙적으로 정지되고 학생들은 근로 작업만 하게 된다. 동원처는 항공기 공장을 필두로 군수 공장, 식료 증산을 위한 간척 작업, 농장 일, 비행장 조성 등이었다.[9]

학도 동원과 관련해 태평양 전쟁 때 불렸던 군가 중에는 〈아, 붉은 피는 타오른다あ､紅の血は燃ゆる〉[10]라는 노래가 있다. 이 노래는 청년 학도병은 전쟁터로, 소국민인 어린 학도는 일터로 동원하기 위해 만들어진 것이라고 해도 과언이 아닐 만큼 가사가 노골적이다.

> 꽃도 봉오리 진 어린 사쿠라
> 다섯 척의 생명을 내걸고
> 나라의 대사를 따르는 것은
> 우리 학도병들의 명예일세.
> 아, 붉은 피는 타오른다.

---

9 堀サチ子, 〈根こそぎ動員〉, 479쪽.

10 《20世紀の音楽遺産軍歌》(King Record Co., 1992). 이하 군가는 이 자료에 의함.

내 뒤를 이어가라는 형의 목소리
지금이야말로 붓을 집어던지고
굳건한 승리를 만들고자
용감하게 일어선 무사로다.
아, 붉은 대지는 타오른다.

그대는 쟁기를 들어라 나는 망치를 들겠다.
싸움의 길은 다르지 않다.
나라의 사명을 받드는 것이
우리 학도병의 본분이다.
아, 붉은 대지는 타오른다.

어찌 휘몰아치는가 밤의 폭풍
신국의 남아가 여기에 있다.
결의가 다시 한 번 불꽃이 되어
지키는 국토는 철벽이어라.
아, 붉은 대지는 타오른다.

가사에서 드러나는 것처럼 이는 이제 막 봉오리를 맺은 어린 사쿠라와 같은 학도들을 동원하기 위해 지은 노래이다. 나라의 사명을 받드는 것은 학도의 본분이며 여기에는 나이가 있을 수 없다. 그리하여 붓을 팽개치고 전장에 나간 형들이 망치를 들 테니 아우들은 대신 쟁기를 들라고 노래는 독려한다. 신국의 남아로서 일본에 태어나 진충보국하는 길은 둘이 아니라 하나라는 가사는 정말이지 학도 출진과 〈학도근로동원령〉이라는 시대적 요청에 딱 맞아떨어진다.

중일전쟁 발발 얼마 후에 시작된 학도의 노동 동원이 국민 동원 계획 속에 자리를 잡게 된 것은 1943년 6월에 발령된 〈학도전시동원체제확립요강〉에 의해서이다. 항공기의 긴급 증산이 지상 명령이 되자 학도 근로 동원은 한층 강화되어 1944년 8월에 〈학도근로동원령〉이 공포된다. 1945년 4월부터는 초등학교 초등과 이외의 수업은 원칙적으로 정지되고 학생들은 일터로 나가 노동한다.[11]

노동에 동원된 학생들은 공습이나 폭격으로 집단 몰살을 당하기도 했다. 다음은 〈생사를 가른 동원의 휴양일生死を分けた動員の休養日〉이라는 글로 히로시마 원폭 때 근로 동원되었으나 운 좋게 살아남은 사람의 수기이다.

> 히로시마 원폭으로 당시 구제旧制 중학 1, 2학년생과 국민학교 고등과 1, 2학년생이 가장 많이 죽었다. 지금은 100미터 폭의 평화 도로가 되어 있는 곳에 적의 공습과 화재로부터 방어할 넓은 도로를 만들기 위해 건물 소개가 실시되어 그 뒷정리 작업에 몽땅 동원되어 있었기 때문이다. 내가 재학하고 있던 구제 히로시마 시립 중학의 1학년생 300명 중에서 살아남은 자는 50명 남짓이었다. 1학년은 다섯 반으로 한 반씩 휴양일이 있었는데 8월 6일은 내가 있었던 1반이 휴양일이었다. 1학년생 중에서 살아남은 자는 거의 1반에 소속되어 있었다. 예를 들면 현립 2중학 1학년생 322명은 전멸. 당일은 8시가 지나면 만조였는데 열선에 타버린 학생이 치솟는 화염을 피하여 오타太田 강에 뛰어들었다가 썰물에 밀려간 탓에 다수의 행방불명자가 나왔다. 나는 운 좋게 휴양일이라서 시내 서북의 산 계곡에 가

---

11 堀サチ子, 〈根こそぎ動員〉, 479쪽 참고.

있은 덕분에 살았지만, 살아남은 히로시마 사람이라면 많든 적든 가지고 있는 꺼림칙한 감정을 느끼며 살아왔다고 할 수 있다. 작년에 나는《히로시마 시립 중학 1학년 1반 원폭 생존자 수기》라는 책을 원폭사한 사람에 대한 문자에 의한 기념비로서 썼다.[12]

이는 근로 동원을 당했다가 원폭에서 살아남은 사람이 죽은 친구를 그리는 글이지만, 이와 같은 예는 수없이 많았다. 일회용 인간 폭탄으로 사용된 가미카제 특별공격대에 지원하거나 차출된 학생들에 비하면 근로 동원에 나간 학생들은 오히려 운이 좋은 경우였다고 할 수 있다.

군국주의 음악과 사쿠라의 표상

일본은 육해군의 노래는 말할 것도 없고 태평양전쟁의 개별 전투를 위한 군가까지 만들어서 전방의 군인은 물론이고 후방의 국민에게까지 널리 보급한다. 이와 같은 국가 시책에 발맞추어 전시의 일본 음악계는 대일본제국의 군인과 국민들의 사기 앙양을 위한 따라 부르기 쉬운 군가들을 양산해낸다. 그 결과 군인들은 물론이고 민간인들까지 군가들을 따라 부를 정도로 군가가 일상화된다.

육군대신이자 나중에 내각 총리를 역임한 도조 히데키는 군인들의 사기 진작을 위해 〈전진훈〉이라는 훈령을 내리고 이를 수첩으로 만들어 군인들

---

12 佐藤任, 〈生死を分けた動員の休養日〉, 朝日新聞 編,《戦争体験―〈声〉が語り継ぐ昭和》(東京：朝日新聞社, 2005), 159~160쪽.

에게 하사한다. 〈전진훈〉은 메이지 천황이 내린 〈군인칙유〉의 실천을 목표로 하는 것이었다. "의義는 산악보다 무겁고 죽음은 새털보다 가볍다"라는 어구로 널리 알려진 〈군인칙유〉의 정신을 이어받아 〈전진훈〉은 군인들에게 나라를 위해 목숨을 초개같이 버려야지 항복해서는 절대로 안 된다고 가르친다. 메이지 시대의 〈군인칙유〉가 천황이 군에 직접 하달하는 형식을 취한 데 반해 〈전진훈〉은 육군성이 군에 훈령으로 내린 것이다.

일본 군부는 도조 히데키의 〈전진훈〉을 군인 수첩으로 만들어 하사하는 것에 만족하지 않고, 〈전진훈〉의 훈령을 군인들의 뇌리에 새기기 위해서 〈전진훈의 노래戰陣訓の歌〉를 지어 군가로 부르게 한다.

일본의 남아로 태어나
전쟁터에 선 이상
명예를 소중히 여겨라 무사여
져야 할 때 깨끗하게 흩날려
조국에 향기를 풍겨라 사쿠라

정 두터운 대장부도
올바른 검을 취할 때는
천만인도 사양하지 않는다
믿는 자는 항상 이기고
천황의 군대에 맞설 적은 없다

5개조 군령을 삼가 받들어
전쟁터의 시체를 넘으니

무인의 각오는 예로부터

머리털 한 오라기 땅에 남지 않더라도

명예에 어떤 아쉬움이 있으랴

이 노래는 "명예를 소중히 여겨라 무사여"라고 해서 '병사' 대신 '무사'라는 말을 사용하고 있다. 이 노래에서만 그런 것이 아니고, 천황제와 군가의 상관관계를 분석하다 보면 군가 가사에서 눈에 자주 띄는 단어가 '무사'이다. 메이지 시대에 사족士族 및 사무라이 계급이 사라지고 국민개병제가 실시되었음에도 불구하고 니토베 이나조에 의해 미화된 무사도를 군인들에게 심어주기 위해 군인 대신 무사라는 말을 사용한 것이다. 말하자면 사농공상의 신분제하에서 무사 내지 사족 계급이 될 수 없었던 농민들을 국민개병제 실시와 함께 무사로 고양함으로써 군인들의 자발적인 충성을 이끌어내려는 것이었다. 개개인의 병사를 무사로 고양함으로써, 국가를 위해 목숨을 아끼지 않는 충성을 요구하려 했던 것이다.

일본 제국주의는 본격적인 아시아 침략 전쟁에 앞서 황군의 사기 진작을 위해 〈대동아 결전의 노래大東亞決戰の歌〉를 만든다. 가사에서 알 수 있듯이 일본 군대는 황군(천황의 군인)이며 대일본제국은 황국이다. 이 황군과 황국이라는 단어가 주는 공동 환상에 취해 얼마나 많은 제국 군인들이 목숨을 잃었는지 모른다. 더욱 무참한 것은 대만과 조선의 식민지 출신 군인들 역시 황군이라는 이름으로 원하지 않는 전쟁터에 끌려가 목숨을 잃었다는 사실이다.

일어나라 결연히 격멸의

승리의 함성이 울려 퍼진다 태평양에

동아시아 침략 백 년의
야망을 여기에서 뒤엎는다.
지금 결전의 시기가 왔도다.

전진한다 격렬한 황군의
포화는 울부짖는다 대동아
일발필중 육탄 공격과
미련 없이 산화하는 야마토 혼
지금 충성을 다할 때가 왔도다.

보라 찬란한 황국의
역사를 지키는 대결의
전선과 후방이 한 덩어리로
불타며 울려 퍼진다 이 걸음에
이제 흥국의 때가 왔도다.

지금이야말로 이루어야 한다
10억의 아시아를 부흥시킬 대사명
단호히 응징하며 당당하게
정의를 관철하는 강철의 마음
지금 결전의 때가 왔도다.

이 노래는 100년 동안 동아시아를 침략해온 구미 제국주의를 뒤엎고 아시아를 지킬 일본의 대사명이 도래했다고 외친다. 아울러 이와 같은 결전의 시기에 황군은 일발필중 육탄 공격을 시도하면서 야마토의 혼을 미련 없이 불사르라고 권한다. 이 노래는《국체의 본의》에 나오는 "천황을 위해서 생명을 바치는 것은 이른바 자기희생이 아니라 소아小我를 버리고 큰 능위稜威를 위해 살며 국민으로서 참다운 생명을 발양하는 것이다"라는 언설과 일맥상통한다.

일본은 또 태평양전쟁의 서전을 장식한 진주만 공격을 소재로 군가를 만들어 널리 퍼뜨린다. 아시아태평양전쟁 당시의 일본 군가 가사를 음미하다 보면 역사적 사실을 왜곡해 진실인 양 호도하는 것이 바로 이런 것이구나 하는 걸 알게 된다. 〈하와이 격침의 노래ハワイ撃滅の歌〉에 의하면, 1941년 12월 8일 이른 아침에 대호령大號令과 함께 가미카제(신풍神風)가 몰아치는 미증유의 대기습이 있었다. 하지만 이는 사실과 다르다. 실제로는 대호령이 없었던 것이다. 진주만 공습은 일본이 일요일 이른 새벽에, 그것도 선전포고도 없이 감행한 기습 공격이었기 때문이다. 그 점에서 진주만 공격이 고금 미증유의 공습인 것만은 틀림이 없다.

때는 쇼와 16년
12월 8일 이른 아침에
대호령과 함께
가미카제 휘몰아치는 하와이 앞바다
고금 미증유의 대기습

평화를 위해서 참고 견딘다
우리를 깔보는 미국과 영국이
저 포악한 배후 세력의

선혈에 물들어 건설한
그 손을 치우라는 것은 어인 일이냐

아시아의 평화를 어지럽히는
침략의 끝을 모르는 성조기
이 깃발로 인해 전우가
흘린 피가 몇 만인고
지금 여기에 철퇴를 가한다

보라 처절한 육탄 공격
돌연히 가라앉는 오클라호마
이어서 애리조나 버지니아
남아 있는 전함마저 상처를 입고
승전가는 울린다 진주만에

돌아오지 않는 특수 잠항정
용감하게 자폭한 29기
아, 충성스러운 혼은 불꽃으로 화하여
장렬하게 귀신마저 울게 하면서
꽃으로 흩날리는 어린 사쿠라

태평양 숙적의
죽어야 할 목숨을 제압하는 대전과
육해공군이 하나 되어

적이 자랑하는 견고한 진지도
어느덧 간 곳 없네 성조기

가사에 의하면, 일본은 아시아 평화를 어지럽히는, 침략의 끝을 모르는 성조기(미국)의 만행을 보다 못해 분연히 일어서 미국을 응징한 것이 된다. 이 노래에서도 역시 미군 잠수함에 육탄 공격을 감행하다 산화한 장병들을 꽃으로 흩날리는 '어린 사쿠라'로 미화하고 있다.

사쿠라의 상징적 의미와 군국주의, 그리고 특공대원과의 관계를 잘 보여주는 노래가 '전우의 노래'라는 부제가 붙은 〈두 송이의 사쿠라〉(1938)이다. 이 가사를 개사해 만든 노래가 바로 〈동기의 사쿠라〉(1942)로, 여기서 동기는 해군병 학교의 동기를 말한다. 〈동기의 사쿠라〉는 해군 전체로 퍼져나갈 정도로 당시 인기가 있었다. 군인들뿐만 아니라 후방의 국민들까지도 이 노래를 모르는 사람이 없을 정도였다.

〈동기의 사쿠라〉만큼 군인과 사쿠라의 상관성을 잘 보여주는 노래도 드물다.

너와 나는 두 송이의 사쿠라
쌓아 올린 흙더미의 그늘에서 피는
어차피 꽃이라면 져야 하는 것
멋지게 지리라 황국을 위해

너와 나는 두 송이의 사쿠라
같은 부대의 가지에서 피는
본래 형도 동생도 아니지만

왠지 마음이 맞아 잊을 수 없구나

너와 나는 두 송이의 사쿠라
함께 황국을 위해 피는
낮에는 나란히 서고 밤에는 얼싸안고
탄환의 이부자리로 묶는 꿈

너와 나는 두 송이의 사쿠라
뿔뿔이 흩어진다 해도
사쿠라 피는 도쿄의 야스쿠니 신사
봄날 가지 끝에서 꽃으로 피어 만나자꾸나[13]

이 노래에서는 해군 동기생이 같은 부대의 가지에서 피어나 황국을 위해서 지는 두 송이의 사쿠라에 비유되었다. 노래는 전반부에서는 "어차피 꽃이라면 져야 하는 것 멋지게 지리라 황국을 위해"라며 나라를 위해 목숨을 버리라 하고, 후반부에서는 각자 죽어서 뿔뿔이 흩어진다 해도 봄날에 야스쿠니 신사에서 가지 끝에 피어나는 사쿠라로 만나자고 한다. 이처럼 병사의 환생이 야스쿠니 신사에서 봄날 봉오리를 터뜨리는 사쿠라에 비유됨으로써 병사들은 호국의 신으로 자리매김하게 된다.

이와 같이 일본 군부는 병사를 사쿠라에 비유하고 전사戰士를 사쿠라가 지는 것에 비유한다. 또한 전쟁터에서 죽는 것을 가리켜 산화라고 부르기 시작한다. 이 말은 매스미디어를 통해 이루어진 대본영의 발표에서 널리 사

13 오오누키 에미코, 《사쿠라가 지다 젊음도 지다》, 이향철 옮김(모멘트, 2004), 252~253쪽.

용되었는데 나중에는 병사들도 이 말을 사용하기 시작했다.[14] 이와 같은 상징 조작을 통해 사쿠라는 천황과 국가를 위해 일제히 피었다 지는 천황제 이데올로기의 중요한 표상으로서 병사들의 마음속에 각인된다. 천황과 황국이 동일시되는 것처럼 사쿠라와 야스쿠니 신사도 동일시되기 시작하면서, 병사들은 자의든 타의든 이 표상을 수기나 임종 시에 남겼다. 병사들의 임종 시와 수기에 상투 문구처럼 남겨진 '야스쿠니 신사에서 사쿠라로 환생해 만나자'는 문구는 결국 야스쿠니 신사의 존립 기반이 된다.

가미카제 특별공격대

아시아태평양전쟁의 대미를 장식하는 것은 가미카제 특별공격대였다. 가미카제 특별공격대는 줄여서 '가미카제 특공대' 또는 '특공'이라 불린다. 가미카제 특별공격대는 아시아태평양전쟁 말기, 해군 중장 오니시 다키지로에 의해 고안된 것으로 폭탄이나 폭약을 탑재한 비행기, 고속정, 잠수정 등으로 적의 함선을 들이받아 침몰시킬 목적으로 자살 공격을 감행한 부대원을 말한다. 가미카제 특별공격대를 미군들은 자살 특공대suicide attack 라고 불렀다.

특공대의 비행기나 글라이더, 어뢰 등 그 어떤 것에도 기지로 돌아올 수 있는 수단은 갖추어져 있지 않았다. 특공대가 탄 비행기들은 레이더에 탐지되지 않도록 해수면 가까이에서 비행했다. 어뢰의 경우는 목표물 가까이까지 잠수함으로 운반되지만, 그 이후에는 특공대가 탐지되지 않도록 잠망

---

14 오오누키 에미코, 《사쿠라가 지다 젊음도 지다》, 209쪽 참고.

경을 사용하지 않은 채 목표물을 향해 직선 코스로 돌진해 자폭했다.[15]

1944년 10월에 해군이 필리핀 전선에서 최초로 가미카제 특별공격대를 출격시킨 데 이어서 11월에 육군도 이를 시도함으로써 특공 공격이 본격화된다. 더욱이 1945년 4월에 미군의 오키나와 본섬 상륙 작전이 시작되면서 대본영이 육해군을 합쳐서 약 2,000기나 되는 특공기를 출격시킬 만큼 특공 공격은 일본 항공 부대의 주요한 공격 수단이 된다. 항공 특공에 의한 전사자는 약 4,000명에 달한다.[16]

당시 일본 군부는 가미카제 특별공격대를 찬양하는 〈아아 가미카제 특별공격대嗚呼神風特別攻擊隊〉라는 노래를 지어 이들을 대대적으로 선전하고 찬양하면서 특공대 지원을 독려한다. 가미카제 특별공격대에 자의 반, 타의 반으로 지원한 군인이 주로 대학 출신 학도병과 어린 청소년 비행 부대 출신이었기 때문인지, 노래 가사는 이들을 '어린 사쿠라'라고 지칭한다.

무념으로 이를 악물고 참으면서
기다리고 기다린 결전이다.
지금이야말로 적을 섬멸해야 한다고
분연히 떨쳐 일어선 어린 사쿠라

이 일전에 이기지 못하면
조국에 어찌 돌아가겠는가
격멸하라 그 명령 받들어

---

15 오오누키 에미코, 《사쿠라가 지다 젊음도 지다》, 19쪽 참고.

16 吉田裕, 《アジア・太平洋戦争》日本近現史 6(東京 : 岩波書店, 2007), 190쪽 참고.

가미카제 특공대원 동상.

가미카제 특별공격대

보내는 자도 가는 자도 이 생애의
이별이라 알면서도 미소 지으며
폭음 드높이 기지를 박차고 나가네
아, 신의 독수리 육탄행

대의의 피바람 구름을 물들여
필사필중 육탄 공격

적함을 어찌 놓치겠느냐
보라 불멸의 대전과大戰果
승전가는 드높이 울려 퍼지나
이제는 돌아오지 않는 전사들이여
천 길 물속에 가라앉아
변함없이 황국의 수호신이네
뜨거운 눈물로 전하네 얼굴을 들어
공적을 사모하는 나라의 국민
영원히 잊지 못하네 그 이름이야말로
가미카제 특별공격대
가미카제 특별공격대

"보내는 자도 가는 자도 이 생애의 이별이라 알면서도 미소 지으며 폭음 드높이 기지를 박차고 나가네"라는 가사는 가미카제 특공대의 실상을 제대로 전해준다. 이 작전을 생각해낸 일본 군부와 특공대원은 이 작전에 투입되는 것이 100퍼센트 죽음을 의미한다는 것을 알고 있었던 것이다. 그래서 노래 가사는 특공대원을 "이제는 돌아오지 않는 전사들이여 천 길 물속에 가라앉아 변함없이 황국의 수호신이네"라고 격찬한다.

한편 진주만을 공격하다 산화한 일명 '아홉 군신軍神'이라는 특공대원의 진실은 일본 군부의 자기기만과 허위를 극명하게 보여준다. 이 아홉 군신을 기리기 위해 만든 〈특별공격대를 기리는 노래特別攻擊隊を讃へる歌〉는 초등학교 학생들을 위한 노래이다. 이 노래는 가미카제 특별공격대를 '사쿠라 특별공격대'라고 부른다. 사쿠라가 가미카제 특별공격대의 표상이 된 것이다.

잊지 마라 1941년
마지막 달 여드레
천황의 천한 방패로 나선
젊은 사쿠라 특별공격대
이와사 중령과 여덟 열사[17]

다섯 척의 특수 잠수정으로 진주만 전투에 나간 열 명의 특공대원 중 전사한 아홉 명은 해군에 의해 군신으로 받들어졌지만 나머지 한 명은 미군의 포로가 된 탓에 해군성의 군적에서 말소되고 만다. 〈전진훈〉의 훈령과 같이 새털처럼 가볍게, 사쿠라가 지듯이 순식간에 죽어야 하는데 죽지 않고 포로가 된 병사는 가차 없이 군대로부터 버림받은 것이다. 잠수정이 2인용이었기 때문에 전사자가 아홉 명뿐이라는 것이 이상하게 여겨져 뒷말이 많았으나 군부는 전쟁이 끝날 때까지 그 이유를 비밀에 부쳤다.

전후에 가고시마 현 지란知覽 시에 가미카제 특별공격대를 기념하는 박물관이 세워진다. '지란특공평화회관'이라는 이름의 박물관이다. 자료 조사차 방문한 지란특공평화회관은 제2의 야스쿠니 신사를 보는 듯한 느낌을 주었다. 모니터 화면을 통해 생생하게 재현되는 특공대원들의 출격 장면, 그들이 남긴 임종 시와 수기, 그리고 사진을 보면서 야스쿠니 신사에서 받았던 충격이 되살아났다. 가미카제 특공대 이면에 숨겨져 있는 진실은 감춘 채 국가주의의 편향된 시선으로 재구성된 박물관을 평화 교육 내지 애국심 교육의 장으로 활용하는 일본을 보면서 가슴이 막막했다. 더욱이 박제화된 공간에 재구성된 역사를 진실로 믿고서 정성껏 접은 색색의 종이

17 오오누키 에미코, 《사쿠라가 지다 젊음도 지다》, 253~254쪽.

학으로 화환을 만들어 보낸 어린 학생들을 생각하면, 박물관 밖 바위에 새겨진 조선 학도병을 기리는 글조차 순수하게 봐줄 수 없는 것이 솔직한 심정이었다.

가미카제 특공대원은 박물관에 박제화되어 대대적으로 현창되고 있지만, 특공대를 위한 노래들이 선전한 것처럼 그렇게 자진해서 웃으며 사지로 간 것은 아니었다. 특공 작전이 실행 단계에 이르렀을 때 해군병학교와 육군사관학교 출신 등의 직업 군인 가운데 특공 작전에 지원한 사람은 아무도 없었다. 그것은 지원할 가치가 없는, 의미 없는 죽음을 감수하는 일임을 잘 알고 있기 때문이었다.[18] 이러한 상황에서 직업 군인을 대신해 죽음의 임무를 떠맡은 것은 정부가 징병을 위해서 재학 기간을 단축해 조기에 졸업시킨 학도병과 이제 막 군 복무를 시작한 소년 비행병이었다.[19]

가미카제 특별공격대원들의 수기는 그것을 수집하고 편집한 사람의 의도에 따라 전체적인 내용이 달라지는 것이 사실이다. 그리고 읽는 사람의 가치관에 따라서 특공대에 대한 평가 역시 달라진다. 이 책을 쓰기 위해 가미카제 특공대의 수기를 열 권 이상 읽었지만, 너무나 천편일률적이라 객관적 자료로서 인용할 만한 것이 많지 않았다. 특공대에 대한 미화 일색의 수기를 읽다 보면 마치 특공대원들이 인간적인 고뇌나 망설임도 전혀 없이 오로지 천황제 이데올로기를 투사投射하며 장렬하게 죽어간 것처럼 인식될 정도이다. 하지만 4,000여 명의 특공대원이 다 같은 심정으로 특공 작전에 지원한 것이 아니었다는 것은 인간의 보편적인 상식으로도 알 수 있는 사실이다.

---

18 오오누키 에미코, 《죽으라면 죽으리라—카미카제 특공대의 사상과 행동》, 이향철 옮김(우물이 있는 집, 2006), 388쪽.

19 오오누키 에미코, 《죽으라면 죽으리라—카미카제 특공대의 사상과 행동》, 389~390쪽.

특공대 수기 중에서 가장 이성적으로 느껴진 것은 한중일3국 공동역사편찬위원회가 펴낸《미래를 여는 역사》에 수록된 우에하라 료지의 수기였다. 우에하라 료지는 게이오 대학 경제학부생 학도병 출신의 특공대원으로 패전을 3개월 앞두고 출격한다. 1945년 5월 오키나와에서 전사한 22세 우에하라 료지의 유서는 당시의 엘리트들이 가미카제 특별공격대와 태평양 전쟁을 어떻게 보고 있었는지 확연하게 보여준다.

> 긴 학생 시절을 통해 얻은 신념으로 보자면 자유의 승리는 명백하고 권력주의 국가는 일시적으로 흥했다가도 결국에는 망합니다. 파시즘의 이탈리아와 나치즘의 독일이 패한 것이 그 증거입니다. 특공대 파일럿은 그저 조종간을 잡은 기계일 뿐 인격도 없고 감정도 없고 이성도 없으며, 그저 적의 항공모함을 향해 돌진하는 마치 자석 속의 철 분자와 같습니다. 이는 이성을 가진 자로서는 생각할 수 없는 일로 자살하는 것과 다를 바 없으며, 정신의 나라 일본에서만 볼 수 있는 일입니다. 이러한 정신 상태로는 죽어도 아무런 의미가 없을지도 모릅니다. 내일은 출격입니다. 내일 자유주의자 한 사람이 이 세상에서 사라질 것입니다.[20]

우에하라는 특공대 파일럿을 그저 조종간을 잡은 기계로, 인격도 감정도 이성도 없이 그저 항공모함을 향해 돌진하는, 자석의 철 분자와 같은 존재로 보고 있다. "이성을 가진 자로서는 생각할 수 없는 일"이라는 우에하라의 말을 통해 당시 일본이 이성을 상실한 나라였음을 알 수 있다.

특공을 만들고 실행해 옮긴 군부의 장성들은 뼛속까지 히라이즈미 사학,

---

20 한중일3국 공동역사편찬위원회,《미래를 여는 역사》(한겨레신문사, 2005), 182쪽.

즉 황국 사관에 물든 비이성적인 인물들이었다. 그들은 일본 최고의 엘리트들을 사지로 내몰면서도 아무런 거리낌이 없었다. 특공대원을 훈련시켜 출격시킨 장교와 하사관들 역시 정작 자신들은 특공 작전에 자원하지 않으면서 학생들을 사지로 내몰았다. 학생들도 직업 군인들이 자신들은 지원하지 않으면서 학도병이나 비행 예과 연습생을 특공 작전에 투입하고 있다는 것을 잘 알고 있었다.

그럼에도 불구하고 사랑하는 가족과 조국을 위해 그들은 죽을 수밖에 없었다. 보다 정확하게 이야기하면, 학도병들은 직업 군인들보다 훨씬 냉철하게 현실을 직시하고 있었으면서도 맹목적인 직업 군인에게 죽음을 강요당했던 것이다. 당시 일본 군부는 〈전진훈〉을 통해 젊은 청년들의 죽음을 강요하는 것에 그치지 않고, 〈결전훈〉을 통해 일반 국민들에게까지 일억옥쇄를 이야기하며 죽음을 강요했다. 일반 국민들조차 나라를 위해 목숨을 초개같이 버리는 것이 당연시되는 사회 분위기 속에서 특공대원으로 차출된 군인들은 자의든 타의든 목숨을 버릴 수밖에 없었다. 사회 전체에 감도는 '죽음에의 찬미'와 '생명에의 경시'가 양날의 검이 되어 젊은 목숨들을 앗아간 것이다.

: 2 :

동화와 차별, 오키나와 옥쇄

규슈 남단의 가고시마에서 남쪽으로 해상의 길을 따라 가면 다네가種子 섬, 야구屋久 섬, 아마미奄美 섬, 류큐琉球 섬, 마야코宮古 섬, 이시가키石垣 섬과 같은 섬들이 대만까지 점점이 늘어서 있다. 동서남북의 문화가 교류하는 이 해상의 길에 하나의 왕국이 존재했는데, 바로 류큐 국이다. 류큐 국은 1609년 사쓰마 번의 시마즈島津 씨의 침략을 받아 그 지배하에 들어가지 전까지는 중국 왕조에 의해 책봉을 받는 독립국으로 존재했다. 이후 류큐는 청나라와 일본 양쪽의 지배를 받는다. 이를 '청 · 일 양속兩屬'이라 부른다.

1868년 메이지 정부를 수립한 일본은 1870년 류큐의 국왕에게 메이지 유신을 축하하는 사신을 파견하라고 요구한다. 청국과 일본 양쪽의 지배를 받고 있던 류큐 국은 눈치를 보다가 1872년 9월에 왕자를 정사로 해서 사신을 파견한다. 그러자 일본은 일방적으로 천황의 이름으로 '류큐 국왕인 쇼타이尙泰를 류큐 번주로 봉하고 화족으로 삼는다'라고 선언한다. 그리고 이로써 류큐 국왕이 일본에 귀속되고 류큐가 일본 영토가 되었다고 일방적으로 결정한다. 하지만 폐번치현廢藩置縣 후에도 류큐만은 번으로 두고 국왕 쇼타이가 실질적으로 류큐를 계속 통치하게 함으로써 종주국인 청국과의 사이에 발생할 수 있는 즉각적인 마찰을 피한다. 또한 류큐 국왕 쇼타이도 메이지 신정부를 따르지 않고 청국에 조공사를 보내 청국과의 종속 관계를 계속 유지한다.[21]

그러나 청국과 일본 사이에 낀 류큐 국의 힘겨운 외교는 일본의 외교 정책으로 위기를 맞는다. 서구가 일본으로 들어오는 길목에 위치하고 있던 류큐 국은 이미 서구 열강인 미국, 프랑스, 네덜란드와 화친 조약을 맺고 있었다. 일본 역시 페리 제독이 내항한 이래 서구 열강과 화친 조약을 맺고 있었다. 일본은 이러한 외교 조약을 역이용해, 미국, 프랑스, 네덜란드에 대한 류큐 국의 조약과 외교권을 인수한다는 승인을 세 열강으로부터 얻어낸다.

아울러 일본은 1871년에 대만에 표착한 류큐인이 살해당한 사건을 빌미로 청국을 압박한다. 청국령인 대만에서 류큐인이 살해당한 것은 청국의 관리 소홀 탓이니 청국이 책임을 져야 한다는 것이었다. 가고시마 현은 이 사건을 메이지 정부에 보고하면서 청국에 항의해줄 것과 대만에 군사를 파병할 것을 요청한다. 호시탐탐 류큐 국과 대만을 노리고 있던 일본에게는 다시없는 기회였다. 서구 열강에 찢기고 있던 청국은 이에 대처할 여력이 없었다.

그러자 일본은 청국의 통치가 제대로 미치지 못하는 대만을 청국을 대신해 토벌한다는 구실로 1874년 대만을 정벌한다. 근대적 무기로 무장한 일본군에게 대만의 각 부족들은 속수무책으로 무너진다. 대만의 류큐인 살해 사건 해결을 빌미로 일본은 일방적으로 류큐 국에 대한 통치권을 얻은 것

---

21 久保井規夫,《図説 朝鮮と日本の歴史—光と影 近代編》(東京 : 明石書店, 1994), 50쪽 참고.

으로 간주한다. 1879년 폐번치현이 포고되고 국왕 쇼타이는 강제로 오키나와에서 도쿄로 이주한다. 이로써 류큐 국은 멸망한다. 이것이 이른바 '류큐 처분'이다.

오키나와 현민의 황민화 정책

메이지 정부에 의해 주도된 일본의 근대는 영토 확장으로 시작해 영토 확장으로 끝났다고 해도 과언이 아닐 정도로 침략 전쟁의 연속이었다. 일본의 해외 영토 확장의 제일선이 된 곳이 바로 류큐, 즉 오키나와이다. 류큐 처분 과정은 1872년부터 1879년까지 진행되었으며, 일본은 군대와 경찰을 동원해 1879년에 무력으로 류큐의 폐번치현을 단행했다. 이로써 류큐 왕국은 오키나와 현으로 강제 편입되어 일본의 영토가 된다.

그 병합 과정을 살펴보면 류큐 처분은 분명 근대 일본이 제국주의로 나아가는 첫걸음이었다. 그러나 제도적인 측면에서 보자면 류큐는 식민지 지배를 받은 대만이나 조선과는 판이하다. 류큐 처분 이후 류큐는 일본 내의 다른 행정 구역들과 제도적으로 동질화되어 1921년경에는 서로 간의 제도적 차이가 사라진다. 류큐는 명실공히 오키나와 현이 된 것이다. 오키나와 현에서는 1898년에 이미 징병제가 시행되었는데, 이는 대만이나 조선과 비교해 결정적으로 다른 점이다.[22] 오키나와 현은 차별을 받기는 했지만 일본의 식민지가 아니라 일본의 영토였던 것이다.

고모리 요이치小森陽一에 의하면 자기식민지화란 서구 열강의 강제에 종

22 도미야마 이치로, 《전장의 기억》, 임성모 옮김(이산, 2002), 28~29쪽.

속되면서 국내의 제도, 문화, 생활 관습, 무엇보다 민중 한 사람 한 사람의 의식이나 신체까지도 서구 열강을 모방하고 자발성을 가장하며 자기를 타자화하는 과정을 말한다.[23] 메이지 유신에서 채 10년도 되지 않아 형성된 일본의 식민지주의는 자기식민지화와 국민화가 표리를 이룬 형태를 취한다. 일본은 서구 열강의 논리에 의해 자기식민지화해가는 과정을 문명개화라는 말로 치장하고, 마치 일본은 문명개화가 완료된 나라인 것처럼 선전한다.[24]

일본은 서구 열강과 맺은 불평등 조약을 해지하고 부국강병을 추진하기 위해 문명개화를 서두른다. 그 과정에서 서구 열강의 논리를 필사적으로 자기 것으로 하기 위한 자기식민지화의 길을 걷는다. 그 대표적인 사상가가 후쿠자와 유키치였다. 그는 문명화의 진척 상태를 문명, 반개半開, 야만이라는 세 단계로 나누고, 반개 상태인 일본을 빠른 시일 내에 문명개화해, 야만 상태인 홋카이도와 류큐에 이어서 대만과 조선을 식민지화해야 한다고 주장했다. 실제로 일본은 대만을 식민지화하면서 국제적 위상을 높였고, 청일전쟁에서 승리한 뒤 1902년 영국과 영일동맹을 맺었으며, 1905년 러일전쟁에 승리한 뒤 제국주의 국가들의 일원이 된다.

이 과정에서 일본은 서구의 제도와 문물을 받아들이면서 문명국가를 자처하는 자기식민지화를 내면화한다. 일본의 자기식민지화는 식민지 대만이나 조선보다 홋카이도와 류큐에서 가장 강압적으로 시행된다. 홋카이도에 살던 원주민 종족 아이누의 독자적인 문화와 풍속은 야만으로 간주되어 전부 금지된다. 류큐인의 경우도 마찬가지였다. 일본 정부는 류큐 국의 언

---

23 小森陽一, 〈〈自己植民地化〉としての国民化〉, 大阪人権博物館 編, 《つくられる日本国民 · 国籍 · 戦争 · 差別》(大阪 : 大阪人権博物館, 2004), 90쪽.

24 小森陽一, 〈〈自己植民地化〉としての国民化〉, 93쪽.

어와 두발, 풍속과 생활 관습 등을 철저하게 바꿔버린다. 특히 홋카이도와 류큐의 독자적 언어를 버리고 일본어를 사용하도록 학교 교육을 통해 보다 철저하게 강제된다.

일본의 류큐 민족에 대한 정책은 위로부터의 강권적인 동화 정책이었다. 이러한 점은 일선동조론을 동화 이데올로기화한 조선의 경우와 흡사하다. 조선이나 대만에서 황민화 정책이 추진된 것과 마찬가지로 오키나와에서도 두발에서 언어에 이르기까지 류큐 전통문화의 폐지가 강압적으로 진행되었다. 황민화 정책으로 인해 류큐 전통문화에 대한 억압이 일상생활 곳곳에까지 침투한다.

특히 류큐어(오키나와어)에 대한 억압이 심했다. 이는 오키나와 경제가 어려워 오키나와의 노동력이 사이판 등 남양 군도로 흩어지던 1930년대에 더욱 강화된다. 메이지 시대 이래 일관되게 존재했던, 말 그대로 '방언을 사용하는 사람은 모두 범죄자로 간주하고 밀고자를 육성한다'라는 방침이 유지되었다. 류큐어 사용 금지 조치는 처음에는 학교 교실에 한정되었다가 일상생활과 가정으로까지 확대된다. 오키나와 출신의 언어학자 호카마 슈젠은 "1933년 나하 시의 소학교에 입학한 나는 가정에서는 방언, 학교에서는 표준어라는 이중 언어생활을 겪었는데, 1941~1942년에 소학생이었던 내 동생들은 가정과 학교를 불문하고 표준어를 썼다"라고 회상한다.[25]

아시아태평양전쟁 말기의 오키나와에서는 언어의 일원화가 단지 학교가 지도하는 수준에서 그친 것이 아니다. 방언, 즉 류큐어를 사용하는 사람은 도덕적 범죄자로 간주되었을 뿐 아니라, 이를 적발하기 위해 상호 감시가 이루어질 정도로 일본어 사용이 강압성을 띠었다. 그 결과 오키나와 전

---

25 도미야마 이치로, 《전장의 기억》, 46쪽 참고.

투가 벌어진 태평양전쟁 말기에는 류큐어 사용자를 스파이로 규정하고 주민들끼리 감시·고발하는 사태까지 벌어진다. 또한 일본 군인에 의해 '스파이' 사냥과 학살도 자행된다. 이는 주민의 일상을 통제하던 규율이 전쟁의 군율軍律이 되어버린 극단적인 예에 해당된다.

오키나와 옥쇄

국민 총동원이란 무엇인지를 가장 생생하게 보여준 것이 오키나와 전투이다. '일억옥쇄一億玉碎'(일억이 같이 죽는 것)라는 일본 군부의 구호는 단순한 구호로 그치고 말았지만, 오키나와 옥쇄는 현실이 되었다. 일본이 치른 전쟁에서 가장 무모하고 어처구니없는 희생을 낳은 경우가 바로 가미카제 특별공격대와 오키나와 옥쇄이다. 이는 전시 일본군의 인명 경시를 보여주는 대표적인 예이기도 하다.

옥이 수백 개의 파편으로 아름답게 부서져 흩어지는 모습을 가리키는 옥쇄라는 말은 전사戰死를 미화하기 위해 사용되었다. 일본 병사는 무수한 적에게 굴하지 않고 옥이 부서지듯 죽을 때까지 싸운다는 것이다. 정부가 주요한 전술로서 옥쇄를 강조하기 시작한 것은 훨씬 나중의 일이다. 1943년 5월 30일 대본영은 알류산 열도 서쪽 끝의 아투 섬에서 있었던 일본 병사의 옥쇄 사실을 알린다.[26] 이에 반해 오키나와 옥쇄는 오키나와 수비군에 의해 의도된, 민간의 옥쇄였다.

오키나와인들이 전쟁의 소용돌이에 휩싸이게 된 것은 오키나와에 비행

---

26 오오누키 에미코, 《사쿠라가 지다 젊음도 지다》, 213쪽 참고.

장 건설이 진행되면서 오키나와가 군사 기지화된 것과 직접적인 관련이 있다. 이 비행장 건설이야말로 오키나와 현이 아시아태평양전쟁 말기에 일본과 미국의 최대 격전지로 변해 무수한 인명을 잃게 된 주 원인이며, 전후 오키나와가 미군에 점령되어 다시 미군의 항공 기지로 쓰이게 된 원인이다.

1942년 6월 미드웨이 해전에서 파괴적인 타격을 입은 일본군은 제공권 · 제해권을 미국에 빼앗기고 대패를 거듭한다. 군부는 이 열세를 타개하기 위해서, 지나치게 확대된 전선을 축소하는 동시에 항공 전력의 강화를 통해 제공권을 탈환하는 작전을 구상한다. 이에 따라 항공 기지 건설지로 주목받은 곳이 오키나와와 대만이었다. 1943년 여름부터 일본 군부는 오키나와에 비행장을 건설하면서 오키나와 섬 전체를 요새화하는 작업에 들어갔다. 일손은 국민 징병령과 국민근로보국회를 통해 동원된, 남녀노소를 망라한 인력으로 충당되었다. 중등학교 학생과 여학생까지 비행장과 참호 건설 현장에 강제 동원되고, 심지어 60~70대 노인들과 소학교 학생들도 진지 구축에 동원되었다.[27]

중등학교, 여학교, 청년학교 학생들은 학도대라는 이름으로 전쟁에 동원된다. 전쟁에 동원된 17세 미만의 소년 · 소녀들은 강제적으로 지원한 의용병이었고, 특히 소녀들의 동원은 어떤 법적 근거도 없었다. 오키나와 전투의 학도대를 선례로 삼아서 1945년 2월의 〈전시교육령戰時敎育令〉은 국민학교와 농아학교 학생까지 학도대로 편성하고 본토 결전을 준비시켜 전쟁터에 내보내도록 했다.[28]

1944년 10월 10일, 미군 기동 부대에서 발진한 전투기 약 3,196기가 북

---

27 아니야 마사아키, 〈천황은 왜 오키나와를 방문할 수 없었을까〉, 일본역사교육자협의회 엮음, 《천황제 50문 50답》, 김현숙 옮김(혜안, 2001), 416쪽 참고.

28 아니야 마사아키, 〈천황은 왜 오키나와를 방문할 수 없었을까〉, 417쪽.

으로는 아마미奄美에서 남으로는 야에八重 산에 이르는 난세이 제도南西諸島의 비행장이나 항만 시설을 폭격한다. 미군 기동 부대는 이오지마 공략 후인 1945년 3월 23일 오키나와 섬에 대한 폭격을 개시하고, 26일과 27일에는 게라마慶良間 제도에 상륙해 오키나와 본섬 공략의 교두보를 확보한다.[29]

오키나와 전투는 4월 1일 미군이 오키나와 섬 중부 해안에 상륙해 6월 23일 일본군이 공격을 포기할 때까지 3개월간 이어진다. 미군은 오키나와를 점령해 항공기에 의한 일본 본토 공격의 거점으로 삼으려 했고, 오키나와 수비군은 오키나와를 수호해 본토를 지키는 방패로 삼으려 했기 때문에 3개월 남짓한 오키나와전은 그야말로 지옥도 그 자체였다.

오키나와 전투는 일본의 패전을 전제로 한 상태에서 '국체 보호를 내걸고 치른 전투'였다. 말하자면 일본은 종전 교섭을 앞두고 국체를 보호할 시간을 벌기 위해 오키나와를 버린 것이었다.[30] 오키나와 수비군의 방침은 "60만 현민의 총궐기를 촉진하여 급속히 총력전 체제를 갖추고 군관민이 함께 살고 함께 죽는 일체화를 구현하여 어떤 난국에 부딪히더라도 의연히 필승의 길로 매진한다"(〈보도선전방첩 등에 관한 현민지도요령〉)라는 것이었다.[31]

이러한 오키나와 수비군의 방침에는 군관민이 함께 살고 함께 죽는다는 '옥쇄'의 정신이 분명히 나타나 있다. 오키나와 전투가 일본의 국체를 보존하고 일본 본토를 방위하기 위해 시간을 벌려는 것이었던 만큼, 여기에는 오키나와 현과 현민의 희생이 따른다 해도 어쩔 수 없다는 암묵적인 전

---

29 吉浜忍, 〈沖縄戦の悲劇〉, 《20世紀歴史館》, (東京 : 小学館, 1999) 508쪽 참고.

30 沖縄歴史教育委員会 新城俊昭, 《高等学校 琉球 · 沖縄史》(沖縄県那覇市 : 東洋企画, 2001), 214쪽.

31 아니야 마사아키, 〈천황은 왜 오키나와를 방문할 수 없었을까〉, 416쪽.

제가 깔려 있었다. 물론 오키나와 현민은 일본 군부의 이러한 속셈을 알 리 없었다.

처음부터 본토 사수를 위해 오키나와를 방패 삼기로 작정한 오키나와 수비군은 오키나와 현민에 대한 어떠한 배려심이나 책임감도 갖지 않았다. 오키나와 전투에 참여한 사람 대부분이 정규군이 아니었다는 것이 이를 증명한다. 오키나와 전투에 투입된 사람은 병역에서 면제된 방위병과 중학생 이상의 남녀 학도대였다. 오키나와 전투가 오키나와 섬 인구의 4분의 1을 죽이는 참혹한 결과를 낳은 것은 참전자들이 정규군이 아닌데다가 일본군들의 가혹 행위가 더해진 탓이었다.

특히 오키나와 전투의 종결 단계에서 서부 전선이 미국의 맹공을 받고 군민 모두가 대혼란에 빠지자 일본군은 주민들을 방공호에서 끌어내 스파이 혐의로 고문하고 학살했을 뿐만 아니라 주민에게 집단 자결을 강요했다. 일본군이 주둔한 곳 어디에서나 광기로 가득한 참극이 자행되었다. 일본군은 '군관민은 함께 살고 죽는다'는 방침을 관철해 일반 주민까지 '황군 옥쇄'의 동반자로 삼은 것이다.[32]

이처럼 오키나와 전투는 일본의 오키나와 동화와 차별에 관한 실상, 그리고 대일본제국의 광기와 잔혹함을 극명하게 보여준다. 적성국을 향한 황군의 광기와 잔혹함은 중국 전선을 예로 들면 1937년의 난징 대학살이나 삼광三光 작전[33] 등에서 이미 여실히 드러난 터였다. 하지만 본국의 일본인들은 언론 통제로 인해 황군의 내막, 그 추악한 범죄와 광기에 대해서는 거

32 아니야 마사아키, 〈천황은 왜 오키나와를 방문할 수 없었을까〉, 417~418쪽 참고.

33 중일전쟁 때 일본군이 벌인 대살육 작전. 일본 측 명칭은 '신멸燼滅 작전'이다. 삼광三光이란 '살광殺光, 소광燒光, 창광槍光'을 말하며, 이는 각각 '모두 죽이다, 모두 태우다, 모두 약탈하다'라는 뜻이다.

의 알지 못했다. 하지만 적국도 식민지도 아닌 오키나와 현에서 일어난 일본군의 주민 학살은 아무리 전시에 벌어진 일이라 해도 오키나와인에게는 큰 상처로 남을 수밖에 없었다.

오키나와 주민의 집단 학살을 둘러싸고 이를 '집단 자결'로 규정지으려는 사람과 '집단사'로 규정지으려는 사람이 다툼을 벌이고 있다. 후자는 자결이란 자기 의지로 죽는 것인데 오키나와인들의 경우 일본군에게 죽음을 강제당하고 죽도록 유도되었기 때문에 자결이라 함은 가당치 않다고 주장한다. 오키나와 전투가 끝난 후 오키나와 주민들에 의해 수많은 전기戰記가 쓰였지만 일본 정부는 제대로 피해 조사를 한 적이 없다. 오히려 문부성이 교과서에 기록된 오키나와 전투의 실상을 삭제하면서 오키나와 주민들의 반발을 샀다. 문부성은 주민들의 기록이 기억에 의존한 것이라서 역사 자료로 인정하기 어렵다는 반응을 보였고 이에 주민들은 분노했다.

그런데 오키나와 옥쇄가 오키나와 주민들의 자발적인 의사가 아니었음은 그들이 자주 사용하는 '와전瓦全'이라는 말에서도 알 수 있다. 이 말은 본래 '기와 같은 값어치 없는 것이 보존된다'라는 뜻으로, 아무것도 하지 않고 오래 사는 것을 이를 때 쓰인다. 이 말이 전시의 오키나와에서는 '무슨 일이 있어도 살아남는다', '굴욕을 견디고 살아남는다'라는 의미로 사용되었다. '살아남는다'는 것의 소중함을 역설했다는 점에서 이 말은 옥쇄의 사상을 밑바닥부터 부정하는 것이었다.[34]

오키나와에서 출판된 《고등학교 류큐·오키나와사》는 〈집단 자결의 참사〉라는 항목에서 당시의 참사를 다음과 같이 전한다.

---

34 纐纈厚, 〈特攻と玉砕〉, 502쪽 참고.

3월 28일이라는 우리 생애에서 가장 길고 어두운 날이 다가왔다. 이날 어떤 참사가 일어날지는 누구도 예상하지 못했다.……천 명 가까운 주민이 한 장소에 모였다. 사형수가 사형 집행 때를 불안과 공포 속에서 기다리는 것처럼 우리도 자결 명령을 기다렸다. 마침내 군에서 명령이 내렸다는 정보가 전해졌다. 배분된 수류탄으로 가족끼리 원을 그리고 자결을 수행했다. 그러나 수류탄의 발화가 늦은 탓에 사상자는 소수에 머물렀다. 하지만 불행하게도 그 결과는 보다 무서운 참사를 불렀다……형과 나도 어린 형제자매들의 최후를 지켜보지 않으면 안 되었다. 사랑하기 때문에 그들을 방치할 수 없었던 것이다. 내 나이는 16세 1개월이었다. 우리 형제 둘이서 자기를 낳아준 어머니에게 손을 대지 않으면 안 되었을 때, 나는 태어나서 처음으로 비통함에 눈물을 흘렸다. 사랑하기 때문에 죽이지 않으면 안 된다는 잔혹한 이야기가 현실의 이야기가 된 것이다. 아버지는 (가족과) 뿔뿔이 헤어져서 죽었다. 당시의 생각으로는 사랑하는 사람들을 살려둔다는 것은 그들을 적의 손에 맡겨 참살시킨다는 것을 의미했다. 따라서 자기 손으로 사랑하는 사람의 목숨을 끊는 것은 미친 짓이기는 하지만 남아 있는 유일한 애정 표현이었다……적의 소재도 알지 못한 채 단지 발이 가는 대로 전진했다. 역설적으로 우리가 제일 먼저 만난 것은 미군이 아니라 전멸했다고 생각했던 일본군이었다. 그때의 충격은 헤아릴 수 없는 것이었다. '왜 우리만이 이런 비참한 일을 당하지 않으면 안 되는 것인가' 하고 복부에서부터 분노와 불신이 치밀어 오르는 것을 억제할 수가 없었다.[35]

위의 수기를 통해 오키나와 주민들의 집단 자살이 자기 의지에 의한 것

35 沖縄歴史教育委員会 新城俊昭, 《高等学校 琉球 · 沖縄史》, 218쪽.

이 아니라 군의 명령에 의한 것이었음을 알 수 있다. 더욱이 수류탄은 군의 허락 없이 민간인이 지닐 수 있는 것이 아니다. 이 글에서처럼 사랑하는 사람끼리 모여 원을 그린 뒤 수류탄을 던져 자폭하기도 했지만, 칼로 찌르거나 자해해서 죽은 경우가 대부분이었다. 전후에 나온 주민 집단 자살에 대한 보고서에 의하면 일본군 주둔 지역이 아닌 곳에서는 집단 자살이 없었다. 이를 봐도 주민 집단 자살에 군이 관여했다는 의혹을 지울 수 없다. 주민들이 군의 명령이나 지도로 집단 자살을 감행한 것은, 일본군이 전멸해 자신들을 도울 사람이 없으며 미군에게 잡히면 잔혹 행위를 당할 것이라는 유언비어가 섬 전체에 퍼져 있었기 때문이었다.

오키나와 현민들의 수기에는 미군에 대한 분노가 아니라 황군이라고 불린 일본군에 대한 분노가 깔려 있다. 전쟁 말기에 광기에 빠진 일본군이 자신들의 거점이 발각될 것을 우려해 자신들의 거점을 알고 있는 오키나와 현민을 스파이로 몰아 처형하는 일이 도처에서 일어났기 때문이다. 또한 일본군은 자신들이 숨기 위해서 현민들이 숨어 있던 동굴에서 그들을 강제로 몰아내고 식량을 빼앗았다. 우는 아이 때문에 미군에게 소재를 들키지 않도록 아이를 죽이는 일까지 일어난다. 주민들에게는 천황의 신민으로서 천황 폐하를 위해 당당하게 죽으라며 집단 자결을 강요하던 일본군이 미군에게 항복하고 멀쩡하게 살아 있는 것을 봤을 때 현민들이 분노한 것은 당연한 일이었다.

오키나와 전투와 관련된 한 전기에 따르면, 일본군은 천황 폐하를 위해 죽는 것을 영광으로 생각하라고 늘 오키나와 사람들에게 외쳤지만, 정작 자신들은 '천황 폐하 만세'가 아니라 가족의 이름을 부르면서 죽어갔다.

오키나와의 희생을 생각하면, 일본군으로서 상처 없이 살아남은 자에게

> 는 분노를 느낄 수밖에 없다. 정말 진심으로 싸웠더라면 결코 살아남아 있을 수 없다고 보기 때문이다. 나는 일본군이 죽는 장면을 몇 번이나 봤지만 '천황 폐하 만세!'라는 말은 한 번도 듣지 못했다. 모두들 가족의 이름을 부르면서 죽어갔다. 당연한 일이지만 그들도 똑같은 인간이었던 것이다. 하지만 거꾸로 말해서 그들이야말로 '황국 일본'의 교육을 가장 잘 체득하고 있었을 게 아닌가? 힘들어지면 자기 힘으로 타개하지 않고 주민에게 비난의 화살을 돌리면서 자신의 안위를 좇았던 일본군의 죄업을 나는 평생 잊을 수 없다. 오키나와 현 사람들은 이 최전선의 땅에서 자기 조국을 지킨다는 결심으로 목숨을 바쳐 싸웠는데, 전쟁 말기에는 (일본)군 스스로가 그런 식으로[36] 현민의 충성심을 배신했던 것이다.[37]

류큐가 오키나와 현이 되어 긴 세월 동안 가혹한 황민화 정책을 시행했음에도 불구하고, 일본군의 뇌리에는 이곳 주민은 같은 민족이 아니기 때문에 이들을 배반해도 된다는 의식, 즉 민족 차별 의식이 잠재해 있었던 것이다.

전쟁이 끝난 후 일부 오키나와인들은 자신들이 일본으로부터 버림받았다는 것을 깨닫고 자존의 대계를 세워야 한다고 역설한다. 민족이 멸망하지 않기 위해서는 더 이상 가치 없는 희생을 치르지 말고 끝까지 살아남아야 한다고 절규한다. 그러나 오키나와의 자존을 외치는 이들의 절규를 짓밟듯, 쇼와 천황은 오키나와를 미군에게 넘긴다. 다시 한번 오키나와인은 본토로부터 버림받은 것이다.

---

36 현민들을 스파이로 몰아 학살한 것을 말한다.

37 도미야마 이치로, 《전장의 기억》, 120쪽.

미군의 오키나와 점령

오키나와를 점령한 미군은 오키나와를 미국의 군사 기지로 삼기 위해서 오키나와 현을 일본 본토와 분리시키는 점령 정책을 취한다. 그래서 이곳 정부를 오키나와 정부라 부르지 않고 류큐 정부라 부른다. 하지만 강압적인 미 군정은 주민들의 반발을 사고, 주민들 대부분은 한시라도 빨리 일본으로 복귀하기를 바란다. 하지만 오키나와의 복귀를 바라는 오키나와인들의 기대는 오키나와가 미군도 아니고 일본 정부도 아닌 쇼와 천황에 의해 미군의 손에 넘겨지면서 무너지고 만다.

1947년 9월 18~19일경, 25년 내지 50년 이상에 걸친 미군의 오키나와 점령을 인정하겠다는 쇼와 천황의 메시지가 미군 측에 전달된다. 점령군사령부 외교국장 시볼트가 쓴 기록에 따르면 쇼와 천황은 궁내부의 데라사키 히데나리寺崎英成를 그에게 보내 미군의 오키나와 점령에 대한 의견을 전한다.

> 천황의 고문 데라사키 히데나리 씨가 오키나와의 장래에 관한 천황의 생각을 나에게 전할 목적으로 시일을 약속하고 방문했다. 데라사키 씨는 오키나와와 그 밖의 류큐 제도에 대한 미군 점령이 계속되기를 천황이 희망하고 있다고 언명한다. 천황의 견해로는 이와 같은 점령이 미국에도 도움이 되고 또한 일본도 보호해준다는 것이었다. 천황은 이러한 조치가 러시아의 위협만이 아니라 점령 종결 후 좌익 및 우익 세력이 증대해 소련에 일본 내정 간섭의 빌미를 제공할 '사건'이 발생하는 것을 우려하는 일본 국민 사이에서 널리 찬동을 얻을 것이라고 생각하고 있다. 더욱이 천황은 오키나와(및 필요한 다른 섬들)에 대한 미국의 군사 점령은 일본에 주권을 남긴 채로의 장기 조차――25년 내지 50년 또는 그 이상――의 의

> 제擬制에 근거해야만 한다고 생각하고 있다. 천황에 의하면 이와 같은 점령 방법은 미국이 류큐 제도에 대해서 영속적 관심을 갖지 않는다는 것을 국민에게 이해시킬 수 있을 것이고 또한 이에 의해 다른 나라, 특히 소련과 중국이 같은 권리를 요구하는 것을 저지할 것이다. 절차와 관련해서는 데라사키 씨는 미국의 (오키나와 및 다른 류큐 제도에 대한) '군사 기지권' 취득은 연합국의 대일평화조약의 일부가 되기보다도 오히려 미국과 일본 양국 간 조약에 의거해야만 한다고 생각하고 있다. 데라사키 씨에 의하면 전자의 방법은 강요된 강화라는 느낌이 너무 강해서 장래 국민의 동정적인 견해를 흐지부지하게 만들 가능성이 있다.[38]

이 기록은 쇼와 천황이 오키나와 미군 기지화의 직접적인 제안자임을 분명히 한다. 쇼와 천황의 제안은 미국이 오키나와를 장기 조차하되 영속적으로 조차하지는 않는다는 것을 전제로 하고 있다. 아울러 이에 대한 합의가 연합국의 대일평화조약의 일부가 될 경우 발생할 문제까지 고려해 미국과 일본 양국 간의 별도 조약을 통해 이를 정하자고 밝히고 있다.

미 군정의 압력이 없었음에도 쇼와 천황이 이와 같은 독단적인 결정을 하게 된 것은 도쿄 재판 때문이었다. 당시는 1946년 5월에 개정한 도쿄 재판이 한창 진행되던 때이다. 당연히 일본의 15년 침략 전쟁에 대해 쇼와 천황에게 책임을 물어야 한다는 국제 여론이 높았다. 미국은 물론이고 가장 큰 피해국인 중국, 그리고 대다수의 연합국들도 이에 동조하고 있었다. 미국의 여론에도 불구하고 맥아더는 일본 점령 정책을 원활하게 수행하기 위해 쇼와 천황을 기소하지 않기로 작정하고 다각도로 방법을 모색하고 있었

---

38 沖縄県平和記念資料館,《沖縄県平和記念資料館総合案内》, 10쪽.

다. 이런 과정에서 나온 것이 이 오키나와 관련 메시지였기 때문에 쇼와 천황이 전쟁 책임을 면제받기 위해 오키나와를 내놓았다는 것이 일반적인 견해이다.

1947년 5월에 주권 재민의 〈일본국헌법〉이 제정되어 국체가 천황제에서 상징천황제로 바뀌었기 때문에 쇼와 천황은 통수권을 포함한 실권을 상실한 상태였다. 따라서 일본 영토를 미군에게 장기 임대하겠다는 천황의 메시지는 명백하게 헌법에 위배되는 것이었다. 그럼에도 불구하고 당시 GHQ(연합군 최고사령관 총사령부General Headquarters of the Supreme Commander for the Allied-Powers)는 물론이고 일본 정부도 아무런 이의 제기를 하지 않는다. 이로써 오키나와 현민의 의사와 관계없이 오키나와는 미군에게 넘겨진다.

1950년 2월, GHQ는 쇼와 천황의 메시지에 입각해 오키나와에 항구적인 군사 기지를 설치한다고 밝힌다. 이어서 1951년 9월에 대일강화조약(샌프란시스코 강화조약)이 체결되어 1952년 4월 28일자로 발효된다. 일본 천황에게 오키나와 사용을 허락받은 GHQ는 종래의 오키나와 사령부를 류큐 사령부로 개칭한다. 오키나와를 일본과 분리시키기 위한 조치였다. 아울러 GHQ는 오키나와인은 일본인이 아니므로 미국의 오키나와 점령에 대해 일본이 반대하는 일은 없을 것이라고 믿고 있었다.

오키나와를 군사 기지로 만들기 위해 미국은 오키나와와 일본 '본토' 사이의 역사적 관계를 정책적으로 이용했다. 이미 오키나와 전투 이전에 작성된 미군의《민사民事 핸드북》은 '오키나와인'의 피차별 의식을 정치적으로 활용할 것을 명시한 바 있다. 1946년 오키나와 점령 통치가 해군에서 육군으로 이관되면서 종래의 오키나와 사령부Okinawa Base Command

를 류큐 사령부Ryukyu Command로 변경한 것은 '비非일본화'의 상징적 조치였다. 점령군 사령관 맥아더는 1947년 기자 회견에서 "류큐는 우리의 자연 국경이다. 오키나와인이 일본인이 아닌 이상, 미국의 오키나와 점령에 대해 일본인이 반대하는 일은 없을 것"이라고 발언하기도 했다. 점령 초기에 미군은 오키나와의 '전통문화'를 '보호·진흥'하는 정책을 추진했는데, 그것은 오키나와와 일본이 문화적으로 이질적임을 강조하여 오키나와 분리를 정당화하는 동시에 자신이 일본에 의해 파괴당해온 오키나와 문화의 수호자임을 과시하기 위해서였다.[39]

점령 초기에 미군은 오키나와 점령을 영구화하기 위해 오키나와의 전통문화를 보호하고 진흥하는 정책을 추진한다. 이는 류큐 국이 멸망해 오키나와라는 일본의 현으로 편입되기 전에는 그곳이 일본과는 다른 별도의 문화권이었음을 강조하기 위해서였다. 오키나와를 일정 기간 동안만이 아니라 영구적인 군사 기지로 두고 싶은 것이 미국의 속내였고, 이런 속내를 드러낸 것이 류큐 점령 정책이었다.

오키나와 미군 기지 반환 운동

오키나와의 희생은 학도병 동원에 그친 것이 아니었다. 그야말로 60만 현민의 총력전이 '오키나와 옥쇄'라는 결과를 낳았다. 한 오키나와 현민의 말처럼 오키나와는 대일본제국의 방파제가 되어 현민은 물론이고 나무 한

39 도미야마 이치로, 《전장의 기억》, 280쪽 옮긴이주에서 인용.

그루 풀 한 포기까지 순국한다.

> 생각해보면 우리나라 부현府縣들 가운데서 직접 전장이 되어 모든 것을 잃어버린 곳은 오직 오키나와 현뿐입니다. 말 그대로 국가의 방파제가 되어 온 국민을 대신했던 오키나와 현은 고귀한 10만여 영령과 함께 나무 한 그루, 풀 한 포기까지 순국했습니다. 그로부터 20여 년의 세월이 흘렀습니다만, 지금도 우리 오키나와 현은 미국의 시정施政 아래 놓여 있는 상태입니다. 이 학도들[40]을 위해서라도 우리나라 사람은 하루라도 빨리 오키나와를 일본의 행정 아래 복귀시켜야 한다고 생각합니다.[41]

그러나 이와 같은 오키나와 현민의 막대한 희생과 일본군에 대한 엄청난 반감, 그리고 점령 미군의 전통문화 진흥 정책과 같은 노력에도 불구하고 오키나와 현민의 대다수는 오키나와 현이 미군의 통치에서 벗어나 일본으로 복귀하기를 학수고대했다.

> 오키나와에서 물론 세대마다 사고방식의 차이는 있을 수 있지만 세대의 단절이라는 것은 없으며 또 있을 수 없다고 나는 생각한다. 왜냐하면 오키나와에서는 거의 모든(그렇게 말해도 좋다) 사람들이 (미국의) 식민지 지배로부터 벗어나 일본으로 복귀하고자 염원했기 때문이다. 결국 거기에는 세대의 차이를 뛰어넘은 공통의 민족의식, 공통의 역사의식이 형성된 현

---

40 히메유리 탑(오키나와 전투 때 비참한 최후를 맞은 종군 간호 부대인 '히메유리 부대'를 위한 위령탑)과 건아健兒의 탑이 기리는, 오키나와 전투에서 전사한 학생들을 말한다.

41 도미야마 이치로, 《전장의 기억》, 107~108쪽.

실적 기반이 존재하기 때문이다.[42]

이처럼 오키나와 현민들은 일본과 오키나와는 민족과 문화가 다르다는 것을 알고 있으면서도 오키나와의 일본 복귀를 희망했다. 식민지 대만과 식민지 조선의 동화는 실패했지만, 오키나와의 동화는 성공한 셈이다. 오키나와의 동화 속에 차별이 엄연히 존재하고 그것이 오키나와 옥쇄로 현실화되었음에도 대다수의 오키나와 현민은 미국이 아니라 일본을 선택한 것이다.

단단한 땅을 깨고 민족의 분노로 타오르는 섬, 오키나와여.
우리들과 선조들이 피땀으로 지키고 일군 오키나와여.
우리는 외친다 오키나와여 우리들의 것이다 오키나와는.
오키나와를 반환하라, 오키나와를 반환하라.[43]

아시아태평양전쟁의 참혹한 전장이 되었던 오키나와의 현민들은 전쟁의 상흔을 딛고 일어나 오키나와가 다시 일본에 반환되기를 바랐다. 이처럼 똑같이 대일본제국에 의해 나라를 잃었으면서도 류큐 왕국의 일본에 대한 감정과 식민지 대만, 식민지 조선의 일본에 대한 감정은 같지 않았다. 오키나와가 대일본제국의 가장 큰 희생양이었음에도 불구하고 한국이나 대만과 피해자 의식을 공유할 수 없는 것은, 오키나와가 일본의 식민지가 아니라 일본의 한 현이었기 때문이다. 오키나와의 경우 일본의 동화 정책이

---

42 도미야마 이치로, 《전장의 기억》, 106쪽.

43 도미야마 이치로, 《전장의 기억》, 106~107쪽.

일찍이 시작되었고, 황민화 정책도 대만이나 조선에 비해 보다 엄격하게 시행되었다. 오키나와인들은 자신들이 식민지 대만인과 조선인과는 근본부터 다르다는 인식하에, 일본의 동화 정책이나 황민화 정책을 큰 반발 없이 잘 따랐다. 따라서 오키나와 옥쇄 이전에는 오키나와인들은 동화의 이면에 존재하는 차별을 자각하지 못했다. 그런 엄청난 일을 겪고도 오키나와인들이 류큐 복귀가 아니라 일본 복귀를 외친 것은 류큐 왕국은 소멸한지 오래됐고 그들의 국가 정체성은 이미 일본인이었기 때문이다. 하지만 그들의 민족 정체성은 지금도 일본인이 아니라 오키나와인이다.

1960년 4월 28일에는 '오키나와 조국복귀협의회'가 결성된다. 미국 군사 기지에 기대어 생계를 유지하는 사람이나 보수적인 사람들 중에는 복귀에 적극적이지 않은 이들도 있었지만 '조국 복귀'는 오키나와 사람들 대다수의 염원이었다. 그런 가운데 사토 에이사쿠佐藤栄作 총리는 1965년 오키나와를 방문해 "오키나와가 복귀하지 않는 한 일본의 전쟁은 끝나지 않았다"라고 말하며 오키나와 반환에 대한 강력한 의지를 보인다.[44]

그러나 오키나와의 일본 복귀는 쉽지 않았고, 1972년에 이르러서야 오키나와가 일본에 반환된다. 전후 27년이 지나서야 오키나와 반환이 실현된 것이다. 하지만 오키나와가 갈 길은 아직도 멀고 험난하다. 오키나와 도처의 미군 기지들 때문에 오키나와 현민들이 고통을 겪고 있기 때문이다.

---

44 沖縄歴史教育委員会 新城俊昭, 《高等学校 琉球 · 沖縄史》, 257쪽 참고.

쇼와 천황과 오키나와

일본 천황의 전통적인 통치 행위 중 하나는 자신이 다스리는 국토를 순행하는 것이었다. 8세기 무렵 편찬된《만엽집》에 남아 있는 고대 천황들의 '구니미우타國見歌'는 천황이 국토를 순행하고 읊은 노래이다. 천황 국토 순행의 절정은 앞에서 소개한 메이지 천황의 순행이었다. 메이지 천황의 순행은 700년간 무가 정권의 그늘에 가려 '구름 위의 존재' 혹은 '주렴 너머의 존재'로 인식되었던 천황이라는 존재를 국민에게 뚜렷이 각인하며 역사의 전면에 부상시키는 통치 행위였다.

쇼와 천황 역시 패전 후 자신의 존재를 국민들에게 각인하기 위해 조부인 메이지 천황처럼 일본 열도 순행을 시작한다. 쇼와 천황은 도쿄 전범 재판에 기소되지 않았고, 만세일계의 국체를 지키기 위해 시작한 순행을 통해 일본 국민의 천황에 대한 변함없는 충성심과 애정을 다시 한 번 확인한다. 군복에서 양복으로 갈아입은 쇼와 천황은 전국 순행을 통해, 성단聖斷(성스러운 결단)을 내려 일본 국민에게 평화와 번영을 가져다준 평화주의자로서의 이미지 변신을 꾀한다. 쇼와 천황의 신에서 인간으로의 이미지 변신을 일본 국민들 대다수도 별다른 의혹 없이 자연스럽게 받아들인다.

이에 그치지 않고, 쇼와 천황이 오키나와를 본토와 분리해 미 군정에 갖다 바침과 동시에 일본 정부가 비군사화 = 민주화를 수동적으로 용인함으로써 전시 체제와 전후 체제를 매개하게 된 천황은 국민의 무의식 속에 '제국의 상징'으로 잔존하게 되었다.[45] 맥아더를 위시한 미 군정 덕택에 쇼와 천황은 상징 천황으로서 천황 지위를 보존함으로써 영원히 일본 국민들의

45 강상중,《내셔널리즘》, 임성모 옮김(이산, 2004), 171쪽 참고.

마음속에 자리 잡게 된 것이다.

1945년 패전 후 1989년까지 천수를 누린 쇼와 천황이 재위 중에 일본 열도에서 유일하게 방문하지 못한 곳이 바로 오키나와이다. 오키나와를 국체 수호를 위한 방패로 삼고 또 미군에게 넘긴 장본인인 쇼와 천황으로서는 오키나와를 방문하기가 쉽지 않았을 것이다. 오키나와 현민들이 어떻게 나올지 가늠하기 어려웠을 테니 말이다.

쇼와 천황을 대신해 1975년 황태자(현 헤이세이平成 천황)가 오키나와를 방문했을 때, 이에 항의해 가데나嘉手納 기지 정문에서 분신자살을 하는 사람이 나올 정도로 오키나와 현민의 분노는 살아 있었다.

> 조금 당돌하긴 하지만, 1975년 6월 25일, 황태자의 오키나와 방문에 항의해 가데나 기지 정문에서 분신자살한 후나모토 슈지舟本州治의 사상을 상기할 필요가 있다. 후나모토는 말한다. "'광기'란 현상을 타파하려는 폭력성이며, '발광'이란 현상을 타파하려는 폭력적인 행동이다. 현상의 질서 아래 패배한 '광기'는 정신병원이나 형무소 둘 중 하나로 격리된다."[46]

후나모토 슈지의 분신자살은 대다수의 현민이 과거사를 덮고 오키나와의 장래를 위해 일본 복귀를 선택했다고 해서, 천황의 이름으로 자행된 일본군의 오키나와 현민 학살, 그리고 천황이 자신의 안위를 위해 오키나와를 미국에 팔아넘긴 행위를 용서한 것은 아님을 보여주고자 한 것이었다. 이에 쇼와 천황은 오키나와 방문을 훗날로 미룬다.

쇼와 천황은 1987년 국민체육대회 참석차 오키나와를 방문할 예정이었

---

46 舟本州治遺稿集,《黙って野たれ死ぬな》(東京 : れんが書房新社, 1985), 38쪽.

지만, 그 직전에 병상에 누워 1989년 1월 7일에 세상을 떠남으로써 이를 실행에 옮기지 못했다. 쇼와 천황은 생의 마지막까지 오키나와를 방문하고 싶어 했다는데 그 바람이 실현되지 못한 것이다.[47] 오키나와 현은 전후 27년 만에 일본에 복귀했고, 오키나와 현민에게 사죄해야 할 쇼와 천황은 가고 없다.

현재 오키나와 현민의 당면 과제이자 가장 큰 숙원은 미군 기지 철수이다. 오키나와 섬을 뒤덮고 있는 미군 기지들이 철수해야만 진정한 의미에서 오키나와 복귀가 실현되는 것이라고 오키나와 주민들은 믿고 있다. 하지만 미군의 동아시아 군사 전략의 중요한 거점인 오키나와에서 미군이 철수할 가능성은 현재로서는 거의 제로에 가깝다. 따라서 오키나와 현민의 숙원이 이루어질 날은 요원하기만 하다.

평화의 초석

전후 50년이 되던 1995년 6월 23일, 오키나와 전투 위령제의 날에 맞추어 '평화의 초석' 제막식이 열린다. 전몰자를 위한 추모 시설이나 기념비가 제2의 야스쿠니 신사가 되기란 얼마나 쉬운 일인지를 오키나와의 '평화의 초석'을 보면 알 수 있다. 평화의 초석은 오키나와 현 이토만 시 마부니에 건립된, 전몰자의 이름을 새긴 각명비刻銘碑이다. 각명비에는 국적을 불문하고 오키나와 전투에서 사망한 모든 사람의 이름이 새겨져 있다. 오키나와에 세워진 무수히 많은 오키나와 현민과 일본군의 묘지, 미군 병사 묘지,

---

47 아니야 마사아키, 〈천황은 왜 오키나와를 방문할 수 없었을까〉, 413쪽.

조선인 묘지는 오키나와 옥쇄의 참상을 증언한다.

다음은 오키나와 평화기념자료관 내부 벽에 새겨진 문구를 번역한 것이다.

오키나와 전투를 생각할 때마다
전쟁이라는 것은
이렇게 잔인하고
이렇게 더러운 욕망에 찌든 것이
아닐 수 없다고 생각합니다

이 생생한 체험 앞에서는
어떤 사람이라도
전쟁을 긍정하고 미화할 수 없을 것입니다

전쟁을 일으키는 것은 분명 인간입니다
하지만 그 이상으로
전쟁을 용납하지 않는 노력을 할 수 있는 것도
우리 인간이 아니겠습니까

전쟁이 끝나고 우리는
모든 전쟁을 혐오하고
평화로운 섬을 건설해야 한다고
생각해왔습니다

이것이

너무나도 커다란 대가를 치르고 얻은
양보할 수 없는
우리의 신조인 것입니다

— 오키나와 현립 평화기념자료관(구관) 운영협의회 작

오키나와 섬을 횡단하면서 당시의 전투 실상을 전하는 시설들과 방공호 그리고 각종 기념비를 돌아본 뒤 평화기념자료관 벽에 적힌 이 글귀와 마주했을 때 만감이 교차하던 기억이 아직도 생생하다. 망연자실한 채로 벽 앞에 한참을 서 있다가 글귀를 수첩에 적기 시작했다. 가장 가슴에 와 닿은 구절은 "이 생생한 체험 앞에서는 어떤 사람이라도 전쟁을 긍정하고 미화할 수 없을 것입니다"라는 것이었다. 전쟁을 미화하고 찬미하는 박제화된 공간인 야스쿠니 신사와 지란특공평화회관을 다녀온 뒤여서 이 글귀가 더욱 가슴에 와 닿았다. 이런 글귀가 나올 수 있었던 것은, 섬 전체가 전쟁터로 변한 상황에서 미군의 폭격과 일본군에 의한 학살을 동시에 겪은 오키나와인의 전쟁 체감도가 일본 본토인과는 달랐기 때문이었다.

오키나와의 사자들은 말이 없지만 이들을 위한 묘지와 위령탑은 과거사에 대한 '귀기 어린 국민적 상상력'으로 가득 차 있다. 이 국민적 상상력은 언제든 과거의 망령을 불러올 잠재력을 갖고 있다. 이는 사건의 진상이 은폐되었음은 물론이고 전몰자라는 이름하에 가해자들이 피해자들 사이에 편입됨으로써 가해자가 죄의식을 느끼지 못하고 피해자가 보상을 받지 못하게 된 탓이다. 그래서 현재 일본에서는 오키나와 옥쇄의 실상을 은폐하려는 일본 정부와 이를 구술해 기록을 남기려는 오키나와 현민들 간의 힘겨운 싸움이 계속되고 있다.

오키나와 전투의 실상을 전하는 데 있어 상징적인 존재가 된 것이 바로 '히메유리 탑'이다. 히메유리ひめゆり는 오키나와 전투에 동원되었던 오키나와 현립 제1고등여학교와 현립 사범학교 여자부의 합동 종군 간호 부대의 명칭이다. 1945년 3월 말부터 정식 입대한 히메유리 부대는 전투 중에 비참한 최후를 맞는다. 오키나와 전투의 희생양이 된 히메유리 부대의 위령탑은 오키나와 현민은 말할 것도 없고 많은 본토인들이 찾는 명소이다.

그러나 이 위령탑은 도쿄의 야스쿠니 신사가 그러하듯이, 희생자의 영령을 추모하는 장소인 동시에 일본인들이 과거의 전쟁을 회상하며 자신의 죄를 위로받는 장소, 감상에 빠져 평화의 눈물을 흘리는 장소로 화하고 있다.

> 우리 본토 일본인이 오키나와에 가면 꼭 히메유리 탑을 찾아 머리를 조아리는 까닭은 오키나와가 본토를 위해 산화散華해주었기 때문이 아니라 전쟁 피해의 궁극적인 모습을 거기서 발견하기 때문이다. 피해의 궁극적인 모습이란 고통이 아니다. 전쟁을 겪은 세대에게 그것은 자신의 '무죄 증명'이며 용서의 장소이고 감미롭고 감상적인 장소, 이제는 평화의 눈물을 흘릴 수 있는 장소이다. 우리는 히메유리를 진혼鎭魂하고 있는 것이 아니다. 오히려 히메유리의 이미지 속에서 자기 자신이 진혼을 받고 있는 것이다.[48]

이처럼 오키나와에 세워진 수많은 위령탑은 일본인들이 전쟁의 가해자가 누구인지는 까맣게 잊고 자신들이 전쟁의 피해자라는 의식을 공유하는 이율배반적인 장소이다. 다시 말하면, 이들 위령탑은 일본인들이 스스로

---

48 도미야마 이치로, 《전장의 기억》, 109쪽에서 재인용.

일으킨 전쟁 때문에 생긴 상흔과 고통을 스스로 치유하는 장소로서 야스쿠니 신사와 동일한 용도로 활용되고 있는 것이다. 다른 점이 있다면, 히메유리 탑의 경우는 희생자 의식의 공유를 통해 일본인은 물론이고 한국인과 중국인에게도 수용되고 있는 데 반해, 야스쿠니 신사의 경우는 일부 일본인을 제외하고는 누구와도 희생자 의식을 공유하지 못한다는 것이다.

3

차별과 배제, 일본군 성노예

일본명 '종군 위안부', 한국명 '일본군 위안부', 국제명 '일본군 성노예 Japanese Military Sexual Slavery'[49]는 이른바 '망각된 홀로코스트'이다. 아시아태평양전쟁이 끝남과 동시에 이 이름들로 불리는 존재는 역사의 뒤안길에 완전히 묻혀버린다. 도쿄 전범 재판은 패자에 대한 승자의 심판이었기 때문에 식민지 조선의 문제는 재판의 대상이 되지도 못한다. 그러다 종

---

49 일본 군대를 따라 종군하며 강간과 강제적 매춘에 내몰렸던 여성들을 가리키는 명칭은 국가마다 다르다. '종군 위안부'는 일본인들이 만들어낸 명칭으로, 종군하면서 위안을 해주는 부녀자라는 뜻이어서 가해 주체와 피해 사실을 희석한다. 한국에서는 초기에 정신대와 종군 위안부라는 명칭이 혼용되었는데 현재는 '일본군 위안부'라고 부르고 있다. 일본군 위안부는 종군 위안부에 비해 가해 주체를 명시한 것이기는 하나, 역시 위안부라는, 진실을 왜곡하는 단어를 그대로 사용하고 있다는 문제점이 있다. 그래서 필자는, 피해자인 할머니들에게는 가혹한 것이 될 수도 있겠으나, '일본군 성노예'가 가해와 피해 사실을 정확하게 전달하는 명칭이라고 생각한다. 필자는 대학에서 학생들을 가르치면서 일본군 성노예라는 용어를 정착시키려고 노력해왔기 때문에 원칙적으로는 이 명칭을 사용할 것이나, 맥락에 따라 다른 명칭도 사용할 수 있음을 밝혀둔다.

군 위안부 문제를 연구하는 사람들에 의해 종군 위안부의 증언이 이른바 구술사oral history를 통해 채록되면서 이들의 피해 사실이 세상에 조금씩 드러나기 시작한다.

한국에서 일본군 성노예 문제가 완전히 수면 위로 떠오른 것은 1991년 말 김학순 할머니가 일본 정부에 사죄와 보상을 요구하면서부터이다. 김학순 할머니의 증언 이후 아시아에서는 과거 일본의 침략 전쟁과 관련된 이른바 '증언의 시대'가 도래한다. 김학순 할머니의 증언으로 용기를 얻은 한국의 종군 위안부 피해 여성들이 자기 존재를 드러내기 시작하면서 이 문제는 본격적으로 수면 위로 떠오른다. 이와 동시에 일본 여성 연구자들에 의해 일본에 살고 있는 종군 위안부 피해자의 증언 채록이 본격적으로 시작된다.

김학순이라는 고유명을 쓰는 개인의 종군 위안부 증언은 일본군 성노예(일본군 위안부)의 존재가 일본에서나 한국에서나 자명한 사실이었음에도 불구하고 불행한 과거사가 국민 일반의 것으로 추상화되어버리는 바람에 공론화되지 못했던 상황을 타개하는 계기가 되었다. 개인이 자신의 고유명을 밝히며 증언하는 행위를 통해 처음으로 국민 일반으로 돌려지지 않는 개인의 역사, 전쟁 피해자 일반으로 돌려지지 않는 개인의 역사, 일본군 성노예로서의 피해의 역사가 모습을 드러낸 것이다. 종군 위안부가 이렇게 고유명으로 등장하면서 드디어 가해국에 사죄를 요구하고 책임을 추궁하는 것이 가능해졌다.[50]

일본군 성노예 문제로 인해 일본은 싫든 좋든 50년 전의 전쟁을 떠올리

---

50 사토 마나부, 〈개인 신체 기억으로부터의 출발—전후 역사 교육에 대한 반성〉, 코모리 요우이치 외, 《내셔널 히스토리를 넘어서》, 이규수 옮김(삼인, 1999), 357~358쪽.

지 않을 수 없게 되었다. 전후 일본인들은 나가사키와 히로시마의 원폭 피해를 구실로 자신들이 전쟁의 가해자가 아니라 전쟁의 피해자라는 의식을 공유하면서 전쟁이 다시 일어나지 않도록 해야겠다는 일국평화주의를 전면에 내세웠다. 그리고 그 뒤에 숨어서 과거의 전쟁에 대한 국가적 책임과 개인적 책임을 회피해왔다. 일본인들의 이러한 '집단 망각의 회로'는 전전의 국가주의를 연명시키는 회로이기도 하다.

전후 일본이 보인 최대의 문제점은 자신들을 전쟁의 피해자로 인식할 뿐 가해자로는 인식하지 않았다는 것이다. 패전 후 일본인들은 미군의 본토 점령과 장기간의 오키나와 점령을 구실로 군부에 죄를 뒤집어씌우고, 천황과 그의 신민은 아무 잘못도 없었던 것처럼 피해자 의식을 공유했다. 그 과정에서 아시아태평양전쟁이 아시아 해방 전쟁이 아니라 침략 전쟁이었다는 사실과 그 전쟁에서 일본군이 어떤 일을 저질렀는가 하는 문제는 철저하게 묻혀버렸다. 그런데 패전 후 40여 년 만에 일본군 성노예 문제가 불거지면서 일본인들이 피해자 의식을 공유하며 기억의 저편으로 던져버렸던 가해자로서의 자신들의 모습을 다시 불러내게 된 것이다.

난징 대학살

필자가 난징 대학살에 본격적으로 관심을 갖게 된 것은 1996년 일본 대학에서 학생들을 가르칠 때였다. 수업 시간에 유대계 미국인 유학생이 질문을 했다. 자기 아내는 일본인인데 한국인을 대단히 싫어한다, 그 이유는 무엇인가 하는 것이었다. 마침 질문한 학생이 유대계 미국인이라서 독일과 유대인의 예를 들어 한국과 일본의 관계에 대해서 설명했다. 그러자 몽골계 중국인 여학생이 일본인이 자행한 난징 대학살에 대해서는 왜 언급하지 않느냐고 지적했다. 이 지적은 필자에게 새로운 시야를 열어주었다.

한국인으로서 일본학을 공부하는 필자에게 있어서 절대적 타자는 항상 일본일 수밖에 없다. 그 중국인 여학생의 지적은 아시아를 시야에 품고서 한일 관계를 논해야 한다는 당연한 사실조차 망각할 정도로 필자가 일본에 함몰되어 있었다는 것을 깨닫게 해주었다. 이후 필자는 일본 대학에서 사직하고, 한국에서 활동을 재개하기 전까지 아시아를 돌아다녔다. 터키, 몽골, 베트남, 캄보디아, 중국, 오키나와 등을 다니면서 주로 '전쟁과 젠더gender'에 초점을 맞추어 사물을 보기 시작했다. 그러자 그때까지 필자를 가두고 있던 국경과 일국사의 틀이 서서히 깨지기 시작했다. 그 과정에서 난징 대학살과 일본군 성노예 문제는 사건의 원인과 결과라는 관계를 떠나서, 전쟁과 젠더라는 테마에서도 불가분의 관계에 있음을 자각하게 되었다.

중일전쟁 당시 난징에서 일어난 대학살은 한마디로 일본군의 집단 광기의 서막이었다. 일본은 난징 대학살과 부녀자 강간 사건으로 일본에 대한 국제 여론이 나빠지자 국가가 관여해 종군 위안부를 조직적으로 모집하고 위안소를 설치한다. 그럼에도 불구하고 한국에서는 난징 대학살이라는 원인은 배제한 채 일본군 성노예 문제의 경과와 결과만을 논하고 있다 해도 과언이 아닐 정도이다.

난징 대학살을 다루는 중국의 태도도 마찬가지이다. 1931년 만주사변에서 1945년 승전까지 15년 중일전쟁의 일부로서 난징 대학살을 다룰 뿐 난징 대학살의 결과로서 야기된 종군 위안부 문제에는 그다지 관심을 기울이지 않는다. 이는 한국과 중국 모두 일국사와 국경이라는 틀 속에 갇혀 이 둘을 서로 분절된 사건으로 다루고 있기 때문이다. 일본으로서는 더할 나위 없이 다행스러운 일이고 한국과 중국으로서는 어리석기 짝이 없는 일이다.

아이리스 장이 지적한 것처럼 난징 대학살은 유대인 학살이나 히로시마 원폭 투하처럼 전 세계의 관심을 끌지 못한다. 왜냐하면 희생자들 스스로가 침묵했기 때문이다. 일본군 성노예 문제 역시 마찬가지였다. 희생자들 스스로가 침묵했다. 이는 여성의 정조가 목숨보다 소중히 여겨졌던 유교적 가부장제하에서 여성이 순결을 잃었다는 것은 감히 입 밖에 낼 수 없는 수치스러운 일이었기 때문이다.

난징 대학살의 강간 피해자들 중 다수는 강간 후 그 자리에서 죽임을 당했다. 그러나 다행히 목숨을 건진 수많은 여성들도 수치감을 못 견디고 양쯔 강에 몸을 던져 자살했다. 그뿐만 아니라 강간에 의해 태어난 아기를 죽이는 영아살해가 줄을 이었다. 일본군 성노예로 끌려갔던 조선 여성들 중에 귀국을 거부하고 현지에 남거나 귀국해서도 고향으로 가지 않고 타향살이를 한 사람들이 있었던 것은 바로 그 때문이다.

역사 시간에 유대인 학살에 대해 가르치지 않으면 불법으로 간주되는 독일과 달리 일본은 수십 년간 조직적으로 난징 대학살에 대한 언급을 교과서에서 지워왔다. 지금도 일본의 우익들은 난징 대학살은 없었다고 부인하거나 희생자 수를 줄여 말한다. 하지만 당시의 일본군 자신들이 난징 대학살의 희생자를 30만 명 이상으로 추정했음을 알려주는 증거가 있다.

1938년 1월 17일 일본 외상 히로타 고키가 다음과 같은 메시지를 워싱턴에 있는 연락책에게 보냈는데, 미국 정보부가 이를 가로채 1938년 2월 1일 영어로 번역했다.

며칠 전 상하이로 돌아와 나는 일본군이 난징과 다른 곳에서 저지른 만행에 관해 조사했다. 믿을 만한 증인의 말과 보고에 따르면 일본인은 훈족의 아틸라가 저질렀던 끔찍한 짓을 떠올리는 갖가지 잔혹 행위를 했다고

한다. 30만 명 이상의 중국 민간인들이 잔인한 방식으로 살해되었다.[51]

난징에서 벌어진 이 끔찍한 사건의 정확한 규모를 파악하는 것도 어려운 일이지만, 그때 일어난 강간의 규모와 본질을 파악하는 것은 더욱 어려운 일이다. 그렇더라도 난징 대학살은 역사상 가장 엄청난 집단 강간으로 기록될 것이다. 수잔 브라운 밀러는 난징 대학살 때 자행된 강간은 1971년 벵골 지역에서 파키스탄 병사들이 저지른 조직적인 강간(벵골 지역에서 반란이 일어난 후 파키스탄 군사들이 방글라데시에 살던 20~40만 명가량의 여성을 9개월에 걸쳐 강간했다)을 제외하고는 역사상 유례없는, 민간인을 대상으로 한 최악의 강간이라고 밝혔다.

당시 난징에 있었던 독일인 라베의 증언에 의하면 도시 곳곳에 강간당한 후 끔찍하게 살해된 여자들의 시체가 널려 있었다.

> 이들은 계속해서 여자들과 어린 소녀들을 강간했으며 저항하는 사람들 혹은 운 나쁘게 잘못된 시간에 잘못된 장소에 있었던 민간인들을 모두 죽여버렸다. 8세 미만의 어린아이와 70세 이상의 노인도 가장 참혹한 방법으로 강간을 당했다. 유리병과 죽창이 몸에 꽂힌 채 죽어 있는 여자들의 시체가 거리 곳곳에 쌓여 있다. 나는 내 눈으로 직접 이 희생자들의 참상을 확인했으며 이들이 죽기 바로 전 이야기를 했고 시체를 쿨로 거리에 있는 시체 안치소에 옮기기도 했으므로 이 참상에 대한 목격담은 거짓이 아닌 진실임을 확인할 수 있다.[52]

---

51 아이리스 장, 《난징대학살》, 124쪽에서 재인용.

52 아이리스 장, 《난징대학살》, 144쪽에서 재인용.

난징 대학살 당시 역시 그곳에 있었던 의사 로버트 윌슨은 난징의 지옥도를 12월 18일 일지에 다음과 같이 적었다.

> 오늘로 6일째, 단테가 말한 지옥의 현대판이 피와 강간으로 재현되고 있다. 곳곳에서 살인이 자행되고 수천 명이 강간에 희생된다. 이 끔찍한 살육과 욕정과 발광을 막을 수 있는 방법은 없는 것 같다. 처음에 나는 그들의 분노를 자극하지 않으려고 친절하게 대하려 노력했다. 그러나 웃음은 점점 더 희미해지고 내 눈길은 일본군의 눈길처럼 냉정하고 흐리멍덩해졌다.[53]

난징 대학살이 일어나기 며칠 전인 1937년 11월, 쇼와 천황은 황궁 내에 자기만을 위한 전쟁 상황실을 만들었다. 모든 전투 상황을 꼼꼼히 챙기기 위해 공들여 만들었다. 정치인들은 물론이고 심지어 총리까지도 출입이 엄격하게 통제되었다. 모든 군사 정보가 빠짐없이 천황의 최신 오락실인 이 전쟁 상황실에 전달되었다. 난징 대학살은 1938년 1월과 2월 사이에 일본군 참모들과 외교관들 사이의 주요 화젯거리였다.[54]

난징을 비롯해 일본 군대가 진주하는 곳마다 집단 강간 및 살인이 발생해 국제연맹의 조사 대상이 되고 해외 신문의 뉴스거리가 되자 일본 군부는 병사들의 폭력적 광기를 분출시킬 다른 방법을 모색한다. 그리하여 일본 병사의 힘을 회복하고 병사의 주체성을 기르며 이를 통해 군대의 기능을 유지 재생산할 방법으로서, 그리고 치안 유지의 장치로서 위안부를 두

53 아이리스 장, 《난징대학살》, 153쪽에서 재인용.

54 에드워드 베르, 《히로히토 신화의 뒤편》, 유경찬 옮김(을유문화사, 1989), 240쪽.

기로 결정한다. 이처럼 일본은 민간인을 상대로 강간과 살인을 저지른 일본군을 군법으로 다스린 것이 아니라 오히려 병사들의 성적 욕구 해소를 위해 군 위안소를 설치했다. 나아가, 계속해서 전시 강간을 조장하고 용인한다.

제4단의 참모로 중국 전선에 종군한 시마누키는 일본군이 저지르는 약탈, 방화, 강간, 살인 등의 전쟁 범죄에 대한 고급 장교의 책임을 다음과 같이 이야기한다.

> 군대가 범하기 쉬운 결함 중 전장에서의 약탈, 방화, 강간, 살인이라는 네 가지 악이 있는 것도 옛날부터의 풍습이다. 이것을 알지 못하는 자는 지휘관(장교)이라고 할 수 없다. 문제는 이러한 군기의 위반 사안에 대한 감독자인 상급 지휘관의 책임을 어떻게 물을까이다. 이 점이야말로 전장에서 군기 확립의 제1요건이다. 더구나 전선 가까이에 일본 요리점과 특종 위안부가 수반된 지나사변(중일전쟁) 중기 이후의 사태와 고급 장교의 거주 시설, 클럽 설치 등이 행해지고 있는 상황에서는 어떠한 상부로부터의 감독 지도도 효과를 올릴 리가 없다.[55]

중일전쟁에서 일본군의 군기가 퇴폐한 중요 원인 중의 하나는 휴가 제도의 문제점이었을 것이라고 《정보전의 패배—일본근대와 전쟁 1》을 쓴 하세가와 씨는 지적했다.

> 일본 육군 수뇌부가 보인 병사의 급식에 대한 무관심은 하나의 중요한

---

55 요시다 유타카, 《일본의 군대》, 최혜주 옮김(논형, 2005), 208쪽에서 재인용.

문제, 즉 전선에서 장기간 전투에 종사한 병사에게 휴가를 주는 제도를 결국 채용하지 않았던 것과 연결된다. 1차 세계대전의 경험을 통해 어느 교전국에서도 1년에 1주간 내지 2주간의 휴가를 장교와 병사 전체에게 줄 필요를 인정해 이것을 제도화했다. 그러나 일본의 육군·해군 모두 평상시에는 연 20일간의 휴가를 주면서, 보다 휴가가 필요한 전시에는 도리어 하루의 휴가도 주지 않았다……이것 역시 군대 생활을 점점 일반 국민으로부터 유리시켜, 일단은 무거운 부담을 과하는 것으로 여겨지게 되어 패전 직전에는 어느새 견디기 어려운 상태를 만들어내는 원인이 되었다.[56]

군인도 인간인데 전시 중에 단 하루의 휴가도 없이 혹사당하다 보니 집단 광기에 휩싸인 것이라고 변명할 수도 있다. 하지만 악마의 포식이라고밖에 표현할 수 없는 일본군의 집단 광기를 이것만으로 설명하는 것은 무리다. 오히려 일본군의 사병 교육 및 관행, 즉 일본의 군대 문화로서 이를 파악해야 한다.

2003년 11월 17일 도쿄 고등 재판소 법정에 선 83세의 곤도 이치라는 옛 일본군의 증언이 난징 대학살의 실체에 더 가까울 것이다. 이 재판은 중일전쟁 중 일본군이 산시 성 북부의 항일 근거지에 대해 삼광 작전을 벌일 때 일본군에게 성폭행당한 중국인 여성들의 고소로 열린 것이었다. 이 여성들이 원하는 것은 일본 정부의 사실 인정과 성실한 사죄·보상이었다. 곤도 이치는 이 재판에서 자신이 일본군 병사로서 중국 민중에게 저지른 잔학 행위를 증언했다. 아래는 그의 증언 중 일부이다.

56 요시다 유타카, 《일본의 군대》, 208~209쪽에서 재인용.

우리들은 교육을 통해 중국인은 인간 이하의 인종이라고 세뇌당하여, 중국인을 죽이는 것은 닭을 죽이는 것과 같으므로 특별히 죄가 되지 않으며 천황을 위하고 일본을 위한 것이라고 생각했습니다. 1941년 9월경 산시 성 북부 항일 근거지로 소탕 작전을 벌이러 갔습니다. 일반적으로 팔로군이 있다는 정보가 들어와서 한 마을로 진격하면 팔로군은 피신합니다. 그러면 그 마을에 들어가 돈과 물자, 의류 등을 약탈하고 숨어 있는 여성을 찾아 몇몇 병사들이 강간을 하는 것입니다. 강간이나 윤간 후에는 죽이는 것이 통례였습니다……저를 포함한 일본군 병사가 중국에서 죽인 많은 죄 없는 사람들, 강간이나 윤간을 하고 죽이거나 치욕을 주었던 여성들을 생각하면 잠을 이룰 수 없습니다. 우리들이 저지른 죄와 피해자의 고통이 사라지지는 않겠지만, 일본이 국가 차원에서 성심성의껏 사죄와 보상을 한다면 무거운 우리 마음도 조금은 편해질 것입니다.[57]

결국 일본인의 선병질적인 민족 차별 의식이 잔학한 학살로서 표출된 것이다. 곤도 이치는 중국에 대한 일본 국가 차원의 진실된 사죄와 보상을 바라지만, 일본 정부는 여전히 난징 대학살은 없었다고 말하거나 사망자 수를 줄이거나 하며 과거사를 부인하기에 여념이 없다. 과거와 마찬가지로 현재의 일본 정부도 인간의 존엄성과 도덕성이라는 문제에는 여전히 관심이 없는 듯하다.

57 한중일3국 공동역사편찬위원회, 《미래를 여는 역사》, 158~159쪽.

전쟁과 젠더, 한일 여성의 연대

종군 위안부라는 이름으로 일본군 성노예로 끌려간 여성은 조선, 중국, 대만, 말레이시아, 싱가포르, 베트남 등 아시아 전 지역에 걸쳐 있었지만, 그중 압도적 다수는 조선 여성이었다. 또한 일본군의 성폭력은 일본군 성노예에 국한해 자행된 것이 아니라 전쟁터와 점령지에서 광범위하게 자행된 것으로 확인된다. 일본군의 성폭력에는 나라별로 여러 가지 고유의 요인이 복잡하게 얽혀 있다. 일본이 만든 위안부 제도의 피해자 중 조선 여성이 가장 많다는 것은 일본의 식민지 지배를 빼놓고는 생각할 수 없다.

한국에서 종군 위안부 문제가 하나의 사회 운동으로 이어진 것은 1980년대 말 교회여성연합회와 윤정옥 교수 등의 연구자가 한국여성단체연합으로 대표되는 여성 운동을 매개로 합세하면서부터였다. 1988년 5월 노태우 대통령의 일본 방문에 즈음해 교회여성연합회, 여성단체연합, 여대생대표자협의회는 한국과 일본 정부에 군 위안부 문제를 제기했다. 이 운동(일본군 성노예 문제 해결을 촉구하는 운동)은 1990년 11월 한국의 주요 여성 단체가 거의 망라된 한국정신대문제대책협의회(이하 '정대협'으로 약칭)의 발족으로 보다 체계화되고 적극성을 띠게 되었다.[58]

종군 위안부 문제가 공식적으로 다루어지면서 한국과 일본 사회는 '전쟁과 젠더'라는 새로운 문제에 직면하게 된다. 종군 위안부 문제가 처음 제기되었을 때 이 문제에 대한 시각 차이는 국가 대 국가가 아니라 남성 대 여성이라는 구도에서 드러났는데, 이는 종군 위안부 문제가 곧 젠더의 문제

---

58 정진성, 《일본군 성 노예제—일본군위안부문제의 실상과 그 해결을 위한 운동》(서울대학교출판부, 2004), 102쪽.

라는 방증이다. 현재 한국 여성과 일본 여성은 이 문제에 대해 국경을 넘어 공감대를 형성하고 연대하고 있다. 반면에 한국 남성과 일본 남성 대부분은 이 문제에 대해 무관심으로 일관하거나 비난하거나 둘 중 하나였다. 일본군 성노예에 대한 이와 같은 시각 차이는 생물학적 남녀의 차이에서 기인하는 것이 아니라 사회적·문화적으로 구성된 남녀의 차이에서, 즉 젠더의 차이에서 발생한다. 다시 말하면, 남성 중심적인 성폭력 용인 체제에 긍정적인 남성과 남성 중심 사회의 해체와 성폭력 종식을 지향하는 여성 간의 차이에서 발생한다.

한국의 여성 단체와 일본의 여성 단체는 이 문제가 공론화된 초기부터 연대한다. 1991년 8월 김학순 할머니가 세상에 자신을 공개한 뒤 이에 용기를 얻은 다른 피해자 할머니들도 얼굴을 드러내기 시작했고, 한국의 정대협이 발 빠르게 움직여 1991년 9월에 일본군 성노예 피해자 신고 전화를 개설한다. 일본에서도 1992년 1월 '종군 위안부 110번'을 개설한다.[59] 1992년 1월 8일 미와자와 전 일본 총리의 방한을 계기로 1992년 1월 16일 수요일부터 일본군 성노예 피해자 할머니들과 시민 단체들이 함께 참석하여 일본을 상대로 위안부 문제 해결을 촉구하는 '수요집회'가 매주 열리기 시작한다.

이처럼 한국의 여성 운동은 곧바로 일본의 여성 운동과 연대한 것은 물론이고, 국내의 여러 시민 및 단체들의 협력을 확보하게 되었다. 이어서 일본의 시민 단체와 아시아 다른 피해국의 여성 단체 및 시민 단체들이 이 운동에 가담했으며, 세계의 여러 시민 단체들도 지원에 나섰다.[60]

---

59 정진성, 《일본군 성 노예제 — 일본군위안부문제의 실상과 그 해결을 위한 운동》, 103쪽.
60 정진성, 《일본군 성 노예제 — 일본군위안부문제의 실상과 그 해결을 위한 운동》, 108쪽.

처음에 한국 여성 운동 쪽에서 시작된 위안부 문제 해결을 위한 운동이 일본의 여성 운동과 제휴하게 된 것은 이 운동이 무엇보다 피해 여성들의 깊은 상처를 치유하려는 노력이라는 것을 반영하며, 이 운동이 곧바로 국내의 시민 단체들로부터 광범위한 지지를 얻은 것은 일본군 성노예 문제가 매우 심각한 민족 문제라는 것을 보여준다.[61] 하지만 한국 여성과 일본 여성의 연대가 그렇게 수월한 것은 아니었다. 일본군 성노예 문제를 여성 인권의 문제로 생각하는 일본과 이 문제를 여성 문제인 동시에 민족 문제로 생각하는 한국 사이에 분명한 간극이 있기 때문이었다.

실제로 필자가 일본에서 만난 여성 운동가들 대부분은 종군 위안부 문제를 민족의 문제가 아니라 젠더와 페미니즘의 문제로 다루고 있었다. 1996년 8월 2일부터 4일까지 2박 3일간 사이다마埼玉 현 국립부인교육회관에서 600명 여성 운동가들이 참석한 포럼이 열렸다. 종군 위안부 테마가 들어가 있어서 필자도 참석하게 되었는데, 막상 참석하니 그 테마는 빠지고 없었다. 그래서 60여 개나 되는 다양한 테마 중 마음에 드는 분과에 들어가 그들의 열띤 토론과 논쟁을 들었다. 그런데 한국 여성은 필자뿐이어서 참석한 여성들의 관심이 필자에게 쏠리더니, 결국 자연스럽게 종군 위안부 문제로 화제가 옮겨 가게 되었다. 당시 여성학이나 젠더 연구에 관한 식견이 없었던 필자로서는 민족 문제로서 그것에 접근할 수밖에 없었고, 그러한 시각이 일본 여성 운동가들의 시각과는 많이 동떨어진 것임을 알게 되었다. 종군 위안부 문제에 대한 일본과 한국의 시각 차이를 알게 된 필자는 그 후 같은 대학의 일본인 여교수와 함께 일본군 성노예 피해자 할머니들을 다룬 다큐멘터리 영화 〈낮은 목소리The Murmuring a History of

---

61 정진성, 《일본군 성 노예제 — 일본군위안부문제의 실상과 그 해결을 위한 운동》, 109쪽.

영화 〈낮은 목소리〉의 일본 시사회 때 배포된 팸플릿.

Korean Women〉(일본 제목으로는 〈나눔의 집ナヌムの家〉)의 시사회 겸 토론회를 열었다.

그런데 시사회 준비를 도와준 사람들은 같은 대학의 여직원과 여학생이었다. 참석자는 여자 친구를 따라 온 젊은 일본 남성들도 있기는 했지만 대부분 여성이었다. 시사회 후의 토론회에 참석한 사람은 100퍼센트 여성이었다. 토론회에 참석한 여성들은 과거 일본이 벌인 침략 전쟁의 실상에 대해 조금은 알고 있었으나, 일본 병사들이 조선인 위안부 여성들에게 그렇게 잔인하게 상처를 입혔으리라고는 짐작도 못했다고 했다. 참석자 대부분이 같은 여성으로서 한국의 여성들에게 죄스러움을 느낀다고 밝혔다. 필자는 한국에 돌아온 후 2000년부터 한국외국어대학교에서 '일본 역사와 지리', '일본 사회와 문화'라는 과목을 담당했다. 매 학기마다 일본군 성노예 문제에 관심을 갖고 이를 테마로 발표를 하는 학생들도 100퍼센트 여학생이었다.

한편, 일본 정치가들의 종군 위안부에 관한 망언에도 불구하고 한국 사회가 종군 위안부 문제에 무관심한 것을 조롱하기라도 하는 듯한 사건이 한국에서 터진다. 한 여배우가 종군 위안부를 콘셉트로 하여 찍은 사진집 사건이다. 다음에 소개하는 글은 2004년도에 그러한 우를 범한 여배우에게 편지를 보내는 형식으로 피해자 할머니들이 한국 사회에 보낸 메시지이다. 매 학기마다 학생들에게 소개하는 글이지만, 여전히 읽을 때마다 콧잔등이 시큰해진다. 인터넷에서 쉽게 찾아 읽을 수 있는 글임에도 아직 읽어보지 않았을지 모르는 독자를 위해 장문의 글을 전부 싣는다. 단락은 필자가 임의로 나누었다.

보내는 편지 중에서……

얘야!……
나는 너 같은 손녀라도 있었으면 좋겠다.
니가 나의 썩고 있는 육신을 보지 않았으니,
그렇게 말짱한 입술로
맹랑한 생각을 하였는지 몰라도,
난 그래도 너 같은 손녀라도 있었으면 좋겠단다.

한때 나도 너만큼이나 뽀얀 속살로 벌판을 누비며,
홍조 띈 얼굴로 시냇가에서 빨래를 하면서 재잘거리던
너만큼이나 철없던 계집아이 시절이 있었단다.
부잣집은 아니어도 건장한 청년 만나서
초가삼간에 살아도 이쁜 아이 낳아 옥수수 심고

고추 심어 나즈막하게 살아가는 것이 소원이었던 사람이었다.

정녕 니가 내가 되기를 원한다면,
조용히 눈 감고 기도해다오!……
내 젊은 시절의 악몽에서 벗어날 수 있게……
평안하게 잠들도록……
그리고……
내 힘없는 조국을
그래도……안고 갈 수 있도록……

왜 진심을 이해해주지 않느냐고 원망하지 마라.
수십 년을 소외된 채 사회와 단절된 나도 살아온 땅이다.
내가 언제 너에게 많은 것을 바랐던 적이 있었느냐?……
내가 언제 너에게 손을 벌린 적이 있었느냐?……

처음엔 무서웠어……
조금 지나니 고통스럽더라……
그래도 세월이라고, 시간이 흐르고……
차라리 죽을 수 있는 건 행운이라고 여길 즈음……
난 고향으로 돌아왔단다.

살아 있다는 것이 악몽이라는 걸……
니가 지금 느끼느냐?……
나는……수십 년을 그렇게 지옥 속에서 살았단다.

나는……나를 놓아 버린 것이 이미 오래 전의 일이다.
나는……여자였던 것도 오래 전의 일이다.

너는……마음만 먹으면 너처럼 고양이 눈을 하고 있는
딸아이를 얻을 것이다.
하지만 내 속에는 아이를 만들 수 있는 땅이 없어.
그들이 다 파서 먹었으니……
수십 명의 개떼들에게 내 몸 하나 먹힌 건,
그래도 별거 아니었다.

지금 생각하면……고향이라고 돌아와,
발을 디딜 곳 하나 없이 만들어 놓고
개떼들의 습격이 마치 내 의지였던 것처럼
나를 죄인 취급하던 내 사랑하는 조국이
더 나의 숨통을 조여 왔던 것 같다.

내가 너를 미워한다면……
그건 니가 한국인이기 때문이다.
그리고 니가 여자이기 때문이다.
니가 나를 모른다고 말하지 마라……

나는 그저……너를 대신하여,
개떼들에게 끌려간 것일 뿐이다.
너덜너덜한 육신을 안고서 돌아와서…….

온전한 햇볕 한번 못 보고 살아온 내가
지금 와서 너에게 사진의 모델이나 되라고 하니까……

내 살아온 것이……
오늘 이 꼴을 보려고 했던 것이구나……
나를 동정하지 마라!!!……
내 조국이 나를 버리던 그때부터,
나는 누구의 동정 따위를 원하며 살아온 것이 아니다.

나에게 카메라를 비추지 마라!!!……
내 육신이 비록 너덜너덜하지만,
너희들이 아무 곳에나 들이대며
플래쉬를 터트릴 그런 삶은 아니었다.

얘야!……
어떤 때에는 니가 무슨 죄가 있을까도 싶었다.
동물원 구경 오는 심정이었을지도 모를 너에게
나를 고스란히 옮겨 놓으려는
내 욕심이 어리석은 것이라 여겼다.
너처럼 부푼 젖가슴을 나도 가졌었단다.
너처럼 고운 등을 나도 가졌었단다.
개 한 마리 세워놓고, 니가 얼굴에 숯을 바른다고,
정녕 니가 내가 될 수 있겠느냐?……
니가 그 고운 등을 들이대고,

풀어 헤친 저고리 고름 사이로
하얀 젖가슴을 내민 것은,
……사치였다!!!
그건 내가 아니었다.[62]

우리 사회 전체를 각성시키는 편지가 아닐 수 없다. 국제 용어 '일본군 성노예', 한국명 '일본군 위안부', 일본명 '종군 위안부'라는 다양한 이름으로 불리는 할머니들. 이 할머니들은 뽀얀 속살이 내비치는 꽃다운 소녀 시절 전쟁에 끌려가 육신이 만신창이가 되었다. 이들의 육신을 찢어발긴 것은 아시아태평양전쟁이었지만, 이들의 영혼을 찢어발긴 것은 위의 편지가 말하고 있듯이 이들의 조국이었다.

한국의 가부장적 패러다임이, 한국 남성의 자존심이, 여자에게 목숨이나 다름없는 처녀성을 잃은 그녀들을 외면하고 철저하게 망각해버렸다. 그것은 한국 정부도 마찬가지였다. 할머니들이 음지에서 양지로 나와 피해 보상 문제를 제기했을 때 일본의 우익 단체들과 언론 매체들은 이구동성으로, 여성으로서 목숨과 같은 순결성을 잃고도 보상금에 눈이 어두워 자기 치부를 내보인다는 식으로 이들을 매도했다. 한국 사회의 반응도 이와 별반 다르지 않았다. 언론 매체에 의해 환기된 사실에 동족으로서 일시적으로 흥분한 것일 뿐, 한국인들이 이 문제에 진정으로 깊은 관심을 가진 것은 아니었다.

우리 사회 전체가 이 문제에 관심을 갖고 각성했다면 2004년에 할머니들의 가슴을 찢어놓은 그런 사건은 일어나지 않았을 것이다. 일본군 성노

---

62 http://ptmarathon.net/board/view.php?id=board&no=1182

예 문제를 세상에 널리 알리고 환기하기 위해 그런 사진을 찍겠다는 연예 기획사의 무신경한 발상은 나오지 않았을 것이다. 이 사건은 그런 사진 자체가 또 다른 형태의 성폭력이라는 사실조차 인식하지 못할 정도로 한국 사회가 이 문제에 둔감하다는 것을 보여준 전형적인 예에 지나지 않는다. 한국 사회가 일본군 성노예 문제와 진실로 마주한 적이 없었기 때문에 할머니들의 상처를 감싸고 어루만질 감수성이 발동할 여지가 없었던 것이다.

종군 위안부에 대한 일본의 반응

국가의 공인을 받은 일본군의 성범죄는 한국뿐 아니라 북한, 중국, 필리핀 등 아시아 각국의 피해 여성들의 증언을 통해 속속 드러나기 시작한다. 그러자 부인하는 것이 궁색해진 일본 정부는 한 발 후퇴해서 종군 위안부는 있었다, 하지만 그것은 민간 업자가 주관한 성의 상거래 행위로 국가와는 관련이 없었고 따라서 국가 차원의 책임은 없다고 거짓말을 한다. 종군 위안부는 자발적인 성행위였다고 주장하는 이른바 '매춘' 패러다임이다.

자국이 가해자로서 저지른 전쟁의 의미에 대해 진지하게 생각해본 적이 없는 일본은 일본군 성노예는 없었다고 부인한다. 그러다 종군 위안부 문제가 사회 전면에 대두되자 자유주의 사관파는 실증 사학이라는 허울 아래 위안부 강제 연행을 증명할 만한 사료가 없다는 것을 문제 삼아[63] 종군 위

63 실증 사학에서 역사적 사실을 판가름하는 데 쓰이는 증거로는 문서 사료, 고고학적(물적) 자료, 그리고 구두 사료가 있다. 그런데 구두 사료의 경우, 이것의 중요성을 강조하는 사람들조차 다른 물증이나 문서 사료의 뒷받침이 있을 때에만 비로소 구전이나 증언이 신빙성을 갖게 된다고 여기며, 구두 사료는 문서 사료에 비해 부차적인 가치밖에 없다고 여긴다.

안부는 국가와 아무런 관련이 없다고 부인한다.

하지만 양식 있는 일본 연구자들의 주장은 일본 정부의 그것과 다르다. 종군 위안부 연구자인 요시미 요시아키吉見義明 교수가 찾아낸 자료 중에서 육군성의 관여를 보여주는 가장 중요한 자료의 하나는 1938년 3월 4일에 육군성 부관 통첩으로서 내려진 〈군위안소 종업부 등 모집에 관한 건〉이라는 문서이다.

> 부관으로부터 북부중국방면군 및 중부중국파견군 참모장에게 보내는 통첩안중국사변 지역에 위안소를 설치하기 위해 일본 국내에서 종업부 등을 모집함에 있어서 불필요하게 군부 양해 등의 명의를 이용하여 군의 위신을 손상시키고 또한 일반 시민의 오해를 불러일으킬 위험이 있고, 혹은 종군 기자, 위문자 등을 매개하여 통제 없이 모집함으로써 사회 문제를 야기할 위험이 있으며, 또 모집에 임하는 사람을 잘못 선정하여 이로 인해 모집 방법이 유괴와 같아 경찰 당국에 검거되어 취조를 받는 자가 나오는 등, 주의를 필요로 하는 사항이 적지 않으므로 장래에는 위안부 모집에서 파견군이 통제하고 이를 맡길 인물 선정을 주도면밀하게 하며, 그 실시는 관계 지방의 헌병이나 경찰 당국과 연계를 긴밀히 하고 이에 의해 군의 위신 유지상, 그리고 사회 문제상 유감없도록 배려할 것을 명령에 의거해 통첩한다.[64]

또한 요시미 요시아키 교수가 찾아낸 또 다른 문서(오카무라 레이지 자료 '전장 회상' 편)에 따르면, 1938년 중국 대륙의 우한武漢 공략 작전을 지휘하

64 요시미 요시아키, 《일본군 군대위안부》, 이규태 옮김(소화, 1998), 45~47쪽.

고 있던 제11군의 오카무라 레이지岡村寧次 사령관은 위안소 설치를 고안한 인물임에도 불구하고 휘하의 각 부대 상황에 대해 다음과 같이 말하지 않을 수 없었다.

> 현재의 각 부대는 거의 모두 위안부단을 동행하여 그것이 병참의 한 분대인 것 같은 상황이다. 제6사단과 같은 경우에는 위안부단을 동행하면서도 강간죄가 끊이지 않고 있다.[65]

오카무라 사령관이 고백하고 있듯이 위안소 설치는 강간 방지에 별로 효과가 없었다. 원래 강간을 방지하기 위해서는 강간을 범한 군인을 엄중하게 처벌하는 것이 필요하고 그것이야말로 가장 먼저 취해져야 할 조치였다. 그러나 육군 형법 규정 자체가 강간죄에 대해 관대했다.[66]

다음 문서는 1940년 9월 19일 육군성으로부터 육군 각 부대에 교육 참고 자료로서 보낸 〈중국사변의 경험에서 본 군기 진작 대전〉이다.

> 사변 발발 이래 실정에 비춰 보면, 혁혁한 무훈이 있는 반면 약탈, 강간, 방화, 포로 참살 등 황군의 본질에 반하여 많은 범행이 발생하고 따라서 성전에 대한 내외의 혐오 반감을 초래하여 성전의 목적 달성을 곤란하게 하는 것은 유감스러운 일이다……범죄 비행 발생의 상황을 관찰해보면 전투 행동 직후에 많이 발생하는 것이 인정된다……사변 지역에서는 특히 환경을 정리하고 위안 시설에 관해 주도면밀하게 신경을 써서 살벌한 감

65 요시미 요시아키, 《일본군 군대위안부》, 56쪽.

66 요시미 요시아키, 《일본군 군대위안부》, 57쪽.

정이나 열악한 감정을 완화 억제하는 것에 유념할 필요가 있다……특히 성적 위안소에서 받는 병사들의 정신적 영향은 가장 솔직하고 심각한 것으로 이에 대한 지도 감독의 적합 여부는 사기 진흥, 군기 유지, 범죄 및 성병의 예방 등에 미치는 영향이 극히 크다고 생각하지 않을 수 없다.[67]

위의 문서에 명시된 대로, 일본이 군 위안소를 설치하게 된 것은 약탈, 강간, 방화, 포로 참살 등 황군의 본질에 반하는 많은 범죄가 발생하여 자국의 '성전'이 국내외의 혐오와 반감을 살 우려가 있다고 판단했기 때문이다. 아울러 군 위안소는 잘 지도 감독하면 군인의 사기 진흥, 군기 유지, 범죄 및 성병 예방 등에 효과가 크다고 밝힌 데서 일본이 군 위안소의 역할을 적극적으로 인정하고 있었음이 드러난다.

이처럼 위안소와 관련해 군부가 명을 내린 문서들이 계속 드러나자 1992년 일본 정부는 마지못해 종군 위안부 강제 동원을 인정한다. 일본 정부는 각 관계 부처를 동원해 한국, 미국, 오키나와에서 종군 위안부 강제 동원 실태를 조사했으며, 1993년 8월 고노 요헤이河野洋平 관방 장관은 일본군의 요청에 의해 위안소가 설치되었고 위안소 설치·관리 및 위안부 이송에 일본군이 직·간접적으로 관여했다는 것을 공식적으로 인정한다(고노 담화). 일본 정부는 처음으로 위안부 모집의 강제성과 중대한 인권 침해, 그리고 국가의 관여를 공식적으로 인정하고 사죄의 뜻을 표명한다.

그리고 1996년 '여성을 위한 아시아평화국민기금'을 만들고 국민 모금을 통해서 위안부 피해자 할머니들에게 1인당 200만 엔씩을 지원하기로 한다. 하지만 상당수 할머니들이 수령을 거부한다. 할머니들이 원한 것은

---

67 요시미 요시아키, 《일본군 군대위안부》, 49쪽.

국민 기금을 통한 배상이 아니라 일본 정부의 진정한 사죄였다. 피해 당사자들이 기금 수령을 거부하고 진정한 사죄를 요구하면서 이 문제는 다시 한일 역사 문제의 쟁점이 된다.

한편 고노 담화가 발표된 후에 《아사히신문》을 비롯한 일본의 언론과 여성 단체들이 이 문제를 비롯해서 과거의 전쟁에 대해 일본 정부가 성의 있고 책임감 있는 태도로 나설 것을 촉구하기 시작한다. 다음은 《아사히신문》에 실린 〈두 가지 전쟁의 종말〉이라는 기사의 일부이다.

> 지금 문제가 되는 것은 구 일본제국의 책임과 함께 국가 그 자체의 의미이다. 피폭자에 대한 국가 보상, 아시아와 기타 여러 외국의 희생자 개개인에 대한 국가 보상의 문제, 그것은 인간이 국가를 위해서 죽는 것의 의미뿐만 아니라 국가가 인간을 죽이는 것의 근거를 근본에서부터 묻는 시대가 이 세계에 도래했음을 보여준다.[68]

근대 천황제 신민 국가에서는 인간이 국가를 위해 죽는 것과 국가가 인간을 죽이는 것이 의문의 대상이 되지 않았다면 이제는 그에 대해 근본에서부터 물어야 한다고 이 기사는 말하고 있는 것이다.

일본의 양식 있는 사람들이 종군 위안부 문제를 거론하기 시작하자, 이를 희석시키기 위해 일본의 우익이 준동하기 시작한다. 자유주의사관연구회와 '새로운 역사 교과서를 만드는 모임'(이하 '새역모')은 1996년부터 교과서에서 종군 위안부에 관한 기술을 삭제하기 위한 캠페인을 전개한다. 종군 위안부란 존재한 적이 없으므로 종군 위안부에 관한 기술은 역사적 근

68 〈두 가지 전쟁의 종말〉, 《아사히신문》(1994년 8월 14일).

거가 없는 것이다. 따라서 종군 위안부를 거론하는 것은 일본 국민을 정신적으로 위축시켜 일본인으로서의 자각과 기개를 짓밟고 일본이라는 국가를 정신적으로 해체하기 위해 국제적 반일 세력이 연대하여 전개하는 거대한 일본 파멸의 음모라는 것이 새역모 측의 일관된 주장이다.

그러나 우에노 치즈코上野千鶴子는 《내셔널리즘과 젠더》에서 새역모의 주장을 다음과 같이 반박한다. 첫째, '위안소' 제도에는 확실히 군이 관여했다. 위안소에는 군 직영 위안소, 군 전용 위안소, 군 이용 위안소라는 세 종류가 있었으며 전부 군의 관리하에 있었다. 둘째, 위안소에서 행해지는 일은 겉으로 보기에는 '매춘'이었지만 실상은 군 감시하의 '강제 노동'이었다. 셋째, '위안부' 조달은 '자유의사'에 의한 자원으로 이루어지기는커녕 폭력에 의한 강제나 납치, 취업 사기나 인신매매 같은 유형·무형의 압력에 의해 이루어졌다.[69]

한편, 2000년 12월 8일부터 12일까지 도쿄의 일본청년관에서 민간 법정인 '일본군의 성노예제를 재판하는 여성국제전범법정'이 열린다. 마지막 날인 12일에 재판장은 두 시간 가까이 판결 요지를 낭독한 후 다음과 같이 결론 내린다.

'법정'은 제출된 증거를 토대로 검찰단이 피고인 천황 히로히토에 대해서 입증한 것을 용인하고 천황 히로히토는 공통 기소장 중의 인도에 대한 죄의 소인訴因 1과 2인 강간과 성노예제에 대한 책임에 대해서 유죄임을 인정한다. 또한 인도에 대한 죄의 소인 3의 강간에 대해서도 유죄이다. 또한 재판관은 일본 정부가 〈법정헌장〉 제4조가 기술한 의미에서 '위안부'

69 우에노 치즈코, 《내셔널리즘과 젠더》, 이선이 옮김(박종철출판사, 1999), 120쪽 참고.

일본 국가 가사와 뜻

君(きみ)が世(よ)は
기미가요와(천황의 치세는)

千代(ちよ)に八世(やちよ)に
치요나야치요니(천대에서 팔천대까지)

さざれ石(いし)の
사자레이시노(조약돌이)

巌(いわお)となりて
이와오토나리테(반석이 되어)

こけのむすまで
고케노무스미데(이끼가 낄 때까지)

일본 국가를 개작한 영문 가사와 뜻

Kiss Me. girl, your old one
(키스해 주렴 소녀여, 할머니에게)

Till you're near, it is years till you're near
(네가 내 옆에 올 때까지. 얼마나 많은 세월이 지났니?)

Sounds of the dead will she know?
(알아다오, 죽은 자들의 목소리를)

She wants all told now retained
(진실이 밝혀지고 마음속에 간직되길 바란다는 걸)

for, cold carves know the moon's seeing the mad and dead
(그래, 차가운 동굴은 알고 있단다. 저 달이, 미쳐 죽어간 사람들을 지켜보고 있었다는 걸)

《조선일보》 2006년 5월 30일자에 실린 〈기미가요〉의 가사와 이를 개사한 〈나에게 키스를〉의 가사.

제도의 설치와 운영에 대해서 국가적 책임을 져야 한다고 판결한다.[70]

시민 법정의 판결이어서 법적 구속력은 없지만, 처음으로 일본군의 전시 성노예제가 심판을 받은 것이다. 도쿄에서 시민 재판이 열려 일본인들이 지켜보는 가운데 일본군 성노예 문제가 일본 국내외에 천명되었다는 점에서 이는 의미 있는 일이었다.

2006년 일본에서는 일본 국가인 〈기미가요君が代〉를 종군 위안부의 한에 빗대어 영어로 개사한 〈나에게 키스를Kiss Me〉이라는 저항 가요가 인터넷에 떠다녀 화제가 되었다.

〈기미가요〉는 '천황의 치세는 조약돌이 반석이 되어 이끼가 낄 때까지

70 内海愛子, 《戦後報償から考える日本とアジア》(東京 : 山川出版社, 2002), 78쪽.

천년이고 만년이고 이어질 것'이라는 내용을 담고 있다. 말하자면 〈기미가요〉는 일본 천황에 대한 찬가이다. 다른 노래도 아니고 바로 이런 노래를 개사했다는 사실에 놀라움을 감출 수가 없다. 전전의 일본에서는 상상도 할 수 없는 일이었다. 〈기미가요〉를 종군 위안부 피해 할머니들의 한에 빗댄 가사로 바꾸어 부르는 것은 침략 전쟁의 상징인 국가는 부르지 않겠다는 뜻이다. 한국 사회에서라면 이 정도 저항은 아무것도 아니겠지만, 역사적으로 권력에 저항하지 않는 태도를 보여온 일본의 국민성을 감안하면 이는 수위나 강도가 꽤 높은 저항인 셈이다.

〈기미가요〉는 메이지 시대부터 군국주의 시대를 거쳐 일본이 패전할 때까지 일본의 국가로서 최고의 예우를 받았다. 1945년, 패전과 더불어 일시적으로 국가인 〈기미가요〉의 제창과 국기인 히노마루의 게양이 금지된다. 당시 히노마루가 국기, 〈기미가요〉가 국가라고 법으로 정해져 있지는 않았지만 교과서에서는 이것들이 국기, 국가라고 지칭되었다. 학교에서 히노마루를 게양하고 〈기미가요〉를 제창하는 것은 법으로 정해진 것이 아니라 오로지 학교장의 재량에 달린 일이었으나, 사실상 의무화되어 있었다. 이러한 상황에서 히노마루 게양과 〈기미가요〉 제창을 지시하는 교장과 이 지시에 반발하는 교원들 사이의 갈등이 끊이지 않았다.

이런 사회 분위기에도 불구하고 2007년 아베 신조安部晋三 총리는 종군 위안부의 강제 연행을 인정한 고노 담화의 폐기를 추진하려고 한다. 그러다가 주일 미국 대사와 네덜란드 총리 등의 비판을 비롯해 세계적으로 비판이 일자 이를 철회한다. 그 후에도 일본 각료의 종군 위안부 관련 망언은 끊이지 않고 있다. 2012년 현재, 이명박 대통령의 독도 방문과 천황 사죄를 요구하는 발언을 빌미로 일본 정부는 종군 위안부 문제를 인정한 고노 담화를 폐기하려 하고 있다.

일본군 성노예에 대한 해외의 반응

미국은 일본이 패전 후 버리고 간 일본군 성노예들을 구제하고 이들의 증언을 채록한 바가 있음에도 불구하고, 일본과의 정치적·군사적 동맹 관계 때문에 한·일 간의 과거사 문제를 외면해왔다. 그러나 일본군 성노예 문제와 역사 왜곡 문제로 동북아시아의 긴장이 높아졌던 2006년 9월, 미국 하원 국제관계위원회가 위안부 결의안을 마침내 만장일치로 통과시킨다.

미국 하원 국제관계위원회가 그제 2차 세계대전 당시 일본의 일본군 성노예 동원과 관련한 결의안을 만장일치로 채택했다. 미 의회가 위안부에 대한 결의안을 채택한 것은 처음이라는 점에서 매우 주목된다. 결의안은 위안부를 강제 동원한 사실을 분명히 시인하고, 역사적 책임을 받아들일 것을 일본 정부에 촉구하고 있다. 또 반인간적이고 끔찍한 이 범죄 행위에 대해 현재와 미래 세대에 교육시킬 것과 앰네스티와 같은 국제 인권 단체의 권고를 받아들여 피해자들에 대한 추가 조치를 고려할 것을 주문하고 있다. 이 결의안이 하원 본회의에서 통과되더라도 구속력을 갖는 것은 아니지만 일본의 만행을 미국 사회는 물론이고 전 세계에 상기시킴으로써 향후 배상 문제 등에 있어서 일본 정부를 압박하는 효과가 있을 것으로 예상된다. 일본 정부는 1990년대 초 자체 조사를 통해 위안부 동원의 강제성을 부분적으로 시인하고, 형식적인 사과의 뜻을 밝힌 바 있다. 그러나 그 이후 별다른 조치를 취하지 않고 있다. 게다가 일본 정치인들은 걸핏하면 위안부는 존재하지 않았다거나 강압에 의한 동원은 없었다는 등의 망언을 서슴지 않고 있다. 교과서에서 위안부란 용어를 삭제해야 한다는 주장마저 나오고 있다. 일본 정부는 왜 미 의회가 이 시점에서 위안부 문제에 대한 결의안을 채택했는지 냉정하게 돌아봐야 한다. 과거사를 둘러싸고 최근 증폭되고 있는 한국, 중국 등 주변국과의 갈등이 영향을 미쳤음을 제대로 인식해야 한다는 뜻이다. 미 하원 국제관계위는 위안부 관련 결의안을 채택한 데 이어 어제 '일본의 과거사'를 둘러싼 청문회까지 열었다. 일본 총리의 야스쿠니 신사 참배와 교과서 왜곡 등 과거사 문제로 인한 일본과 주변국 간 관계 악화가 동아시아에서 미국의 이익에 어떤 영향을 미치는지를 따지기 위한 청문회였다. 과거의 잘못을 겸허하게 인정하고, 다시는 과오를 되풀이하지 않겠다는 확고한 의지를 말과 행동으로 보여주는 것만이 역사의 굴레에서 일본이 벗어날 수 있는 길이다.[71]

그러나 일본의 아베 총리는 종군 위안부를 부인하는 발언을 하고, 이에 대한 미국 의회의 성명이 나오자 사태의 진화에 나섰다. 2007년 7월에는 미국 하원 본회의에서 일본 정부에 위안부 강제 동원에 대한 공식 인정과 사과를 요구하는 결의안이 만장일치로 채택된다.

미국 하원은 31일 2차 대전 당시 일본군이 위안부를 강제 동원했던 사실을 일본 정부가 공식 인정하고 사과할 것을 요구하는 결의안을 만장일치로 채택했다. 일본계 3세인 마이클 혼다 의원이 지난 1월 발의하고 하원 의원 168명이 공동 발의자로 참여한 이 결의안은 본회의 상정 35분 만에 전체 하원 의원 435명 전원의 지지를 받아 통과됐다. 결의문은 위안부 강제 동원을 "그 잔인성과 규모에서 전례가 없는 20세기 최대의 인신매매 사건 중 하나"로 규정했다. 혼다 의원은 "오늘 미 하원은 일본 정부가 위안

71 《중앙일보》(2006년 9월 15일).

부들이 당한 모욕에 대해 공식적으로 명백하게 사과해야 한다는 메시지를 보내는 것"이라고 했다. 랜토스 하원 외교위원장은 "역사를 왜곡하고 부정하며 위안부 희생자들을 비난하는 등 장난질을 일삼는 일본의 태도는 구역질이 난다"고 했다. 1997년 이후 11년 동안 여섯 차례나 위안부 결의안이 미 하원에 제출됐었다. 그러나 일본 정부의 집요한 로비에 부닥쳐 본회의에서 상정조차 되지 못했다. 이번 결의안 통과는 지난달 일본 정치인과 지식인들이 워싱턴 포스트에 "위안부 동원에 일본 정부나 군대가 개입하지 않았다"는 억지 주장을 전면 광고로 낸 게 전환점이 됐다. 혼다 의원은 "이 광고가 (오히려) 미 정책 결정자들에게 사실 관계를 이해하는 계기를 줬다"고 했다. 이날 미 의사당을 찾은 일본군 위안부 피해자 이용수 할머니는 "이렇게 한을 풀어주는 시작을 만들어줘 고맙다"고 했다. 일본 아베 총리는 "결의안 채택은 유감"이라고 했다. 미 하원 결의문이 일본에 요구한 강제 동원 사실 인정, 총리의 공식 사과, 위안부 강제 동원을 부인하는 주장에 대한 공개적 반박, 다음 세대를 위한 교육 등을 일본 정부가 실천할 뜻이 없다는 것이다. '구역질나는 일본의 태도'라는 랜토스 미 하원 외교위원장의 말이 결코 과언이 아니다.[72]

이 결의안은 우여곡절 끝에 이루어진 값진 성과였다. 동맹국 미국에 의해 종군 위안부 관련 결의안이 채택됐다는 것은 일본에는 큰 충격이었다. 그 후 일본 정치가들에 의한 종군 위안부 관련 망언은 줄어들었지만, 그 대신에 일본 역사 교과서에서 종군 위안부 관련 기술을 삭제하려는 움직임이 본격화된다. 현재 종군 위안부에 대해 기술한 교과서는 점점 줄어들고 있다.

---

72 《조선일보》(2007년 8월 1일).

미국 하원의 위안부 결의안 채택 과정[73]

연월일	내용
2001, 2005	일본 정부의 책임 인정 요구하는 결의안 제출됐으나 상정되지 못함.
2006. 9. 12	레인 에반스(민주) 의원과 크리스토퍼 스미스(공화) 의원이 공동 발의한 결의안이 처음으로 상정돼 심의됐으나 회기 지나 폐기
2007. 1. 31	마이클 혼다(민주) 의원이 결의안 제출
2007. 2. 15	연방 하원 외교위원회 아태환경소위원회서 위안부 청문회 처음 개최
2007. 3. 1	아베 신조 일본 총리, 위안부 강제 동원 증거가 없고 미 하원 결의문 채택되더라도 일본 정부는 사죄할 의향이 없다고 망언
2007. 3. 6	《뉴욕 타임스》, 아베 총리의 발언을 비판하는 사설 게재
2007. 3. 24	《워싱턴 포스트》, 일본 정부의 사죄를 촉구하는 사설 게재
2007. 3. 26	미 국무부 일본 정부에 위안부 문제에 대해 책임 있는 행동 촉구
2007. 4. 26	미국 방문한 아베 총리, 위안부와 관련해 '미안한 느낌sense of apology'이라고 발언
2007. 6. 14	의원 40여 명을 비롯한 일본 지도층, 《워싱턴 포스트》에 위안부 강압 없었다는 전면 광고 게재
2007. 6. 26	결의안 외교위 상정, 찬성 39대 반대 2로 통과
2007. 7. 30	하원 본회의에서 결의문 만장일치로 채택

이와 같은 일본인들의 행동에 쐐기라도 박듯이, 2012년 7월에 미국의 외무 장관 힐러리 클린턴은 일본군 위안부라는 존재를 공식 문서에서 '일본군 성노예'로 지칭할 것을 지시한다. 이는 한국계 미국인들이 자발적으로 미국 내에 세운 '성노예 추모비'에 대해 일본 정부와 정치권이 철거를

73 《조선일보》(2007년 8월 1일).

요구한 것에 대한 반발이자 반성할 줄 모르는 일본에 대한 경고였다. 일본은 2007년의 미 하원 결의안에 이어 미국 공문서에 '성노예'라는 표현이 등장할 경우 이것이 공식 용어로 자리 잡게 될 가능성을 크게 우려했다. 이렇게 되면 미국을 넘어 다른 나라들에까지 성노예라는 표현이 확산될 가능성이 크기 때문이다.[74]

힐러리 클린턴 미국 국무 장관이 최근 미국의 모든 문서와 성명에 일본어 '위안부comfort women'를 그대로 번역한 말을 쓰지 말라고 지시했다고 미국의 〈넬슨 리포트〉가 9일 보도했다. 〈넬슨 리포트〉는 워싱턴 DC의 정가에서 주로 읽히는 온라인 뉴스 매체다. 클린턴 장관은 최근 국무부 고위 관리로부터 보고를 받을 때 '일본군 위안부' 대신에 '강제적인 성노예enforced sex slaves'라는 표현을 써야 한다고 지시한 바 있다(본지 9일자 A1면). 이에 대해 일본은 겐바 고이치로玄葉光一郎 외무상이 직접 반박하고 나섰다. 〈넬슨 리포트〉는 "클린턴 장관의 이 발언은 일본에 충격을 주고 있으며 미국이 한국은 물론 (성노예 피해를 입은) 중국·인도네시아·필리핀·호주·뉴질랜드·네덜란드의 편을 들어서 공식적으로 일본과 맞선다는 것으로 읽히고 있다"고 전했다. 미 국무부 패트릭 벤트렐 부대변인도 9일(현지 시각) 정례 브리핑에서 "2차 세계대전 당시 이 여성들(일본군 성노예)에게 일어난 일은 비참했다"며 "이에 대한 미국 정부의 공식 입장은 '심각한 인권 위반'이라는 것"이라고 밝혔다. 클린턴 장관의 이 표현은 최근 미국 정부와 정치권에서 일본군 성노예 문제를 새롭게 인식해야 한다는 분위기가 형성됐다는 것을 보여준다. 미 연방하원은 2007년 일본

---

74 〈'성노예' 표현 쓴 클리턴 "모든 문서에 '위안부' 금지"〉, 《조선일보》(2012년 7월 11일).

군 성노예 결의안을 채택했다. 이 결의안은 '성노예 활동sex slavery'이라는 표현을 써가면서 일본의 책임을 명시했다. 당시 톰 란토스 연방하원 외교위원장은 "일본 정부가 아시아와 태평양의 젊은 여성들을 성노예로 강제 동원한 것에 대한 책임을 인정해야 한다"고 했다.[75]

이처럼 일본 정부와 우익이 아무리 일본군 성노예의 존재를 부정해도 이는 손바닥으로 하늘을 가리는 격이다. 이 문제는 한일의 과거사 문제가 아니라 '전쟁과 젠더' 문제로 이미 세계에 각인되었기 때문이다. 그럼에도 불구하고 2012년 현재까지도 일본의 후안무치한 정치가들이 일본군 성노예에 대한 망언을 계속하고 있으며, 새역모 교과서를 비롯한 일본의 역사 교과서에서 일본군 성노예에 대한 기술이 누락되고 있다. 이에 그치지 않고, 군 위안부를 인정한 1993년의 고노 담화 전문을 폐기해야 한다는 주장까지 자민당에서 나오고 있다. 그뿐만 아니라 국가 차원에서 세계를 향해 종군 위안부는 없었다는 광고를 내려는 움직임이 구체화되고 있다.

이처럼 일본군 성노예 문제는 과거의 일이 아니라 현재의 일이다. 그리고 일본이 계속 이를 부인하는 한 미래의 일이 될 수밖에 없다. 따라서 한국 정부와 국민은 일본군 성노예 문제에 지속적인 관심을 가져야 하며 장기적 관점에서 대처해야 한다. 일본군 성노예 문제의 해결을 위해서는 국제적 연대가 절실하게 필요하며, 이를 위해서는 한국에서 사용되는 용어부터 통일되어야 한다. 한국 정부와 국민은 세계적인 추세에 발맞추어 '종군 위안부'(일본명)나 '일본군 위안부'(한국명)가 아니라 '일본군 성노예'라는 국제 용어를 사용하도록 노력해야 한다. 그리고 일본군 성노예 문제를 이제

---

75 〈'성노예' 표현 쓴 클린턴 "모든 문서에 '위안부' 금지"〉.

는 민족이나 국가 차원의 시각이 아니라 '여성과 젠더'라는 국제적 시각으로 바라봐야 한다. 그래야만 문제 해결의 실마리를 찾을 수 있다.

7장

상징천황제하의 국가 의식의 향방

근대 일본의 침략 전쟁과 전후의 일본에 관해서는 잘 알면서도 쇼와 천황이 〈종전 조서終戰詔書〉에서 전쟁에 대한 책임을 인정하는 말이나 사죄의 말을 단 한 마디도 하지 않았다는 사실은 모르는 사람이 많다. 쇼와 천황이 전범 재판을 피하기 위한 자구책으로서 발표한 〈종전 조서〉는 과거사에 대한 집단 망각과 책임 회피를 보여주는 전형적인 예이다. 천황은 GHQ의 도움으로 결국 전범 재판을 모면했고, 전후 일본 내각은 본토인과 식민지인을 포함한 일억이 참회한다는 뜻의 '일억총참회'라는 수사修辭로 전범 국가 일본의 죄를 희석시킨다.

이와 같은 침략 전쟁에 대한 책임 의식의 결락은 전후의 과거사 부정으로 직결된다. 일본 관료들의 과거사에 대한 끊임없는 망언이 그 대표적인 징표이다. 전쟁에 대해 책임을 져야 할 인사들이 책임을 지지 않았을 뿐 아니라, 이들이 전후 일본 사회의 주역이 됨으로써 오히려 과거사를 부정하고 희석시키는 요인이 된 것이다. 그 결과 지금도 동북아시아에서는 과거사를 둘러싼 갈등이 끊이지 않고 있다. 각료들의 야스쿠니 신사 참배, 일본군 성노예 부정, 역사 교과서 왜곡, 독도 등에 대한 영유권 주장 등등 일본이 만들어내고 있는 갈등 요소들은 모두 과거사를 부정하는 일본의 태도에서 비롯된 것이다.

1945년의 일본 패전 후 67년이 지났지만 2012년 현재에도 과거사 문제는 여전히 동북아시아의 발목을 잡고 있다. 과연 이 문제에 대한 해법은 있는 것일까. 그 해법을 찾기 위해서는 이 문제의 원천을 짚어보아야 한다.

즉, 어째서 일본이 근대에 자행한 침략 전쟁과 그 결과에 대해 아무런 책임을 지지 않게 된 것인지를 규명해야 한다. 전후에 일본이 어떻게 전쟁에 대한 책임을 회피해왔는지를 알게 되면, 일본 우익의 과거사 부정이 어디에서 비롯되었는지 알 수 있을 것이다.

이를 위해서 첫째는 쇼와 천황의 이름으로 반포된 〈종전 조서〉와 〈신일본국가 건설에 관한 조서〉에 나타난 전쟁 책임 회피 발언을 구체적으로 살펴보아야 한다. 전후의 전쟁 책임 회피는 모두 이 두 조서에서 출발했기 때문이다. 둘째는 미완의 재판으로 끝난 도쿄 재판의 문제점이 무엇인지 살펴봐야 한다. 나아가 도쿄 재판을 부정하는 야스쿠니 신사의 전쟁관과 새 역모의 도쿄 재판 사관이 무엇을 준거로 하는지, 그리고 서로 어떻게 연동하고 있는지 살펴봐야 한다. 셋째는 일본 지성인들의 우경화 현상과 이를 배경으로 나타난 역사 교과서 문제, 〈교육기본법〉 개정 문제, 헌법 제9조 개정 문제 등을 살펴봐야 한다. 얼핏 보면 별개의 문제들 같지만 실은 서로 밀접한 관련이 있는 문제들이기 때문이다.

그럼에도 불구하고 전후 60년 동안 한국은 일본 정치가의 과거사에 대한 망언, 일본 총리의 야스쿠니 신사 참배, 일본의 역사 교과서 왜곡, 일본군 성노예 문제, 독도 문제 등 현상적인 문제에 감정적으로 대응하는 데 그쳐온 것이 사실이다. 현재 일본의 역사 교과서 왜곡 문제와 일본군 성노예 문제에 한해서는 한국과 일본의 지성이 연대하고 있지만, 그 외의 문제에서는 해결된 것이 없으며 현재로서는 나아질 전망도 없다.

이 책의 대단원인 7장 〈상징천황제하의 국가의식의 향방〉에서는 이러한 문제에 대한 답을 찾기 위해, 1945년의 일본 패전부터 2012년 현재까지 쟁점이 된 문제들의 배후에 있는 일본인들의 논리를 중심으로 논의를 전개하고자 한다. '일본 신화와 천황제 이데올로기—신화와 역사 사이에서'라는 큰 틀에서 1장에서 6장까지 전개된 내용이 현대 일본사의 문제로 어떻게 재현되고 있는지를 7장에서 볼 수 있을 것이다. 그것을 단적으로 보여주는 것이 바로 새역모 교과서이다. 일본의 사상사적 배경인 '일본 신화'와 역사적 배경인 '천황제 이데올로기'가 새역모 교과서 속에서 재현되고 있기 때문이다.

1

전후 일본의 전쟁 책임 회피

1945년 7월 초, 쇼와 천황은 고노에 후미마로近衛文麿(1891~1945)를 소련에 보내 연합국과의 강화에 대한 중개를 요청하기로 결정한다. 그런데 7월 9일 내각의 외무상이었던 아리타 하치로在田八郎(1884~1965)는 미국과 영국에 직접 강화를 신청해야 한다고 천황에게 상주한다. 다시 말해 전쟁 종결을 위한 영단을 내려달라는 것이었다. 하지만 쇼와 천황은 여전히 종전 회담에서 자신의 거취를 유리하게 만들어줄 대승을 기다리며 국체 수호를 위해 발버둥 치고 있었다.

1945년 7월 16일 미국은 원자폭탄 실험에 성공한다. 그리고 7월 26일 독일 포츠담에서 미국, 영국, 중국, 소련의 회담이 열리고 그 결과로서 포츠담 선언이 발표된다. 미국 대통령 트루먼, 영국 총리 처칠, 중국 총통 장제스蔣介石, 소련 공산당 서기장 스탈린이 회담에 참가했다. 포츠담 선언은 모두 13개 항으로 되어 있는데 제1~5항은 전문前文이다. 그중 제13항이 일본군의 무조건 항복을 규정한 것이었다. 포츠담 선언의 골자는 일본이 인류와 일본 국민에게 지은 죄를 뉘우치고 포츠담 선언을 즉각 수락하라는 것이었다. 이를 거부하던 일본은 8월 6일의 히로시마 원폭 투하에 이어 8월 9일의 나가사키 원폭 투하에 직면하자 결국 8월 14일에 포츠담 선언을 수락한다. 8월 15일 쇼와 천황은 라디오를 통해 전쟁 종결 선언문을 낭독하며 연합국 및 아시아 전역에 항복 의사를 천명한다. 이로써 15년간 지속된 일본의 아시아태평양 침략 전쟁이 막을 내린다.

그와 동시에 미국을 위시한 연합군이 일본에 들어와, 미 군정하의 전후 일본 개혁이 시작된다. 그와 동시에 태평양전쟁의 책임을 묻는 도쿄 재판이 시작된다. 전후 일본 내각은 천황의 도쿄 재판 기소를 막고 천황의 전쟁 책임을 회피하기 위해 천황의 '성단聖斷'으로 전쟁이 끝났다는 신화를 만들어낸다. 아울러 쇼와 천황은 인간 선언을 하고 일본 전국을 순행하면서 이미지 변신을 꾀한다. 그 과정에서 모든 전쟁 책임은 군부, 그것도 육군에게 전가되고 천황과 일본 국민은 '일억총참회론'이라는 명분하에 서로 면죄부를 주고받는다. 이 절에서는 전후 일본의 전쟁 책임 회피가 어떤 식으로 진행되었는지 구체적으로 살펴보고자 한다.

국체 수호와 성단의 허구

전후 일본의 전쟁 책임 회피는 패전 직전까지 쇼와 천황이 보인 국체(만세일계의 천황과 그의 신표인 3종의 신기) 수호 의지에 가장 잘 드러나 있다. 천황의 성스러운 판단, 소위 '성단'에 의해 전쟁이 끝났다는 전후 일본 국민의 착각과 달리, 국체인 천황제를 수호하기 위해 마지막까지 종전의 결단을 내리지 않은 것이 바로 쇼와 천황이었다. 쇼와 천황과 그의 측근들은 나라의 운명이 풍전등화와 같은 시점에 이르러서도 항복하지 않고 계속 버틴다. 일본 수뇌부가 종전을 미룬 것은 상황을 오판해서가 아니라, 패전이 임박한 상황에서 어떻게 하면 국체를 수호하고 황실을 보전할 것인가에만 관심이 있어서였다.

태평양전쟁 말기에 정계 상층부가 국민의 '일억옥쇄'를 감수하며 국체 수호에 한층 노골적으로 집착하는 한편 천황도 가속화되는 전황 악화에 초조감을 드러낸다. 그러나 천황은 전의를 상실하지 않았고, 일대 전과를 올리기 전에는 전쟁 종결의 결단을 내릴 생각이 전혀 없었다.[1] 결론적으로 쇼와 천황의 '성단'은 천황이 도쿄 재판에 회부되지 않도록 하기 위해, 아울러 국민의 존경을 잃지 않도록 하기 위해 조작된 허구였다.

대본영 육해군부는 1945년에 와서야 천황의 전쟁 계속 의사를 받아들이는 형태로 우선 1월 20일에 〈제국육해군작전대강〉을 만들고, 오키나와를 제외한 홋카이도, 혼슈, 시코쿠, 규슈 4개 섬의 유지를 목적으로 8월까지 육군 240만 명, 해군 30만 명, 합계 270만 명에 달하는 본토 방위군을 편성하기로 한다. 천황의 전쟁 계속 의사는 3월 9~10일 이틀에 걸쳐 사망자 8만 4,000명이라는 막대한 피해를 낸 도쿄 대공습을 겪은 후에도 추호의 흔들림이 없었다. 천황의 뇌리에 있는 것은 오직 전쟁 승리에 의한 국체 수호뿐이었다.[2]

쇼와 천황이 그토록 수호하려 집착한 대상이 무엇이었는지는 1945년 7월 13일 그가 측근인 기도 고이치木戸幸一(1889~1977)에게 한 이야기로 알 수 있다.

---

1 纐纈厚, 《〈聖断〉虚構と昭和天皇》(東京 : 新日本出版社, 2006), 83쪽.

2 纐纈厚, 《〈聖断〉虚構と昭和天皇》, 85~86쪽 참고.

여러 가지로 생각해보았는데, 이세와 아쓰타熱田의 신기는 결국 내 가까이로 옮겨서 지키는 것이 가장 좋을 것 같다. 그러나 이를 언제 옮기는가는 사람들의 마음에 줄 수 있는 영향을 고려하여 상당히 신중할 필요가 있을 것이다. 내 생각에는 여러 번에 걸쳐 옮기는 것이 좋을 것 같은데, 신슈信州 쪽으로 옮길 각오로 생각하면 어떻겠는가. 이쯤에서 궁내 대신과 신중히 상의하고 정부와도 교섭하여 결정했으면 한다. 만일의 경우, 내가 지키면서 그것과 운명을 같이할 수밖에 없다고 생각한다.[3]

위의 글에서 알 수 있듯이 쇼와 천황이 수호하려 한 것은 3종의 신기였다. 천황의 즉위 의례에 사용되는 3종의 신기는 아마테라스의 천손 강림 신화에 기초한 것으로, 만세일계의 천황가가 일본을 영구히 다스릴 것을 보증하는 것이다. 천황의 황거가 있는 도쿄에 대한 대공습으로 수많은 사람이 죽어나가는데도 쇼와 천황과 측근들은 고대에 만들어져 근대에 재생산된 천황 신화를 굳건하게 믿고 있었던 것이다.

또한 기도 고이치의 일기에 따르면, 그는 포츠담 선언이 발표되기 전날인 7월 25일 10시 30분에 쇼와 천황에게 불려갔는데 그 자리에서 천황에게 다음과 같이 이야기했다.

오늘날 군은 본토 결전이라 칭하며 일대 결전에 의해 전세의 전환을 주장하고 있지만, 이는 종래의 능력이나 경험으로 볼 때 쉽게 믿을 수는 없는 일이다. 만약 이에 실패하면 적은 아마 낙하산 부대를 국내 각처에 내려보내게 될 것이다. 이렇게 되면 경우에 따라서는 대본영이 포로가 되는

---

3 고모리 요이치, 《1945년 8월 15일 천황 히로히토는 이렇게 말하였다》, 36쪽.

일 같은 것도 꼭 가공의 이야기라고만 할 수 없다. 그러므로 진지하게 생각하지 않을 수 없는 것은 3종의 신기를 수호하는 일이다. 이를 완수하지 못한다면 황통 2,600여 년의 상징을 잃게 되며, 결국 황실도 국체를 수호할 수 없게 될 것이다. 그리하여 이를 생각하고 3종의 신기의 수호가 극히 곤란해지는 일이 닥칠 때, 어려움을 견디고 강화하는 것이 극히 긴급한 임무라고 믿는다.[4]

이처럼 천황과 그의 측근들은 3종의 신기를 수호하는 것이 황실과 국체를 수호하는 것이라고 굳게 믿고 있었다. 일본 육해군이 일본 국민과 식민지 국민을 포함한 '일억옥쇄'를 외치며 항전하는 동안, 계속되는 공습에 노출되어 있는 국민들의 안위에는 아랑곳하지 않고, 그들은 국체와 3종의 신기만을 걱정하고 있었던 것이다. 쇼와 천황의 독백록에는 다음과 같은 구절이 있다.

당시 내 결심은 첫째 이대로는 일본 민족은 멸망하고 나는 적자赤子를 보호할 수 없다는 것이다. 둘째로는 국체 수호와 관련해서 기도와 같은 의견이었는데, 적이 이세 만灣 부근에 상륙하면 이세 신궁과 아쓰타 신궁이 곧바로 적의 제압하에 들어가 신기를 이동할 여유가 없으며 또 그것을 확보할 전망이 서지 않는다는 것이다. 그렇다면 국체를 수호하기 어렵다. 그러므로 이때 내 한 몸 희생하더라도 강화를 하지 않으면 안 된다고 생각했다.[5]

---

4 고모리 요이치,《1945년 8월 15일 천황 히로히토는 이렇게 말하였다》, 34~35쪽 재인용.

5 고모리 요이치,《1945년 8월 15일 천황 히로히토는 이렇게 말하였다》, 45~46쪽 재인용.

쇼와 천황과 측근 기도 고이치의 이와 같은 생각은 권력의 중추가 날조된 건국 신화의 주술적 속박에 그야말로 골수까지 결려들어 있었음을 보여준다. 국가와 민족이라는 주술 앞에 인간의 이성이 얼마나 믿을 것이 못 되는지 보여주는 전형적인 실례이다.

쇼와 천황과 그의 측근들은 가공의 신화에 기초한 3종의 신기와 국체를 지키기 위해 14만 명가량의 오키나와인의 목숨을 내놓는다. 종전을 권하는 포츠담 선언에도 불구하고 국체 수호를 위해 항복을 미룬 일주일 동안 8월 6일의 히로시마 원폭과 8월 9일의 나가사키 원폭으로 33만 명에 달하는 막대한 희생자가 발생한다. 바로 그 일주일 때문에 소련이 일본을 무장 해제시키기 위해 전쟁에 개입하고, 그 결과 한반도는 남북으로 분단된다. 이 모든 것이 쇼와 천황의 책임이다. 그럼에도 불구하고 전후에 일본은 또다시 천황제 유지를 위해 성단 신화를 날조한다. 쇼와 천황은 단 한 번도 과거에 대한 책임 있는 사죄를 하지 않은 채 성단 신화로 자신과 국민을 기만하면서 천수를 누린 것이다.

〈종전 조서〉의 자기기만

연합군의 항복 권유를 끝까지 거부하던 일본은 히로시마와 나가사키에 원폭을 맞은 뒤 결국 1945년 8월 14일에 포츠담 선언을 수락한다. 쇼와 천황은 라디오를 통해 전쟁 종결 선언문인 이른바 〈종전 조서〉를 낭독하며 연합국 및 아시아 전역에 항복 의사를 천명한다. 사실상 일본의 패전이었음에도 불구하고 쇼와 천황은 패전이라는 용어를 일체 사용하지 않고 종전이라는 용어를 사용한다. 이로써 종전이라는 용어가 일본 사회에 뿌리를 내려 현재까지 사용되고 있다. 일본에서 8월 15일은 '종전 기념일'이다.

쇼와 천황의 〈종전 조서〉를 읽어보면 그가 항복을 천명하면서도 여전히 국체 수호라는 미망에서 깨어나지 못하고 있었음을 알 수 있다. 〈종전 조서〉는 전후 일본의 전쟁 책임 회피가 어디에서 비롯되었는지 알게 해주는 글이므로 길지만 여기에 전문을 옮겨본다.

짐은 깊이 세계의 대세와 제국의 현황을 감안하여 비상조치로서 시국을 수습하기를 원해 충량한 너희 신민에게 고한다. 짐은 제국 정부로 하여금 미·영·중·소 4개국에 그 공동 선언을 수락한다는 뜻을 통고하게 하였다. 대저 제국 신민의 강녕을 도모하고 만방 공영의 즐거움을 함께 나누고자 함은 황조황종皇祖皇宗의 유범으로서 짐은 삼가 이를 제쳐두지 않았다.

일찍이 미·영 2개국에 선전 포고를 한 것도 실로 제국의 자존과 동아의 안정을 간절히 바라는 데서 나온 것이며, 타국의 주권을 배격하고 영토를 침략하는 것 같은 행위는 본디 짐의 뜻이 아니었다. 그런데 교전을 한 지 이미 4년이 지나 짐의 육해군 장병의 용전勇戰, 짐의 백관유사의 여정勵精, 짐의 일억 중서衆庶의 봉공 등 각각 최선을 다했음에도 전국이 호전된 것은 아니었으며 세계의 대세 역시 우리에게 유리하지 않았다. 그뿐만 아니라 적은 새로이 잔학한 폭탄을 사용하여 빈번히 무고한 백성들을 살상하여 그 참해慘害가 미치는 바 참으로 헤아릴 수 없는 지경에 이르렀다. 더욱이 교전을 계속한다면 마침내 우리 민족의 멸망을 초래할뿐더러 나아가 인류의 문명도 파각할 것이다. 이렇게 되면 짐은 무엇으로 억조의 적자赤子를 보호하고 황조황종의 신령에게 사죄할 수 있겠는가. 짐이 제국 정부로 하여금 공동 선언에 응하게 한 것은 이런 까닭이다.

짐은 제국과 함께 시종 동아의 해방에 협력한 여러 맹방에 대해서 유감의 뜻을 표하지 않을 수 없다. 제국 신민으로서 전진戰陣에서 죽고 직역職域에 순직하고 비명에 스러진 자 및 그 유족을 생각하면 오장육부가 찢어진다. 또한 전상戰傷을 입고 재화災禍를 입어 가업을 잃은 자의 후생厚生에 이르러서는 짐의 우려하는 바가 크다. 생각하건대 금후 제국이 받아야 할 고난은 물론 심상하지 않고 너희 신민의 충정도 짐은 잘 알고 있다. 그러나 짐은 시운이 흘러가는 바대로 참기 어려운 것을 참고, 견디기 어려운 것을 견뎌서 이로써 만세를 위해 태평한 세월을 열고자 한다.

짐은 이로써 국체를 수호할 수 있을 것이며 너희 신민의 적성赤誠을 믿고 의지하여 항상 너희 신민과 함께할 것이다. 격한 감정을 이기지 못하여 함부로 사달을 일으키거나 혹은 동포들끼리 서로 배척하여 시국을 어지럽게 함으로써 대도를 그르치고 세계에서 신의를 잃는 것은 짐이 가장 경계하는 일이다. 아무쪼록 거국일치하여 일가자손 대대로 굳게 신주神州의 불멸을 믿으라. 책임은 막중하고 길은 멀다는 것을 생각하여 장래의 건설에 총력을 기울여, 도의를 두텁게 하고 지조를 굳게 하여 맹세코 국체의 정화를 발양함으로써 세계의 진운進運에 뒤지지 않도록 만전을 기하라. 너희 신민은 짐의 뜻을 명심하여 지키도록 하라.

— 쇼와 20년(1945) 8월 14일 어명御名 어새御璽[6]

읽어본 바와 같이 여기서는 침략 전쟁에 대해 시인하거나 사죄하는 부분이 단 한 군데도 보이지 않는다. 〈종전 조서〉에 따르면 미·영에 선전 포고를 한 것은 제국의 자존과 동아의 안정을 위해서였다. 또한 전쟁에 진 것

6 自由国民社編集部,《開戦の詔書—大日本帝国憲法, 教育勅語, 大本営発表, ポツダン宣言, 終戦の詔書》(東京 : 自由国民社, 2005), 44~47쪽.

은 대세가 유리하지 않았기 때문이고, 전쟁을 끝낸 것은 적군이 새로이 잔학한 폭탄을 사용해 빈번히 무고한 백성을 살상했기 때문이다. 여기서 말하는 잔학한 폭탄이란 히로시마와 나가사키에 투하된 원자폭탄이다. 나아가 쇼와 천황은, 교전을 계속하면 민족의 멸망을 초래할 뿐 아니라 인류의 문명도 파각할 것이기 때문에 전쟁을 끝내게 되었다고 말하는데, 그 자만심과 위선이 놀라울 따름이다. 끝으로 쇼와 천황은 신민을 향해, 짐은 국체를 수호할 것이니 너희 신민은 신국 일본의 불멸을 믿고 맡은 바 책임을 다하라고 말한다. 일본 패전의 결과인 〈종전 조서〉임에도 여기서조차 일말의 진실이나 진심을 찾아보기 어렵다.

진실을 왜곡하고 호도하는 이와 같은 〈종전 조서〉의 문제점을 간파하고 제일 먼저 지적한 사람은 아바스 통신 도쿄 지국장으로 일본에 와 있던 로베르 길랭이었다. 로베르 길랭은 다음과 같이 〈종전 조서〉의 기만을 지적하면서 앞으로 있을 역사 개찬의 문제를 예견한다.

> 이 조칙에 패전이라는 말은 한 번도 나오지 않았다. 물론 항복이라는 말도 사용되지 않았다. 잔인한 원자폭탄이 이 전쟁의 종결 이유라고 하고 있다. 그리고 다른 데서 말한 것처럼, 조칙에는 "일찍이 미·영 두 개국에 선전 포고를 한 까닭도 실로 제국의 자존과 동아의 안정을 간절히 바라는" 것만이 이 전쟁의 목적이라고 하였다. 그래서 만일 구 군인이 장래에 자기 좋을 대로 역사를 다시 쓸 기회를 얻는다면, 그들은 이 조칙의 텍스트를 기반으로 다음과 같이 다시 쓸 수도 있을 것이다. 우리가 전쟁을 그만둔 것은, 단지 우리 적의 비인간적인 행동에 의한 것이다. 우리의 천황은 휘하의 군대가 깊은 상처를 받지 않았음에도 불구하고 살육을 막는 데 동의하였다. 왜냐하면 천황은 일본의 구세주일 뿐만 아니라 어떠한 잔학 행위에

도 반대하는, 인간 문명의 방위자였기 때문이다.[7]

로베르 길랭의 이와 같은 지적대로 전후에 쇼와 천황의 '성단'에 의해 전쟁이 끝난 것으로 사실이 호도된다. 전후 일본은 천황 폐하의 성단에 의해 전쟁이 끝났다는 새로운 신화를 굳건하게 믿는다. 야스쿠니 신사에 전시되어 있는 쇼와 천황이 지은 노래에는 "몸은 어떻게 되든 싸움은 멈추리라 단지 쓰러져가는 백성을 생각해서"라고 되어 있다.

일본의 전전과 전후가 단절되지 않고 연속될 수밖에 없는 것은 쇼와 천황의 〈종전 조서〉가 시사하는 바와 같이 전쟁을 일으킨 주체가 전쟁에 대한 책임 의식을 결여했기 때문이다. 쇼와 천황의 〈종전 조서〉는 단지 전쟁에 대한 책임 의식 결여를 드러내는 데 그치지 않고, 전쟁을 일으킨 주체와 가해 국가로서의 본질 그 자체를 가리는 위선과 기만까지 보여준다. 전후의 일본 역사에는 많든 적든 이러한 위선과 기만이 깔려 있었다 해도 과언이 아니다.

1945년 8월 17일, 패전에 따른 혼란을 수습하기 위해서 최초의 황족 내각인 히가시쿠니 나루히코東久邇稔彦(1887~1990) 내각이 구성된다. 황족 내각이 구성된 것은 패전 후 국민감정이 천황제 폐지나 쇼와 천황 퇴위 쪽으로 흐르지 않도록 단속하기 위해서였다. 히가시쿠니 총리는 8월 28일 기자 회견에서 국체 수호(천황제를 유지하고 지키는 것)는 논리나 감정을 초월한 '우리의 굳은 신앙'이라고 언명하면서 '일억총참회론'을 주장한다.[8]

---

7 고모리 요이치, 《1945년 8월 15일 천황 히로히토는 이렇게 말하였다》, 77~78쪽.

8 요시다 유타카, 《일본인의 전쟁관》, 하종문 · 이애숙 옮김(역사비평사, 2004), 40쪽 참고.

일이 이 지경이 된 것은 물론 정부 정책이 올바르지 못한 것이기도 하지만, 국민의 도의가 쇠퇴한 것도 한 원인이다. 이 계제에 군, 관, 민, 국민 전체가 철저하게 반성하고 참회해야 한다고 생각한다. 전 국민이 총참회하는 것이 우리나라 재건의 첫걸음이며, 우리 내부 단결의 첫걸음이라고 믿는다.[9]

히가시쿠니 총리는 쇼와 천황의 전쟁 책임을 희석하기 위해, 전 국민이 총참회해야 한다는 주장을 내놓는다. 그런데 어처구니없는 것은 일본 국민은 물론이고 식민지 대만과 조선의 국민까지 총참회에 끌어넣었다는 점이다.

또한, 9월 4일에 열린 임시제국회의에서 히가시쿠니 총리는 연설 중에 종전의 공을 쇼와 천황에게 돌리는 동시에 패전의 원인을 미국과 소련의 우월한 전력이나 국력으로 돌린다. 그러면서 국체 신앙을 다음과 같이 옹호한다.

국체 수호라는 것은 논리나 감정을 초월한 우리의 단호한 신앙이다. 선조 전래의 우리 혈액 안에 흐르고 있는 일종의 신앙인 것이다. 결코 사방에서 오는 상황이나 풍우風雨에 의해 흔들리는 것이 아니다. 현재는 얼마 전에 내리신 조서를 봉체奉體하고, 이를 실천에 옮기는 것이 국체를 수호하는 길이다. 한편 조서를 봉체하고, 또 외국이 제출한 조항을 확실하고 충실히 실행함으로써만 우리 민족의 명예를 유지하고 증강할 수 있다. 곧 조서를 봉체하고 연합국이 제시한 조문을 충실하게 실행하는 것이 국체를 견지하고 우리 민족의 명예를 유지하는 방도다.[10]

---

9 요시다 유타카, 《일본인의 전쟁관》, 40쪽.

이 글을 보면 국체에 있어서 전전과 전후에 아무런 단절이 없음을 알 수 있다. 전쟁이 끝난 후에도 일본의 지성인들은 여전히 국체 수호라는 망상에 사로잡혀 있었던 것이다. 국체 그 자체인 천황이 〈종전 조서〉에서 국체 수호를 이야기하는 상황이니, 내각이 국체 수호를 주장하고 나선 것은 대세에 순응하는 일본의 국민성에 비추어 볼 때 당연한 일이었는지도 모른다.

푸른 눈의 쇼군 맥아더

쇼와 천황의 항복으로 일본 역사에서 쇼군과 천황의 권력 교대극이 다시 한 번 연출된다. 종전과 다른 점이 있다면 쇼군이 일본인이 아니라 푸른 눈의 외국인이라는 것이었다. 1945년 8월 28일 미국 점령군 선발대가 가나가와 현에 도착한 이후 점령 정책을 담당한 GHQ는 40만에 달하는 미군을 중심으로 편성된다. 40만 미군을 이끌고 일본에 진주한 맥아더 사령관은 1945년 9월 20일 오전에 미주리 호 함상에서 일본의 항복 조인식을 거행한다. 항복 조인식에 모인 연합국 대표들은 일본 대표인 참모총장 우메즈 요시지로梅津美治郎(1882~1949)에게서 투항서를 받아낸다. 일본이 마지막으로 연합국에 항복함으로써 2차 세계대전은 막을 내린다.

일본에 진주한 맥아더 장군은 미국의 트루먼 대통령으로부터 두 가지 임무를 받는다. 하나는 전범들을 신속하게 재판에 회부하는 것이고, 다른 하나는 천황을 신격화하고 자국을 신국으로 여겨온 천황제의 나라 일본을 최단 시간에 개혁해 미국식 정치 체제로 바꾸는 것이었다. 아울러 그에게는

10 고모리 요이치, 《1945년 8월 15일 천황 히로히토는 이렇게 말하였다》, 92쪽.

이를 위한 전권이 주어진다. 나머지 연합국들은 들러리에 불과했고, 사실상 미국의 일본 점령 정책이 연합군 사령관 맥아더를 통해 그대로 일본에서 시행된다. 전범을 심판하는 도쿄 재판뿐만 아니라 전후의 일본 개혁과 관련된 제반 사항도 미국의 의사대로 관철된다.

점령군은 제일 먼저 제국 군대를 해체한다. 일본이 항복한 시점에 일본 국내외에 육군 547만, 해군 242만, 총 789만 명의 군인이 있었다. 1945년 9월 13일에 GHQ가 일본 군대를 통솔해온 대본영을 폐지하고, 10월 18일에는 후생성이 군인을 민간으로 복귀시키는 중앙 책임 관청이 된다. GHQ는 1946년 1월 4일 전쟁 범죄자, 직업 군인, 국가주의적 단체 회원 등에 대한 공직 추방령을 내리고, 8월 이후에는 이러한 공직 추방령을 지방 공직, 경제계, 언론계 등으로까지 확대한다. 공직 추방 해당자는 총 20만 명 이상으로, 그중 80퍼센트 이상이 군인이었다.[11] 또한 GHQ는 1945년 9월부터 농지 개혁을 단행한다. 아울러 군국주의에 봉사하며 세를 불려온 재벌을 해체하는 재벌 개혁을 단행한다.

한편 GHQ는 교육 개혁에도 나서, 〈교육기본법〉을 제정해 교육의 민주화를 도모한다. 1947년 3월 31일에 공포된 〈교육기본법〉은 초중고 6 · 3 · 3년제, 평화주의, 교육 기회 균등, 무상 의무 교육, 남녀 공학, 교육의 자유 등 교육 민주화의 기본 방향을 확정한다. 〈교육기본법〉 제정과 아울러 1948년 6월 19일에는 〈교육칙어〉의 실효失效가 국회에서 결의된다.[12] 이로써 전전에 국민 교화의 수단이자 군국주의 교육의 표본이었던 〈교육칙어〉가 학교 교육에서 사라진다.

---

11 荒敬, 〈占領軍の非軍事 · 民主化政策〉, 《日本20世紀館》(東京 : 小学館, 1999), 542~543쪽 참고.

12 佐貫浩, 〈民主主義教育と学制改革〉, 《日本20世紀館》(東京 : 小学館, 1999), 546쪽 참고.

GHQ가 가장 심혈을 기울인 것은 헌법 개정이었다. 1945년 10월 일본 정부 내에 헌법문제조사위원회가 설치된다. GHQ는 일본 정부가 제출한 개정안을 거부하는 한편, 국민을 주권자로 하고 천황을 상징적인 존재로 만들고 전쟁 포기 조항을 넣도록 일본 정부를 압박한다. 우여곡절 끝에 메이지 천황의 탄생일(메이지절)에 맞추어 1946년 11월 3일 〈일본국헌법〉이 공포된다. 하지만 헌법의 발효 시기는 GHQ의 뜻대로 도쿄 재판 1주년인 1947년 5월 3일로 정해진다.[13]

1948년 1월 6일, 미 육군 장관은 대일 정책의 전환을 시사한다. 과도한 재벌 금지와 재벌 해체를 자제할 것, 전쟁 협력자라도 경제 진흥을 위해 해금할 것, 일본의 전쟁 배상을 완화할 것, 군수 공장의 철거를 중단할 것이 전환의 골자였다. 일본 점령 정책이 이렇게 급변한 것은 1946년 초엽부터 독일 점령 정책을 둘러싼 영미와 소련의 대립이 표면화되고, 7월에 중국의 국공 내전이 본격화됐기 때문이었다. 이러한 상황에서는 일본을 경제적으로 자립시켜 동아시아에 강력한 반공망을 구축하는 것이 자유 진영, 특히 미국의 초미의 관심사였던 것이다.[14]

미국의 대일 점령 정책 전환이 가속화된 것은 1950년에 발발한 한국전쟁을 통해서였다. 한국전쟁이 발발하자 맥아더는 일본 정부에 국가경찰예비대의 창설과 아울러 해군경비대의 증강을 지시한다. 일본의 재무장이 시작된 것이다. 아울러 미국은 일본과의 강화를 서두른다. 1951년 9월 8일 샌프란시스코에서 미일안보조약이 조인되고 1952년 4월 28일에 발효된다. 이로써 7년 가까운 미군 점령이 끝나고 일본이 독립한다. 한국전쟁이

---

13 古関彰一, 〈日本国憲法の制定〉, 《日本20世紀館》(東京 : 小学館, 1999), 550~551쪽 참고.

14 富森叡兒, 〈東西対決の進行がもたらした占領政策の転換〉, 《実録日本占領—GHQ日本改造の七年》, 122~123쪽 참고.

일본이 원하던 바를 앞당겨 실현시켜준 셈이었다. 역사의 아이러니라 할 수밖에 없다.

쇼와 천황의 '인간 선언'과 순행

전후 일본의 최대 관심사는 쇼와 천황의 면책이었다. 전후 내각은 천황이 형식적으로 전쟁을 승인했을 뿐이라고 주장하라는 지침을 내린다. 맥아더는 국내 혼란을 막고 새 체제를 수립하기 위해서는 천황제를 유지해야 한다는 일본 보수 세력의 말을 받아들여, 천황을 인정하되 상징적 존재로 두는 타협안을 만든다. 이는 즉각 다른 나라들의 거센 항의를 불러일으킨다. 전쟁의 주범인 쇼와 천황을 전범으로 세우고 천황제를 폐지해야 한다는 것이 이들의 공통된 주장이었다. 일본 천황을 전범으로 기소할 것인가가 연합군 사령부의 최대 현안으로 떠오른다.

1945년 9월 27일 쇼와 천황은 맥아더 부친의 절친한 벗이자 맥아더에게는 아버지나 다름없는 인물인 일본의 원로 정치가 아베 마사히토安部正人를 앞세우고 맥아더를 찾아간다. 맥아더가 두 번이나 앉으라고 권했음에도 쇼와 천황은 맥아더 앞에 서서 자신의 죄를 인정하며 패배를 시인한다. 그리고 생전 처음 자신을 가리켜 '짐'이라는 호칭 대신에 '나'라는 호칭을 쓴다.[15]

나는 일본이 전쟁을 일으키면서 발생한 모든 문제와 사건들에 대해 전

---

15 황허이, 《도쿄대재판》, 백은영 옮김(예담, 1999), 58쪽 참고.

맥아더 원수를 만난 쇼와 천황.

적으로 책임을 지겠습니다. 나는 모든 군사 지휘관, 사병, 정부 관리, 그리고 일본국 이름으로 이루어진 모든 일들에 대해 직접적인 책임을 지겠습니다. 그리고 내 운명에 대해서는 최고사령관 각하의 판결에 맡겨 기꺼이 벌을 받겠습니다. 어떠한 조사든 겸허하게 받겠습니다.[16]

맥아더 원수는 쇼와 천황의 이러한 태도에 감명을 받는다. 쇼와 천황이 먼저 물러간 다음 맥아더와 아베는 허심탄회하게 이야기를 나눈다. 천황의 처우에 대해 자문을 구하는 맥아더에게 아베는 일본을 통치하기 위해서는 천황이 꼭 필요하다고 역설한다.

---

16 황허이, 《도쿄대재판》, 58쪽.

맥아더를 방문한 후 쇼와 천황은 살아남기 위해 자구책을 찾아야 했고, GHQ 측 역시 연합국의 반대를 누르고 천황을 살릴 명분을 만들어야 했다. 쇼와 천황은 자구책으로서 1946년 1월 1일 〈신일본국가 건설에 관한 조서〉를 발표하며 이른바 '인간 선언'을 한다.

이에 신년을 맞이한다. 메이지 천황은 메이지 초에 국시로서 5개조의 서문序文을 내리셨다.

여기에서 말하기를,

하나, 널리 회의를 활성화하고 만사를 공론에 부쳐 결정하라.

하나, 상하가 합심하여 경륜經綸을 활발히 행하라.

하나, 문무백관으로부터 서민에 이르기까지 각자 뜻을 이루고, 인심人心이 지치지 않도록 할 것을 요구하라.

하나, 구래舊來의 누습陋習을 타파하고 천지의 공도公道를 따르라.

하나, 세계에서 지식을 구하여 황국의 기반을 크게 진작하라.

예지叡智가 공명정대하니, 또 무엇을 덧붙이겠는가. 이에 짐은 각오를 새로이 하여 국운을 열고자 한다. 모름지기 이러한 취지에 따라 구래의 누습을 타파하고 민의를 창달하며, 관민 공히 평화주의를 철저히 하고 풍부한 교양으로 문화를 구축하며, 이로써 민생의 향상을 꾀하고 신일본을 건설하라. 크고 작은 도시가 입은 전화戰禍, 이재민의 간고艱苦, 산업 정체, 식량 부족, 실업자 증가 등은 실로 마음을 아프게 한다. 그렇다 하더라도 우리 국민이 현재의 시련에 직면해, 철두철미 문명을 평화에서 찾는 결의가 굳고 그 결속을 잘 완수한다면, 단지 우리나라만이 아니라 전 인류를 위해 찬란한 전도前途가 전개될 것임을 믿어 의심치 않는다.

무릇 가정을 사랑하는 마음과 나라를 사랑하는 마음은, 우리나라에서 특별히 그 열렬함을 본다. 이제 실로 이 마음을 확충하여 인류애의 완성을 향해 헌신적인 노력을 기울여야 할 때다. 생각건대 오랜 기간에 걸친 전쟁이 패배로 끝난 결과, 우리 국민은 자칫 초조함으로 흘러 실의의 심연에 침윤되려는 경향이 있다. 궤격詭激한 풍조가 점차 거세져 도의를 지키는 마음이 몹시 쇠퇴하고, 그로 인해 사상 혼란의 징조가 있음은 참으로 깊이 우려하지 않을 수 없다. 그래도 짐은 너희 국민과 함께 있으며, 늘 이해利害를 같이하고 평안함과 근심걱정을 함께 나누고자 한다. 짐과 너희 국민 사이의 유대는 시종 상호 신뢰와 경애로 묶이는 것이지 단순히 신화와 전설에 의해서 생기는 것이 아니다. 천황을 현인신이라 하고, 또 일본 국민을 다른 민족보다 우월한 민족이라 하며, 나아가 세계를 지배할 운명을 가진 민족이라 하는 가공의 관념에 기초를 두고 있는 것도 아니다.

짐의 정부는 국민의 시련과 고난을 완화하기 위해 모든 시책과 경영에서 만전의 방도를 강구해야 할 것이다. 동시에 짐은 우리 국민이 시국의 난제에 궐기하여 당면한 곤고困苦를 극복하기 위해, 또 산업과 문운文運을 진흥하기 위해 용왕매진勇往邁進해주기를 희망한다. 우리 국민은 공민 생활에서 단결하고 상부상조하여 서로 관용하고 용서하는 기풍을 진작하는 데 있어 지고의 우리 전통에 부끄럽지 않은 진가를 능히 발휘해야 할 것이다. 이러한 것이 실로 우리 국민이 인류의 복지와 향상에 절대적인 공헌을 하게 될 이유임을 의심치 않는다. 한해의 계획은 연두年頭에 있다. 짐은 짐이 신뢰하는 국민이 짐과 한마음으로 스스로 분발하고 격려하여, 이로써 이 대업을 성취하기를 간절히 바란다.[17]

---

17 〈20世紀データ〉, 《20世紀歴史館》, 1044쪽.

쇼와 천황은 〈종전 조서〉에 이어 〈신일본국가 건설에 관한 조서〉에서도 침략 전쟁에 대해서는 일체 언급하지 않는다. 더욱이 그가 〈신일본국가 건설에 관한 조서〉 첫머리에 조부인 메이지 천황의 5개조 선언을 내세운 것은 대일본제국의 근간 자체는 절대 부정하고 싶지 않다는 뜻이다. 즉 메이지 천황이 새로운 국가를 만들기 위해 매진한 것처럼 전후 일본 역시 그 연장선상에서 신일본 건설을 위해 매진해야 한다는 취지이다.

조서의 핵심은 '인간 선언'이라 불리는, "짐과 너희 국민 사이의 유대는 시종 상호 신뢰와 경애로 묶이는 것이지 단순히 신화와 전설에 의해서 생기는 것이 아니다. 천황을 현인신이라 하고, 또 일본 국민을 다른 민족보다 우월한 민족이라 하며, 나아가 세계를 지배할 운명을 가진 민족이라 하는 가공의 관념에 기초를 두고 있는 것도 아니다"라는 대목이다. 쇼와 천황은 천황을 현인신으로 하는 천황 신화와 신화에 기초한 천황제 이데올로기를 전면 부정하면서 인간 선언을 한 것이다.

한편 맥아더는 1946년 1월 25일 합동참모본부에 쇼와 천황의 거취에 관한 다음과 같은 소견서를 보낸다.

> 만약 천황을 구속한다면 우리의 점령 계획에 큰 차질이 빚어질 수밖에 없을 것이므로 실질적인 행동에 앞서 실천 계획을 재점검해야 할 것이다. 천황의 기소는 일본인들 사이에 큰 충격을 가져올 것이 분명하며, 반동 또한 과소평가해서는 안 될 것이다. 천황은 전 일본을 묶는 구심점이다. 내 개인적인 생각으로는 만약 천황에 문제가 생긴다면 일본 전체가 어떤 형태로든지 저항할 것으로 전망된다. 무장이 해제되므로 무력적인 위협 수단을 갖지는 못할 것이다. 그러나 정부 기관이 문을 닫아버리고, 지하 운동에 크게 의존할 경우 혼란과 무질서가 횡행하며 산악 지대와 도시 외곽 지

대에서 게릴라전이 발생할 가능성도 배제할 수 없다. 사태가 그렇게 진전된다면 근대 민주주의를 도입하려는 우리의 꿈은 수포로 돌아갈 것이며, 군 편제를 간단하게 만들어 통제하려던 계획도 자칫 잘못하면 공산주의자들에게 하릴없이 떠돌아다니는 전역 병사들을 포섭할 수 있는 기회를 줄 수도 있다. 점령 당국은 전혀 새로운 문제에 봉착할 수밖에 없어 점령군의 증강이 불가피하게 될 것이다. 그럴 경우 최소한 약 백만 명의 병력이 상당 기간 주둔해야 할 것이다.[18]

맥아더는 천황을 기소해 전범으로 처벌했을 때 일본에서 일어날 수 있는 모든 부정적인 시나리오를 선명하게 부각함으로써, 쇼와 천황에게 전쟁 책임을 물어야 한다고 주장하는 쪽의 예봉을 꺾는다.

GHQ의 의향과 일본 보수파의 의향이 완전히 일치해 천황의 소추를 피하기 위한 양자 합동 작전이 벌어졌고, 그 결과 천황의 소추도 증인으로서의 소환도 모두 실현되지 못했다.[19] 국내외에서 제기되는 쇼와 천황의 전쟁 책임론에도 불구하고 맥아더 사령관은 아베의 조언대로 쇼와 천황과 황족들이 기소되지 않도록 조치를 취했음은 물론이고 천황제도 존속시킨다.

1946년 1월의 인간 선언 후 쇼와 천황은 2월 19일에 가와사키川崎와 요코하마横浜를 시작으로 전국 순행에 들어간다. 패전이라는 최악의 상황임에도 불구하고 쇼와 천황은 군복을 벗고 양복을 입은 모습으로 민의를 수습하기 위해 전국 순행에 나선 것이다. 조부인 메이지 천황이 대정봉환으로 에도 막부로부터 권력을 이양받은 후 700년 동안 가려져 있었던 천황이

18 에드워드 베르, 《히로히토, 신화의 뒤편》, 유경찬 옮김(을유문화사, 2002), 482~483쪽.

19 요시다 유타카, 《일본인의 전쟁관》, 49쪽.

라는 존재를 알리기 위해서 전국을 순행했는데, 이후 거의 100년 만에 다시 천황의 순행이 시작된 것이었다. 다른 점이 있다면 메이지 천황은 에도 막부로부터 권력을 이양받았고 쇼와 천황은 GHQ에 권력을 이양했다는 것이었다.

쇼와 천황의 순행은 1948년 도쿄 재판의 마지막 재판과 맞물려 천황 퇴위론이 고조되는 바람에 잠시 중단된 것을 제외하고는 계속 이어진다.

> 퇴위의 풍문이나 개혁을 요구하는 국내·국외의 압력 등, 앞에서 말한 상황을 배경으로 천황의 조언자들은 천황의 군사적 이미지를 불식하는 데 전력을 기울였다. 그들은 히로히토에 대한 맥아더 개인의 관용을 이용해 미에三重 현에 있는 이세 신궁을 천황이 비공식적으로 참배할 수 있게 해 달라고 요구하고, 그 자리에서 허가를 받았다. 11월 12일, 천황은 도쿄를 떠나 황조황종을 모신 관폐사官幣社를 향해 3일간의 순행길에 올랐다. 표면적으로 순행은 순전히 종교적 목적을 띤 단순한 행사로 보였다. 천황은 패전이라는 새로운 정치적 상황에서조차, 비공식적으로는 신화에 기초한 황국 사관이 여전히 살아남을 힘을 지니고 있다는 사실을 확인하려고 했다. 그뿐 아니라 천황은 여론을 시험하고 있었고, 자신의 군사적 이미지를 떼어내려 하고 있었다. 이 순행은 천황이 새로운 옷차림을 선보이는 최초의 기회였고, 그 옷은 그를 위해 지어진 것이었다. 천황은 이때 딱 한 번 새 옷을 입었을 뿐, 그다음에는 수수한 양복으로 바꾸었다. 그러나 옷을 새로 지어 입었다는 것은 국내외를 불문하고 민중에게 천황이 퇴위하기는커녕 황위에 머무르기로 결의했다는 인상을 주었다.[20]

---

20 田中伸尙,《ドキュメント昭和天皇》第7卷(東京 : 錄風出版, 1992), 167~168쪽.

그러나 천황의 순행에도 불구하고 패전 직후 연합국들에서 천황의 책임 추궁 여론이 높아지고 일본 국내에서도 천황제 폐지를 이야기하고 천황의 책임을 추궁하는 사람들이 나온다.

이런 상황에서 천황 자신이 전쟁에 대한 도의적 책임을 확실히 하기 위해 퇴위해야 한다는 퇴위론이 대두된다. 특히 도쿄 재판의 판결을 앞둔 1948년에 들어서자(판결이 나온 것은 1948년 11월 12일) 퇴위론이 상당히 널리 확산되었다. 이 시기에 《요미우리신문》이 실시한 여론 조사를 보면 천황제를 인정하는 사람이 90퍼센트를 넘기는 했으나, 천황 퇴위론과 천황 폐지론을 지지하는 사람들 또한 22.4퍼센트라는 무시할 수 없는 수치를 보이고 있다.[21] 수치가 100퍼센트를 넘는 것은 양쪽을 다 지지하는 사람이 있었다는 이야기이다.

학자들 가운데 가장 강경한 주장을 편 사람은 당시 도쿄 대학 교수로 국제법을 강의했고 훗날 최고 재판소장이 된 요코다 기치사부로橫田喜三朗(1896~1993)이다.[22] 1949년 간행된 그의 저서 《천황제》에는 다음과 같은 구절이 나온다.

> 전쟁 준비와 개시에 천황은 깊이 관계하고 있었다. 스스로 전쟁을 바라지는 않았으나 반대하지도 않았고, 차례차례 군부의 정책에 동의해주었으며 결국 전쟁 개시에도 동의해주었다. 이 천황의 동의에 의해 전쟁 개시는 정식으로 확정되었다. 그렇게 본다면 법률적으로는 천황에게 제1차 책임이 있다고 하지 않을 수 없다. 천황이 스스로 전쟁을 바라지 않았다는 것

21 요시다 유타카, 《일본인의 전쟁관》, 57쪽.

22 이에나가 사부로, 《전쟁책임》, 274쪽.

을 고려하여 실질적으로 생각하여도 전쟁 준비와 개시에 깊이 관계하고 결국은 전쟁에 동의하였기 때문에 역시 책임을 면할 수는 없다. 설령 주요한 책임이 없다고 해도 상당한 책임을 지지 않으면 안 된다.[23]

하지만 이와 같은 주장은 소수의 의견으로 그치고 국민들이 천황의 책임을 직접적으로 거론하는 일은 없어진다. 일억총참회를 재촉하는 듯 계속되는 천황의 순행은 천황에 대한 경모의 마음과 전쟁에 진 것에 대한 사죄의 마음을 불러일으켰기 때문이다. 이렇게 해서 쇼와 천황은 전범 재판에 기소되는 것을 면하고 천황 자리를 지킨다.

전후 민주주의와 그 이상주의idealism를 대표하는 지식인의 하나였던 난바라 시게루南原繁(1889~1974)는 패전 이듬해인 1946년 8월 27일 제90회 제국의회의 귀족원 본회의에서 헌법 개정안과 관련해 당시의 총리 요시다 시게루吉田茂(1878~1967)에게 질문을 겸한 연설을 한다. 그는 헌법 개정으로 야기될 군주 주권과 민주주의의 대립을 넘어설 제3의 길로서 민족 공동체를 바탕으로 한 공동체 민주주의로의 발전을 주장하며 다음과 같이 말한다.[24]

정부 당국자는 우리가 말하는 국민 공동체의 사상에 반대하지 않고, 경우에 따라서는 그것을 채용해서 설명하고 있는 듯싶다. 하지만 그것은 단순히 국민이라는 집합 개념과는 범주를 달리하는 것이다. 그렇다면 정부는 오히려 민족 공동체나 국민 공동체의 개념을 앞장서서 도입하고 명확

---

23 이에나가 사부로, 《전쟁책임》, 274쪽에서 재인용.

24 강상중, 《오리엔탈리즘을 넘어서》, 이경덕 · 임성모 옮김(이산, 2002), 208쪽.

하게 할 여지는 없는가? 그러나 이 새로운 국민 또는 민족 공동체의 사상은 이제 고대 신권적인 요소나 중세적·봉건적 요소를 모두 불식시킴은 물론 동경憧憬의 중심이라는 식의 낭만적 신비적 요소도 배제해야 한다. 그리고 올해 연두 조서詔書에 나타난 것처럼 오로지 인간으로서의 천황을 중핵으로 삼아 국민의 결합을 동일한 인간과 인간 상호 간의 신뢰와 존경의 관계로 치환한 새로운 윤리적·문화적 공동체를 의미하는 것이어야 한다. 이 점에서도 정부 당국은 그저 국체 관념은 불변이라고만 말하지 말고, 오히려 그것이 변화하고 시대와 더불어 발전했다는 것, 아니 변화·발전하도록 해야 한다는 것을 밝혀야 하지 않을까?……그 경우에 국가란 바로 그러한 국민 공동체의 최고 조직체이므로 국민 공동체의 결합에서 중심이 되시는 천황께서는 당연히 그에 합당한 지위를 다름 아닌 국가 안에서 가지셔야 한다. 이 형식적인 통일을 충족시키는 것이 바로 천황의 위치여야 한다. 그것은 단순한 상징이 아니라 이른바 국가의 한 기관 곧 국가의 통일성을 보증하는 기관으로서——나는 이것을 일본 국가의 통일 의지의 표현자라고 하는 편이 타당하다고 생각하는데——구성될 필요가 있다.[25]

난바라는 이렇게 헌법 개정에 즈음해 새로운 민족 공동체를 주창하고 나선다. 그리고 이를 위해서는 천황을 중핵으로 삼아 국민의 결합을 평등한 인간들 간의 상호 신뢰와 존경의 관계로 치환한 새로운 윤리적·문화적 공동체를 만들어야 한다고 주장한다. 이는 천황의 신권적 요소를 배제한다는 점만 다를 뿐, 여전히 국가의 궁극적 원천을 천황을 중심으로 하는 군민君民일체의 일본 민족 공동체에 두는 것이다.

---

25 강상중, 《오리엔탈리즘을 넘어서》, 208~209쪽.

머지않아 새로운 헌법이 제정될 것입니다. 그것은……어디까지나 포츠담 선언의 조항에 따라 일본 국민의 자유 의지에 따라 결정되어야만 합니다. 그리고 지금까지 천황에게 귀속되어온 많은 통치권이 사라지더라도——또한 그렇게 해야 할 필요가 있습니다만——일본 국가 권위의 최고의 표현이며 일본 국민 통합의 상징인 천황제는 영구히 유지될 것이며 또한 유지되어야만 합니다. 이것은 우리나라의 오랜 역사에서 민족의 결합을 근원적으로 지탱해온 것이며 군주와 인민의 각 세대의 교체와 군주 주권, 인민 주권의 대립을 초월해서 군민 일체의 일본 민족 공동체의 변함없는 본질입니다. 외지外地의 다른 종족이 떠난 순수 일본으로 돌아온 지금, 이것마저 잃는다면 일본 민족의 역사적 개성과 정신의 독립은 소멸될 것입니다.[26]

포츠담 선언에 의해 "천황에게 귀속되어온 많은 통치권이 사라지더라도" "일본 국가 권위의 최고의 표현이며 일본 국민 통합의 상징인 천황제는 영원히 유지될 것"이라는 난바라의 말대로 쇼와 천황은 도쿄 재판의 기소를 면하고 일본 국가 권위의 원천이자 일본 국민 통합의 상징으로서 천황의 역할을 다하면서 천수를 누린다.

미완의 도쿄 재판

'극동국제군사재판The International Military Tribunal for the Far East',

---

26 강상중, 《내셔널리즘》, 145쪽.

이른바 '도쿄 재판'이 1946년 5월 3일부터 1948년 11월 12일까지 2년 6개월에 걸쳐 진행된다. 중국을 포함한 아시아 전역에 엄청난 물적·인적 피해를 주고 미국의 국가적 자존심에 상처를 입힌 일본 전범에게 법적 책임을 물을 시간이 도래한 것이다. 하지만 재판이 시작되기도 전에 전범 처리에 대한 미국과 다른 연합국들 간의 시각 차이가 극명하게 드러난다. 미국은 자국의 뜻을 관철시키기 위해, 히로시마와 나가사키에 투하한 원폭이 일본 항복의 결정적 원인이었으며, 따라서 이는 미국의 승리라는 것을 부각하려고 한다. 이 과정에서 중국과 러시아의 병력이 일본에 공격과 압박을 가함으로써 항복을 이끌어냈다는 사실은 무시된다.

미국을 제외한 연합국들은 미국과 동등한 위치에서 전후 일본 문제에 관여하기를 원했기 때문에, 일본 전범들에 대한 처분을 놓고 미국과 미국의 뜻에 반대하는 연합국들 간에 갈등과 반목이 지속될 수밖에 없었다. 첫 갈등은 바로 일본 전범들을 심판할 국제 군사 법정의 설립을 둘러싸고 불거졌다. 군사 법정에 몇 개국을 참가시키고 어떤 국가를 참가시킬 것인지, 각국 군사 대표단을 어떤 규모로 꾸릴 것인지 결정하는 과정에서 연합국들이 대립한다. 맥아더는 전범 재판을 자신과 미국의 주도로 끌어가려 한다.

이에 도쿄 재판에 대표단을 보낸, 미국을 뺀 나머지 국가들이 크게 반발한다. 특히 일본의 침략으로 가장 많은 피해를 입은 중국과, 미국의 이념적 상대국이었던 소련의 반발이 가장 컸다. 이들은 독일 전범을 심판하는 뉘른베르크 재판에 미국, 소련, 영국, 프랑스가 동등한 권리로 참여하고 있다는 사실을 상기시킨다. 하지만 맥아더의 태도는 완강했고, 어쨌거나 재판은 끝까지 사실상 미국 주도로 진행된다. 이렇게 해서 도쿄 재판은 이른바 '미국의, 미국에 의한, 미국을 위한' 재판으로 전락한다.

도쿄 재판의 가장 큰 특징은 증거가 되는 문서 자료가 거의 없이 증언에 의존한 재판이었다는 점이다. 일본 정부와 군부는 포츠담 선언 수락 결정과 거의 동시에 기밀 서류의 철저한 소각을 명령한다. 그래서 중앙 각 부처는 물론 지방의 말단 기관에 이르기까지 헌병 조직을 동원해 서류를 소각한다. 증거 문서를 손에 넣지 못한 국제 검찰국은 정부와 군부의 중추에 해당하는 인물들을 차례로 심문해 전범 용의자를 선정하는 증언을 끌어내고 증거를 만드는 데 에너지를 집중했다.[27]

전범 용의자 체포는 1945년 9월 11일부터 시작된다. A급 전범 용의자는 12월 6일까지 황족을 포함해 1,000명 이상 체포되고 이중 28명이 기소된다. 도쿄 재판은 1946년 5월 3일에 개정한다. 1947년 9월 10일부터 1948년 4월 16일까지 심리가 계속된다. 판결은 1948년 11월 12일에 내려진다.[28] 28명의 A급 전범 피고인 중에 병사자 등 3명을 제외한 25명에게 유죄 판결이 선고된다. 그리고 도조 히데키 전 총리를 비롯한 7명이 사형 선고를 받는다. 도쿄 전범 재판은 서둘러 마무리되었고 1948년 11월 12일에 사실상 종결된다.

사형을 선고받은 7명과 옥사한 사람을 뺀 나머지 16명은 형을 면제받고 정계와 관계로 속속 진출한다. 풀려난 전범들은 자민당을 창당해 정계 보수 세력을 형성한다. A급 전범으로 체포됐던 기시 노부스케岸信介(1896~1987)는 곧바로 석방되어 1957년 총리직에 오르며 정계에 복귀한다. 이처럼 도쿄 재판은 미완의 재판으로 끝나고, 결국 일본은 과거와의 단절이나 미래를 위한 변화를 전혀 이루어내지 못한다.

도쿄 재판은 전체적으로 부실하기 짝이 없는 재판이었다. 세균전과 생

---

27 平塚柾緒, 〈《平和〉と〈人道〉に対する罪を問われた"勝者の裁き"〉, 《実録日本占領—GHQ日本改造の七年》, 107쪽.

28 荒敬, 〈東京裁判〉, 《日本20世紀館》(東京 : 小学館, 1999), 554~555쪽 참고.

체 실험으로 악명 높았던 731부대의 책임자 이시이 시로는 조사 과정에서 6,000여 명의 살아 있는 사람을 상대로 생체 실험을 하고 세균과 독가스로 수많은 목숨을 빼앗았다고 시인했지만, 그럼에도 불구하고 미국은 세균전과 생체 실험에 관한 자료를 넘겨받기 위해 그를 무죄 석방한다.

도쿄 재판에는 독일의 전범을 단죄한 뉘른베르크 재판과 마찬가지로 종전의 전쟁 범죄, 즉 전쟁의 법규 및 관례를 위반한 전쟁 범죄 이외에 '평화에 어긋난 죄'와 '인도에 어긋난 죄'라는 새로운 개념의 전쟁 범죄가 도입되었다. '평화에 어긋난 죄'는 침략 전쟁을 계획 · 준비 · 개시 · 수행해 세계 평화를 위협한 죄로, 도쿄 재판은 이를 A급 전범으로 규정했다. 그리고 종래의 전쟁 범죄에 해당하는 일들을 감독, 명령한 사람은 B급 전범, 명령을 받아 그러한 일을 수행한 사람은 C급 전범으로 규정했다.[29]

도쿄 재판에서는 뉘른베르크 재판에 비해 '인도에 대한 죄'가 경시되었음은 잘 알려진 사실이다. 당시 기소장에는 '인도에 대한 죄'가 '통례의 전쟁 범죄 및 인도에 대한 죄'라고 뭉뚱그려져 있었다. 일본이 저지른 '인도에 대한 죄'의 가장 전형적인 예는, 중국의 항일 근거지에 대해 일본군이 실시한 섬멸 작전인 삼광 작전일 것이다. 난징 대학살이 공략 작전이나 진공 작전 중에 발생한 살육이었다면 삼광 작전은 처음부터 일정 지역 주민들에 대한 의도적 살육 그 자체를 목적으로 하는 군사 행동이었다. 그런 점에서 삼광 작전은 난징 대학살보다 훨씬 조직적이고 계획적인 전쟁 범죄였다.

도쿄 재판의 또 하나의 문제점은 아시아에 대한 일본의 대대적인 침략 전쟁에도 불구하고 피해자인 아시아의 목소리가 드러나지 않았다는 것이다. 이 점을 잘 보여주는 것이 재판관 구성이다. 1946년 4월의 재판소 조례

---

29 노길호, 《야스쿠니 신사》(문창, 1996), 175~176쪽.

규정에 따라 최종적으로 미국, 영국, 소련, 프랑스, 중국, 호주, 캐나다, 네덜란드, 뉴질랜드, 인도, 필리핀, 이렇게 총 11개국 11명의 재판관으로 판사단이 구성되었지만, 이 중 아시아를 대표하는 재판관은 3명에 지나지 않았다. 말레이시아, 싱가포르, 인도네시아, 버마, 베트남, 인도차이나 등 일본의 점령으로 엄청난 피해를 입은 아시아 국가들과 일본의 식민지였던 조선, 대만을 대표하는 재판관은 한 명도 없었다. 오히려 이들 나라와 대립되는 이해관계에 있는 식민지 종주국 출신의 재판관이 많았다.[30]

무엇보다 일본이 자행한 15년 침략 전쟁에 대해 총체적 책임을 져야 할 대원수 쇼와 천황을 전범 재판에 기소조차 하지 않는 것은 이 전범 재판의 부당성을 대내외에 천명한 것이나 다름이 없다. 문제는 일본의 우익들이 도쿄 재판을 '승자의 패자에 대한 보복전'으로 폄하하면서, 정작 쇼와 천황의 불기소나 731부대의 세균전과 생체 실험 같은 비인도적 행위가 심판받지 않은 것에 대해서는 일절 문제 삼지 않았다는 것이다. 만일 일본이 도쿄 재판의 부당성을 논하고 대동아전쟁을 의로운 전쟁으로 만들고 싶었다면, 자국에 유리한 내용이든 불리한 내용이든 전부 거론해야 했을 것이다.

전후에 쇼와 천황의 전쟁 책임과 관련된 질문이 단 한 번 있었다. 1975년 10월 31일 천황과 일본 기자단 간의 회담이 열리고 그 실황이 텔레비전으로 방송되었다. 그 자리에서《런던 타임스》기자가 "폐하는 이른바 전쟁 책임에 대해 어떻게 생각하십니까"라고 질문한다. 그러자 천황은 "나는 문학 방면은 연구를 하지 않아서 그러한 '말'의 표현에 대해서 잘 모르기 때문에 질문에 답변할 수가 없군요"라고 답한다.[31]

---

30 요시다 유타카,《일본인의 전쟁관》, 75쪽.

31 이에나가 사부로,《전쟁책임》, 275쪽 참고.

전쟁 책임이라는 사실이자 진실의 문제를 천황은 문학, 즉 수사학의 문제로 받아들이면서 즉답을 피한 것이다. 천황이라는 지위를 떠나 한 개인으로서도 쇼와 천황의 전쟁 책임에 대한 직접적인 회피 발언은 너무나 충격적이다. 물론 그는 전전에나 전후에나 전쟁 책임에 대해 공식적으로 질문받거나 추궁당한 적이 단 한 번도 없어서 기자의 갑작스러운 질문에 대답하기가 쉽지 않았을 테지만, 그럼에도 그러한 대답은 너무나 충격적이다. 텔레비전으로 이를 지켜본 일본 국민, 그중에서도 전쟁을 직접 겪고 그 전쟁에서 사랑하는 이를 잃은 사람들의 심정이 어떠했을지 미루어 짐작할 수 있다.

1975년 11월 30일 《아사히신문》의 〈아사히가단〉에 실린 노래에는 천황의 발언에 대한 충격이 표현돼 있다. "말의 '표현'을 어떻게 받아들이랴 무덤의 시체는, 버려진 시체는"[32]이라는 이 노래는 천황의 발언에 대한 충격을 무덤의 시체나 버려진 시체가 어떻게 받아들이겠느냐고 항변한다. 전후 일본인들은 천황의 전쟁 책임에 대해 침묵하고 있었지만 그렇다고 해서 일본인들 모두가 천황에게 책임이 없다고 생각한 것은 아니었다.[33] 단지 일본 사회의 관행에 따라, 천황에게 책임이 있다고 생각하거나 의심해도 침묵하고 있었을 따름이다.

---

32 이에나가 사부로, 《전쟁책임》, 275쪽 참고.

33 중요한 것은 이러한 천황의 발언과 국민감정이 미묘하게 엇갈리고 있었다는 점이다. 교토 통신사는 1975년 12월에 천황제에 관한 여론 조사를 실시한다. 천황의 전쟁 책임에 대한 설문에서 답변은 '천황에게는 전쟁 책임이 없다'가 36.1퍼센트, '천황에게도 전쟁 책임이 있다'가 35.6퍼센트, '뭐라 할 수 없다'가 21퍼센트였다. 그 밖에는 '관심이 없다', '모르겠다 · 무응답'이었다. '전쟁 책임이 있다'와 '뭐라 할 수 없다'를 합치면 56.6퍼센트에 달하는데, 이는 천황의 전쟁 책임에 대해 인정하거나 의혹을 품고 있는 사람이 과반수였다는 뜻이다. 요시다 유타카, 《일본인의 전쟁관》, 169쪽 참고.

: 2 :

야스쿠니 신사의 정치종교사상

야스쿠니 신사는 도쿄 중심가 왕궁의 북쪽에 자리 잡고 있는데, '나라를 평안하게 한다'라는 뜻의 이름에 걸맞게 이 신사의 상징은 흰 비둘기이다. 하지만 야스쿠니 신사는 일본의 보통 신사와는 성격이 아주 다르다. 야스쿠니 신사는 일본 신화에 나오는 신을 모시는 신사가 아니라 전사자를 기리는 호국護國 신사이다. 야스쿠니 신사의 전신은 도쿄 초혼사로, 천황을 위한 전쟁에서 죽은 자들을 추도하고 제사 지내는 곳이었다.

메이지 정부는 도쿄의 구단자카九段坂 언덕에 도쿄 초혼사라는 사당을 짓고 1869년 6월 29일에 이곳에서 막부 타도를 위해 싸우다 죽은 메이지 신정부의 관군들을 위로하는 제1회 합동 초혼제를 지낸다. 메이지 천황은 도쿄 초혼사에 운영비로 1만 석의 농토를 하사하는 등 전몰자의 사당인 이곳에 특별한 관심을 표한다. 그리고 1874년 1월 27일에는 도쿄 초혼사를 직접 참배한다. 1877년 도쿄 초혼사에서는 세이난 전쟁에서 정부군으로 싸우다 전사한 6,665명에 대한 임시대제臨時大祭(임시로 전사자를 합사하는 의

식)가 거행된다. 도쿄 초혼사는 1879년 6월에 군의 의견을 따라 야스쿠니 신사로 개칭된다.[34]

이처럼 일본 천황을 위해 죽은 자의 영혼을 신으로 모신다는 것은 천황제와 국가 신도의 결합을 의미한다. 메이지 정부는 천황제를 중심으로 하는 일본을 만들기 위해서 국가 신사에 특권적 지위를 부여한다. 그중에서도 야스쿠니 신사는 특별한 신사이다. 근대 천황제 신민 국가의 형성 과정에서 천황과 대일본제국을 위해 죽은 자들을 군신으로 기리고 현창하기 위한 기념비적인 곳이기 때문이다. 달리 말하면 야스쿠니 신사는 일본이 자행한 침략 전쟁에 나가 죽은 병사들을 기리는 곳으로, 일본 군인들에게는 일종의 정신적 지주였다. 그들은 군국주의 교육을 통해 군부가 심어준 환상대로, 죽으면 야스쿠니 신사의 사쿠라로 환생한다고 믿었다. 그래서 가족과 전우에게 야스쿠니 신사에서 만나자는 임종 시를 남기고 전사한다. 야스쿠니 신사가 전몰자와 그의 가족뿐만 아니라 생환자들에게까지 특별한 곳이 될 수밖에 없는 것은 야스쿠니 신사에 대한 신앙이 존재했기 때문이다.

야스쿠니 신사의 설립 목적

야스쿠니 신사의 정체성, 다시 말하면 야스쿠니 신사의 건립 목적은 당시 편찬된 초등학교 제5학년 수신 교과서에 잘 나타나 있다. 수신 교과서에 의하면 야스쿠니 신사는 천황을 위해, 나라를 위해 목숨을 바쳐 충성한 사람들이 모셔진 곳이다.

---

34 노길호, 《야스쿠니 신사》, 21~22쪽 참고.

동경 구단자카 언덕 위에 큰 청동의 도리이鳥居가 높이 세워져 있습니다. 그 뒤로 멋진 신사가 보입니다. 이것이 야스쿠니 신사입니다. 야스쿠니 신사에는 천황을 위해 또 나라를 위해 목숨을 바쳐 충성을 다한 많은 사람들이 모셔져 있습니다. 매년 봄 4월 30일과 가을 10월 23일에는 예대제例大祭가 있고 이때 칙사가 참석합니다. 또 충성을 다해 돌아가신 사람들을 새로 모실 때에는 임시대제가 행해집니다. 그때는 천황 폐하와 황후가 오십니다. 대제 날에는 육·해 군인들은 말할 것도 없고, 참배자가 줄을 이어 넓은 경내境內는 빈틈이 없을 정도로 많은 사람들이 모입니다. 천황과 나라를 위해 돌아가신 사람들이 이렇게 신사에 모셔져 제사를 지내는 것은 천황의 뜻이기도 합니다. 우리 고장에도 호국 신사가 있고 전사한 사람들을 모시고 있습니다. 우리들은 천황 폐하의 은혜를 고맙게 생각함과 동시에 여기에 모시고 있는 사람들의 충성을 본받아 천황과 나라를 위해 진력해야 합니다. (《일본 초등학교 수신서》)[35]

이처럼 일본 천황을 위한 전쟁을 수행하는 과정에서 야스쿠니 신사의 역할은 절대적이었다. 대일본제국은 교과서를 통해 어린이들에게 야스쿠니에 대한 신앙을 심어준다. 당시 초등학교 교과서는 야스쿠니 신사에는 천황을 위해 죽은 의로운 사람들이 모셔져 있으며 이런 사람들을 본받아야 한다고 가르친다.

청일전쟁이 끝난 직후인 1895년 11월 14일에 《시사신보時事新報》에 실린 논설 〈전사자의 대제전을 거행해야 한다〉에는 국가가 전사자와 유족에

---

35 다카하시 데쓰야, 《결코 피할 수 없는 야스쿠니 문제》, 현대송 옮김(역사비평사, 2005), 42쪽에서 재인용.

게 명예를 내리고 이들을 현창하려는 이유가 잘 나타나 있다.

> 특히 동양의 정세는 나날이 절박해져 언제 어떤 변이 일어날지 예측할 수 없다. 만일 불행히 다시 전쟁이 시작되면 누구에게 의지해서 나라를 지킬 것인지? 역시 사나이의 죽음을 두려워하지 않는 정신에 의지할 수밖에 없을 것이다. 이 정신을 기르기 위해서는 최대한의 영광을 전사자 및 그 유족에게 돌려 그에 따라 전쟁터에서 쓰러지는 것이 행복한 일임을 느끼게 해야 할 것이다.[36]

말하자면, 청일전쟁에서 승리하긴 했지만 언제 또다시 전쟁이 터질지 모르니, 전사자와 유족에게 최대한의 영광을 돌려 전사하는 것이 행복한 일임을 느끼게 해야 한다는 것이다. 또한 논설은 제국의 수도 도쿄에 사자의 유족들을 전부 초대해 메이지 천황을 제주祭主로 하여 초혼제를 올림으로써 죽은 자와 유족을 최대한 영예롭게 해야 한다고 주장한다.

> 지난번 이래 각 지방에서 전사자의 초혼제를 올리고 있기는 하지만, 그것으로 충분하다고 할 수는 없다. 한 걸음 더 나아가서, 제국의 중심인 도쿄에 제단을 쌓고, 전국 전사자의 유족을 초대해서 식전에 참석하는 영광을 갖게 하고, 황송한 일이지만 대원수 폐하께서 친히 제주가 되어 문무백관을 통솔하고 식에 임하시어 사자死者의 공훈에 상을 내리시고, 그 영혼을 위로하는 칙어를 하사하실 것을 우리는 대원하는 바이다.[37]

---

36 다카하시 데쓰야, 《결코 피할 수 없는 야스쿠니 문제》, 42쪽에서 재인용.

37 다카하시 데쓰야, 《결코 피할 수 없는 야스쿠니 문제》, 43쪽에서 재인용.

계속해서 논설은 다음과 같이 주장한다.

> 지난번 사쿠라佐倉의 병영에서 초혼제를 올릴 때 초대된 유족 중에 한 노옹이 있었다. 그는 편부 슬하의 외아들이 불행히 전사해서 처음에는 오직 울기만 했는데, 나중에는 이 성대한 제전에 참석하는 것에 영광을 느끼고 외아들을 잃기는 했지만 슬퍼할 일이 아니라며 크게 만족하면서 돌아갔다고 한다. 지금 만약 대원수 폐하께서 친히 제주가 되어 성대한 제전을 올린다면 사자는 지하에서 천은에 감사를 바칠 것이고, 유족은 영광에 감읍해서 부형의 전사를 기뻐할 것이며 일반 국민은 만일의 일이 생기면 천황과 국가를 위해 죽기를 갈망할 것이다. 다소의 비용은 아끼지 말아야 할 것이다. 아무쪼록 성대한 제전이 있기를 희망한다.[38]

상기의 논설을 통해 알 수 있듯이, 대일본제국이 천황의 신사 야스쿠니를 특권화하고 그곳에서 제사를 통해 전사자들을 현창한 것은 전사자에게 최고의 영예를 부여함으로써 병사들에게 천황과 조국을 위해 죽으려는 동기를 부여하기 위해서였다. 살아 있는 현인신인 천황이 전사자를 직접 제신祭神으로 받들어줌으로써, 군국주의 일본은 젊은이들을 보다 쉽게 전쟁에 동원할 수 있었다.

이 논설에 화답이라도 하듯이, 1895년 청일전쟁의 임시대제 때 대원수인 메이지 천황이 직접 야스쿠니 신사를 참배한다. 또한 1895년 청일전쟁이 끝난 후 전사자 유족들이 국비로 도쿄에 초대되어 전사자를 야스쿠니의 제신으로 합사合祀하는 의식인 임시대제에 참석한다. 대동아전쟁 1주년 기

---

38 다카하시 데쓰야, 《결코 피할 수 없는 야스쿠니 문제》, 44쪽에서 재인용.

념식도 야스쿠니 신사에서 열린다. 또한 태평양전쟁 출정식이 야스쿠니 신사에서 화려하게 거행된다.

야스쿠니 신사가 관련된 노래로 쇼와 시대 가요 중 불멸의 명곡인 〈구단의 어머니九段の母〉가 있다. 곡조가 너무나 간절해 일본인의 심금을 울리고 가사가 눈물을 자아낸다는 바로 그 노래이다. 전사자들과 유족들을 최대한 영예롭게 현창하면 사자는 지하에서 천은에 감사할 것이며 유족은 영광에 감읍해 부형의 전사를 기뻐할 것이라는 앞의 논설 구절처럼 이 노래에서 구단의 어머니는 영광에 감읍해 운다.

우에노 역에서 구단까지
전에 없이 애가 타는구나.
지팡이에 의지해 하루 종일 걸려
아들이 왔다 하여 만나러 왔네.

하늘을 찌를 듯한 큰 도리이鳥居
이처럼 멋진 신사에
신으로 모셔졌네 황송하게도
어머니는 울 수 있네 기쁜 나머지.

두 손을 마주 모아 무릎을 꿇고
절하여야 마땅하거늘
문득 정신 차리니 허둥대고 있네.
아들이여 용서하거라 무식한 엄마를

개천에서 용 났다고
지금은 행복이 분에 넘치네.
금치 훈장을 자랑하고 싶어서
만나러 왔단다 구단자카에.

〈구단의 어머니〉는 야스쿠니 신사가 전전에 일본인에게 어떤 이미지로 각인되었는지를 가장 극명하게 보여주는 실례이다. 전쟁터에 자식을 보낸 어머니가 구단자카에 있는 야스쿠니 신사의 대제에 참여해 오히려 감읍해 운다는 가사는 일본 여성을 군국軍國의 어머니로서 재구축하는 이데올로기의 산물이다. 실제로 군국주의 일본은 여성의 정체성을 이분해 '모성'으로서의 여성과 '창부'로서의 여성으로 나눈다. 내지(일본)의 일반 여성들은 군국의 어머니로 재정립된다. 야스쿠니 신사 경내에 세 자녀를 안고 있는 어머니상을 세운 것이나 지란에 있는 가미카제 특공대 박물관에 아들과 어머니가 바라보고 있는 모자상을 세운 것은 바로 군국의 어머니로서의 여성성을 재구축한 실례이다. 반면에 일본의 매춘부와 식민지 조선과 대만 및 점령지의 여성들은 '천황이 황군에게 선물한 하사품', 노리개로 삼고 짓밟아도 되는 창부처럼 취급되었다.

이처럼 군인들이 출정식을 한 곳도 야스쿠니 신사였고, 군인들이 죽어서 영혼으로 돌아온다는 곳도 야스쿠니 신사였다. 야스쿠니 신사는 천황제 이데올로기의 종교적 지주이자 황군의 정신적 지주였다. 일본 군인들은 국가의 가르침에 따라 기꺼이 천황과 국가를 위해 목숨을 버렸고, 영령으로서 야스쿠니로 돌아가게 되리라 믿었다. 그래서 자의에 의해서든 타의에 의해서든, 가족이나 친구에게 야스쿠니 신사에서 만나자는 편지나 시를 남기고 죽는다.

야스쿠니 신사 경내에 세 자녀를 안고 있는 어머니상.

야스쿠니 신사 입구에 게시된 육군 상사 소부에 아키라祖父江昭의 유작 시에도 죽어서 야스쿠니 신사의 신이 되기를 바라는 내용이 담겨 있다. 소부에 상사는 1944년 10월 14일 서부 뉴기니에서 24세의 나이로 전병사戰病死한다.

보잘것없는 몸일지라도
야스쿠니의 꽃으로 피어난다면 명예일세.
다시 살아 돌아오지 못할 몸이라면
머리를 잘라 유품으로 남기겠네.

일곱 번 다시 태어나도 갚을 수 없는
천황의 은혜에 보답하고자
이 몸은 호국의 귀신으로 산화하여
영혼은 구단의 꽃으로 향기를 풍기리.
유한한 육체를 바쳐서
야스쿠니의 신이 되는 것이야말로 영광.
저세상에서 부모님께서 건강히 사시길 빌겠노라.
— 1996년 10월 야스쿠니 신사 입구의 게시글

이처럼 전쟁에서 죽어도 환생해 야스쿠니 신사로 돌아온다는 믿음 때문에 젊은이들은 기꺼이 전쟁터로 향했고 죽는 것을 두려워하지 않았다. 야스쿠니 신사는 한마디로 대일본제국의 군국주의를 확산시키고 지키는 사상적 보루였다. 그러므로 야스쿠니 신사는 대일본제국의 영광과 수치를 고스란히 간직한, 근대 일본의 상징과도 같은 존재였으며, 대일본제국이 자행한 전쟁의 출발점이자 종착지였다.

천황과 야스쿠니 신사

천황은 전쟁의 최고 책임자인 대원수이자 전사자를 합사한 야스쿠니 신사의 사제여서, 전전에는 천황의 야스쿠니 신사 참배가 당연한 것으로 인식되었다. 야스쿠니 신사 사무국이 발행한《야스쿠니 신사 개요》라는 팸플릿에 의하면 야스쿠니 신사 건립 이래 천황·황후의 참배 횟수는 메이지 시대(1867~1912)에 11회, 다이쇼 시대(1912~1926)에 5회였던 데 반해 쇼와 시대(1926~1989)에는 54회에 달했다. 이는 쇼와 천황과 야스쿠니 신사의 특별한 관계를 시사한다.[39] 다른 천황에 비해 쇼와 천황의 참배가 월등히 많았던 것은 그가 바로 전쟁의 시대를 산 천황이었기 때문이다.

쇼와 천황의 치세에 1931년의 만주사변으로부터 시작된 15년에 걸친 아시아태평양전쟁으로 전사자가 급증했고, 그 바람에 야스쿠니 신사에서는 전사자에 대한 임시대제가 수시로 열렸다. 다음은 다카하시 데쓰야의 《결코 피할 수 없는 야스쿠니 문제》에 제시돼 있는, 야스쿠니 신사가 공표한 전쟁·사변별 제신祭神 수이다.[40] 여기서 쇼와 천황과 야스쿠니 신사의 밀접한 관계를 알 수 있다.

여기에는 대만 출신의 제신 2만 8,000여 주柱[41], 조선 출신의 제신 2만 1,000여 주 및 여성 제신 5만 7,000여 주도 포함되어 있다. 표에서 알 수 있듯이 전체 제신(약 250만 주) 중에 압도적 다수(약 230만 주)는 중일전쟁과 태평양전쟁 때의 전사자로 인한 제신이다.[42]

표에서도 알 수 있듯이 내전이었던 메이지 유신이나 세이난 전쟁에 비해 대외 전쟁인 러일전쟁, 만주사변, 중일전쟁, 태평양전쟁에서 당연히 희생자가 더 많았다. 그중에서도 태평양전쟁 때의 희생자가 200만을 상회할 정도로 압도적으로 많았다. 패색이 짙은 전장에서 '특공'과 '옥쇄'를 외치며 병사들을 사지로 몰아넣은 결과이다.

패전 후인 1945년 11월 9일에 마지막 초혼식이 야스쿠니 신사에서 거행

---

39 노길호, 《야스쿠니 신사》, 36쪽.

40 다카하시 데쓰야, 《결코 피할 수 없는 야스쿠니 문제》, 78쪽.

41 일본에서 신을 세는 단위는 '주柱(하시라)'이다. 야스쿠니 신사의 영령들을 셀 때 '명'이라는 단위를 쓰지 않고 '주'라는 단위를 쓰는 것은 이들을 신으로 간주한다는 의미이다.

42 다카하시 데쓰야, 《결코 피할 수 없는 야스쿠니 문제》, 78~79쪽.

야스쿠니 신사의 전쟁 · 사변별 제신 수

전쟁 · 사변	제신 수
메이지 유신	7,751주
세이난 전쟁	6,971주
청일전쟁	13,619주
대만 정벌	1,130주
의화단 사건	1,256주
러일전쟁	88,429주
1차 세계대전	4,850주
제남사변	185주
만주사변	17,176주
중일전쟁	191,250주
태평양전쟁	2,133,915주
합계	2,466,532주

된다. 이때 태평양전쟁에서 사망한 미합사 전몰자가 급거 일괄 합사된다. 전사자의 명단은 기록되지 않았다. 이어서 11월 20일, GHQ의 다이크 준장 참관하에 국영 신사로서의 야스쿠니 신사의 마지막 임시 대초혼식이 거행된다. 전과 달리 이날 천황은 대원수복이 아니라 전통적인 천황복을 입고 참배한다.

중요한 것은, 아직은 천황이 현인신으로 일컬어지던 때인 1945년 11월 20일에 쇼와 천황이 야스쿠니 신사를 직접 참배함으로써 거기에 합사된 자들의 죽음이 국체 수호를 위한 것이었음을 증명하는 형태로, 전사자들에게 대원수이자 야스쿠니 신사 제주로서의 책임을 다했다는 것이다.[43] 쇼와 천황의 천황 지위 보존과 미일 담합에 따른 상징천황제로의 이행은 그가

대원수로서 군 수뇌부와 어전 회의를 주재하던 쇼와 천황.

천황의 이름 아래 죽은 자국 병사들에 대한 제사 대권자로서의 책임을 수행함으로써 결국 국내적 지지를 얻어낸다. 이는 2,000만 아시아 사자들에 대한 책임을 군부 지도자들에게 전가하고 쇼와 천황 자신은 도쿄 재판에의 기소를 면한 덕에 가능한 일이기도 했다.[44]

쇼와 천황이 현인신의 단계에서 마지막으로 한 야스쿠니 신사 공식 참배로 인해 아시아태평양전쟁에서 죽은 자들의 영혼은 다시 국가에 포박당하고 만다. 전사자들이 침략지에서 자행한 가해 행위는 불문에 부쳐진 채 전사자들이 나라를 위해 죽은 영령으로 신격화되었기 때문이다. 도쿄 재판은 살아남은 군부 수뇌 위주의 전쟁 범죄자들에게만 침략 전쟁의 책임을 물었고, 그러면서 그들은 쇼와 천황과는 전혀 관련이 없는 주체인 것처럼 분리되었다.

---

43 고모리 요이치,《1945년 8월 15일 천황 히로히토는 이렇게 말하였다》, 218쪽 참고.

44 고모리 요이치,《1945년 8월 15일 천황 히로히토는 이렇게 말하였다》, 219쪽 참고.

하지만 쇼와 천황은 아시아태평양전쟁 당시 개전과 종전의 조서를 내리고 군 통수권자로서 육해군의 수뇌들과 함께 어전 회의를 주재했던 대원수였다. 그런 그가 패전과 더불어 침략 전쟁과는 무관한 군부의 희생양으로 돌변한다.

1945년 12월 15일 GHQ가 〈신도지령〉을 발포한다. 12월 22일 일본 문부성은 학교 주도의 야스쿠니 신사나 이세 신궁 참배를 금지한다. 그러나 국가 신도를 폐지하려는 GHQ의 이 같은 노력은 수포로 돌아간다. 야스쿠니 신사에 240만 명의 영령이 존재하는 한 그곳은 일본 전몰자 유족들에게는 절대적 성지일 수밖에 없기 때문이다. 또한 천황이 존재하는 한 천황가의 조신을 모시는 이세 신궁의 지위 역시 흔들릴 리가 없기 때문이다.

야스쿠니 신사의 볼모가 된 영령

야스쿠니 신사는 막부 시대 말기에서 쇼와 시대까지의 시기에 일어난 전쟁들――내전이든 국제전이든――에서 천황을 위해 싸우다 죽은 자의 영령을 일본 신민의 것이든 식민지 신민의 것이든 가리지 않고 모시는 곳이다. 물론 전사자들의 영령을 야스쿠니 신사에 모시는 것에 관해 유족들의 의견을 묻는 관행은 없다. 국가가 일방적으로 시행한다. 그래서 유족 중에는 전사한 자기 가족이 야스쿠니 신사에 합사된 사실을 모르거나 뒤늦게 알게 되는 경우도 있다.

일본인 전사자의 유족들 중에는 이러한 야스쿠니 신사 합사에 반대해 소송을 건 사람들이 있다. 야스쿠니 신사 측은 한번 합사된 영혼은 분사分社(영령을 분리하여 다른 신사로 보내는 것)할 수 없다는 이유로 유족 측의 분사 요구를 받아들이지 않기 때문이다. 야스쿠니 신사에 합사된 영령들은 국가의 볼모가 된 수인囚人이나 마찬가지다. 또한 과거의 침략 전쟁을 비판하는 일본인들 중에는 A급 전범의 야스쿠니 신사 합사에 반대해 이들의 분사를 희망하는 사람들도 있다. 특히 A급 전범의 합사가 대내외에 알려지고 일본 총리의 야스쿠니 신사 공식 참배 문제로 한일 관계와 한중 관계가 악화되면서 분사론이 활기를 띠고 있다.

분사론에 대해 만화가이자 새역모 교과서의 전방위 사수인 고바야시 요시노리는 《신 오만주의 선언 스페셜, 야스쿠니론》(2005)에서 다음과 같이 반박했다. "이번 소동으로 야스쿠니를 대신하는 국립묘지를 만들어야 한다는 따위의 의견까지 부활했다. 1만 년의 문명과 2,000년의 역사 가운데 배양된 문화에 필적할 만한 것을 당신네들 1대에 간단히 만들 수 있다고 생각하는 것이다. 무지란 정말 무섭다."[45] 이 문제에 대해 깊이 생각해보지 않은 사람은 "1만 년의 문명(구석기 시대의 조몬 문화에서 현재까지)과 2,000년의 역사 가운데 배양된 문화"라는 함정에 걸려들고 만다. 더욱이 "무지란 정말 무섭다"라는 부언에 이르면 대부분의 일본 독자는 '아, 정말 그런가' 하고 순진하게 넘어갈 것이다.

앞에서 이미 언급했다시피, 일본인들조차 아주 오래된 것으로 믿고 있는 일본 문화 전통의 대부분이 사실은 근대에 만들어지거나 확정된 것이다. 예를 들면 근대 일본의 정신적 지주였던 진무천황릉, 메이지 신궁, 가시하라 신궁, 야스쿠니 신사 등은 모두 천황제 이데올로기를 투사하고 확산시킬 목적에서 근대에 만들어진 것이다. 그럼에도 불구하고 여기에 '문명', '역사', '문화'라는 단어를 갖다 붙이면 이것들은 바로 '태곳적 전통'으로 자

45 小林よしのり, 《靖国論》(東京 : 幻冬舎, 2005), 40쪽.

일본의 침략 전쟁을 위해 동원된 외국인[46]

조선인	72만 4,727명	1930년부터 동원된 수
대만인	8,419명	이밖에 남방 각지에 9만 2,748명
백인	3만 5,653명	패전 시 총 12만 8,463명(남방, 조선, 대만 등에 수용) 사망자 3만 8,135명(사망률 29.7%)
중국인	4만 233명	사망자 8,823명(사망률 21.9%)

리 잡게 된다.

분사론에 반대하며 억지 논리를 펴는 고바야시 요시노리의 주장에도 불구하고, 야스쿠니 신사의 가장 큰 불합리성은 전쟁을 주도하고 사람들을 전쟁터로 밀어 넣은 가해자와 징집당해 전사한 피해자가 같이 합사되었다는 것이다. 도쿄 재판에서 형을 받고 죽은 전범을 일반 전사자와 같이 합사했다는 문제로 먼저 분사론이 제기되었지만, 더욱더 큰 문제는 식민지 출신의 전사자들이다. 전쟁에 참여한 것이 자의였든 타의였든, 이들은 야스쿠니의 영령이라는 이름의 수인이 되어 조국으로 돌아가지 못하는 신세가 되었기 때문이다.

일본의 침략 전쟁을 위해 동원된 외국인은 대략 100만 명에 달했다. 그중 압도적 다수가 식민지 조선인으로 72만 명이 넘었다. 그다음이 식민지 대만인으로 10만 명이 넘었다. 이 중에서 구 식민지 출신의 군인 및 군속 수는 조선인 군인·군속이 24만 2,341명, 대만인 군인·군속이 20만 7,183명이었다.

---

46 内海愛子, 《戦後補償から考える日本とアジア》(東京都 : 山川出版社, 2002), 64쪽. 수치들의 출처는 다음과 같다. 일본 대장성, 《일본인의 해외 활동에 관한 역사적 조사(조선편)》(1947) ; 대만 총독부, 《대만 통치 개요》(1945) ; 일본 포로정보국, 《포로 취급 기록》(1955).

구 식민지 출신 군인 · 군속의 수(일본 후생성 발표)[47]

	징병 · 징용자	귀환자	사망자	사망률
조선인 군인	11만 6,294명	11만 116명	6,178명	5.3%
조선인 군속	12만 6,047명	11만 43명	1만 6,004명	12.7%
대만인 군인	8만 433명	7만 8,287명	2,146명	2.7%
대만인 군속	12만 6,750명	9만 8,590명	2만 8,160명	22.2%
합계	44만 9,524명	39만 7,036명	5만 2,488명	11.7%

문제는 제국주의 일본의 가장 큰 희생양이었던 식민지 조선과 식민지 대만의 전사자들이 유족들도 모르는 사이에 야스쿠니 신사에 합사되어 있다는 것이다. "야스쿠니 신사가 공표하고 있는 바에 따르면, 2001년 10월 현재 조선 출신 합사자가 2만 1,181명, 대만 출신 합사자가 2만 8,863명이다. 이것만으로도 약 5만 명의 식민지 출신자가 야스쿠니 신사에 '호국의 신'으로 모셔져 있는 것이다."[48]

그런데 일본군 유족 중에도 전사한 가족의 야스쿠니 신사 합사에 반대하는 사람이 있을 정도이니, 식민지 치하에서 강제로 전쟁에 끌려가 죽은 이의 유족들이 이를 받아들일 리 만무하다. 이는 야스쿠니 신사가 언제든 민족주의적 갈등을 폭발시킬 수 있는 화약고나 마찬가지라는 뜻이다.

1978년 4월 16일의 《아사히신문》 보도에 따르면, 1977년 여름 야스쿠니 신사는 일본을 방문한 어떤 대만인에게 대만 출신 전몰자 2만 7,800명의 합사 통지서를 유족들에게 배포해달라고 부탁한다. 그러나 야스쿠니 신

47 内海愛子, 《戦後補償から考える日本とアジア》, 38쪽. 조선인 징병 · 징용자 중에는 통계에 잡히지 않은 사람들도 많았을 것으로 생각된다.

48 다카하시 데쓰야, 《결코 피할 수 없는 야스쿠니 문제》, 88쪽.

사의 의도와는 반대로 이는 식민지 출신자의 야스쿠니 신사 합사를 쟁점화하는 계기가 되었다.[49] 1978년 2월, 이 합사 통지서에 대해 알게 된 재일 대만인들은 도쿄에서 집회를 열고 대만 출신자의 합사 철회를 호소한다. 이에 대해 야스쿠니 신사 측은 다음과 같이 밝혔다.

> 전사한 시점에 일본인이었기 때문에, 사후에 다시 일본인이 아닌 것으로 될 수는 없다. 일본의 군인으로 죽으면 야스쿠니에 혼령이 모셔질 것이라는 마음으로 싸우다 죽었기 때문에 유족의 요구만으로 철회할 수는 없다. 내지인과 똑같이 전쟁에 협력하게 해달라고 하며 일본인으로 싸움에 참가한 이상은 야스쿠니에서 제사 지내는 것은 당연하다. 대만에서도 대부분의 유족은 합사에 감사하고 있다.[50]

이는 너무나도 일방통행적인 논리이며, 유족의 슬픔과 분노를 철저히 무시한 채 죽은 자의 영령을 볼모로 삼으려는 처사이다.

그런데 일본인 희생자의 분사, 식민지 조선인과 대만인 희생자의 분사, A급 전범의 분사는 별개의 문제들인 것 같지만, 야스쿠니 신사를 성지로 지키려는 사람들에게는 같은 문제이다. 식민지 조선인과 대만인 희생자의 분사를 허락하면 다음은 일본인 희생자의 분사를 허락해야 한다. 그러다 보면 A급 전범의 분사로 일이 확대되고, 야스쿠니 신사는 결국 공중분해되고 만다.

따라서 야스쿠니 신사가 내세운 분사 불가능의 논리는 정치 논리이지,

---

49 다카하시 데쓰야, 《결코 피할 수 없는 야스쿠니 문제》, 89쪽.

50 다카하시 데쓰야, 《결코 피할 수 없는 야스쿠니 문제》, 90쪽.

일본의 오랜 종교 전통에 따른 것이 결코 아니다. 고대부터 신사나 사원은 하나의 신을 분사해 제신으로 모셔왔고, 그러한 신사나 사원이 일본 전역에 산재해 있다. 그럼에도 불구하고 야스쿠니 신사만이 분사 불가론을 주장하고 있는 것이다. 더욱이 일본의 신도는 생의 종교로, 죽은 자를 기리고 제사하는 관습은 원래 신도에는 없었다. 죽은 자의 시신을 수습하고 소토바卒塔婆[51] 공양을 하는 것은 전통적으로 일본 불교에 속하는 것이었다. 따라서 군인으로 죽은 자의 혼령을 야스쿠니 신사가 모셔야 한다는 것은 국가와 야스쿠니 측의 담합으로 근대에 급조된 정치 이데올로기이지 결코 일본의 종교적 전통이 아니다.

도쿄 재판 사관

고바야시 요시노리의《신 오만주의 선언 스페셜, 야스쿠니론》에 의하면, 도쿄 재판은 승자가 패자를 일방적으로 판결하는 비열한 복수극에 지나지 않는다. 일본 우익들의 말을 빌리면 도쿄 재판은 패자에 대한 승자의 재판으로, 미국의 원자폭탄 투하와 일본 본토에 대한 무차별 폭격, 소련의 폴란드 침공과 같은 연합국의 행위는 일체 불문에 부친 불공정한 재판이다.

따라서 도쿄 재판은 불공정한 재판이었고 전범으로 기소된 자들은 무죄였으며, 결국 전범은 없다는 식의 일본 우익의 논리와 연동하는 증거물이 야스쿠니 신사에 존재한다. 도쿄 재판에 대한 야스쿠니 신사 측의 생각을

---

51 소토바는 사후에 추선공양追善供養을 위한 묘를 세우는 것을 말한다. 이때 묘의 상부를 탑형의 가늘고 긴 판자로 만들어 여기에 죽은 자의 넋을 기릴 범어, 경문, 계명 등을 새겨 넣는다.

단적으로 알려주는 것이, 유슈칸遊就館(신사 경내에 있는 전쟁 기념관) 입구 왼쪽에 세워진 인도인 라다 비노드 팔 박사의 기념비와 거기에 새겨진 문구이다. 라다 비노드 팔은 도쿄 재판에 판사로 참여해 A급 전범들의 무죄를 주장했던 인물이다. 2005년 6월 25일에 그를 위한 기념비가 세워졌으며 다음과 같은 기념비 문구는 새역모 교과서의 자학 사관 논리와 맥이 닿아 있다.

> 라다 비노드 팔 박사는 1946년 5월 도쿄에서 열린 '극동국제군사재판' 법정의 인도 대표 판사로서 부임하여 쇼와 23년 11월 결심 재판에 이르기까지 다른 일을 돌아볼 겨를 없이 전심전력으로 이 재판에 관한 방대한 사료 조사와 분석에 몰두했다. 팔 박사는 이 재판을 담당한 연합국 11개국의 재판관 중 유일하게 국제법 전문 판사인 동시에 법의 정의를 지켜야 한다는 열렬한 사명감과 고도의 문명사적 견식의 소유자였다. 박사는 이 통칭 '도쿄 재판'이 승리에 도취한 연합국이 지금은 무력해진 패전국 일본에 대해 야만스럽게 복수하는 의식에 지나지 않음을 간파하고 사실 오인으로 가득한 연합국의 소추에는 법적 근거가 전혀 없다는 점을 논증하여 피고단에 대해 전원 무죄라고 판결하는 대범한 의견서를 공개했다. 그 의견서의 결어에 있는 것처럼, 대다수 연합국의 복수 열망과 역사적 편견이 겨우 가라앉고 있는 현재, 박사의 재정裁定은 문명 세계의 국제 법학계에서 정설로 인정받고 있다. 이에 우리는 법의 정의와 역사의 도리를 끝까지 지켰던 팔 박사의 용기와 정열을 현창하고 그가 한 말을 일본 국민을 향한 귀중한 유훈으로 명기하기 위해 이 비를 건립하고 박사의 위업을 천고에 전하고자 하는 것이다.
>
> — 헤이세이 17년 6월 25일, 야스쿠니 신사 궁사

야스쿠니 신사 경내에 있는 라다 비노드 팔 박사의 기념비.

그러나 라다 비노드 팔 박사는 사후법을 적용한 연합국의 소추는 법적 효력이 없다는 법리적 이유로 피고단 전원에 대해 무죄라고 판결한 것이지, 전범 개개인에게 면죄부를 준 것은 아니었다. 더욱이 그는 대동아전쟁에 대해 합법적인 전쟁이라고 말한 적이 없다. 그럼에도 불구하고 라다 비노드 팔 박사의 판결은 일본 국내의 대동아전쟁 긍정론자들에게 악용되어, 전범 재판을 부당한 것으로 몰고 가고 대동아전쟁을 합리화하는 데 활용된다.

고바야시 요시노리가 대변하는 새역모 사관은 팔 박사의 판결문을 근거로 도쿄 재판을 전면 부정한다. 고바야시 요시노리는 팔 박사의 선고를 근거로《신新오만주의 선언 스페셜, 전쟁론 2新ゴーマニズム宣言SPECIAL, 戰争論 2》(2001)에서, "도쿄 재판이 국제법상의 근거가 없는 승전국에 의한 야만

적인 보복 의식에 지나지 않는다는 것은 판결문을 보면 알 수 있는 사실일 뿐만 아니라 전 세계 법학자의 상식이다"[52]라며 도쿄 재판 그 자체를 전면 부정한다. 이처럼 고바야시를 필두로 한 새역모는 도쿄 재판의 적법성을 논점으로 삼아 이 재판을 부정하면서 도쿄 재판은 승자의 패자에 대한 복수전에 지나지 않는다고 폄하한다. 나아가 도쿄 재판 사관을 따르는 자들이야말로 평화주의자들이 아니고 군국주의자들이라고 매도한다.

이에 그치지 않고 《신 오만주의 선언 스페셜, 전쟁론新ゴーマニズム宣言SPECIAL, 戦争論》에서 고바야시 요시노리는 "사투(개인적인 싸움)는 승인될 수 없는 폭력이다. 이에 반해 전쟁은 승인된 폭력이라 한다. 본래적으로는 약탈도 강간도 학살도 모든 폭력이 승인된 상태, 평화 시의 질서를 무질서로 바꾸는 완전히 끊긴 상태가 자연스러운 전쟁인지도 모른다"[53]라는 극단적인 주장까지 한다. 또한 그는 《신 오만주의 선언 스페셜, 전쟁론 2》에서, "전쟁이란 어디까지나 대화로 해결되지 않는 경우에 국가가 선택할 수 있는 외교의 한 수단이다"[54]라면서 전쟁 그 자체를 옹호한다. 그뿐만 아니라 전쟁은 선도 아니고 악도 아니라는 논리를 내세운다. 한국의 문제점은 야스쿠니 신사 문제로 그렇게 흥분하면서도 정작 그곳에 세워져 있는 팔 박사 기념비와 고바야시의 《신 오만주의 선언 스페셜, 야스쿠니론》이나 《신 오만주의 선언 스페셜, 전쟁론》의 논리 간의 상호 연관성을 지적할 만한 세심함과 예리함이 없다는 것이다. 왜냐하면 야스쿠니 신사와 관련해 늘 그래왔듯이 A급 전범의 합사와 총리의 참배 등 눈에 보이는 현상적 문제에만

52 小林よしのり, 《新ゴーマニズム宣言SPECIAL, 戦争論 2》(東京 : 幻冬舍, 2001), 226쪽.

53 小林よしのり, 《新ゴーマニズム宣言SPECIAL, 戦争論》(東京 : 幻冬舍, 1998), 114쪽.

54 小林よしのり, 《新ゴーマニズム宣言SPECIAL, 戦争論 2》, 225쪽.

관심을 갖고 집착하기 때문이다. 이제는 야스쿠니 신사의 역사관 내지 전쟁관을 문제 삼을 정도로 야스쿠니 신사에 대한 우리의 논점이 성숙해졌으면 한다.

고바야시 요시노리의 주장과 달리 도쿄 재판은 승자의 패자에 대한 복수전이 결코 아니다. 정확하게 말하면 이는 미소에 의한 동서 냉전이 시작되는 과정에서 미국과 일본이 공모해서 만든 합작품이다. 천황을 살리기 위해서 GHQ와 일본의 전후 내각이 공모해 군부에 모든 죄과를 전가한 것이 도쿄 전범 재판의 전모이다. 그렇다고 해서 일본 군부의 전범들이 자신들이 저지르지 않은 죄에 대해서 부당하게 형을 선고받은 것은 아니다. 오히려 극단적인 부당함의 예는 전쟁을 종결시키려 애썼던 도고 시게노리東郷茂徳(1882~1950)[55]가 전범 재판에서 유죄를 선고받고 옥사한 데 반해, 731부대의 수괴인 이시이는 세균전에 대한 정보를 미국에 넘기는 조건으로 목숨을 구했다는 데서 찾을 수 있다. 이시이의 실험 자료를 얻을 욕심으로 미국이 악마와 거래를 한 것이다.

총리의 야스쿠니 신사 공식 참배

패전 직후, 야스쿠니 신사를 찬양하는 내용이 교과서에서 삭제된다. 전

---

55 도고 시게노리는 가고시마에서 태어난 조선인 도공의 후예로 본명은 박무덕이다. 조선인 혈통에 대한 사회적 차별과 굴레를 뛰어넘어 외교관으로 활동하던 도고 시게노리는 아시아태평양전쟁 당시 '전쟁을 하지 않는다'는 조건하에 도조 히데키 내각의 외무대신으로 취임해 전쟁을 막기 위해 애썼다. 아시아태평양전쟁 당시의 도고 시게노리의 활약은 정수웅,《일본 역사를 바꾼 조선인》, 도고 시게히코 감수(동아시아, 1999)에 자세하게 나와 있다.

후 정교政教 분리가 헌법에 명시된 데 따른 조치였다. 전사자 유족들은 유족회를 결성해 야스쿠니 신사의 국가 운영을 주장한다. 하지만 헌법에 위배된다는 이유로 뜻을 이루지 못한다. 잠시 숨죽이고 있던 우익들은 전후 경제 재건에 힘입어 다시 목소리를 높였다. 그러나 이들은 야스쿠니 신사의 국영화 대신에 총리의 야스쿠니 신사 공식 참배를 주장하는 것으로 선회한다. 일본 우익이 총리의 야스쿠니 공식 참배에 이렇게 집착하는 것은 야스쿠니의 복권이 자신들과 가족들이 저지른 과거의 범죄에 대한 사면 복권을 뜻하기 때문이다.

1975년 미키 다케오三木武夫(1907~1988) 총리가 처음 야스쿠니를 참배한 이래 야스쿠니에 역대 총리들의 발길이 이어졌다. 군국주의의 부활을 원하지 않는 국민들의 시선을 피하고 헌법상의 정교 분리 규정에 어긋나지 않기 위해 일본 총리들은 사적 참배를 표방했다. 물론 이는 국내의 비판과 국외의 반발을 피하기 위한 물 타기 작전에 지나지 않는다. 그러다가 1985년 나카소네 야스히로中曾根康弘 총리가 전후 40년을 맞아 각료들을 대거 대동하고 야스쿠니 신사를 공식 참배해 국내외에 물의를 일으킨다. 총리의 야스쿠니 신사 참배는 고이즈미 준이치로小泉純一郎 총리에 이르러 절정에 달한다. 이처럼 국내외에 물의를 일으키면서까지 일본 총리가 야스쿠니 신사를 공식 참배하려 하는 것은 그것이 과거의 침략 행위에 대해 국가가 공식적으로 면죄부를 주는 상징적인 행동이 되기 때문이다.

다시 문제가 확대된 것은 선거 공약으로 총리의 야스쿠니 신사 공식 참배를 표방했던 고이즈미 총리가 연이어 야스쿠니 신사를 참배하면서였다. 고이즈미 총리는 매번 말을 바꾸어가면서 야스쿠니 신사를 참배한다. 한국과 중국, 그리고 국내의 여론에도 아랑곳하지 않고 야스쿠니 신사 참배를 강행한 고이즈미 총리를 일본 매스컴은 골수 우익인 것처럼 다루었다. 고

이즈미 총리에 대한 한국 국민의 시선 또한 대동소이했다.

그렇다면 일본 우익은 고이즈미 총리를 어떻게 보았을까. 관례에 어긋나는 언행 때문에 '헨진変人'(별난 사람)이라 불리며 일본인들에게 인기를 얻었던 고이즈미 총리는 야스쿠니 신사 참배 문제로 우익에게 줏대 없는 거짓말쟁이라고 비판받는다. 고바야시 요시노리는 가미카제 특공대 기념관을 방문해 눈물을 훔치며 야스쿠니 신사 참배를 맹세했던 고이즈미 총리가 외국의 눈치나 보면서 8월 15일 종전기념일 날짜를 피해 참배하는 것은 꼴사나우니 차라리 그만두라고 말한다. 또한, 고이즈미 총리가 "본의 아니게 전쟁에 참여한 영령들"이라는 말을 써가며 이들 앞에서 부전不戰의 맹세를 하는데, 이는 '칠생보국'(일곱 번 다시 태어나 국가에 보답한다)이라는 유서를 남기고 죽은 영령들 앞에서 할 말이 아니라고 비판한다.[56]

고바야시가 《신 오만주의 선언 스페셜, 야스쿠니론》을 통해 궁극적으로 말하려는 바는 야스쿠니의 영령을 침략자로 규정하는 도쿄 재판을 인정해서는 안 된다는 것이다. 그렇기 때문에 그는 눈 가리고 아웅 하는 식의 어설픈 휴머니즘 따위는 야스쿠니의 본질에 어긋난다고 주장하면서 이를 수용하지 않는다. 고바야시의 《신 오만주의 선언 스페셜, 야스쿠니론》은 어떤 전문서보다 더 당당하게, 뻔뻔스러울 정도로 솔직하게 우익의 본심과 논리를 전한다. 궤변에 지나지 않지만 우회하지 않고 직설법으로 논지를 펴기 때문에 이 책은 어떤 전문서보다도 일본 대중에 대한 파급력이 크다는 사실을 간과해서는 안 된다.

야스쿠니 신사의 전쟁관, 나아가 역사관이 야스쿠니 문제의 초점임에도 불구하고 한국에서는 지엽적인 문제에 지나지 않는 A급 전범 합사 문제가

---

56 小林よしのり, 《靖国論》, 9쪽 참고.

항상 도마 위에 올라 논점을 흐린다. A급 전범의 합사는 1966년 2월 일본 후생성이 A급 전범 14명의 위패를 야스쿠니 신사에 보낸 것에서 시작되었다. 이후 야스쿠니 신사는 기회를 보다가 1978년에 A급 전범 14명을 합사한다. 쇼와 천황은 1975년 11월의 참배를 마지막으로 죽는 날까지 더 이상 야스쿠니 신사를 참배하지 않는다. 그가 야스쿠니 신사 참배를 중단한 것은 야스쿠니 신사에 전범이 합사된 것에 대한 반발이었다는 것이 2006년에 밝혀진다.

다음은 2006년 7월 21일자 《조선일보》에 실린, 쇼와 천황과 그의 어록이 언급된 기사이다.

> 히로히토 일왕은 '전쟁 책임자'와 '평화주의자'란 엇갈린 평가를 받는다. 태평양전쟁 당시 국정 최고 책임자였다는 사실에도 불구하고 당시 내각과 군부에 의해 전쟁 결정에서 배제됐다는 해석이 따라다닌다. 그가 재임한 '쇼와 시대'에 애환을 가진 일본인들은 그를 평화주의자로 믿고 싶어 한다. 20일 공개된 메모는 이런 믿음을 뒷받침하는 것이다. '도미타 메모'는 히로히토 일왕을 평화주의자로 띄우는 동시에, 야스쿠니 참배를 주장하는 '고이즈미-아베 라인'에 일격을 가하는 이중성을 지니고 있다…… 히로히토 일왕과 야스쿠니 신사는 뗄 수 없는 관계다. 야스쿠니는 전전戰前 일왕을 위해 숨진 영령을 받는 곳이다. 야스쿠니가 받드는 247만 영령 중 213만 영령이 태평양전쟁 희생자들이다. 86퍼센트가 히로히토 일왕을 위해 숨진 영령이란 뜻이다. 히로히토 일왕은 이런 곳을 1975년 11월 참배를 마지막으로, 숨질 때까지 참배하지 않았다. 그 이유가 'A급 전범' 합사 때문이란 사실이 밝혀진 것이다. (A급 전범 합사 반대를) "내 마음", (합사를 주도한 사람을) "어버이의 마음을 모르는 자식"이라고 표현한 것

> 은 왕실은 물론이고 보통 일본 기준에서 볼 때도 매우 강한 표현이라는 평가다……이번 메모가 북한 미사일 발사로 사실상 물 건너간 '후쿠다 카드(분사론)'를 되살릴 것이란 관측이 있다. 하지만 아베 장관이 고이즈미 시대에 와해된 중국, 한국 외교를 복원시키기 위해서라도 야스쿠니 참배를 행동으로 옮기지 않는 선에서 봉합될 것이란 예측도 나온다. 현 상황에서 후자가 더 현실적이다.

이처럼 한국의 언론은 A급 전범의 분사와 총리의 야스쿠니 신사 참배 여부에 관심을 집중하고 있다. 하지만 이것이 야스쿠니 신사 문제의 본질일 수는 없다. 고바야시의 《신 오만주의 선언 스페셜, 야스쿠니론》을 통해서 우리가 깨달아야 할 점은 A급 전범을 야스쿠니 신사 밖으로 밀어낸다고 해서 야스쿠니 신사의 본질이 바뀌는 건 아니라는 것이다. 오히려 제2, 제3의 야스쿠니 신사가 만들어질 뿐이다.

일부 학자들 말고는 일본인들 중에서 고바야시의 억지에 반박할 사람들이 별로 없을 것이다. 그뿐만 아니라 일본인 대다수는 전쟁으로 잃은 가족에 대한 추모의 감정 때문에 고바야시의 야스쿠니 참배 옹호를 두둔하기도 하며, 근대에 시작된 신도 제사를 일본의 종교적 전통으로 착각하고 있다. 따라서 대부분의 일본인들은 명확한 논리를 가지고 야스쿠니 신사를 인정하는 것이 아니다. 오히려 두 번 다시 전쟁이 일어나지 않도록 평화를 기원하며 야스쿠니 신사를 참배한다는 고이즈미 전 총리의 말과 행동이야말로 야스쿠니 신사에 대한 일본인들의 행동 양식이나 정서에 가깝다. 야스쿠니 신사에 들러 영령에게 참배하는 일본인들 대다수는 다시는 일본에 전쟁이 없기를 기원하기 때문이다.

현대사로서 재생하는 야스쿠니 신사

야스쿠니 신사의 가장 큰 문제는 이것이 과거사가 아니라 현대사라는 점이다. 과거는 영광스러웠고 전쟁은 정당했다고 말하는 일본 우익들에게 야스쿠니 신사는 여전히 성지이다. 50여 년 전에 성전聖戰이라는 이름으로 일본을 침략 전쟁으로 내몰았던 야스쿠니 신사의 위력은 지금도 여전히 일본 사회를 배후에서 움직이고 있다.

2005년 유슈칸이 후원하고 상영한 〈우리는 잊지 않는다—감사와 기도와 자긍심을私たちは忘れない—感謝と祈りと誇りを〉이라는 다큐멘터리 영화는 일본인의 전쟁관 및 역사관을 잘 보여준다. 야스쿠니 신사 내에 위치한 유슈칸에서 본 이 영화는 태평양전쟁의 책임을 철저하게 미국에 돌리면서, 일본으로서는 구미의 제국주의에 맞서 일본과 아시아를 지키기 위해 자존자위自尊自衛의 전쟁에 나설 수밖에 없었다고 전쟁의 본질을 호도하고 있었다.

다음은 이 영화의 팸플릿에 나온 문구이다.

> 이 영화는 교과서에서 가르쳐오지 않은 우리 근현대사의 사실적 역사를 그리고 있습니다. 여러분의 자녀나 손자에게 보여주십시오. 반드시 우리나라에 대한 자긍심이 끓어오를 것입니다. 우리나라에는 메이지 유신 이래 함께 힘을 합쳐 국난에 마주 섰던 일본 민족의 자긍심 높은 불굴의 역사가 있습니다. 둘도 없이 소중한 목숨을 나라에 바친 선인들의 슬프고도 존귀한 역사가 있습니다. 우리는 잊지 않습니다. 국난에 순국한 영령들에 대한 감사와 기도를, 그리고 일본인의 자긍심을.

"교과서에서 가르쳐오지 않은 우리 근현대사의 사실적 역사"를 그리고

일본인의 전쟁관 및 역사관을 잘 보여주는 다큐멘터리 영화 〈우리는 잊지 않는다—감사와 기도와 자긍심을〉의 팸플릿.

있다는 선전 문구는 그대로 새역모 교과서의 편찬 의도와 맞물려 있다. 유슈칸 내에서 영화를 보고 나온 사람들의 발목을 또 한 번 붙잡은 것은 벽면에 붙어 있는 사진들이었다. 전사자들의 얼굴이 나이, 이름과 함께 쭉 붙어 있었다.

그 사진 하나하나를 숙연한 태도로 유심히 들여다보는 일본인들을 바라보는 필자의 심정은 착잡했다. 다큐멘터리 영화의 내레이터가 격앙되고 숙연한 목소리로 자존자위의 전쟁이라고 외치는 영화를 본 직후에 이들이 이 사진을 어떤 심정으로 보고 있을지 너무나 잘 알 수 있었기 때문이다.

현재 일본 국내의 야스쿠니 논쟁은 소수의 연구자들을 중심으로 한 온건하고 건전한 야스쿠니론과 새역모를 중심으로 한 과격하고 불온한 야스쿠니론으로 양분되어 있다. 그 사이에 이를 묵인하거나 이에 대해 침묵하는 대다수의 일본인들이 있다. 한국이나 중국이 야스쿠니 신사를 문제 삼을수

'국가에 바쳐진 존귀한 생명'이라는 제목하에 나열되어 있는 전사자의 사진들.

록, 야스쿠니 신사를 잊거나 기피하면서 살아온 전전 세대는 물론이고, 매스컴의 영향으로 야스쿠니 신사에 대해 호기심을 갖게 된 전후 세대까지 모두 야스쿠니 신사를 찾아오는 역효과가 나타나고 있다.

전후 50년 넘는 세월이 흐르는 동안 야스쿠니 신사를 둘러싸고 일본과 한국, 일본과 중국, 일본과 대만 사이에 여러 형태의 공방이 있었지만, 본질적으로 해결된 것은 아무것도 없다. 야스쿠니 신사 측에 따르면 일본 관람객의 발길이 점점 뜸해져 위기감을 느낄 정도였는데, 고이즈미 전 총리의 신사 참배와 이에 반발하는 한국과 중국 덕분에 야스쿠니 신사가 선전되어 관람객이 늘었다고 한다.

우리의 어설픈 대응이 과거사에 대해 침묵하거나 묵인해온 대다수의 일본인들을 오히려 야스쿠니 신사로 끌어들이는 결과를 낳았다는 점을 우리 정부와 국민이 알았으면 한다. 한국의 언론은 이 문제를 외교의 장과 학문의 장에서 논리적이고 냉철하게 다룰 수 있도록 비켜나 있어야 한다. 야스쿠니 신사 참배에 대해 문제 제기를 하는 것은 좋지만, 이를 대서특필해 반일 감정을 자극하는 것은 지양해야 한다. 야스쿠니 신사 측과 일본의 우익이 바라는 것이 바로 그것이기 때문이다.

따라서 우리 정부는 더 이상 일본 정치가들의 야스쿠니 신사 참배라는 현상 문제에만 사로잡혀 일본과의 감정적 소모전을 되풀이해서는 안 된다. 현실적으로 우리 정부의 더 시급한 과제는 야스쿠니 신사에 합사되어 있는 한국인 영령 문제를 해결하는 것이다. 아울러 야스쿠니의 전쟁관과 새역모의 역사관을 예의 주시하면서 논리로써 그에 맞설 준비를 해야 한다. 야스쿠니 문제를 논리로 제압하지 못하면 한국인은 늘 논리적이지 못하고 감정적으로 대응한다는 일본의 비판에 다시 말려들게 될 뿐이다.

야스쿠니 신사의 본질이 바뀌지 않는 한, A급 전범의 합사나 총리의 야스쿠니 신사 참배 그 자체는 중요한 것이 아니다. 일본이 침략 전쟁에 대한 책임을 '일억참회론'으로 희석시켜 전 일본 국민이 면죄부를 받은 상황에서 한국이 야스쿠니 문제를 거론해봤자 일본의 우익에게 내정 간섭이라는 이유로 보수파를 선동할 구실을 제공하게 될 뿐이다. 야스쿠니 신사 문제는 일본 사회의 향방을 예측하고 외교 라인을 통한 사전 의견 조율로 양국 관계에 미칠 파장을 최소화하면서 장기적으로 풀어나갈 필요가 있다.

3

과거로 회귀하는 일본 사회

전후 일본은 상징천황제와 평화 헌법(전쟁 포기를 명시한 일본 헌법 제9조를 가리키는 말) 아래에서 유례없는 경제 발전을 구가하며 세계적인 경제 대국으로 부상한다. 일본의 경제적 자신감은 곧 정치적·군사적 입지를 강화하려는 열망으로 이어졌다. 하지만 과거사에 대한 일말의 반성 없이 망언을 일삼는 정치가들 때문에 일본은 아시아 근린 국가들의 신망을 받지 못한다. 일본의 보수 우익은 천황 및 천황제와 관련된 문화, 예를 들면 일본의 국체인 천황제를 국가의 절대적 요소로 여긴다. 이들에게는 아시아태평양전쟁까지 포함해 과거는 영광스러운 것이며, 천황은 일본의 정체성 바로 그 자체이다. 따라서 이들에게는 과거사에 관한 진정한 반성이 있을 수 없다. 계속되는 일본의 망언[57]은 바로 과거사에 대한 반성의 결락에 기인한다.

---

57 '일본의 망언'이란 제국주의 및 군국주의 일본이 자행한 범죄 행위를 인정하지 않거나 미화하거나 책임을 전가하는 일본 정치가나 정치 논객들의 언동을 통칭한다.

시기별로 추적해보면 전쟁이 끝난 직후인 1960, 1970년대보다는 1980년대부터 망언의 횟수가 많아졌음을 알 수 있다. 1980년대에 한국에서 일본 역사 교과서의 왜곡 기술 문제가 대두되면서 반일 감정이 격해졌는데, 이에 대한 반작용으로 일본의 망언이 늘어난 것이었다. 1990년대에 있었던 일본 정치가들과 보수 논객들의 망언은 1993년의 일본 총선에서 보수 세력인 자민당이 패배하면서 일본 우익이 위기의식을 느낀 데 따른 것이었다. 또한 한국에서 일본군 성노예 문제가 이슈가 되고, 또 김대중 전 대통령이 일본 측과 일본군 위안부 보상 문제를 타결하는 과정에서 일본에서도 이 문제가 이슈가 된 것과도 관련이 있었다.

일본 정치가들의 망언 공식은 단순하다. 그들은 기회 있을 때마다 망언을 일삼고 이에 대해 한국이 항의하면 판에 박은 태도로 유감을 표시한 뒤 사태가 진정되면 다시 망언을 터뜨린다. 결국 사과는 요식 행위에 지나지 않고 이들의 과거사에 대한 생각은 변함이 없다. 이들에게 과거사는 청산해야 할 대상이 아니라 부인하거나 현창해야 할 대상이다. 자민당 정치가들은 한결같이 과거의 침략 전쟁을 부인하거나 축소·왜곡한다. 우리는 이와 같은 자민당 수뇌부의 망언에 일희일비할 필요가 없다. 그러한 망언은 일본 과거사의 당사자이거나 그들과 혈연관계에 있어 일본의 과거사에서 결코 자유로울 수 없는 태생적 우익의 발언이기 때문이다.

전후 일본을 지배해온 것은 '과거사에 대한 집단 망각'과 이에 대한 '기억의 재프로그래밍'이라고 해도 과언이 아니다. 일본은 과거 60년 동안 한편으로는 과거사에 대한 집단 망각증에 빠져 망언을 일삼으며 이웃나라와 첨예한 갈등을 빚어왔고, 다른 한편으로는 국민의 기억을 재프로그래밍하기 위한 절차를 꾸준히 밟아왔다. 21세기에 들어선 현재 일본 우익들에 의한 기억의 재프로그래밍은 거의 최종 단계에 접어들고 있다. 〈교육기본법〉은

2006년에 이미 개인의 존엄에서 공공의 정신으로 강조점을 옮기고 전통의 계승이라는 항목을 추가하면서 민주주의를 후퇴시키는 방향으로 개악되었다. 마지막 남은 관문은 〈일본국헌법〉을 전면 개정하는 것뿐이다.

자유주의사관연구회와 '새로운 역사 교과서를 만드는 모임'

일본 정치가들의 망언보다 우리가 더 주목해야 할 것은 1991년의 걸프전 이후 표면화된 일본 지성인들의 우경화 현상이다. 일본 정치가들이 과거사에 발목 잡혀 한국과 중국을 비롯한 아시아 국가들에 끌려다니는 것을 더 이상 두고 볼 수가 없다며, 스스로 새로운 역사 교과서를 기술해 후세를 가르치겠다고 나선 우익 그룹의 출현이 그러한 경우다. 바로 이들이 '새로운 역사 교과서를 만드는 모임'(이하 '새역모'로 약칭)이다. 그리고 일본의 보수 우익 단체들이 결집해서 새역모를 후원하고 있다.

1995년에 결성된 자유주의사관연구회[58]는 전후 일본 역사 교과서가 자학 사관에 근거해 기술되었으며, 이로 인해 일본의 장래를 짊어질 젊은이들이 일본에 대해 자긍심을 가질 수 없게 되었다고 주장한다. 또한 일본 사회에 만연한 자학 사관을 극복하기 위해 일본은 과거사에 얽매이지 말고 자유로운 입장에서 역사를 재조명해야 한다고 주장한다. 이 단체의 핵심 인물인 도쿄대 교수 후지오카 노부카쓰藤岡信勝는 일본이 올바른 진로를 선택하기 위해서는 세계사를 보는 새로운 패러다임이 필요하고, 그 어느 때

58 자유주의 사관은 새역모의 핵심 사관으로, 도쿄 대학의 후지오카 노부카쓰 교수가 〈근현대사의 교육개혁〉이라는 논문을 1994년 4월부터 《사회와 교육》이라는 교육 잡지에 연재하면서 일본 사회에 등장했다.

보다 확실한 국가 의식과 긍정적 역사 교육을 위한 새로운 역사관 및 역사 연구가 필요하다고 보았다.

이러한 맥락에서 자유주의사관연구회는 일본의 보수 우익 신문인 《산케이신문》에 1996년 1월부터 〈교과서가 가르쳐주지 않는 역사〉를 연재한다. 연구회는 매달 하나의 주제를 정하고 회원들이 분담해 주제마다 17회 정도씩 집필한다. 1년간 계속된 이 연재물은 찬반양론을 일으키며 역사 재평가 운동을 대중화하는 데 크게 기여한다. 그동안 연구회를 주도적으로 이끌었던 후지오카 노부카쓰와 니시오 간지西尾幹二는 자유주의 사관에 동조하는 지식인들과 함께 1997년 1월 새역모를 결성한다.

이와 같은 새역모의 역사관은 새로운 역사를 만드는 모임의 취의서에 잘 나타나 있다. 홈페이지에는 다음과 같이 기술되어 있다.[59]

> 우리는 21세기를 살아가는 일본의 어린아이들을 위해서
>
> 새로운 역사 교과서를 만들어 역사 교육을 근본적으로 다시 세울 것을 결의했습니다.
>
> 세계의 모든 민족이 각각의 고유한 역사를 갖고 있듯이
>
> 일본에 고유한 역사가 있습니다.
>
> 일본의 국토는 옛날부터 문명을 배양하면서 독자적 전통을 육성했습니다.
>
> 일본은 어느 시대에 있어서나 세계의 선진 문명에 보조를 맞추고 착실하게 역사를 걸어왔습니다.
>
> 서구 제국의 힘이 동아시아를 삼키려고 한, 저 제국주의 시대,
>
> 일본은 자국의 전통을 살려 서구 문명과의 조화의 길을 모색하고

---

59 http://www.tsukurukai.com/02_about_us/01_opinion.html/2012.7.10

근대 국가 건설과 그 독립의 유지에 힘을 쏟았습니다.

그러나 그것은 여러 외국과의 긴장과 마찰을 동반하는 엄격한 역사이기도 했습니다.

우리의 부모와 선조들의 끊임없는 노력 위에

세계에서 가장 안전하고 윤택한 오늘의 일본이 있는 것입니다.

그런데 전후의 역사 교육은

일본인이 계승해야 할 문화와 전통을 망각하고, 일본인의 자긍심을 잃게 하는 것이었습니다.

특히 근현대사에 있어서,

일본인을 대대손손까지 계속해서 사죄하도록 운명 지어진 죄인처럼 취급하고 있습니다.

냉전 종결 후에는 이 자학적 경향이 한층 더 강화되어

현행 역사 교과서는

구 적국의 선전선동을 그대로 사실로서 기술하기에 이르렀습니다.

세계에 이와 같은 역사 교육을 하는 나라는 없습니다.

우리가 만드는 교과서는

세계사적 시야 속에서 일본국과 일본인의 자화상을 품격과 균형을 가지고 그렸습니다.

우리 선조의 활약에 가슴 뛰고 실패의 역사에도 눈길을 주고

그 고락을 추가로 체험할 수 있는 일본인의 이야기입니다.

교실에서만 사용하는 것이 아니라 부모 자식이 읽고 서로 역사를 이야기할 수도 있는 교과서입니다.

어린아이들이 일본인으로서의 자신과 책임을 가지고

세계의 평화와 번영에 헌신할 수 있게 하는 교과서입니다.

우리는 이와 같은 교과서를 만들고

보급하기 위해서 필요한 모든 활동을 힘차게 추진하겠습니다.

우리의 사업에 대한 여러분의 이해와 참가를 마음으로 염원합니다.

— 헤이세이 9년(1997) 1월 30일 설립총회

자유주의사관연구회와 새역모가 공동으로 추진한 사업은 새로운 역사 교과서에 앞서 대중 선전용 보급판 책자인《국민의 역사国民の歴史》(1999)를 출간하는 것이었다. 새역모 회장 니시오 간지의 주도로 편집 출판된 이 책은 일본 사회에 큰 파장을 불러일으킨다. 이 책에 이어 2000년에《새로운 역사 교과서新しい歴史教科書》가 출간된다.

새역모는 세 가지 전략으로 일본 사회를 뒤흔들었다. 첫째는 새역모에 속해 있는 교수들을 중심으로 학술적인 글들과 책을 내 논쟁을 야기함으로써 대중의 관심을 끈다는 전략이다. 그 결과《국민의 역사》가 출간된 후 이를 반박하는 일본 지성인들의 학문적 대응이 일어난다. 둘째는 새로운 역사 교과서를 만들어 교육 현장에서 활용함으로써 새로운 역사관을 심는다는 전략이다. 새역모가 만든《새로운 역사 교과서》는 2001년 문부성 검정을 통과했고 2006년 개정판을 거쳐 현재에 이르고 있다. 셋째는 만화가인 고바야시 요시노리의 만화를 통해 대중을 공략한다는 전략이다. 한국에서는 첫째와 셋째 전략은 무시하고 오로지 교과서와 관련된 둘째 전략을 저지하는 데만 매달리고 있다. 하지만 제일 경계해야 할 대상은 고바야시 요시노리의 만화이다.

고바야시 요시노리는 새역모를 만든 3인방 중 한 사람이다. 그의 출세작인《신오만주의 선언 스페셜, 전쟁론》은 출간 직후인 1998년부터 일본에서 일대 논쟁을 불러일으켰다. 판매 부수 60만의 베스트셀러인 이 만화책은 일본 제국주의의 과거사를 철저하게 미화한다. 일본이 태평양전쟁 당시 아시아를 구미로부터 해방시켰으며, 한국 병합은 한국이 원하고 세계가 승인한 합법 행위였다고 주장하는 식이다. 그뿐만 아니라 전쟁 당시 아시아인들이 일제히 일본을 지지하고 환영했다고 주장한다. 이 책을 만화책이라고 웃어넘기는 것은 큰 실수이다.

이 우파 지성인들이 주도하는 역사 재평가 운동은 교과서 개정을 요구하는 수준을 넘어 새로운 역사 교과서를 만드는 방향으로 물꼬를 텄다는 점에서 기존의 우익 정치가들이 남발하던 망언과는 차원이 다르다. 이들은 한편으로는 기존 역사 교과서의 개정을 관계 당국에 요구하고, 다른 한편으로는 이를 위한 캠페인을 전개한다. 특히 종군 위안부에 관한 내용을 중학교 교과서에서 삭제할 것을 당국에 요구하기로 결의하는 등 구체적인 사안을 가지고 움직이고 있다.

2001년 4월 3일, 일본의 7종의 기존 중학교 역사 교과서 외에 새역모가 만든 《새로운 역사 교과서》가 문부성 검정을 통과한다. 이 역사 교과서가 이렇게 당당하게 만들어지고 검정을 통과한 것은 학계뿐 아니라 언론계와 정치계 등에도 거대한 지원 세력이 있었기 때문이다. 언론계에서는 대표적인 극우 언론인 《산케이신문》이 나섰는데, 이 교과서를 낸 후소샤 출판사가 바로 이 신문사의 계열사이다. 또 정계의 지원 세력은 자민당의 보수파 의원들이었다.

문제는 이제까지 전후 일본 사회에서 금기시되어왔던 문제들, 예를 들면 〈교육기본법〉 개정 문제, 헌법 개정 문제 등이 새역모의 교과서 운동을 통해 음지에서 양지로 나왔다는 것이다. 그뿐만 아니라 새역모는 새로운 역사 교과서를 만든 것에 만족하지 않고 반대편에 있는 역사 교과서를 일본 사회에서 걷어내겠다는 목표로 움직이고 있다. 그 결과 과거사 문제를 기술한 역사 교과서를 내는 소규모 출판사들이 도산하고 있는 실정이다. 새역모의 최종 목표는 역사 교과서에서 자학 사관을 걷어내고 국민의 기억을 재프로그래밍하는 것이다. 새역모는 일본의 우익을 결집하고 있을 뿐만 아니라 일본 우익 정치가들의 망언에 힘을 실어주고 있다. 일본 사회에서 일본 우익의 망언에 대한 비판적 의견이 점점 줄어들고 있는 것이 바로 그 증거이다.

니시오 간지의 《국민의 역사》

《새로운 역사 교과서》의 파일럿판인 《국민의 역사》[60]는 일본의 4대 신문사 중 하나인 산케이신문사에서 출판되었다. 이 책은 대대적인 광고와 함께 일본 전역에 뿌려졌다. 70만 부나 팔린 베스트셀러라지만, 개인 독자들이 한 권 한 권 샀다기보다는 일본 우익 단체들이나 인사들이 대단위로 구입해 증정용으로 쓰면서 판매 부수가 올라간 것이다. 필자가 이 책을 처음 접한 것은 1996년도이다. 당시 필자는 일본의 한 대학에 재직하고 있었는데 한국 유학생들이 국제로터리클럽 초청으로 교류회에 갔다가 이 책을 선물로 받아 와 필자에게 주었다. 724쪽에 달하는 이 방대한 책은 일본어 실력이 높지 않은 한국인 유학생들이 읽을 수 있을 만한 책이 아니다. 이 책의 논지를 생각하면, 국제로터리클럽이 한국인 유학생들에게 이 책을 한 권씩 증정했다는 것 자체가 일본인의 평균적인 역사 인식을 대변하는 것

---

60 西尾幹二 編,《国民の歴史》(東京 : 産経新聞社, 1999). 이하 《국민의 역사》의 내용은 모두 이 책에서 인용함.

같아 우려스러웠다.

《국민의 역사》 표지 띠에는 "역사가 어떻게 이렇게 재미있고 쉬운가. 많은 일본인들이 품고 있는 의문에 저자가 솔직하고 과감하게 맞붙고 있기 때문이다"라고 적혀 있다. 여기서 솔직하다는 것은 과거사에 대한 일본 우익의 심정을 솔직하게 드러냈다는 뜻이며, 과감하다는 것은 전후의 자학사관에서 과감하게 벗어났다는 뜻이다.

새역모는《국민의 역사》에 대해, 이 책은 기존의 모든 역사서를 능가하는 진실의 역사서라고 자화자찬한다. 그러나《국민의 역사》는 일본사를 기술한 책이 아니라 일본사를 재평가하기 위한 새로운 역사관을 제시한 책이다. 니시오 간지는 이 책에서 일본사를 재구축하기 위해 기존의 역사서를 부정하거나 아니면 일본사를 과대평가하고 중국사나 한국사를 폄하한다.

그러나 여기서 오해해서는 안 되는 것은 내가 단순히 기술의 부정확성을 문제 삼고 있는 것이 아니라는 점이다. 중국의 사서가 '일견 합리적으로 보이는' 기술 방법이라고 지금 이야기했지만, 중국인은 원래 실제적 · 현세주의적 사고의 소유자로 종교적 신비주의 경향이 부족하다. 먼 옛날에 존재했던 중국 신화는 어느 사이에 추방되고 왕조 성립기에 합리적인 정치의식으로 대체되었다. 그렇다고 해서 서양의 근대 과학을 기초로 하는 사실의 정확성, 역사의 객관성은 중국 역사에서는 애초부터 기대할 수 없다. 신화를 배제한 '일견 합리적으로 보이는' 그 어조는 거의 언제나 정치적으로 편향되어 있다. 중화중심주의의 왜곡을 수반하고 있다. 여기서 오해가 없도록 다시 한 번 밝혀두는데, 나는 기술의 부정확성, 편향, 왜곡 등을 직접 문제 삼고 있는 것이 아니다. 그런 것이 아니라,《한서》나《위지동이전》의 '일견 합리적으로 보이는' 기술은 역사이고《고사기》나《일본서기》의 바보

스럽고 지어낸 이야기처럼 보이는 신화는 역사가 아니라고 전후에 간단하게 결정지은 것이 과연 옳은 일인가 묻고 있는 것이다. (《국민의 역사》)

이 글의 주된 논지는, 일견 합리적으로 보이는《한서》나《위지동이전》의 내용은 역사로 간주하고《고사기》와《일본서기》의 내용은 역사가 아니라 신화로 간주하는 것은 옳지 않다는 것이다. 그뿐만 아니라 저자는《한서》나《위지동이전》이 부정확하고 비객관적이라고 주장하기 위해서 그 대척점에 서양의 근대 과학을 두고 있다. 이는 과학과 역사라는 애초에 비교 대상이 될 수 없는 것을 비교하면서 역사서로서의《한서》나《위지동이전》을 근저에서부터 부정하는 것이다. 더욱이 중국의 사서가 중화중심주의적 왜곡을 수반하고 있다고 하면서,《고사기》와《일본서기》가 천황중심주의 사관에 의해 왜곡되어 있다는 것은 지적하지 않고 있다.

니시오 간지는 자신은 역사 기술의 부정확성, 편향, 왜곡을 문제 삼는 것이 아니라고 누차 강조한다. 이와 같이 복선을 까는 데는 두 가지 이유가 있다고 본다. 첫째는 일본 신화를 중심으로 한 신화적 역사관을 정당화하기 위해서이다. 둘째는 자신이 기술한《국민의 역사》에서 드러나는 역사 기술의 부정확성, 편향, 왜곡을 방어하기 위해서이다.

니시오 간지는 전전의 신화적 역사관을 현대사에 재현하기 위해서 신화와 역사의 경계를 허물며 다음과 같이 주장한다. "되풀이하지만 모든 역사는 넓은 의미에서 신화인 것이다. 특히 고대에 있어서는 역사와 신화 사이에 명확한 경계를 세울 수 없다. 따라서《한서》나《위지동이전》도 또 다른 측면에서는 신화의 일종이라고 말해두지 않으면 안 된다."[61] 이어서 그는

61 西尾幹二 編,《国民の歴史》, 120쪽.

"신화와 역사의 경계가 애매한 것은 고대사에서는 물론이고 현대사에서도 어떤 의미에서는 마찬가지다"[62]라고 말한다.

니시오 간지는 "역사는 현대를 살아가는 우리 측의 새로운 구성물이다"라고 말하면서, "우리는 복수의 여러 사실 가운데서 진실을 찾아내고 재구성할 권리를 갖고 있다"라고 주장한다.[63] 인용한 이 두 문장 속에 니시오 간지의 역사관이 함축돼 있다 해도 과언이 아니다. 니시오 간지가 말하는 역사는 고정불변의 것이 아니라 오늘을 살아가는 일본의 필요에 따라 재구성될 수 있는 것이다. 니시오 간지가 역사를 재구성하려 한 것은 일본 국민의 역사 인식을 바꾸기 위해서였으며, 《새로운 역사 교과서》는 이러한 맥락에서 나왔다.

《새로운 역사 교과서》의 새로운 역사관

《새로운 역사 교과서》는 니시오 간지의 역사관을 토대로 만들어졌다. 2001년에 나온 중학교 《새로운 역사 교과서》 시판본에는 그가 쓴 머리말이 실려 있다. 머리말에서 니시오 간지는 다음과 같이 강변한다. "이 교과서에 대해서 예전부터 일부 언론은 국민이 도저히 용인하기 어려운 행동을 해왔다. 즉, 교과서의 내용이 국민에게 알려져 있지 않은데 신문만이 제멋대로 비판을 퍼부었다. 또 한국이나 중국이 태연하게 반발하고 수정을 요구하거나 했다. 신문에 글을 쓰는 특정인이나 외국인은 이 교과서에 대해 자유롭

---

62 西尾幹二 編, 《国民の歴史》, 123쪽.

63 西尾幹二 編, 《国民の歴史》, 119쪽 참고.

게 의견을 펼 수 있는데, 일본의 국민에게는 자신의 눈으로 읽고 자신의 머리로 판단하는 것이 허용되고 있지 않다. 이것은 부자연스러운 일이며, 불건강한 상태이다."[64] 이어서 그는 국민들의 '알 권리' 운운하며, 자신들이 낸 교과서 외에 7개 사의 교과서도 시판본을 내야 한다고 주장한다.

하지만 국민의 알 권리를 주장하며 자신 있게 시판본으로 나온《새로운 역사 교과서》는 국내외에서 많은 비판을 받았을 뿐만 아니라, 검정을 통과하는 과정에서 많은 수정을 거쳐야 했다. 그뿐만 아니라 교과서 채택 과정에서 일본 국민의 조직적인 저항에 직면한다. 시판본을 읽은 양식 있는 일본인들과 일본의 어머니들이 이런 교과서로 아이들을 교육시킬 수 없다고 들고일어났기 때문이다. 따라서 이 책의 어떤 요소들이 이런 조직적인 저항을 불러일으켰는지 구체적으로 살펴볼 필요가 있다.

《새로운 역사 교과서》를 보면 머리말에 이어서 "일본의 미의 형"이라는 제목하에 선사 시대인 조몬 시대에서 근대 메이지 시대까지의 유물이나 회화를 중심으로 일본의 미가 어떠한 형태로 표출되었는지가 15쪽 분량에 걸쳐 설명된다. 그다음에 목차가 나오고 그다음에 서장인 〈역사로의 초대〉가 나오며, 이 서장은 〈역사를 배운다는 것은〉, 〈일본 역사의 흐름, 역사의 잣대〉, 〈사물의 기원 조사하기〉, 〈향토사를 조사하자〉라는 4개 항목으로 이루어져 있다. 이 중 〈역사를 배운다는 것은〉이라는 부분이 이 책의 서문에 해당한다. 이 책은 일반적인 역사책의 구성이나 기술과 달리, 마치 숨바꼭질하듯이 숨은 의도를 행간에 감추고 있다.

〈역사를 배운다는 것은〉이라는 글이야말로《새로운 역사 교과서》의 역

---

64 西尾幹二ほか13名,《市販本 新しい歴史教科書》(東京 : 不桑社, 2001). 이하《새로운 역사 교과서》의 내용은 모두 이 책에서 인용함.

사관을 단적으로 설명하는 것으로, 이 책의 핵심과도 같다.

> 역사를 배운다는 것은 과거의 사실을 아는 것이라고 생각하는 사람이 많을 것이다. 그러나 반드시 그런 것은 아니다. 역사를 배운다는 것은 과거의 사실에 대해서 과거의 사람이 어떻게 생각하고 있었는지를 배우는 것이다……역사를 배운다는 것은 지금의 시대를 기준으로 과거의 부정의不正義나 불공평을 단죄하거나 고발하는 것이 아니다. 과거 각각의 시대에는 각 시대 특유의 선악과 행복이 있었다. 역사를 배운다는 것이 반드시 과거의 사실을 아는 것은 아니라고 말했는데, 이는 과거의 사실을 엄밀하게 그리고 정확하게 아는 것은 가능한 일이 아니기 때문이다……역사를 고정된 부동의 것인 양 생각하는 것은 그만두자. 역사에 선악을 적용해 현재의 도덕으로 재판하는 재판정으로 만드는 것은 그만두자. 구애받지 않는 자유로운 눈으로 역사를 바라보고 수많은 견해를 거듭해서 (읽으면서) 제대로 사실을 확인하도록 하자. 그렇게 하면 저절로 역사의 재미가 마음으로 전해져오는 것이 느껴질 것이다. (《새로운 역사 교과서》)

여기서 역사를 배운다는 것은 "과거의 사실"을 배우는 것이 아니라 "과거의 사실에 대해서 과거의 사람이 어떻게 생각하고 있었는지"를 배우는 것이라는 말의 의미는 명확하다. 그 뒤에 이어지는 내용이 이를 말해준다. 역사를 배운다는 것은 "지금의 시대를 기준으로 과거의 부정의나 불공평을 단죄하거나 고발하는 것"이 아니며, 과거에는 과거 나름의 선악 기준이 따로 존재했으므로 현재의 시각으로 과거를 재단해서는 안 된다는 것이다. 현재의 도덕으로 역사를 판단하지 말라는 말이다. 역사를 주위의 판단에 좌우되지 않는 자유로운 시각으로 보자는 주장은 이른바 '자학 사관', 즉 일본의 과거사를 비판적으로 바라보는 사관에 좌우되지 말자는 뜻이다.

《새로운 역사 교과서》가 나온 뒤 이 책의 문제점을 지적하는 반론들이 많이 나왔다. 일본과 한국에서 나온 반론의 공통점은 이 책의 '역사관'이 아니라 '역사 기술'을 문제 삼았다는 것이다. 이 책을 기술한 사람들의 궁극적인 목적은 일본인의 역사관을 바꾸는 것이다. 따라서 이 책을 제대로 비판하려면 역사 기술이 아니라 이 책을 관통하는 역사관을 문제 삼아야 한다. 《새로운 역사 교과서》의 역사 기술은 오히려 이 역사관이 이슈로 부각되지 않도록 하려는 술수 그 이상도 이하도 아니라는 것이 필자의 생각이다.

《새로운 역사 교과서》의 역사관은 이 책이 어떤 역사 항목들을 어떤 식으로 배치했는가 하는 데서도 드러난다. 서장 다음에 바로 본론이 이어지지 않고, 다시 "일본 역사의 흐름, 역사의 잣대"라는 제목하에 자의 센티미터 눈금에 맞추어 각 시대를 배분한 그림이 나와 있다. 자의 눈금은 1센티미터가 1세기(100년)를 뜻한다. 자의 좌측에는 연대기를 표시하지 않은 채, 원시 시대에 구석기와 조몬 시대를 배분하고 있다. 그리고 야요이 시대부터 21세기까지 눈금으로 연대기를 표시하고 있다.

그리고 그림 아래에는 〈인류의 탄생은 450미터 좌측으로〉, 〈메이지부터는 약 1센티미터의 길이〉, 〈20센티미터 대를 살아가는 여러분에게〉라는 짧은 글들이 나온다. 이 세 글을 제시한 이유는 각 글의 제목에서 알 수 있다. 인류의 탄생은 450미터 좌측으로 뻗어나가는 데 반해, 메이지 시대에서 쇼와 시대는 약 1센티미터에 지나지 않으며, 21세기를 살아가는 현대 일본인 역시 20센티미터 대에 머물러 있는 것에 지나지 않는다는 것을 눈금자를 통해 표현하고자 한 것이다. 〈메이지부터는 약 1센티미터의 길이〉라는 짧은 글에 이 눈금자를 그린 의도가 설명되어 있다.

이 글에는 "일본인이 구미를 알게 된 이래의 역사를 역사의 전부로 생각한다면 큰 잘못을 범하는 것이 된다"[65]라는 말이 덧붙어 있다. 이 행간에 숨은 그림과 말의 의미는 명확하다. 일본의 역사는 장구하고 그 장구한 역사에서 메이지 이후의 근대는 매우 짧은 시간이므로 이 시기를 가지고 일본 역사 전체를 평가해서는 안 된다는 것이다.

이러한 속내는 그 뒤에 나오는 〈20센티미터 대를 살아가는 여러분에게〉라는 짧은 글의 문장 속에 함축돼 있다. "자의 오른쪽 끝을 보자. 20센티미터(21세기)가 여러분이 살아가는 시대이다. 거기에 어떤 족적을 표시하고 무엇을 놓아가는가는 오직 여러분 한 사람 한 사람의 살아가는 방법에 달려 있다. 시간을 공간으로 환원시킨 이 역사의 자는 역사 전체를 조망하는 데 도움이 될 것이다. 작은 사건을 보는 것이 아니라 늘 전체에 눈을 돌리기를 바란다. 나무를 볼 것이 아니라 숲을 보기를 바란다."[66] 이 문장이 함축하고 있는 의미는 일본이 부끄럽게 생각하는 역사의 시간은 일본 역사 전체에서 보면 불과 1센티미터도 안 되는 순간이니, 그 작은 역사에 연연하지 말고 일본사 전체 속에서 이를 바라보라는 것이다.

그다음에는 학습 요령을 설명하는 〈과제 학습〉이라는 글이 장장 8쪽에 걸쳐 이어진다. 그러고서야 비로소 제1장 1절 〈원시와 고대의 일본〉이라는 글이 시작되어 10쪽에 걸쳐 서술된다. 그 뒤에 '칼럼Column'으로 분류된 〈일본어의 기원과 신화의 발생〉이라는 2쪽짜리 글이 온다. 이어서 2절 〈고대 국가의 형성〉에서는 중국 사서에 기술된 일본과 고대 야마타이코쿠邪馬台国와 히미코卑弥呼 여왕에 대해 기술하고 있다. 이는 역사적 시간으로 기원후 3세기 말에 해당된다. 이어서 고분 문화와 현재의 천황가의 시조인

65 西尾幹二ほか13名,《市販本 新しい歴史教科書》, 9쪽.

66 西尾幹二ほか13名,《市販本 新しい歴史教科書》, 9쪽.

야마토 왕조의 역사를 기술한다.

문제는 그 뒤에 나오는 진무 천황의 동정 전승을 기재하고 있는 칼럼이다. 진무 천황의 동정 전승은 앞에서 논한 대로 기원전 660년 전의 일이고, 진무 천황이 허구의 인물이라는 것이 일본 사학계의 정설이 된 지 오래이다. 그럼에도 불구하고 역사적 연대기를 무시하면서까지 진무 천황의 동정 전승을 실은 것이다. 이어서 6세기 말의 야마토 조정의 역사를 기재한 뒤에 다시 야마토 다케루의 신화 전승을 2쪽이나 할애해 기재하고 있다.

신화에 대한 기술은 이에 그치지 않고, 3절 〈율령 국가의 확립〉에서 7, 8세기의 일본사를 기술한 뒤에 〈일본어의 확립〉이라는 글에 이어 다시 〈일본의 신화〉라는 글을 기재하고 있다. 이자나키와 이자나미 신화, 아마테라스와 스사노오 신화, 니니기에서 진무 천황으로 이어지는 신화를 4쪽이나 할애해 기술한 것이다. 책의 전반부에서 신화에 배정된 페이지는 무려 8쪽이다. 신화의 기술 순서를 무시한 채 신화를 나누어서 고대사 전반에 걸쳐 끼워 넣은 것을 보면 이 책의 목적이 무엇인지를 알 수 있다. 바로 '신화의 역사화'이다.

연대기적 시간을 무시한 이와 같은 역사 기술은 이에 그치지 않고, 역사적 사실의 본질을 흐리기 위해 의도적으로 역사적 인과 관계를 무시하고 역사적 시간 축을 마음대로 재단한다. 그 대표적인 예가 청일전쟁과 러일전쟁 관련 기술이다. 이 책은 제4장 〈근대 일본의 건설〉 뒷부분에서 청일전쟁, 러일전쟁을 간략하게 다루고, 이어서 제5장 1절 〈1차 세계대전의 시대〉에서 다시 러일전쟁을 다룬다. 직접적인 상관관계가 없는 러일전쟁과 1차 세계대전을 하나로 묶는 이러한 기술 방법으로 인해 이들 사건의 본질은 희석된다.

사건의 본질을 흐리는 이와 같은 기술 방법은 〈전쟁과 현대를 생각한다〉

라는 글에서 여실히 드러난다.

> 지금까지의 역사에서 전쟁 중에 비무장한 사람들에 대한 살해나 학대를 일체 저지르지 않은 나라는 없고, 일본도 예외가 아니다. 일본군도 전쟁 중에 진격한 지역에서 포로가 된 적국 병사나 민간인에 대해 부당한 살해나 학대를 행했다. 한편 많은 일본 병사나 민간인도 희생되었다. 예를 들면 2차 세계대전 말기에 소련은 만주를 침공해 일반 일본인을 상대로 살해와 약탈, 폭행을 반복했으며, 포로를 포함한 약 60만의 일본인을 시베리아로 연행해 가혹한 노동에 동원함으로써 대략 1할을 사망에 이르게 했다. 또한 일본에 대한 미군의 무차별 폭격과 원폭 투하로 막대한 사상자가 발생했다. (《새로운 역사 교과서》)

이 글을 보면 일본의 가해 사실은 가능한 한 축소하고 일본의 피해 사실은 극명하게 드러내면서 전쟁의 본질을 희석하고 있음을 알 수 있다. 게다가 이 글 바로 뒤에 〈나치에 의한 유대인 학살〉과 〈반복된 국가에 의한 학살〉이라는 글이 배치되어 일본의 침략 전쟁을 더욱 희석하고 있다.

새역모라는 역사 개찬파의 표면적 목표는 역사 기술의 수정이었으나 진짜 목표는 일본인의 역사 인식, 전쟁 인식을 침략 전쟁 긍정과 가해 사실 부정으로 이끄는 것이었다. 그리고 그것은 일본을 전쟁법(새로운 가이드라인 · 주변사태법)에 의한 '전쟁을 할 수 있는(전쟁을 하는) 나라'로 만들기 위해 이데올로기 쪽을 떠맡고 있는 내셔널리즘 운동이다.[67] 이 운동의 궁극적인 목표는 전쟁과 무력 사용을 포기한다고 명시한 현행 〈일본국헌법〉을 개정

---

67 타와라 요시후미, 《위험한 교과서》, 일본 교과서 바로잡기 운동본부 옮김(역사넷, 2001), 8쪽.

해 일본을 '전쟁을 할 수 있는 나라'로 만드는 것이다.

그러므로 새로운 역사 교과서 만들기 운동은 결국 헌법 개정 및 〈교육기본법〉 개정과 맞물려 있다. 일본을 전쟁을 할 수 있는 나라로 만들기 위해서는 헌법의 전면 개정이 필요하다. 그런데 헌법을 개정하기 위해서는 국민 투표를 실시해야 하고, 국민 투표에서 '찬성'을 이끌어내기 위해서는 전쟁을 부정하는 일본 국민의 의식을 먼저 바꿔야 한다. 그리고 국민 의식의 전환을 위해서는 〈교육기본법〉을 국가에 대한 충성심이나 애국심을 강조하는 방향으로 개정해야 하는 것이다.

〈일본국헌법〉 개정

일본 지성인들의 우경화 현상 및 이에 따른 일련의 사태와 관련해 우리가 주목해야 하는 것은 21세기 일본의 국가 진로 설정과 관련해 이것이 어떠한 의미가 있는가 하는 점이다. 왜냐하면 1990년대 이후의 일본 지성인들의 우경화는 일본의 군사·안보 정책상의 변화와 연동된 현상이기 때문이다. 실제로 일본 지성인들의 우경화는 미국 부시 정권 때의 걸프만 전쟁을 계기로 가속화되었다. 1991년 이라크의 쿠웨이트 침공으로 제1차 이라크 전쟁(걸프전)이 일어나자 일본 정부는 국제 공헌의 일환으로 전쟁을 지원해야 한다고 주장하면서 유엔평화유지활동PKO이라는 명목으로 해상자위대를 일부 파견한다. 그리고 1992년 일본 국회에서 해외 파병을 지향한 〈PKO법〉 개정안이 처리되어 자위대의 해외 파견이 법적으로 인정받게 되었다.

전후 헌법 개정을 둘러싸고 개헌론자들이 줄기차게 주장해온 바는, 전후 헌법은 일본인이 만든 것이 아니라 점령국인 미국이 만들어 일본에 강요한 것이며, 따라서 전후 헌법에는 일본인의 정신과 의지가 담겨 있지 않다는 것이었다. 이들의 주장에 따르면, 이 전후 헌법으로 인해 전후 교육에서 문제가 나타나고 있다. 전후 일본의 헌법이 기만으로 가득 차 있기 때문에 이러한 틀 속에서 진행된 교육은 일본인에게서 자기를 초월한 충성의 대상을 앗아 가버렸다는 것이다. 그러므로 일본 국민은 잃어버린 일본인으로서의 혼을 찾기 위해 더 늦기 전에 주권을 걸고 새로운 헌법을 제정해야 한다는 것이 개헌론자들의 생각이었다.

〈일본국헌법〉 제9조 제1항에는 "일본 국민은 정의와 질서를 기조로 하는 국제 평화를 성실하게 희구하고 국권의 발동인 전쟁과 무력에 의한 위혁威嚇 또는 무력행사는 국제 분쟁을 해결하는 수단으로서는 영원히 포기한다"라고 되어 있다. 이어서 제9조 제2항에는 "전항의 목적을 달성하기 위하여 육해공군 외의 전력은 보유하지 않는다. 나라의 교전권은 인정하지 않는다"라고 되어 있다.[68] 제1항에서는 전쟁과 무력의 포기를, 그리고 제2항에서는 전력을 보유하지 않음, 즉 전쟁을 포기할 것을 명시하고 있는 것이다.

일본의 보수 세력은 무력에 의거하지 않는 평화를 표방하거나 천황을 국민 통합의 상징으로 규정하고 있는 현행 〈일본국헌법〉에 대해 적개심을 가지고 있었기 때문에 1952년 평화 조약 발효 이래 개헌을 향해 정력적으로 움직이기 시작한다.[69] 전후 일본 사회에 만연한 애국심 결여와 안보관 부재의 근본 원인은 점령 통치하에서 만들어진 헌법에 있으며, 이를 극복하기 위해서는 개헌이 필요하다는 것이 우익의 논리이다. 현재 헌법 제9조를 둘

---

68 〈일본국헌법〉의 인용은 〈20世紀データ〉, 《20世紀歷史館》에 기초했다.

69 渡辺治, 《憲法〈改正〉は何をめざすか》(東京 : 岩波書店, 2001), 4쪽.

러싸고 이를 개정하려는 개헌파와 이를 지키려는 호헌파가 첨예하게 대립하고 있는 실정이다.

〈일본국헌법〉 제96조에 규정된 바에 따르면 헌법 개정은 중의원, 참의원 각각에서 총 의원 중 3분의 2 이상의 찬성을 얻어 국회가 개정안을 제안(발의)함으로써 이루어진다. 그것을 국민 투표에 부쳐 과반수의 찬성이라는 결과에 이르면 헌법 개정이 승인된다. 그리고 천황이 국민의 이름으로 헌법 개정을 공포한다.[70] 일본 정부로서는 국회의원 3분의 1의 찬성을 얻는 것보다 더 어려운 것이 국민 투표에서 과반수를 얻는 것이다.

한국에서는 일본 정부의 동향만 보도되고 일본 국민의 저항은 알려져 있지 않은 상태이다. 일본의 무수히 많은 민간단체들이 일본의 우경화를 걱정하고 있으며, 이를 저지하기 위한 노력들이 계속되고 있다. 헌법 제9조의 개정이 국론을 분열시키고 더 큰 국민 저항을 불러올 수 있다는 것을 일본 정부는 잘 알고 있다. 일본 국기인 히노마루와 국가인 〈기미가요〉에 대한 국민들의 불복종 사건이 일본 도처에서 끊임없이 발생하고 있기 때문이다.

그중에서 가장 주목할 만한 저항 운동은 2004년에 결성된 '구조회九条会(규조카이)'의 저항 운동이다. 구조회는 일본의 대표적인 문예평론가인 가토 슈이치加藤周一(1919~2008)와 노벨 문학상 수상자인 오에 겐자부로大江健三郎 등 9명의 지식인과 문화인이 주축이 되어 평화 헌법을 포함한 〈일본국헌법〉의 개정을 저지하기 위해 결성한 모임이다. 2004년 6월에 구조회가 결성된 뒤 일본 각지, 각 분야에서 '○○구조회' 혹은 '구조회○○'라는 이름으로 구조회의 취지에 찬성하는 모임들이 결성되면서 수천 명의 사람이 국민적 저항 운동으로 결집된다. 2006년 6월 10일에 도쿄 일본청소년

70 〈20世紀データ〉, 《20世紀歴史館》 참고.

회관에서 열린 '구조회 전국 교류' 행사에는 전국에서 1,550명이 운집해 힘을 결집한다. 현재 구조회는 정당이 아닌 초정당으로 스스로를 자리매김하면서 활동하고 있다.

구조회 발기인 중 한 명이자 구조회의 주축인 가토 슈이치는 문예평론가임에도 불구하고 일본 사회의 전쟁 책임 부재를 지적하는 《전쟁 책임의 수용 방식—독일과 일본》(1993)이나 《9조와 한중일》(2005) 같은 책을 썼고, 평화 헌법 개정을 저지하기 위해 80이 넘은 고령에 구조회를 결성해 왕성하게 활동하다가 2008년에 사망했다. 현재 9명의 발기인 중에서 가토 슈이치를 포함한 3명이 타계한 상태다.

그런데 최근에 제기되고 있는 헌법 개정론의 가장 큰 특징은 헌법 제9조의 개정이 아니라 헌법의 전면 개정을 요구한다는 것이다. 이는 걸프전 때 미국과 소련이 협력하며 전쟁에 개입하자 일본 국내에서 국제 공헌론이 대두하면서 숙원 사업이었던 자위대 파병이 실현된 데 따른 변화이다. 자위대 파병에 자신감을 얻은 일본 정부는 헌법 전면 개정으로 방향을 선회한다. 평화 헌법의 개정을 관철하려다 호헌파를 결집시키게 되느니 차라리 자주적 헌법을 만들기 위한 전면 개정을 주장하는 편이 낫다고 판단한 것이다.

그런데 자민당이나 민주당이 목표로 하는 헌법의 전면 개정은 사실 헌법 제9조를 개정하기 위해서는 필연이라고도 할 수 있다. 왜냐하면 전문과 제9조가 표방하고 있는 평화주의는 일본 헌법이 포괄하고 있는 그 외의 중요한 원칙들, 예를 들면 자유 보장이나 평등, 복지 실현과 밀접한 관련이 있기 때문이다. 제9조의 개정은 거기에 그치지 않고 여러 가지 원칙의 개정을 초래할 가능성이 있는 것이다.[71] 일본의 호헌파 지성인들이 헌법 제9조를

71 中里見博, 《憲法24条＋9条, なぜ男女平等がねらわれるのか》(東京 : かもがわ, 2005), 6~7쪽.

지키기 위해 구조회를 만든 것은 헌법 제9조의 개정이 단일 조항의 개정으로 그치는 것이 아니라 일본의 민주주의를 후퇴시키고 국가주의를 전면에 내세우는 결과를 초래할 것이라고 판단했기 때문이다.

더욱이 일본의 군사 대국화를 우려하는 동북아의 경계심을 잘 알고 있는 일본으로서는 평화 헌법 개정이라는 정면 돌파 방식은 가급적 피하려 해온 것이 사실이다. 그러나 일본 사회의 우경화가 심화되고 있는 지금 헌법 개정의 실현 가능성은 점점 커지고 있다. 기존의 자민당은 물론이고 골수 우익인 전 도쿄 지사 이시하라 신타로石原愼太郎와 새로이 부상한 우익 인사인 오사카 시장 하시모토 도루橋本徹 등이 주축이 되어 창당한 극우 정당 '일본유신회'까지 헌법 개정론에 가세하고 있기 때문이다. 2012년 12월 16일의 일본 총선을 앞두고 실시된 정당 지지도 조사에서 일본유신회는 집권 자민당에 이어 2위를 기록했다.

일본유신회는 궁극적으로 전쟁을 포기한다고 명시한 평화 헌법의 폐기를 지향하며, 이에 발맞추어 군사 대국으로 가기 위한 군대 보유와 군사비 증액을 추구한다. 현재 민주당은 평화 헌법의 폐기에 반대하고 있지만, 일본유신회가 정당 지지도 조사에서 2위를 차지했다는 것은 이미 일본 사회가 우경화되었다는 것을 의미한다. 자민당과 일본유신회는 정당을 달리할 뿐 정치색도 공약도 거의 유사하기 때문에 총선 후 연립할 가능성이 높다. 민주당과 일본의 유력 언론인 《아사히신문》은 평화 헌법 폐기에 반대하고 있지만, 대세는 이미 기울었다고 보아야 한다. 일본 사회의 체질인 대세순응주의와 무저항주의가 일본의 양식 있는 사람을 고립시키고 고사시켜나가면서 우경화가 가속화될 것이기 때문이다.

일본의 개헌론자들은 헌법 제9조의 개정이 일본을 '보통의 나라'로 만들기 위한 것이라고 말하는데 그 보통의 나라란 결국 '전쟁을 할 수 있는 나라'인 셈이다. 자위대의 이라크 파병이 이미 군사 행동의 물꼬를 터놓은 상태이고, 당면한 헌법 제9조의 개정을 지렛대 삼아 언젠가는 헌법의 전면 개정이 현실화될 것이다. 그리고 이 문제는 일본을 넘어 다시 동북아를 요동치게 하고 동북아의 긴장을 높이게 될 것이다.

일본의 우경화는 일본 내부의 문제이고 이미 예견된 일이기 때문에 새삼스러운 일이 아니다. 필자가 우려하는 것은 오히려 이와 같은 일본의 우경화에 대한 한국의 대응 방식이다. 가장 큰 문제는 일본 국내에서 과거사를 둘러싼 기억의 재프로그래밍 작업의 일환으로 진행되는 일들(역사 교과서 왜곡, 〈교육기본법〉 개정, 헌법 개정)이 한국에서 '제대로' 그리고 '세심하게' 보도되지 않는다는 것이다. 한국의 매스컴은 늘 현상적인 문제에 고착되어, 일본 정치가의 망언 같은 일본 우익의 장단에 끊임없이 놀아나면서 전형적인 기사를 남발하거나 아니면 한국인의 국민감정을 자극할 만한 기사만을 써댄다. 일본 관련 기사를 쓰면서 이 기사가 한일 양국에 불러올 수 있는 파장까지 고려할 만한 식견도 섬세함도 결여하고 있는 것이다. 일본 정치가의 망언이나 우익의 돌출된 행동만을 주된 기사로 다루는 한국 매스컴의 편향적 보도는 결과적으로 일본 정부와 일본 국민을 분리하지 않고 일본인 전체를 싸잡아 매도하는 '한국인의 편향된 시각'을 끊임없이 재생산한다.

가장 큰 책임은 한국의 지식인들에게 있다. 일본의 지식인들은 과거사를 제대로 알리기 위해 끊임없이 학문적으로 노력해왔고, 모든 분야에 걸쳐서 방대한 연구 결과를 축적하고 있다. 그런데 평생을 바쳐 일본 과거사의 진상을 알리기 위해 노력해온 일본 연구자들의 연구 성과가 한국에는 거의 알려져 있지 않다. 그뿐만 아니라 한국의 지식인들은 일본 연구자들과 연대해 문제 해결을 위한 노력을 함께해야 함에도 불구하고 일반적인 한국인의 정서나 논리에서 별로 벗어나 있지 못하다. 그러므로 한국은 일본 우익이 준동할 수 있는 빌미와 토양을 알게 모르게 제공해준 셈이다. 일본 우익은 한국인의 반응과 한국 정부의 대응까지 예측하고 계산해서 발언한다. 60여 년 동안 동일한 패턴의 일이 한일 간에 반복되는데도 한국은 학습 효과도 얻지 못한 채 계속해서 스테레오타입의 대응에 머물러온 것이다.

그 결과 점점 악화되던 한일 관계가 이명박 정권 말기에 최악의 국면을 맞고 말았으며, 현재 문제 해결의 실마리조차 못 찾고 있는 실정이다. 독도를 국제 분쟁 지역으로 만들려는 일본의 계산된 행동에 결정적인 빌미를 준 것이 바로 이명박 대통령의 독도 방문 사건이다. 그 일은 일본에 의한 독도 문제의 단독 제소라는 파장을 몰고 왔다. 이는 예정된 수순에 따른 것이라 별로 놀랄 일도 아니었다.

대부분의 일본인은 독도 문제에 관심이 없을뿐더러 양식 있는 일본인들은 독도가 한국 땅이라고 이야기한다. 정작 일본 국민을 분노하게 만들고 일본 지식인들을 당혹스럽게 만든 것은 이명박 대통령이 독도 문제와는 별개의, 과거사에 대한 천황의 사죄라는 민감하고 예민한 사안을 하나로 묶는 우를 범했다는 것이다. 특히 쇼와 천황과 현재의 천황인 헤이세이 천황(아키히토, 1989~ 재위)을 구분하지 못하고 '천황'이라는 하나의 도식 속에 집어넣은 것은 어리석은 일이다. 헤이세이 천황은 간무 천황의 황후가 백제계임을 솔직하게 밝히고 천황가의 혈통에 백제 왕가의 피가 흐르고 있어서 한국에 대해 친근감을 느낀다고 밝힌 바 있다. 일본에서 이러한 발언의 파장이 얼마나 클지는 이 책을 읽은 독자라면 짐작할 수 있을 것이다. 헤이세이 천황의 이 발언은《아사히신문》에 작게 실렸을 뿐 일본의 거의 모든 미디어들이 이를 보도하지 않고 묵살했다. 천황가의 일거수일투족을 전하는 일본에서 있을 수 없는 일이 벌어진 것이다.

한국 정부에 제대로 된 일본통이 한 사람이라도 있었다면, 헤이세이 천황의 이 발언이 나온 즉시 그의 방한을 적극 추진해 성사시켰어야 했다. 이런 좋은 타이밍을 포착할 정도의 외교력은 없으면서, 일반인도 아니고 일국의 대통령이 경솔한 행동과 언행을 보인 것이다. 그 결과 거의 모든 일본인들이 한국에 대해 분노하고 마음의 문을 닫았다. 그리고 이 일을 기화로 일본의 우익은 다시금 연대하고 준동해 일본유신회를 결성했다. 이명박 대통령의 경솔한 행동이 가장 강력한 극우 세력을 탄생시킨 것이고, 거기에 합류한 이들은 이제까지 한국이 상대해온 새역모나 우익 인사들과는 차원을 달리하는 인물들이다.

따라서 한국 정부가 당장 서둘러서 해야 할 일은 한일 간의 인적 네크워크를 구축하는 것이다. 정치, 외교, 군사 분야에서는 당장 실현하기 어려울 것이고, 적어도 민간 차원의 한일 간 인적 네트워크 구축을 위해 구체적 방안을 강구해야 한다. 또한 한국의 지식인들은 일본의 지식인들과 연대해 일본 학자들의 연구 성과를 국내에 제대로 알려야 한다. 한국 정부는 일본 학자들과 연대해 인적 네트워크를 구축하는 연구자 그룹에 대한 지원을 아끼지 말아야 한다. 아울러 한국의 시민 단체들 역시 더 늦기 전에 같은 목적을 가진 일본의 시민 단체들과 만나 차분하게 이성적으로 문제를 풀어나가야 한다. 한일 민간 교류의 물꼬를 다시 트는 것이 제일 중요하다. 이 책에서도 밝혔듯이, 일본 우경화의 가장 큰 피해자는 바로 일본 국민과 우리 자신이었음을 지난 역사가 말해주고 있기 때문이다. 지난 역사에서 아무것도 배우지 못한 자는 같은 잘못을 범하기 마련이다. 이는 일본만이 아니라 우리 자신에게도 해당되는 이야기임을 명심해야 한다.

〈교육기본법〉 개정

1947년에 제정된 현행 〈교육기본법〉은 전전의 천황제 이데올로기와 국가에 대한 맹목적 충성을 배제하기 위해 민주주의와 기본적 인권의 존중에 역점을 두었다. 그 결과 국가에 대한 충성심이나 애국심을 강조하는 문구는 전혀 들어가 있지 않다. 사실 전후 일본에서 애국심을 논하는 것은 금기였다. 패전국 일본을 통치한 GHQ는 일본인의 군국주의적 애국심을 철저히 와해시키고 그 위에 미국식 민주주의를 심기 위해 여러 가지 개혁을 단행한다.

〈교육기본법〉 개정이 일본 사회에 화두로 떠오른 것은 걸프만 전쟁 때 자위대를 파견하는 문제와 관련해 평화 헌법 개정 논의가 시작되면서부터였다. 평화 헌법이라고도 불리는 일본 헌법 제9조는 전쟁 포기를 명시한 조항으로서, 이를 개정하기 위해서는 일본 국민의 전반적인 의식 전환을 유도해 국민 투표에서 개정 찬성이라는 결과를 이끌어내야 한다. 그리고 이러한 의식 전환을 위해서는 〈교육기본법〉 개정을 통해 애국심을 고취하는 교육을 실시할 필요가 있었기 때문이다. 일본 지성인의 우경화는 평화 헌법과 〈교육기본법〉의 개정 움직임에 큰 힘이 되었다. 자유주의사관연구회의 《국민의 역사》와 《새로운 역사 교과서》는 국내외의 많은 비판을 받았음에도 불구하고, 일본의 보수 우익을 결집시키고 일본 정부 내의 보수 우파에게 명분을 실어주었다.

이와 같은 사회 분위기 속에서 1999년에 국기에 대한 기립과 국가 제창 의례를 준수할 것을 규정한 〈국기국가법国旗国歌法〉이 제정된다. 일본의 국기인 '히노마루'(일장기)와 일본의 국가인 〈기미가요〉는 일본 군국주의의 상징으로 인식되어 전후에 GHQ에 의해 전면 부정되었다. 그리하여 일시에 일본의 초등학교에서 대학교에 이르기까지 학교 행사에서 히노마루 게양과 〈기미가요〉 봉창이 사라진다. 그 후 정부 부처나 기관별로 이 의례가 조금씩 부활하기 시작했지만, 마지막 관문은 학교였다. 〈국기국가법〉이 제정되기 전인 1999년 이전에는 설령 학교에서 학교장의 재량에 의해 히노마루와 〈기미가요〉 의례를 실시하더라도 교사는 물론이고 초등학생조차 이에 반발해 기립하거나 따라 부르지 않을 정도였다.

필자가 1996년 일본 대학에 부임하자마자 제일 처음 참가한 행사가 입학식이었는데, 한국에서는 상상도 하지 못할 놀라운 광경이 눈앞에 벌어졌다. 국기 게양 중에 기립하지 않고 그냥 앉아 있는 학생들과 학부형들이 태반이었고 〈기미가요〉도 같이 봉창하지 않는 것이었다. 한 국가의 정체성의 표현이자 애국심의 상징인 국기와 국가에 대한 일본인들의 태도를 처음 목격하면서 전쟁으로 인한 그들의 상처(정신적 트라우마)가 얼마나 큰지 실감할 수 있었다.

그런데 이 〈국기국가법〉과 밀접하게 연동하는 것이 〈교육기본법〉 개정이다. 달리 표현하면 〈국기국가법〉 제정은 〈교육기본법〉 개정을 위한 리트머스 시험지나 마찬가지였다. 일본 정부로서는 일본 국기와 국가에 대한 일본 국민들의 태도와 반응을 보면서 〈교육기본법〉의 개정 시기와 수위를 결정해야 했기 때문이다. 그런데 일본 국민의 저항이 의외로 강했다. 일본 국기와 국가에 대한 국민들 개개인의 저항은 문제가 되지 않았지만, 일선 교사가 해직당하는 것을 불사하고 저항하거나 고등학생에서 초등학생에 이르기까지 저항하는 것은 큰 문제였다. 이로 인해 자민당 정권과 보수 우익은 오히려 〈교육기본법〉 개정에 대한 확고한 집념을 갖게 된다.

1999년 8월 10일, 자민당의 교육개혁실시본부와 교육기본법연구단체는 9월부터 〈교육기본법〉의 본격적인 수정에 착수할 것을 결정한다. 이어서 9월 8일 오부치 게이조小渕恵三 총리는 〈교육기본법〉 수정에 착수한다고 밝힌다. 〈국기국가법〉 제정을 근거로 하여 '역사 · 전통의 중시'와 '애국심 · 도덕 교육' 등을 충분히 반영하는 것이 이 개정의 목표였다고 볼 수 있다.[72] 오부치 총리는 2000년 3월 27일 〈교육기본법〉 개정을 위한 총리의 사적 자문 기관으로서 교육개혁국민위원회를 발족시켰다.[73]

이와 같은 정부의 움직임에 발맞추어 일본 내셔널리즘 운동의 주축이 된 자유주의사관연구회가 움직인다. 자유주의사관연구회의 후지오카 노부카쓰는 "일장기와 〈기미가요〉가 침략 전쟁에서 수행한 역할 등을 가르쳐서는 안 된다. 그것은 침략 전쟁이 아니었기 때문에 그러한 관점에서 국기와 국가를 가르치는 것은 '자학적'인 편향 교육이다. 이와 같은 편향 교사와 편향 교육이 버젓이 통용되는 것은 일본의 아시아 침략 전쟁과 일본군의 잔혹한 행위, 전쟁 범죄를 교과서에 쓰는 것을 검정으로 허가하고 있기 때문이다. 교과서 검정을 더욱 강화하여, 이들 '자학 사관'의 기술 · 내용을 교과서로부터 마땅히 제거해야 한다. 또한 편향 교사 교직원조합이 교과서 채택에 관여하기 때문에 '자학적'인 교과서가 널리 퍼지게 된다. 그렇기 때문에 그들을 교과서 채택 제도로부터 배제해야 된다"[74]라고 주장한다. 이러한 주장대로 2001년에 출판된 시판본《새로운 역사 교과서》는 2쪽에 걸쳐 국기와 국가에 대해 유래를 곁들여 자세히 설명하고 있다.

일본 정부와 보수 지성인들의 오랜 노력 끝에 2006년 12월 15일 제165회 임시국회에서 〈교육기본법〉 개정안이 통과되고 2006년 12월 22일

---

72 타와라 요시후미,《위험한 교과서》, 157쪽 참고.

73 타와라 요시후미,《위험한 교과서》, 160쪽.

74 타와라 요시후미,《위험한 교과서》, 144쪽.

에 새로운 〈교육기본법〉이 공포된다. 일본 정부가 헌법 전면 개정에 앞서 서둘러 공포한 새로운 〈교육기본법〉의 주안점이 무엇이었는지는 개정 전후의 〈교육기본법〉을 비교해보면 알 수 있다. 개정 전의 〈교육기본법〉 전문은 다음과 같다.

> 우리는 먼저 〈일본국헌법〉을 확정하고 민주적이고 문화적인 국가를 건설하며 세계 평화와 인류 복지에 공헌하겠다는 결의를 표명하는 바이다. 이 이상의 실현은 근본에 있어서 교육의 힘을 기다려야 하는 것이다. 우리는 개인의 존엄을 존중하고 진리와 평화를 희구하는 인간의 육성을 기대함과 동시에 (이를) 보편적으로 해서 개성이 풍부한 문화 창조를 목표로 하는 교육을 보급하고 철저히 하지 않으면 안 된다. 여기에 〈일본국헌법〉의 정신에 입각해 교육의 목적을 명시하고 새로운 일본의 교육을 확립하기 위해 이 법률을 제정한다.[75]

이처럼 개정 전의 〈교육기본법〉은 〈일본국헌법〉의 정신에 입각하고 있음을 분명히 했다. 일본 우익들이 헌법 개정과 〈교육기본법〉 개정을 하나로 묶어서 생각할 수밖에 없는 것은 바로 이 때문이다. 또한 이 전문을 통해서 개정 전의 〈교육기본법〉이 '민주', '개인의 존엄', '진리', '평화'를 추구했음을 알 수 있다.

한편 2006년에 개정된 〈교육기본법〉은 전문에서 〈일본국헌법〉에 입각하고 있다는 문구를 뒤로 돌리고 전후 민주주의가 일본 국민의 끊임없는

75 〈改正戦後の教育基本法の比較〉(http://www.mext.go.jp/b_menu/kihon/about/06121913/002.pdf)

노력에 의해 이루어진 것임을 앞에 내세운다. 또한 '개인의 존엄'이라는 말 대신에 '공공의 정신'이라는 말과 전통을 계승한다는 말을 새로 추가하고 있다.

> 우리 일본 국민은 끊임없는 노력에 의해 건설해온 민주적이고 문화적인 국가를 더욱더 발전시키는 것과 동시에 세계 평화와 인류 복지 향상에 공헌할 것을 원하는 바이다. 우리는 이 이상을 실현하기 위해 진리와 정의를 희구하고 공공의 정신을 존중하고 풍부한 인간성과 창조성을 겸비한 인간의 육성을 기대함과 동시에 전통을 계승하고 새로운 문화의 창조를 지향하는 교육을 추진한다. 이에 〈일본국헌법〉의 정신에 입각해 우리나라의 미래를 개척하는 교육의 기본을 확립하고 그 진흥을 도모하기 위해 이 법률을 제정한다.[76]

〈교육기본법〉 개정에서 가장 논란이 된 것은 '애국심'이라는 말이다. 〈교육기본법〉 개정안에 이 말 하나를 넣기 위해 일본 정부와 우익이 그렇게 고심했음에도 불구하고 결국 넣지 못했다. 〈교육기본법〉에 직접 애국심이라는 말을 넣는 것은 전전의 군국주의적 국가관을 연상시켜 국민적 저항을 불러올 위험이 있기 때문이었다.

개정 〈교육기본법〉의 제1조에는 "교육은 인격의 완성을 목표로 하고 평화롭고 민주적인 국가 및 사회의 형성자로서 필요한 자질을 겸비한 심신이 모두 건강한 국민의 육성을 바라며 시행되어야 한다"라고 되어 있다. 평화

76 〈改正戦後の教育基本法の比較〉(http://www.mext.go.jp/b_menu/kihon/about/06121913/002.pdf)

롭고 민주적인 국가 및 사회를 구성하는 국민의 양성을 교육 목표로 삼는다는 것이다. 한편, 제2조 5항에는 "전통문화를 존중하고 그것을 육성해온 우리나라와 향토를 사랑함과 동시에 국제 사회의 평화와 발전에 기여하는 태도를 함양하는 것"이라는 문구가 나온다. 이 문구는 '애국심'이라는 단어를 대신해 "우리나라와 향토를 사랑함"이라는 표현을 사용한 것이다. 일본 정부로서도 아직은 애국심을 전면에 내세울 자신이 없었던 것이다.

일본 사회에는 애국심을 둘러싼 대립 구도가 존재하는데, 애국심이라는 정서가 빠져버린 전후 세대와 군국주의적 애국심을 교육받고 자란 전전 세대의 대치라고 볼 수 있다. 근대 일본의 교육은 천황제 이데올로기를 근간으로 한 대가족국가를 상정하고 절대적 애국심을 고취했다는 특징이 있다. 반면에 전후에 교육을 받고 자란 일본인에게는 건전한 애국심은 존재하지 않는다. 이는 GHQ가 의도한 이상으로 일본인 자신들이 철저하게 국가주의를 부정해왔기 때문이다. 그렇다고 해서 전전에 교육받은 일본인들이 지금까지 과거와 같은 투철한 애국심을 갖고 있는 것도 아니다. 일본인들의 머릿속에서 애국심은 군국주의와 직결되며 그 누구도 군국주의의 부활을 원하지 않기 때문이다. 대다수의 일본인들은 전후의 경제 성장을 기반으로 한 '일국평화주의'에 만족하고 있다. 애국심을 둘러싼 일본 사회의 이 같은 이율배반적인 구도가 결국 〈교육기본법〉 개정안의 문구를 작성하는 데 걸림돌로 작용한다.

애국심이란 본래 어느 나라에나 존재하는 극히 자연스러운 감정이다. 그런데 천황제 이데올로기에 의해 국가가 애국심을 강요했던 역사 때문에 전후 일본에서는 애국심이라는 것에 저항감을 느끼는 경향이 강하다. 이러한 경향은 고등 교육을 받은 엘리트 계층에서 훨씬 강하게 나타난다. 이런 사회 분위기 탓에 일본인들은 정서적 성장기에 해당되는 유소년기에 건전한 애국심을 기르지 못하다가 청년기에 일본 우익의 극우 사상과 조우하면서 극히 불건전한 형태로 애국심을 표출하는 경우가 많다. 말하자면 과거에나 현재에나 일본에는 건전한 애국심을 길러낼 사회적 토양이 존재하지 않는 것이다.

현재 일본 일각에서는 전전의 〈교육칙어〉로 회귀해 일본인으로서의 정체성과 애국심을 부활시키려는 움직임이 강하게 일고 있다. 모리 전 총리처럼 애국심 교육을 주장하는 사람들은 〈교육칙어〉의 내용 중에는 현재도 배울 것이 많다고 여긴다. 이와 같은 분위기에서 '헤이세이 교육칙어'라는 발상까지 나오고 있다. 설령 메이지 천황의 〈교육칙어〉를 헤이세이 천황의 그것으로 고친다 하더라도 군국주의적 색채가 농후한 〈교육칙어〉를 현대 일본에 부활시킨다는 것은 시대착오적인 생각이다. 〈교육기본법〉 개정과 더불어 전개될 일본의 애국심 교육이 부디 인류 보편의 정신과 통하는 애국심을 낳게 되기를 간절히 기대한다.

마지막으로 대단원의 막을 내리면서 필자가 하고 싶은 말은 이 책이 결코 일본이나 일본 천황을 비난하거나 단죄하기 위해서 쓴 책이 아니라는 것이다. 이 책의 집필 동기와 목적은 오히려 일본에 대한 한국인의 감정적이고 단편적인 시각을 깨뜨리려는 데 있었다. 일본인의 편견을 바로잡는 것보다는 한국인의 편견을 바로잡는 것이 훨씬 쉬운 일이며, 한국인의 편견을 바로잡아야 한일 간에 산적한 문제에 대해 해결의 실마리를 찾을 수 있다고 생각하기 때문이다.

그런데 일본인에게 '건전한 애국심'이 결여되어 있다면 한국인에게는 일본에 관한 한 '이성적인 판단력'이 결여되어 있다. 그래서 1945년 해방 후 60여 년이 지났어도 대부분의 한국인은 일본 정부와 일본인을 분리해서 생각해야 한다는 것을 전혀 깨닫지 못하고 있다. 가장 큰 문제는 한국이 연대해야 할 상대——과거사에 대해 착실히 연구해온 일본 지식인과 양식 있는 시민 단체 주체 및 일반인——를 알아보고 인정하지 못함으로써 오히려 상대에게 한국인과는 대화 자체가 불가능하다는 인식을 심어주고 있다는 것이다. 한국과 일본이 국가 차원의 교류는 말할 것도 없고 민간 차원의 교류에서까지 서로 큰 장벽을 느끼는 것은 양국이 바라보는 방향(시각)이 서로 다르기 때문이다. 일본인의 시선은 과거를 뛰어넘어 미래를 향해 있고, 한국인의 시선은 미래가 아니라 과거에 고착되어 있는 것이다.

이러한 상황에서, 30년 동안 일본학을 공부하며 한일 간의 가교 역할을 위해 노력해온 필자가 이 책의 독자들에게 꼭 하고 싶은 말이 있다. 이는 필자가 일본에서 수많은 강연을 다닐 때 마지막에 늘 일본인 청중들을 향해 했던 말이기도 하다. "일본은 단 한 번이라도 좋으니 진심으로 과거사를 직시하며 자기 자신에 대해 성찰하고, 한국은 단 한 번이라도 좋으니 의연하게 과거사를 털어내고 한일의 미래를 향해 일보 앞으로 전진하기 바란다."

57쪽 진무 천황의 동정 전승 경로 추정도 : 功所,《歷代天皇》(東京都 : 実業之日本社, 2006).

74쪽 〈진구 황후 삼한 정벌 조련도〉: 하세가와 시다노부 작, 와세다 대학 도서관 소장.

75쪽 〈진구 황후 삼한 정벌 조련도〉: 하세가와 사다노부 작, 와세다 대학 도서관 소장.

81쪽 제1차 영일동맹을 상징하는 양국의 두 여신, 아마테라스와 브리타니아 : 한상일·한정선,《일본, 만화로 제국을 그리다》(일조각, 2006).

81쪽 한일신협약 체결 순간 : 한상일·한정선,《일본, 만화로 제국을 그리다》(일조각, 2006).

83쪽 조선병탄 완성 : 한상일·한정선,《일본, 만화로 제국을 그리다》(일조각, 2006).

83쪽 데라우치가 조선 병합의 문을 열자 아마테라스가 출현하는 장면 : 한상일·한정선,《일본, 만화로 제국을 그리다》(일조각, 2006).

271쪽 청일전쟁 후의 일본의 행보를 예고하고 있는 조르주 비고의 시사만화 :《圖說 朝鮮と日本の歷史―光と影 近代編》(東京 : 明石書店, 1994).

343쪽 '내선일체' 비석 :《독립기념관 전시품 도록》(독립기념관 한국독립운동사연구소 2006).

367쪽 일본의 군사비 증가를 보여주는 그래프 : 오키나와 현 평화기념자료관 종합 안내서.

501쪽 대원수로서 군 수뇌부와 어전 회의를 주재하던 히로히토 천황 :《미래를 여는 역사—한중일이 함께 만든 동아시아 3국의 근현대사》(한겨레출판, 2012)

한국어

가나 마사나오,《근대 일본사상 길잡이》, 김석근 옮김(소화, 2004)
가라타니 고진,《일본정신의 기원》, 송태욱 옮김(이매진, 2003)
가와무라 신지,《1만 엔 지폐 속에 살아 숨쉬는 유키치》, 이혁재 옮김(다락원, 2002)
가토 요코,《근대 일본의 전쟁 논리》, 박영준 옮김(태학사, 2003)
간노 카쿠묘,《어머니가 없는 나라—신도의 역습》, 이이화 옮김(집문당, 2003)
강덕상,《학살의 기억 관동대지진》, 김동수·박수철 옮김(역사비평사, 2005)
강상중,〈국민의 심상지리와 탈국민의 이야기〉, 코모리 요우이치·다카하시 테츠야 엮음,《내셔널 히스토리를 넘어서》, 이규수 옮김(삼인, 1999)
강상중,《오리엔탈리즘을 넘어서》, 이경덕·임성모 옮김(이산, 2002)
강상중,《내셔널리즘》, 임성모 옮김(이산, 2004)
고마쓰 가즈히코,《일본인은 어떻게 신이 되는가》, 김용의 외 옮김(민속원, 2005)
고마키 가오루,〈부락문제는 어떻게 생겼고 해방운동은 어떻게 발전하였을까〉, 일본역사교육자협의회 엮음,《천황제 50문 50답》, 김현숙 옮김(혜안, 2001)
고모리 요이치,《1945년 8월 15일 천황 히로히토는 이렇게 말하였다》, 송태욱 옮김(뿌리와이파리, 2004)
고바야시 히데오,《만철滿鐵 일본제국의 싱크탱크》, 임성모 옮김(산처럼, 2002)
고야스 노부쿠니,《동아·대동아·동아시아》, 이승연 옮김(역사비평사, 2005)
김양희 외,《일본 우익사상의 기저 연구》(보고사, 2007)
김용철,〈오카쿠라 텐신과 일본미술사의 성립〉, 윤상인·박규태 엮음,《일본의 발명과 근대》(이산, 2006)
김후련,〈神功皇后伝承을 통해서 본 古代 日本人의 新羅觀〉,《일본연구》 제18호(한국외국어대학교 일본연구소, 2002)
김후련,〈동아시아에 있어서의 고대일본의 자타인식〉,《역사문화연구》 제21집(한국외

국어대학교 역사문화연구소, 2004)
김후련, 〈일본 영웅신화의 구조와 논리〉, 《역사문화연구》 제22집(한국외국어대학교 역사문화연구소, 2005)
김후련, 《타계관을 통해서 본 고대일본의 종교사상》(제이앤씨, 2006)
김후련, 〈일본의 신화와 천황제 이데올로기〉, 《일본연구》 제29호(한국외국어대학교 일본연구소, 2006)
김후련, 〈현대에 살아 숨쉬는 일본의 전통문화〉, 한국외국어대학교 일본연구소 엮음, 《교양으로 읽는 일본문화》(제이앤씨, 2006)
김후련, 〈고대 천황신화의 성립과 그 변용〉, 김태정 외, 《일본인의 삶과 종교》(제이앤씨, 2007)
나가이 미치오 · M. 우르타이 엮음, 《세계사의 흐름으로 본 명치유신》(교문사, 1994)
나가하라 게이지, 〈남북조 내란은 왕권의 역사에 어떤 전환을 가져왔을까〉, 일본역사교육자협의회 엮음, 《천황제 50문 50답》, 김현숙 옮김(혜안, 2001)
나카쓰카 아키라, 《근대일본의 조선인식》, 성해준 옮김(청어람미디어, 2005)
노길호, 《야스쿠니 신사》(문창, 1996)
니토베 이나조, 《일본의 무사도》, 양경미 · 권만규 옮김(생각의나무, 2004)
다치바나 다카시, 《천황과 도쿄대 1》, 이규원 옮김(청어람미디어, 2005)
다치바나 다카시, 《천황과 도쿄대 2》, 이규원 옮김(청어람미디어, 2008)
다카사키 소오지, 《일본망언의 계보》, 최혜주 옮김(한울, 1996)
다카시로 고이치, 《일본의 이중권력, 쇼군과 천황》(살림, 2006)
다카시 후지타니, 《화려한 군주—근대일본의 권력과 국가의례》, 한석정 옮김(이산, 2003)
다카하시 데쓰야, 《결코 피할 수 없는 야스쿠니문제》, 현대송 옮김(역사비평사, 2005)
다카하시 데츠야, 《일본의 전후책임을 묻는다》, 이규수 옮김(역사비평사, 2000)
다테노 아키라 엮음, 《그때 그 일본인들》, 오정환 · 이정환 옮김(한길사, 2005)
W. G. 비즐리, 《일본 근현대사》, 장인성 옮김(을유문화사, 1996)
도미야마 이치로, 《전장의 기억》, 임성모 옮김(이산, 2002)
《독립기념관 전시품 도록》(독립기념관 한국독립운동사연구소, 2006)

마스다 이에아쓰, 〈국가신도는 어떻게 만들어졌을까, '현인신'으로 가는 길〉, 일본역사교육자협의회 엮음, 《천황제 50문 50답》, 김현숙 옮김(혜안, 2001)
마쓰모토 료타, 〈막말에 천황이 부상한 배경은 무엇일까〉, 일본역사교육자협의회 엮음, 《천황제 50문 50답》, 김현숙 옮김(혜안, 2001)
무라오카 츠네츠구, 《일본 신도사》, 박규태 옮김(예문서원, 1998)
미나모토 료엔, 《도쿠가와 시대의 철학사상》, 박규태 · 이용수 옮김(예문서원, 2000)
미네기시 겐타로, 《천황의 군대와 성노예 》, 박옥순 옮김(당대, 2001)
미야모토 무사시, 《오륜서》, 양원곤 옮김(미래의 창, 2002)
바바 아키라, 〈에도 시대의 천황은 어떤 존재였을까〉, 일본역사교육자협의회 엮음, 《천황제 50문 50답》, 김현숙 옮김(혜안, 2001)
박규태, 《상대와 절대로서의 일본》(제이앤씨, 2005)
박경희 엮음, 《연표와 사진으로 보는 일본사》(일빛, 1998)
糸屋寿雄, 《일본민중운동사 1823~1945》, 윤대원 옮김(학민사, 1984)
사토 마나부, 〈개인 신체 기억으로부터의 출발—전후 역사 교육에 대한 반성〉, 코모리 요우이치 · 다카하시 테츠야 엮음, 《내셔널 히스토리를 넘어서》, 이규수 옮김(삼인, 1999)
셸던 H. 해리스, 《일본의 야망 & 죽음의 공장》, 김소정 옮김(눈과 마음, 2002)
松島隆裕 · 松田 弘 · 成澤 勝 · 渡部 治, 《동아시아 사상사》, 조성을 옮김(한울 아카데미, 2011)
스즈키 마사유키, 《근대일본의 천황제》, 류교열 옮김(이산, 1998)
스테판 다나카, 《일본 동양학의 구조》, 박영재 · 함동주 옮김(문학과지성사, 2004)
쓰다 소키치, 《중국 사상과 일본 사상》, 남기학 옮김(소화, 2001)
아니야 마사아키, 〈천황은 왜 오키나와를 방문할 수 없었을까〉, 일본역사교육자협의회 엮음, 《천황제 50문 50답》, 김현숙 옮김(혜안, 2001)
아미노 요시히꼬, 《일본이란 무엇인가》, 박훈 옮김(창작과비평사, 2003)
아사오 나오히로 외 엮음, 《새로 쓴 일본사》, 이계황 · 서각수 · 연민수 · 임성모 옮김(창작과비평사, 2003)
아이리스 장, 《난징대학살》, 김은령 옮김(끌리오, 1999)

앤드루 고든, 《현대일본의 역사》, 김우영 옮김(이산, 2005)

야마모토 쓰네토모, 《하가쿠레葉隱》, 이강희 옮김(사과나무, 2002)

에드워드 베르, 《히로히토—신화의 뒤편》, 유경찬 옮김(을유문화사, 1989)

오구마 에이지, 《일본 단일민족신화의 기원》, 조현설 옮김(소명출판, 2003)

오오누키 에미코, 《사쿠라가 지다 젊음도 지다》, 이향철 옮김(모멘토, 2004)

오오누키 에미코, 《죽으라면 죽으리라—카미카제 특공대의 사상과 행동》, 이향철 옮김(우물이 있는 집, 2006)

요시다 유타카, 《일본인의 전쟁관》, 하종문 · 이애숙 옮김(역사비평사, 2004)

요시다 유타카, 《일본의 군대》, 최혜주 옮김(논형, 2005)

요시미 요시아키, 《일본군 군대위안부》, 이규태 옮김(소화, 1998)

우에노 치즈코, 《내셔널리즘과 젠더》, 이선이 옮김(박종철출판사, 1999)

유모토 고이치, 《일본근대의 풍경》, 연구공간 수유+너머 동아시아 근대 세미나팀 옮김(그린비, 2004)

이노우에 키요시, 《일본여성사》, 성해준 · 감영희 옮김(어문학사, 2004)

이성시, 《만들어진 고대》, 박경희 옮김(삼인, 2001)

이시베 마사시, 〈천황릉에는 천황이 없다?〉, 일본역사교육자협의회 엮음, 《천황제 50문 50답》, 김현숙 옮김(혜안, 2001)

이에나가 사부로, 《전쟁책임》, 현명철 옮김(논형, 2005)

이와모토 쓰토무, 〈교육칙어와 천황초상은 어떤 역할을 하였을까—교육에 대한 천황의 주술〉, 일본역사교육자협의회 엮음, 《천황제 50문 50답》, 김현숙 옮김(혜안, 2001)

이와타 타케시, 〈전국대명들은 왜 교토로 상경했을까〉, 일본역사교육자협의회 엮음, 《천황제 50문 50답》, 김현숙 옮김(혜안, 2001)

일본 문부성, 《일본 초등학교 수신서(1904 제1기)》, 김순전 외 6명 옮김(제이앤씨, 2005)

일본 문부성, 《일본 초등학교 수신서(1910 제2기)》, 김순전 외 6명 옮김(제이앤씨, 2005)

일본 문부성, 《일본 초등학교 수신서(1918 제3기)》, 김순전 외 6명 옮김(제이앤씨, 2005)

일본 문부성, 《일본 초등학교 수신서(1934 제4기)》, 김순전 외 6명 옮김(제이앤씨, 2005)
일본 문부성, 《일본 초등학교 수신서(1941 제5기)》, 김순전 외 6명 옮김(제이앤씨, 2005)
일본 포로정보국, 《포로 취급 기록》(1955)
정수웅, 《일본 역사를 바꾼 조선인 》, 도조 시게히코 감수(동아시아, 1999)
정일성, 《후쿠자와 유키치》(지식산업사, 2001)
정일성, 《일본 군국주의의 괴벨스 도쿠토미 소호》(지식산업사, 2005)
정진성, 《일본군 성 노예제―일본군위안부문제의 실상과 그 해결을 위한 운동》(서울대학교출판부, 2004)
죤 W. 홀, 《선사부터 현대까지 일본사》, 박영재 옮김(역민사, 1986)
최충희, 《일본시가문학 산책》(한국외국어대학교 일본연구소, 2006)
카또오 노리히로, 《사죄와 망언 사이에서》, 서은혜 옮김(창작과비평사, 1998)
카와이 아츠시, 《하룻밤에 읽는 일본사》, 원지연 옮김(중앙M&B, 2000)
코모리 요우이치 · 다카하시 테츠야 엮음, 《내셔널히스토리를 넘어서》, 이규수 옮김(삼인, 1999)
타와라 요시후미, 《위험한 교과서》, 일본 교과서 바로잡기 운동본부 옮김(역사넷, 2001)
타케미쓰 마코토, 《3일 만에 읽는 일본사》(서울문화사, 2000)
테사 모리스 스즈키, 《일본의 아이덴티티를 묻는다》, 박광현 옮김(산처럼, 2005)
하시모토 데쓰야, 〈러일전쟁은 천황제 국가에 어떤 의미가 있었을까〉, 일본역사교육자협의회 엮음, 《천황제 50문 50답》, 김현숙 옮김(혜안, 2001)
한상일 · 한정선, 《일본, 만화로 제국을 그리다》(일조각, 2006)
한중일3국 공동역사편찬위원회, 《미래를 여는 역사》(한겨레신문사, 2005)
호사카 유지, 《日本帝國主義의 民族同化政策 分析》(제이앤씨, 2002)
호사카 유지, 〈요시다 쇼인과 메이지 정부의 대한정책〉, 김양희 · 김채수 · 호사카 유지 · 홍현길, 《일본 우익사상의 기저》(보고사, 2007)
황허이, 《도쿄 대재판》, 백은영 옮김(예담, 1999)

후지무라 미치오,《청일전쟁》, 허남린 옮김(소화, 1997)

일본어

会沢正志齋,〈新論〉, 今井宇三郎 他 校注,《水戸学》日本思想大系 53(東京：岩波書店, 1973)
朝日新聞社,《戦場体験》(東京：朝日新聞社, 2005)
アジア女性資料センター,《〈慰安婦〉問題 Q&A》(東京：明石書店, 1997)
荒敬,〈占領軍の非軍事・民主化政策〉,《日本20世紀館》(東京：小学館, 1999)
荒敬,〈東京裁判〉,《日本20世紀館》(東京：小学館, 1999)
飛鳥井雅道,《明治大帝》(東京：講談社, 2002)
飛鳥井雅道,《天皇と近代日本精神史》(東京：三一書房, 1989)
網野善彦,《日本社会と天皇制》(東京：岩波書店, 1988)
池田順,〈国家総動員〉,《日本20世紀館》(東京：小学館, 1999)
井筒和幸 外 17人,《憲法を変えて戦争へ行こう》(東京：岩波書店, 2005)
井筒紀久枝,《大陸の花嫁》(東京：岩波書店, 2004)
井上清,《天皇制》(東京：東京大学出版社, 1958)
岩佐正 校注,《神皇正統記》(東京：岩波文庫, 1975)
瓜生中・渋谷申博,《日本神道のすべて》(東京：日本文芸社, 1998)
植手通有,《西周 加藤弘之》(東京：中央公論社, 1997)
内海愛子,《戦後報償から考える日本とアジア》(東京：山川出版社, 2002)
ウィリアム・P. ウッダード,《天皇と神道〈天皇の人間化〉はこうして行われた》(東京：サイマル出版社, 1988)
大国隆正撰,〈新真公法論〉, 田原嗣郎 他 校注 ,《平田篤胤　伴信友　大国隆正》日本思想大系 50(東京：岩波書店, 1973)
大原康男,《象徴天皇考》(東京：展転社, 1989)
太田昌秀,《写真記録 人間が人間でなくなるとき GENOCIDE》(沖縄 ：沖縄タイムス社, 1991)

沖縄県平和祈念資料館,《沖縄県平和祈念資料館 総合案内》(沖縄 : 沖縄県平和祈念資料館, 2001)

沖縄歴史教育委員会 新城俊昭,《高等学校 琉球 · 沖縄史》(沖縄 : 東洋企画, 2001)

小熊英二,《〈民主〉と〈愛国〉》(東京 : 新曜社, 2002)

加藤周一,《戦争責任の浮けとめ方―ドイツと日本》(東京 : 国民教育総合研究所, 1993)

加藤周一,《9条と日中韓》(東京 : かもがわ, 2005)

姜在彦, 〈十五年戦争下の朝鮮〉, 《季刊 三千里41号―特集日本の戦後責任とアジア》(東京 : 平凡社, 1985년 봄)

《開戦の詔書》(東京 : 自由国民社, 2005)

〈外敵と呪術蒙古調伏の祈祷〉, 武光誠 監修, 《すぐわかる日本の呪術の歴史》(東京 : 東京美術, 2001)

鎌田東二,《神道とは何か》(東京 : PHP研究所, 2000)

《古神道 · 神道の謎》(東京 : 新人物往來社, 1996)

《古神道の本》(東京 : 学研, 1994)

《古事記 祝詞》日本古典文学大系 1, 倉野憲司 · 武田祐吉 校注(東京 : 岩波書店, 1958)

近代日本思想研究会,《天皇論を読む》(東京 : 講談社, 2003)

金厚蓮, 〈古事記神話における生死の構造−出雲神話と日向神話を中心に〉(한국외국어대학교 석사 논문, 1990)

金富子 · 梁澄子ほか, 《もっと知りたい〈慰安婦〉問題》(東京 : 明石書店, 1995)

《記録写真集 沖縄戦》(沖縄 : 那覇出版社, 1982)

〈教育勅語〉,《教育の体系》日本近代思想大系 6(東京 : 岩波書店, 1990)

〈軍人勅諭 解題〉,《軍隊 兵士》日本近代思想大系 4(東京 : 岩波書店, 1989)

《激動の明治維新》(鹿児島 : 鹿児島県歴史史料センター黎明館, 2003)

纐纈厚, 〈學徒出陣と少年兵〉,《日本20世紀館》(東京 : 小学館, 1999)

纐纈厚, 〈学徒出陣〉,《21世紀歴史館》(東京 : 小学館, 1999)

纐纈厚, 〈特攻と玉砕〉,《日本20世紀館》(東京 : 小学館, 1999)

纐纈厚,《〈聖断〉虚構と昭和天皇》(東京 : 新日本出版社, 2006)

小島晋治 · 丸山松幸,《中國近現代史》(東京 : 岩波書店, 1986)

五島正喜,〈歓呼に送られた雨中の行進〉, 朝日新聞社 編,《戦争体験—〈声〉が語り継ぐ昭和》(東京：朝日新聞社, 2005)
古関彰一,〈日本国憲法の制定〉,《日本20世紀館》(東京：小学館, 1999)
小林よしのり,《新ゴーマニズム宣言SPECIAL, 戦争論》(東京：幻冬舎, 1998)
小林よしのり,《新ゴーマニズム宣言SPECIAL, 戦争論 2》(東京：幻冬舎, 2001)
小林よしのり,《新ゴーマニズム宣言SPECIAL, 戦争論 3》(東京：幻冬舎, 2003)
小林よしのり,《新ゴーマニズム宣言SPECIAL, 靖国論》(東京：幻冬舎, 2005)
小林よしのり,《新ゴーマニズム宣言SPECIAL, 沖縄論》(東京：小学館, 2005)
小森陽一,〈〈自己植民地化〉としての国民化〉, 大阪人権博物館 編,《つくられる日本国民—国籍·戦争·差別》(大阪：大阪人権博物館, 2004)
合田一道,〈満蒙開拓団の崩壊〉,《満州帝国—北辺に消えた"王道樂土"の全貌》(東京 ：学研, 2006)
後藤靖,《天皇制と民衆》(東京：東京大学出版会, 1976)
後藤道夫·山科三郎,《講座 戦争と現代4 ナショナリズムと戦争》(東京：大月書店, 2004)
小西豊治,《もう一つの天皇制構想》(東京：御茶の水書房, 1989)
坂本賞三·福田豊彦·頼祺一 監修,《詳録　新日本資料集成》(東京：第一学習社, 1992)
里見岸雄,《天皇とは何か》(東京：展転社, 1989)
佐藤任,〈生死を分けた動員の休養日〉, 朝日新聞 編,《戦争体験—〈声〉が語り継ぐ昭和》(東京：朝日新聞社, 2005)
佐藤弘夫,《神國日本》(東京：ちくま書房, 2006)
佐貫浩,〈民主主義教育と学制改革〉,《日本20世紀館》(東京：小学館, 1999)
佐野通夫,〈〈皇民化〉教育と日本人教員〉,《季刊三千里》31号(東京：三千里社, 1982)
《昭和 二万日の全記録 第19巻 昭和から平成へ》(東京：講談社, 1991)
《女性のエンパワーメントと女性学·ジェンダー研究—"北京"から2000年へ—》(埼玉 ：国立婦人教育会館, 1996)
《神道の本》(東京：学研, 1992)
自由国民社編集部,《開戦の詔書—大日本帝国憲法, 教育勅語, 大本営発表, ポツダン宣言, 終戦の詔書》(東京：自由国民社, 2005)

末木文美士,《日本宗教史》(東京：岩波新書, 2006)

鈴木正幸,《近代天皇制の支配秩序》(東京：校倉書房, 1986)

鈴木裕子,《証言 昭和史の断面 朝鮮人従軍慰安婦》(東京：岩波書店, 1991)

《図説 ひと目でわかる！太平洋戦争》(東京：学研, 2005)

高嶋伸欣,《教育勅語と学校教育 思想統制に果した役割》(東京：岩波書店, 1990)

高橋富雄,《日本史小百科 将軍》(東京：近藤出版社, 1990)

武光誠,《すぐわかる 日本の呪術の歴史》(東京：東京美術, 2001)

竹本忠雄 · 大原康男,《再審〈南京大虐殺〉》(東京：明成社, 2000)

田中彰,《近代天皇制への道程》(東京：吉川弘文館, 1979)

田中伸尙,《ドキュメント昭和天皇》第7卷(東京：錄風出版, 1992)

《女性 · 戦争 · 人権》(東京：行路社, 2003)

朝鮮総督府,《初等国史 第六学年》(京城：朝鮮書籍株式会社, 1944)

朝鮮総督府,《初等国史 第五学年》(京城：朝鮮書籍株式会社, 1944)

《天皇の本》(東京：学研, 1998)

徳川斉昭,〈弘道館記〉, 今井宇三郎 他 校注 ,《水戸学》日本思想大系 53(東京：岩波書店, 1973)

所功,《ようこそ 靖国神社へ》(東京：近代出版社, 2000)

所功,《歴代天皇—知れば知るほど》(東京：実業之日本社, 2006)

富森叡兒,〈東西対決の進行がもたらした占領政策の転換〉,《実録日本占領—GHQ日本改造の七年》(東京：学習研究社, 2005)

中里見博,《憲法24条 + 9条, なぜ男女平等がねらわれるのか》(東京：かもがわ, 2005)

中村幸弘 · 西岡和彦共,《《直毘霊》を読む—二十一世紀に贈る本居宣長の神道論》, 坂本是丸 監修(東京：右文書院, 2001)

永井一水,〈明治とともに消ゆ—"日本の心"の終焉〉, 別冊歴史読本《武士道—侍の意地と魂》(東京：新人物往来社, 1995)

西尾幹二編,《国民の歴史》(東京：産経新聞社, 1999)

西尾幹二ほか13名,《市販本 新しい歴史教科書》(東京：不桑社, 2001)

西村汎子,《戦争 · 暴力と女性1—戦の中の女たち》(東京：吉川弘文館, 2004)

《20世紀の音楽遺産軍歌》(King Record Co., 1992)

《日露戦争百年》(東京：遊就館 靖国神社, 2005)

日中韓3国共通歴史教材委員会, 《未来を開く歴史ー東アジア3国の近現代史》(東京：高文研, 2005)

日本現代史研究会, 《象徵天皇制とは何か》(東京：大月書店, 1988)

日本史研究会·京都民科歴史部会 編, 《天皇制を問う》(東京：人文書院, 1990)

《日本書紀 (上)》日本古典文学大系 68, 坂本太郎·家永三郎·井上光貞·大野晋 校注(東京：岩波書店, 1967)

《日本書紀 (下)》日本古典文学大系 69, 坂本太郎·家永三郎·井上光貞·大野晋 校注(東京：岩波書店, 1965)

《日本史大事典》4(東京：平凡社, 1993)

日本文部省, 《日本 尋常小学修身書(第I~III期) 原文 上》, 김순전 외 7명 엮음(제이앤씨, 2005)

日本文部省, 《日本 尋常小学修身書(第IV~V期) 原文 下》, 김순전 외 7명 엮음(제이앤씨, 2005)

芳賀登, 〈大国隆正の学問と思想ーその社会的機能を中心として〉, 田原嗣郎 他 校注 , 《平田篤胤 伴信友 大国隆正》日本思想大系 50(東京：岩波書店, 1973)

早川紀代, 《戦争·暴力と女性2ー軍国の女たち》(東京：吉川弘文館, 2005)

早川紀代, 《戦争·暴力と女性3ー植民地と戦争責任》(東京：吉川弘文館, 2005)

久保井規夫, 《図説 朝鮮と日本の歴史ー光と影 近代編》(東京：明石書店, 1994)

平塚柾緒, 〈〈平和〉と〈人道〉に対する罪を問われた"勝者の裁き"〉, 《実録日本占領ーGHQ日本改造の七年》(東京：学研, 2005)

福沢諭吉, 〈通俗国権論〉, 永井道雄 編集監修, 《福沢諭吉》(東京：中央公論社, 1984)

藤田東湖, 〈弘道館記術儀〉, 今井宇三郎 他 校注 , 《水戸学》日本思想大系 53(東京：岩波書店, 1973)

藤原持正, 〈新真萬國公法論附錄〉, 田原嗣郎 他 校注 , 《平田篤胤 伴信友 大国隆正》日本思想大系 50(東京：岩波書店, 1973)

藤田幽國, 〈正命論〉, 今井宇三郎 他 校注, 《水戸学》日本思想大系 53(東京：岩波書店, 1973)

《風土記》日本古典文学大系 2, 秋本吉郎 校注(東京：岩波書店, 1958)
舟本州治遺稿集,《黙って野たれ死ぬな》(東京：れんが書房新社, 1985)
堀サチ子,〈根こそぎ動員〉,《日本20世紀館》(東京：小学館, 1999)
堀新,〈正親町天皇と織田信長〉,《歴代天皇全史》(東京：学習研究社, 2003)
本郷隆盛 · 深谷克己,《近代思想論》(東京：有斐閣, 1981)
《武士道》(東京：新人物往來社, 1995)
別冊歴史読本《〈古事記〉〈日本書紀〉の謎》第20巻 第6号(東京：新人物往來社, 1995년 2월)
別冊歴史読本《古事記 · 日本書紀の謎と真実》(東京：新人物往來社, 1996년 4월)
別冊歴史読本《古神道 · 神道の謎》第21巻 第23号(東京：新人物往來社, 1996년 6월)
別冊歴史読本《日本古代史〈記紀 · 風土記〉総覧》(東京：新人物往來社, 1998년 3월)
松村高男,〈731部隊 · 細菌戦 · 毒ガス戦〉,《日本20世紀館》(東京：小学館, 1999)
宮地正人,《天皇制の政治史的研究》(東京：校倉書房, 1981)
宮台真司 外 7人,《戦争論 妄想論》(東京：教育史料出版会, 1999)
宮田節子,〈内鮮一体 同化と差別の構造〉,《季刊 三千里 31号 特集 15年戦争下の朝鮮》(東京：三千里, 1982년 가을)
宮本正明,〈皇民化政策の徹底〉,《日本20世紀館》(東京：小学館, 1999)
望月雅士,〈治安維持法と弾圧〉,《日本20世紀館》(東京：小学館, 1999)
文部省,《国體の本義》(東京：内閣印刷局, 1937)
安川寿之輔,《福沢諭吉のアジア認識》(東京：高文研, 2000)
靖国神社,《遊就舘の世界》(東京：産経新聞社, 2003)
山室信一,〈満蒙問題解決と石原莞爾の世界最終戦論〉,《満州帝国ー北辺に消えた"王土楽土"の全貌》(東京：学研, 2006)
山室信一,《思想課題としてのアジア》(東京：岩波書店, 2001)
山科三郎,〈総力戦体制と日本のナショナリズムー1930年代の〈国体〉イデオロギーを中心に〉, 後藤道夫 · 山科三郎,《ナショナリズムと戦争》戦争と現代 4(東京：大月書店, 2004)
山田朗,〈〈五族協和〉の実像〉,《満州帝国ー北辺に消えた"王土楽土"の全貌》(東京：学研, 2006)
山辺昌彦,〈小国民の生活〉,《日本20世紀館》(東京：小学館, 1999)

吉田兼倶,〈唯一神道名法要集〉, 大隈和雄 校注,《中世神道論》日本思想大系 19(東京：岩波書店, 1977)

吉田松陰,〈書簡〉,《吉田松蔭》(東京：岩波書店, 1978)

吉田裕,《アジア · 太平洋戦争》日本近現史 6(東京：岩波書店, 2007)

吉浜忍,〈沖縄戦の悲劇〉,《20世紀歴史館》(東京：小学館, 1999)

《琉球王国の歴史》(沖縄：月刊沖縄社, 1999)

《歴史の争点 武士と天皇》(東京：新人物往來社, 2005)

《歴史読本》(新人物往來社, 1996년 6월)

《歴代天皇全史ー世一系を彩る君臨の血脈》歴史群像シリーズ69(東京：学研, 2003)

渡辺治,《憲法〈改正〉は何をめざすか》(東京：岩波書店, 2001)

찾아보기

용어

ㄱ

ㄴ

ㄷ

ㅇ

ㅈ

ㅊ

ㅌ

ㅍ

ㅎ

인명

ㄱ

ㄴ

ㄷ

ㅈ

ㅊ

ㅋ

ㅍ

ㅎ

책 · 신문

일본 신화와 천황제 이데올로기
— 신화와 역사 사이에서

초판 1쇄 2012년 12월 20일
초판 3쇄 2021년 12월 6일

지은이 김후련

펴낸이 김현태
펴낸곳 책세상

등록 1975년 5월 21일 제2017-000226호
주소 서울시 마포구 잔다리로 62-1, 3층(04031)
전화 02-704-1250(영업), 02-3273-1334(편집)
팩스 02-719-1258
이메일 editor@chaeksesang.com
광고·제휴 문의 creator@chaeksesang.com
홈페이지 chaeksesang.com
페이스북 /chaeksesang 트위터 @chaeksesang
인스타그램 @chaeksesang 네이버포스트 bkworldpub

ISBN 978-89-7013-827-5 93910